마하바라따
महाभारत

마하바라따

9

6장 비슈마
드디어 전쟁은 벌어지고,
이 모든 운명과 역사의 우주적 원리는 따로 있으니,
『바가왓 기따』를 듣는다

महाभारत

Copyright ⓒ 새물결, 2012
All rights reserved.

옮긴이 박경숙
이 책을 싼스끄리뜨에서 옮기고 주해를 두어 길을 안내한 박경숙은 동아대학교를 졸업하고 1991년에 인도의 뿌네 대학에 유학해 1995년에 빠알리어 전공으로 석사 학위를 받았다. 빠알리어와 싼스끄리뜨어를 통해 인류 문화의 뿌리에 자리 잡고 있는 인도 문화와 문학을 공부하는 것을 업으로 삼은 옮긴이는 이후 같은 대학의 대학원에서 싼스끄리뜨어 석사 학위를 받은 뒤『인도의 신들 ― 베다, 이띠하사, 빠알리어 비교 연구』로 박사학위를 받았다. 옮긴 책으로는『샤꾼딸라』와『메가두따』가 있으며, 현재 싼스끄리뜨·빠알리 연구소 소장으로 있다.

마하바라따 9권 드디어 전쟁은 벌어지고, 이 모든 운명과 역사의 우주적 원리는 따로 있으니,『바가와드 기따』를 듣는다(6장 비슈마)

옮긴이 | 박경숙
펴낸이 | 조형준
펴낸곳 | 새물결
1판 인쇄 | 2022년 5월 6일
1판 발행 | 2022년 5월 30일
등록 | 서울 제15-52호(1989.11.9)
주소 | 서울시 강남구 학동로 335 10층(다른타워 빌딩)
전화 | (편집부) 02-3141-8696 (영업부) 02-3141-8697
이메일 | saemulgyul@gmail.com
ISBN 978-89-5559-443-0(04890)
ISBN 978-89-5559-319-8(세트)

이 책의 저작권은 새물결에 있습니다.
신저작권법에 의해 보호를 받는 저작물이므로 무단 전재와 복제를 금합니다.

마하바라따

1장 | 태동
2장 | 회당會堂
3장 | 숲
4장 | 위라따
5장 | 분투
6장 | 비슈마
7장 | 드로나
8장 | 까르나
9장 | 샬랴
10장 | 잠
11장 | 여인들
12장 | 평화
13장 | 교훈
14장 | 말 희생제
15장 | 숲 속 생활자들
16장 | 장대
17장 | 위대한 출발
18장 | 승천

6장 | 비슈마 ● 차례

9권 드디어 전쟁은 벌어지고, 이 모든 운명과 역사의 우주적 원리는 따로 있으니,
『바가와드 기따』를 듣는다

비슈마를 추대하다 · · · 9
    불길한 징조들과 천혜의 눈 · · · 15
    잠부 대륙의 창조에 관한 이야기 · · · 28
    드넓게 펼쳐진 여러 섬 이야기 · · · 50

비슈마의 죽음을 알리는 산자야 · · · 61

유디슈티라, 어른들께 축원을 청하다 · · · 195

전투가 시작되다 · · · 211
    첫째 날 · · · 213
    둘째 날 · · · 239
    셋째 날 · · · 261

넷째 날 · · · 290

비슈마의 죽음 · · · 315
전투가 시작되다 · · · 317
다섯째 날 · · · 334
일곱째 날 · · · 373
여덟째 날 · · · 409
아홉째 날 · · · 458
열흘째 날 · · · 498

화살침상에 누운 비슈마 · · · 555

일러두기

1. 이 책은 뿌네의 반다르까 동양학 연구소에서 편찬한 보리(BORI)본을 원전으로 삼아 옮겼으며, 이야기의 흐름상 필요한 경우에는 다른 이본의 이야기들을 삽입하고 주에 따로 표시해 두었다.
2. 이 책은 전부 18장으로 구성되어 있지만 각 장의 분량이 동일하지 않아 몇몇 장은 2~3권으로 분권된다. 이와 관련해 각 장의 권수 표시와 부제는 편집부에서 따로 작성한 것이다.
3. 국립국어원의 표기법과 다른 싼스끄리뜨어 표기법에 대해서는 1권 부록 3의 〈번역과 표기 원칙〉에 정리해 두었다.
4. 원어 병기는 본문이 너무 복잡해지지 않도록 가급적 피했으며, 필요한 경우에는 주에 따로 (싼스끄리뜨어가 아니라) 알파벳 표기법에 따라 병기해 두었다.
5. 책을 표시하는 『 』 등의 현대적 약물들의 경우 본문에는 사용하지 않고 옮긴이의 주해에서만 사용했다.
6. 본문 중의 고딕체는 '유가'와 '시간' 등 이 책에서 독특하게 사용되고 있는 추상화된 개념들을 가리키기 위해, 그리고 굵은 글씨는 본문에 삽입되어 있는 노래를 표시하기 위해 사용되었다.

비슈마를 추대하다[*]

*『마하바라따』 18장 중 여섯 번째에 해당하는 이 장은 '비슈마 장'이라는 제목으로 알려져 있다. 5장까지가 주인공들의 탄생, 성장, 갈등 그리고 전쟁의 당위성이 신화와 함께 잘 버무려져 있는 장이라면, 비슈마 장은 그런 과정을 거친 빤다와들과 까우라와들 간의 실질적 전쟁이 시작되는 『마하바라따』의 심장이라고 할 만한 장이다. 마음은 빤다와 측에, 몸은 까우라와 측에서 전투를 치르는 할아버지이자 꾸루의 어른인 비슈마의 고뇌와 아픔이 가장 잘 드러나는 이 장은 전쟁이 시작된 지 열흘 째 되는 날까지를 묘사한다. 이 장은 또한 할아버지, 스승, 사촌형제들과의 전쟁을 주저하는 아르주나를 위해 끄르슈나가 신의 모습으로 크샤뜨리야의 율법과 제반 다르마를 설하는 『바가와드 기따』가 삽입된 유명한 장이기도 하다.

1

자나메자야가 말했다.

"꾸루, 빤다와, 소마까의 영웅들, 그리고 여러 왕국에서 모여든 다복한 왕들은 어떤 식으로 전투를 벌였나요?"

와이샴빠야나가 말했다.

"땅의 주인이시여, 꾸루, 빤다와, 소마까의 영웅들이 저 고행의 들녘 꾸룩쉐뜨라에서 어떻게 싸웠는지 들어보소서. 승리를 갈망하며 꾸룩쉐뜨라에 이른 빤다와 대전사들과 소마까들은 까우라와들을 마주했습니다. 모두가 『베다』를 능히 알았고, 기꺼이 전쟁을 받아들인 전사들이었지요. 전투에서의 승리를 장담한 저들은 모두 전장에서의 살육을 마주보고 섰습니다. 무적의 다르따라슈트라의 군대 가까이까지 병사를 이끌고 온 저들은 동쪽을 바라보는 서쪽 지역에 진을 쳤답니다.

꾼띠의 아들 유디슈티라는 의례에 따라 사만따빤짜까라는 외곽지역에 수천 개의 막사를 짓게 했습니다. 아이와 나이 든 어른들만 남겨두고 말, 사람, 전차, 수레 할 것 없이 모두가 빠져나간 세상은 텅텅 비어버렸답니다. 훌륭한 왕이시여, 잠부드위빠* 지역의 해가 비추는 곳이면 어디서건 병력이 모여들었던 것이지요. 모든 계급 사람이 여러 요자나*에 달하는 한곳에 모여 지역과 강과 언덕과 숲을 모두 차지했답니다. 황소 같은 왕이시여, 유디슈티라 왕은 그들 모두에게, 그리고 그들의 짐승에게까지 가장 좋은 음식과 즐길 것을 제공하라는 명을 내렸지요. 꾸루의 후손 유디슈티라는 전투할 때 병사들이 빤다와들에게 속한 자들임을 알아볼 수 있도록 이름이나 휘장 등의 각종 표식을 만들게 하고, 그 표식을 모두가 알아볼 수 있게 했습니다.

한편, 꾼띠와 빤두 아들들의 깃발 꼭지를 본 드르따라슈트라의 고결한 아들은 이 땅의 모든 왕과 함께 그들에게 맞설 진을 쳤습니다. 천 마리의 코끼리 가운데에 선 그는 머리 위에 흰 양산을 드리운 채 백 명의 아우에게 에워싸여 있었답니다. 두료다나를 본 빤다와의 병사들은 모두 흥분해서 수천 개의 거대한 소라고둥을 불고 북을 두드려댔습니다. 환호하는 제 병사들을 본 빤다와들과 영웅 와아수데와는 기쁨으로 마음이 가득 차올랐지요. 한 수레에 타고 있던 범 같은 두 사내 와아수데와와 다난자야는 전투를 고무시키는 천상의 고둥을 불었습니다. 빤짜잔야*와 데와닷따*

잠부드위빠_ 대추 모양의 보랏빛 열매(잠부)가 많은 섬(드위빠) 또는 그러한 열매 모양으로 생긴 섬이라는 뜻으로, 인도의 또 다른 옛 이름이다.
요자나_ 거리를 측정하는 인도의 옛 단위로 1요자나는 8~9마일 또는 13~14킬로미터쯤이다.
빤짜잔야_ 끄르슈나의 소라고둥이다. 『바가와따 뿌라나』에 따르면 끄르슈나는 소라고둥 속에 살던 빤짜자라는 아수라를 죽인 뒤 이 고둥을 얻었다고 한다. 끄르슈나와 그의 형 발라라마는 어린 시절 산디빠니라는 스승에게서 교육받았다. 모든 수업을 마치기 전날 밤, 빤짜자라는 아수라가 스승의 아들을 납치해 자기가 사는 소라고둥 속에 가둬두었다.

의 울림을 들은 적군은 병사고 짐승이고 할 것 없이 모두 똥오줌을 싸고 말았답니다. 여린 짐승이 사자의 포효를 듣고 놀란 듯 다르따라슈트라의 병사들은 고둥소리에 놀란 것이랍니다.

땅은 먼지가 일어 아무것도 알아볼 수 없고, 태양은 사라져 자취를 감추었으며, 솟아오른 먼지는 병사들을 휘감아버렸습니다. 비의 신 빠르잔야는 전장의 사방에 살점과 피의 비를 뿌려 대고 있었으니 참으로 기가 막힐 일이었지요. 그때 흙모래 바람이 낮은 곳에서 일었고, 그 먼지에 헤아릴 수 없는 병사가 상처를 입었습니다. 왕이시여, 꾸룩쉩뜨라에 서 있던 양군 모두 소용돌이치는 바다와 같은 엄청난 전율을 느꼈답니다. 양군의 대립은 마치 세기의 끝이 다가올 때 부닥치는 두 개의 바다처럼 경이롭기 그지없는 광경이었지요.

꾸루의 후손들이 그렇게 전장으로 몰려드는 바람에 세상은 아이들과 노인들만 남긴 채 텅 비어버렸답니다. 황소 같은 바라따의 후손이시여, 그리하여 꾸루, 빤다와, 소마까들은 다르마를 토대로 싸운다는 규칙을 세웠습니다.

'전쟁이 끝난 뒤에는 서로 좋은 관계가 되어야 한다. 그리하여 누구도 더 이상은 싸우지 않아야 한다. 말로 시작한 싸움은 오직 말로서만 되받

스승은 제자가 교육을 마친 뒤 바치는 구루 닥쉬나, 즉 스승에 대한 사례로 자기 아들을 찾아달라고 했고, 끄르슈나와 발라라마는 강가로 가서 와루나에게 기도한 뒤 와루나의 도움으로 빤짜자를 죽이고 스승의 아들을 데리고 돌아왔다. 끄르슈나는 빤짜자가 살았던 소라고둥을 차지해 아수라의 이름을 딴 빤짜잔야로 명명했다.
데와닷따_ 아르주나의 소라고둥이다. 데와닷따는 원래 천상의 목수 마야가 와루나에게서 얻은 것으로, 그가 빤다와들을 위해 인드라쁘라스타를 지을 때 아르주나에게 선물한 고둥이다. 『마하바라따』 2장 '회당 장'에 묘사되어 있다.

아야 한다. 진영을 빠져나간 자는 누구도 죽여서는 안 된다. 마부는 상대편 마부하고만 싸워야 한다. 코끼리병은 오직 코끼리병하고만 싸워야 한다. 기병은 기병하고만, 보병은 보병하고만 싸워야 한다. 각자의 힘에 맞게, 각자의 위력에 맞게, 각자의 기운에 맞게, 각자의 나이에 맞게 싸워야 하며, 동의한 뒤 싸워야 하고, 상대의 낌새를 채지 못한 자, 곤경에 처한 자를 공격해서는 안 된다. 다른 상대와 이미 싸우고 있는 자, 항복한 자, 등을 돌리고 있는 자, 무기를 들고 있지 않은 자, 갑옷을 입지 않은 자를 죽여서는 안 된다, 마부, 짐승, 무기 나르는 자, 북 치는 자, 고둥 부는 자는 어떤 경우에도 공격해서는 안 된다'라는 것이었지요.

바라따의 후손이시여, 이런 규칙을 만든 꾸루, 빤다와, 소마까들은 경탄해 마지않으며 서로를 바라보았습니다. 저 고결하고도 황소 같은 사내들은 병사들과 함께 각자의 막사로 돌아갔지요. 모두들 들뜬 모습이었고 기분이 좋아보였답니다."

불길한 징조들과 천혜의 눈

2

와이샴빠야나가 말했다.

"그럴 즈음, 성스러운 선인, 모든 『베다』를 아는 사띠야와띠의 빼어난 아들 위야사는 여명과 황혼을 눈여겨보았습니다. 모든 것을 눈앞에서 보듯 볼 수 있고, 과거와 현재와 미래를 아는 바라따들의 저 성스러운 할아버지는 무서운 전투가 다가오고 있음을 알았지요. 아들들이 저지른 일을 곱씹어보며 슬퍼하고 괴로워하는 위찌뜨라위르야의 아들 드르따라슈트라 왕에게 그가 은밀히 말했습니다."

이어지는 와이샴빠야나의 이야기는 이러하다.

위야사가 말했다.

'왕이여, 그대의 아들들과 세상을 지키는 여러 다른 왕들의 시간이 다 되었구나. 저들은 서로를 공격하다 전장에서 모두 죽게 되리라. 바라따의 후손이여, 저들의 시간이 지나가면 모두 멸하리니, 시간의 흐름을 잘 보고 알아 마음을 헛되이 슬픔에 쏟지 말라. 백성의 주인이여, 그대가 혹여 전장에 있는 저들을 지켜보고 싶다면, 그대에게 천상의 눈을 줄 테니 이 전쟁을 지켜보아라.'

드르따라슈트라가 말했다.

'훌륭하고 훌륭하신 브라만이여, 나는 친지들 간의 살육을 보고 싶지 않습니다. 당신의 위력으로 차라리 전쟁에 관한 것을 빠짐없이 듣고 싶습니다.'

왕이 전쟁을 보고 싶지 않아 하고 그저 듣고 싶어 했기에 소원을 들어주는 성자 위야사는 산자야에게 축원을 내렸다.

'왕이여, 여기 이 산자야가 그대에게 전쟁이 어떻게 돌아가는지를 말해주리라. 전쟁 내내 그의 시야를 벗어나는 것은 어떤 것도 없으리. 왕이여, 산자야는 천상의 눈을 부여받았느니. 모든 것을 아는 그가 그대에게 전쟁에 대해 읊어 주리라. 산자야는 드러나 보이는 것, 뒤에 감추어져 있는 것, 밤에 일어나는 일, 낮에 일어나는 일, 또는 마음에 품고 있는 생각마저도 모두 알게 되리. 무기는 그를 해치지 못할 것이며, 피로는 그를 덮치지 않으리라. 가왈가니의 이 아들은 전장에서 살아 돌아가리. 황소 같은 바라따여, 그리고 나는 꾸루들과 빤다와들의 영예로운 모든 행적을 펼쳐 이야기하고 다닐 테니 서러워마라. 운명을 바꿀 수는 없는 일이니 서러워하는 것은 옳지 않다. 이 일을 막을 수는 없을 테고, 승리는 다르마 편에 있으리라.'

이어지는 와이샴빠야나의 이야기는 이러하다.

그렇게 말한 뒤, 꾸루들의 성스러운 증조할아버지 위야사는 다시 한 번 팔심 좋은 드르따라슈트라에게 말했다.

'대왕이여, 이 전쟁은 대멸망을 부르리라. 나는 이미 그런 무서운 조짐들을 보았느니. 독수리, 매, 까마귀, 왜가리, 두루미가 떼지어 숲에 내려앉는구나. 저 새들은 반가이 전쟁을 예견하느니. 인육 먹는 저 새들이 코끼리와 말의 살점을 뜯으리라. 공포를 일으키고 앞을 내다보는 왜가리들이 사납게 울부짖으며 전장을 가로질러 남쪽을 향해 날아가는구나. 바라따의 후손이여, 나는 여명과 황혼을 늘 지켜보느니. 해가 뜨고 질 때면 몸통 없는 것들이 사방을 에워싸고 있구나. 여명과 황혼이면 가장자리는 희고 붉으며 몸통은 검은 삼색 구름이 번개를 동반한 채 태양을 가로막고 있다.

나는 밤낮 할 것 없이 해와 달과 별들이 한꺼번에 빛나 낮과 밤의 구분이 사라지는 것을 보았느니, 이 모든 조짐이 재앙이었다. 까르띠까 달* 에 뜨는 보름달마저 빛을 잃어 잘 보이지 않거나 또는 불빛 같은 하늘에서 불과 같은 빛깔로 빛나고 있구나. 영웅들과 군주들과 왕들과 왕자들, 철퇴 같은 강한 팔을 지닌 용사들이 죽어 잠들어 땅을 뒤덮으리라.

창공에서는 멧돼지와 고양이가 밤새 사납게 울부짖으며 싸우는 것이 보이는구나. 백성의 주인이여, 신들의 영상은 입에서 피를 흘리고 떨며 웃다가 땀을 흘리고 떨어져 내리느니. 치지 않은 북이 소리를 내고, 크샤뜨리야들의 거대한 전차들은 말에 매지 않아도 저절로 움직이는구나.

까르띠까 달_ 양력 10월과 11월쯤이다.

뻐꾸기, 딱따구리, 파랑새, 매, 앵무새, 두루미, 공작들이 거친 울음을 울고 있구나. 말 탄 자들이 무기와 갑옷으로 무장한 채 소리 지르고, 여명이 올 때면 메뚜기 떼가 수백 무리씩 나타나느니. 바라따의 후손이여, 여명과 황혼이면 사방이 불타는 듯하고 살과 피의 비가 내리는구나. 왕이여, 삼계 선자들의 우러름 받는 저 명예로운 아룬다띠* 별도 와시슈타를 뒤로 하고 만다. 왕이여, 토성이 로히니 별을 짓누르고 달을 휘감고 있는 둥근 띠는 큰 재앙을 예고하는구나. 구름 없는 하늘에서는 끊임없이 무서운 벼락소리가 들려오고, 우는 짐승들의 눈에서는 눈물이 떨어져 내리느니!'

3

위야사가 말했다.
'소에게서 당나귀가 태어나고, 아들은 어머니와 짝짓기 놀이를 하며, 숲에서는 나무들이 때 아닌 때 꽃을 피우고 열매를 맺느니. 잉태한 공주는 흉물을 낳고, 사람 고기 먹는 짐승과 새는 서로를 먹어치우는구나. 형태가 뒤틀린 짐승들이 태어나고 있느니, 뿔이 셋 달린 짐승, 눈이 넷인 짐승, 다리가 다섯인 짐승, 남성과 여성을 둘 다 갖춘 짐승, 머리 둘 달린 짐승, 꼬리 둘 달린 짐승, 벌어진 입에 송곳니 달린 짐승들이 불길한 소리로 울부짖는구나. 다리 셋에 뿔이 달린 짐승이 날카로운 독니를 넷씩 달

아룬다띠_ 와시슈타 성자의 아내로 정절의 상징이다.

고 태어났느니. 그대의 도성에서 성스러운 찬가를 읊는 자들의 아내들이 독수리와 공작을 낳는 일이 벌어지기도 하는구나. 땅의 주인이여, 암말이 송아지를 낳고, 개가 자칼을 낳으며, 메추라기가 꿩을 낳고, 앵무새가 불길한 울음을 우짖느니. 여인들은 한 번에 너덧 명씩의 여자아이를 낳기도 하고, 아이들은 또 태어나자마자 춤추고 노래하며 웃음을 터트리는구나. 아직 젖을 떼지도 못한 천한 무리들이 도둑 집에서 춤추고 노래하며 말하니, 대재앙을 말하는 듯하다. 시간의 부름을 받고 갑옷을 입은 어린아이들이 있는가 하면, 손에 몽둥이를 든 채 서로 쫓고 쫓기는 아이들, 싸우고 싶어 안달이 나 서로를 짓밟는 도성 사람들도 있느니.

푸른 연꽃과 수련이 나무에서 피고, 사방에서 거센 바람이 불어 먼지가 잦아들지 않는구나. 대지는 한없이 흔들리고, 라후는 태양을 삼키느니. 흰 별이 찌뜨라 행성* 너머에 머무르며 특별히 꾸루들의 패망을 예견하는구나. 사납기 그지없는 혜성이 뿌샤 행성*을 공격하느니. 이 큰 별은 양 군 모두에 무서운 불행을 가져오리라. 화성은 마가 행성*에서, 목성은 쉬라와나 행성*에서 역행하느니. 백성의 주인이여, 태양의 아들 토성은 바가 행성을 침해하고, 금성은 뿌르와 바드라*를 향해 치솟아 오르며 빛을 내고 주변을 맴돌다 웃따라 바드라*를 바라보고 있구나. 검은 별이 연

찌뜨라 행성_ 스물일곱 개의 힌두력을 표시하는 행성 중 열두 번째 행성이다.
뿌샤 행성_ 힌두력의 행성 중 여덟 번째 행성이다.
마가 행성_ 힌두력의 행성 중 열 번째 행성이다.
쉬라와나 행성_ 힌두력의 행성 중 스무 번째 행성이다
뿌르와 바드라_ 뿌르와 바드라빠다라고도 하는데 힌두력의 행성 중 스물세 번째 행성이다
웃따라 바드라_ 웃따라 바드라빠다라고도 하는데 힌두력의 행성 중 스물네 번째 행성이다.

기를 내뿜고 타오르는 불처럼 빛나며 인드라의 빛나는 행성 제슈타*로 들어가 머무느니. 매섭게 타는 듯한 북극성이 오른쪽으로 돌고, 거친 별이 찌뜨라 행성과 스와띠 행성* 사이에 단단히 자리 잡고 있구나. 붉디붉은 화성은 불처럼 빛나며 쉬라와나 행성에서 역행해 지금은 브라흐마라쉬 행성*을 돌다 그곳에 머물고 있느니.

대지는 한꺼번에 온갖 곡식으로 뒤덮이고 과실의 띠를 두르고 있구나. 보리는 모가지가 다섯 개씩 달리고, 벼는 백 개씩의 모가지가 달려 있느니. 세상 모든 짐승 중 가장 빼어나고, 온 세상이 그에 기대어 있는 소는 젖을 빠는 송아지에게 젖이 아닌 피만 내놓는구나. 활은 타는 불길을 내뿜고, 칼은 섬뜩한 빛을 발하느니. 전쟁이 다가옴을 이 무기들이 명백히 보여주는 것이리라. 무기와 물과 갑옷과 깃발의 광채가 이렇듯 불의 빛깔로 빛나는 것은 대재앙이 온다는 뜻이려니. 짐승과 새들이 사방에서 겁에 질린 울음을 쏟아내며 불길한 징조를 보이느니, 큰 재앙이 닥쳤음을 말하는구나. 밤이 되면 외날개, 외눈박이, 외발의 새가 피를 토하듯 하염없이 사납게 울부짖으며 하늘을 날아다니느니. 구리처럼 꼭지가 붉은 두 개의 별이 타는 듯 빛나며 떠 있고, 고절한 일곱 성자*의 별빛은 가려져 있구나. 저 두 개의 별 목성과 토성이 한 해 내내 위샤카 행성* 가까이에 자리 잡고 빛을 낸다. 사나운 라후 별이 마치 혜성처럼 빛나서 끄르띠까

제슈타 행성_ 힌두력을 표시하는 행성 중 열여섯 번째 행성이다.
스와띠 행성_ 힌두력을 표시하는 행성 중 열세 번째 행성이다.
브라흐마라쉬 행성_ 스물일곱 개의 행성에 포함되지 않는 다른 행성이다.
고절한 일곱 성자_ 북두칠성을 뜻한다.
위샤카 행성_ 힌두력의 행성 중 열네 번째 행성이다.

행성*들의 형체에서 나오는 빛을 앗아가는구나. 백성의 주인이여, 수성은 동쪽에 있는 모든 세 행성 안에 머물며 큰 재앙이 일어날 것임을 끊임없이 보여주고 있느니. 초승달이 열나흘, 열닷새, 열엿새 날에 나타난 적은 있으나 열사흘 째 날에 나타나는 것을 나는 이전에는 알지 못했다. 달과 태양이 열사흘 만에 같은 달에 함께 라후에게 잡혀* 기울 수 있음 또한 알지 못했구나. 그것들의 일식과 월식은 백성에게 크나큰 해를 끼치리라. 모든 방향이 먼지에 뒤덮이고, 사방에서 진흙의 비가 내리느니. 또한 솟아오른 구름은 밤이면 무서운 피의 피를 뿌려댄다. 다시 하현의 열나흘 째 날이 되면 하루의 반인 밤 내내 끔찍한 살덩이 비가 거세게 흩뿌려지지만 그래도 락샤사들은 만족해하지 않는구나. 오늘은 핏물을 담은 강이 거꾸로 흘러가고, 우물들은 거품을 뿜으며 황소처럼 울어대느니. 강풍을 동반한 운석들이 말라붙은 토성 조각들과 뒤섞여 떨어지는구나. 이 밤이 끝나고 새벽이 오면 곧 빛을 내뿜는 거대한 운석이 사방에 떨어져 빛을 앗아가리라. 그곳에서 태양을 섬기는 대선인들은 말하리, '대지가 수천 왕들의 피를 마실지니!'라고.

　까일라사 산에, 만다라 산에, 그리고 히말라야 산에도 수천 갈래로 퍼지는 요란한 소리가 떨어져 내리느니. 거대한 네 바다는 각각 다시 또 다시 소용돌이가 일고 파도가 솟구치며 대지를 뒤흔드는구나. 사나운 바람이 불어 나무들의 뿌리를 뽑고 자갈들을 흩뿌린다. 성스러운 나무들이 마을에도 읍에도 떨어져 내리느니.

----

22 로띠까 행성_ 힌두력의 행성 중 첫 번째 행성이다.
라후에게 잡혀_ 아수라 라후가 해와 달을 먹는 일식과 월식을 뜻한다.

땅의 주인이여, 브라만들이 제물을 바칠 때 희생제의 불이 노랗고 붉고 푸른색으로 타오른다. 연기 가득한 불꽃은 역겨운 냄새를 풍기며 사나운 소리를 질러대느니. 촉각도 후각도 미각도 모두 변했구나. 왕들의 깃발은 연기를 내뿜으며 흔들리고 또 흔들린다. 큰북과 작은북들은 숯의 비를 뿌려대느니. 궁궐의 꼭대기에서, 대문 위에서 사나운 독수리들이 왼쪽으로 원을 그리며 배회하는구나. 새들은 하염없이 꿱꿱 울부짖고, 깃발 위에 해를 틀고 앉아 세상 군주들의 파멸을 예고하느니. 두려움에 떠는 어린아이들이 사색하고 일하며, 수천의 말과 코끼리가 슬피 우는구나.

바라따의 후손이여, 이 말을 들었으니 이제 그대는 세상이 멸하지 않도록 시기적절한 결정을 내려야 하리라.'

이어지는 와이샴빠야나의 이야기는 이러하다.

드르따라슈트라는 아버지의 말을 듣고 이렇게 말했다.

'이는 필시 오래 전에 이미 운명 지어진 일임이 틀림없습니다. 크샤뜨리야들이 만일 크샤뜨리야 율법에 따라 죽는다면 영웅들의 세계에 이르러 온전한 행복을 얻겠지요. 범 같은 사내들은 대전투에서 목숨을 버린 뒤 이승에서는 명예를, 저승에서는 오랜 기간 크나큰 행복을 얻을 것입니다.'

4

와이샴빠야나가 말했다.

"지혜롭고 지혜로우며 훌륭하신 자나메자야 왕이시여, 드와이빠야나 수행자는 아들인 드르따라슈트라의 이 같은 말을 듣고 깊은 생각에 잠겼답니다. 시간의 흐름을 아는 대고행자가 다시 이렇게 말했지요.

'인드라 같은 왕이여, 세상을 파괴하고 다시 창조하는 것이 시간임에는 의심할 여지가 없다. 여기 이 세상에서 영구한 것은 아무것도 없느니. 친척들, 꾸루들, 친지들, 동지들에게 바른 길을 보여주어라. 그들을 멈출 힘이 그대에게 있느니. 친지를 죽이는 것은 악한 짓이다. 달갑지 않은 일을 내게 하지 말라. 백성의 주인이여, 시간이 아들 모습을 하고 그대에게 태어난 것이다. 어떤 살상도 『베다』에서 숭앙되지 않았느니, 결코 이로운 결실을 맺지 못하리라. 가족의 다르마를 해치는 사람은 다름 아닌 자기 자신의 육신을 해치는 것이다. 바른 길을 갈 수 있음에도 그대는 시간이 부추기는 길을 가려하는구나. 가문을 망치고 왕들을 궤멸시키려 왕국의 모습을 하고 찾아온 이 재앙, 이 불행을 내치는 것이 마땅하리라. 적이 그대의 지혜를 앗아갔구나. 아들들에게 다르마를 보여줘야 한다. 범접키 어려운 이여, 재난을 맞는다면 왕국이 그대에게 무슨 소용이랴! 명예와 다르마와 명성을 지키면 그대는 하늘을 취할 것이다. 빤다와들이 왕국을 얻게 하고, 까우라와들이 평화를 얻게 하라.'"

이어지는 와이샴빠야나의 이야기는 이러하다.

인드라 같은 브라만이 그렇게 말하자 암비까의 아들 드르따라슈트라, 언변에 능한 그가 선인의 말을 자르고 다시 한 번 말했다.

'아버지시여, 존재하고 아니 존재하는 것이 무엇인지는
당신이 아시듯 나도 또한 있는 그대로 이해하고 있습니다.
그러나 자신의 이득에 관한 것에는 혼란에 빠지는 것이 세상이니
나의 아버지시여, 나를 그저 평범한 사람이라고만 알아주십시오.

비견할 수 없는 힘을 지닌 당신을 기쁘게 하고 싶습니다.
당신은 길을 보여주는 현자요, 우리가 가야 할 궁극의 길입니다.
대선인이시여, 그러나 저들은 내 말을 듣지 않습니다.
그러니 당신이 나를 괴롭히는 것은 마땅치 않습니다.

당신은 다르마와 명예와 명성과 자긍심과 기억해야 할 것들을 담는
그릇이요, 꾸루들과 빤다와들의 자랑스러운 할아버지이기 때문입니다.'

위야사가 말했다.
'위찌뜨라 위르야의 아들이여, 그대 마음이 어떻게 돌아가는지 있는
그대로 말해보라. 왕이여, 그대의 의혹을 내가 걷어내 주리라.'
드르따라슈트라가 말했다.
'성자시여, 전쟁에 승리하는 표식들은 어떤 것들인지 모든 것을 사실
대로 듣고 싶습니다.'

위야사가 말했다.
'상서롭게 빛나는 불은 불길 높이 솟구치고
오른쪽으로 향한 불꽃은 연기를 내뿜지 않느니.

성스러운 향기는 제물에서 퍼져 나오지.
이것이 다가올 승리의 표식이라 말하느니.

고둥소리 북소리 이는 곳에
깊은 울림, 거대한 함성 솟고
해와 달은 맑은 빛줄기 보내지.
그것이 다가올 승리의 표식이라 말하느니.

날갯짓 할 때도, 날아갈 때도,
새들의 날개에선 기분 좋은 소리가 나지.
왕이여, 뒤에 나는 놈들은 서두르고
앞에 나는 놈들은 느릿느릿 나아가느니.

독수리도 백조도 앵무새도 두루미도
딱따구리도 상서롭게 우짖으며
전장에서 오른쪽으로 빙빙 돌지.
그런 곳에 승리 있다고 브라만들은 말하느니.

왕들은 장신구로, 갑옷으로,
깃발로, 궁궐의 금빛 대문으로
감히 마주보기 어렵게 빛나느니
그들의 군대가 적들을 물리친다네.

바라따의 후손이여, 언사가 흥에 겹고 몸짓이 기운차며 화환은 시들지 않는 병사들, 그들의 왕이 전장에서 적들을 넘어서느니. 전사가 전장에 들어서면 기분 좋은 바람이 오른쪽에서 불어오고, 그 바람이 뒤편에 머물다 전투에 나설 즈음엔 적의 선봉을 가로막아 목적을 이루게 하리니. 소리, 형체, 맛, 감촉, 냄새가 일그러짐 없이 상서롭고, 병사들이 언제나 기쁨에 차 있는 군대, 그런 군대가 반드시 승리할지니. 바람이 따르고, 구름과 새와 비구름과 무지개가 그를 따르느니.

백성의 주인이여, 이런 것들이 승리의 표식이구나. 백성을 지키는 이여, 이와 상반되는 것들은 죽음의 표식이려니! 병력이 적든 크든 병사들이 언제나 기뻐하는 것만이 승리의 표식이라고들 한다. 두려움에 떠는 한 명의 병사가 제아무리 큰 군대라도 통째로 공포에 몰아넣을 수 있는 법이다. 아무리 호기로운 제 편의 영웅적 용사들이라도 그를 공포에 휘말리게 할 수 있느니. 세찬 기세로 다가오는 물살처럼 또는 짐승 떼처럼 아무리 거대한 군대라도 한 번 무너지면 되돌리기는 참으로 어려운 법이다. 대병력이 무너져버리면 그들을 다시 모으는 것은 가능하지 않다. 병사들이 겁에 질려 무너지고 주저앉는 것을 본다면 아무리 용맹스런 용사들이라도 '망했구나!'라고 생각하고 두려움이 점점 커지는 것이다. 왕이여, 그리 되면 혼란에 빠진 병사들은 적의 영웅들에게 무너지고, 느닷없이 사방으로 뿔뿔이 흩어져 아무리 대병력이라도 다시 일어설 수가 없게 되느니.

지혜로운 이여, 기개 넘치는 왕은 네 가지로 이루어진 대병력*을 언제

네 가지로 ~_ 보명, 기병, 전차병 그리고 코끼리병이다.

나 적절히 대하고, 이기기 위해 갖은 애를 쓴다. 백성의 주인이여, 승리를 쟁취하는 가장 좋은 책략은 화평이요, 적을 분열시켜 얻은 승리는 중간쯤의 책략이며, 전쟁을 통한 승리는 가장 하책일지니. 전쟁은 크나큰 잘못이며, 그러기에 전쟁 하는 사람을 일러 병자라고 하는 것이다. 서로를 잘 아는 기세 좋은 용사 쉰 명만 있어도, 결심이 굳다면 거대한 병력을 물리칠 수 있느니. 다섯 또는 여섯이나 일곱 명의 병사만 있어도 물러서지 않는다면 충분히 승리하리라.

바라따의 후손이여, 위나따의 아들 가루다는 거대한 무리도 개의치 않았지. 아무리 새들이 떼거리로 모여들어도 상관하지 않았느니. 바라따의 후손이여, 승리는 병사 수가 많다고 얻어지는 게 아니다. 승리는 실로 불확실한 것! 결국 모든 것은 운명에 달려있구나. 전장에서는 승리도 패망과 다를 바 없으니.'

잠부 대륙의 창조에 관한 이야기

5

와이샴빠야나가 말했다.

"지혜로운 드르따라슈트라에게 이렇게 말한 뒤 위야사는 떠났고, 드르따라슈트라는 그의 말을 듣고 깊은 생각에 잠겼습니다. 잠깐인 듯 생각에 빠져든 그는 한숨을 푹푹 내쉬었답니다. 황소 같은 바라따의 후손 자나메자야 왕이시여, 그러다 그는 마음을 잘 다스리는 산자야에게 물었습니다.

'산자야여, 땅을 지키는 저 영웅들은 전쟁을 반기며 이런저런 무기로 서로를 죽인다. 땅을 이유로 왕들은 목숨 버리기도 마다하지 않으니. 그러나 저들은 서로를 죽이며 평화를 찾지 못하고 야마의 영토만 늘리는 꼴이구나. 저들은 지상에서의 권력을 탐해 서로를 참아주지 못하느니. 산자야여, 나는 이 땅이 참으로 많은 덕을 갖추고 있는 것 같다는 생각이 드는구나. 그것들에 대해 말해보아라. 여러 수천수만 수백만 세상의 영웅이 꾸루 들녘에 모여들었다. 산자야여, 저들이 왔던 왕국들의 크기와 도시들에 대해 사실대로 듣고 싶구나. 빛을 가늠하기 어려운 브라만 선인 위야사의 은총으로 인해 그대는 신성한 지혜의 등불로 볼 수 있는 앎의 눈을 갖게 되지 않았더냐?'"

이어지는 와이샴빠야나의 이야기는 이러하다.

산자야가 말했다.
'지혜 크신 이여, 땅이 지닌 덕에 대해 소인이 아는 만큼 말씀드리겠나이다. 황소 같은 바라따의 후손이시여, 당신께 귀의하나니, 경전을 보는 눈으로 그것들을 잘 들여다보소서.
이 땅에는 두 종류의 존재가 있습니다. 움직이는 것과 아니 움직이는 것이지요. 움직이는 것에는 근본에 따라 다시 세 종류가 있습니다. 알을 깨고 나온 것, 태에서 태어난 것 그리고 열과 습에 의해 나온 것입니다. 왕이시여, 움직이는 모든 것 중에서 가장 빼어난 것은 물론 태에서 태어난 것이지요. 그렇게 태에서 태어난 것 중에서도 가장 빼어난 것이 바로 사람과 짐승입니다. 왕이시여, 짐승은 여러 가지 형태를 띠고 있으며, 종이 열네 가지에 이릅니다. 숲에 사는 것이 일곱 종류요, 집에 사는 것이 일곱 종류지요. 왕이시여, 사자, 호랑이, 멧돼지, 물소, 코끼리, 곰, 원숭이가 숲에서 사는 것이라고 경전에서는 말합니다. 소, 염소, 사람, 양, 말, 당나귀, 노새, 이 일곱이 집에 사는 짐승이라고 선자들은 말하지요. 이 땅을 지키는 왕이시여, 이것들이 숲과 집에 사는 열네 가지이며 희생제에 쓰이는 짐승이라고 『베다』는 이르고 있습니다. 집에 있는 것 중엔 사람이 으뜸이며 숲에 사는 것 중엔 사자가 제일이지요. 이 모든 생명은 서로

서로 엮이며 살아갑니다.

　아니 움직이는 것은 식물이라고 하며 거기에는 다섯 종이 있습니다. 나무, 관목, 덩굴나무, 덩굴식물, 그리고 갈대를 위시한 여러 가지 풀이 그것들입니다. 이들 열아홉 가지 존재는 다섯 가지 대원소 안에서 살아가지요. 이 스물넷은 사람들에게 일반적으로 '가야뜨리'라고 알려져 있습니다. 훌륭한 바라따의 후손이시여, 만덕을 구족한 성스러운 이 가야뜨리를 본모습 그대로 아는 이는 이 세상에서 멸하지 않습니다. 모든 것은 이 땅에서 생기고, 모든 것은 또 이 땅에서 사라지기 때문입니다. 땅은 만물을 지탱하며, 결국 만물이 갈 곳은 땅뿐입니다. 땅을 가진 사람이 움직이고 아니 움직이는 세상 모든 것을 가집니다. 그러기에 왕들은 이를 탐해 서로를 죽이는 것입니다.'

6

　드르따라슈트라가 말했다.

　'산자야여, 강과 산의 이름, 그리고 나라와 여타의 땅에 기대 사는 것에 대해 일러다오. 규모를 아는 산자야여, 땅의 규모와 숲에 관한 것도 남김없이 모두 말해다오.'

　산자야가 말했다.

　'대왕이시여, 이 세상에 존재하는 모든 것은 간단하게는 다섯 가지 대원소로 구성되어 있습니다. 현자들은 그것들이 모두 같다고 말합니다. 땅, 물, 바람, 불, 그리고 허공이 다섯 가지 대원소지요. 모든 것이 훌륭한 성질을 지니고 있으며, 그것 중 가장 먼저가 땅입니다. 소리, 감촉, 형상, 맛, 냄새, 이 다섯이 땅을 구성하는 성질이라고 『베다』의 정수를 아는 선인들은 말합니다. 왕이시여, 물에는 냄새가 빠진 네 가지 성질이 있으며, 불에는 소리, 감촉, 형상의 세 가지 성질이 있습니다. 바람에는 소리와 감촉이, 허공에는 소리만이 있지요.

왕이시여, 다섯 대원소에 들어 있는 이 다섯 가지 성질은 세상만물에 있습니다. 균형을 이루고 있을 때 그것들은 상호작용하지 않습니다. 그러나 균형이 깨지면 서로에게 침투하지요. 그때야 비로소 생명이 몸을 갖게 됩니다. 달리 몸을 갖게 되는 경우는 없습니다. 원소들은 잇따라 없어졌다가 잇따라 태어납니다. 이 모든 원소는 광대무변하며, 형태는 성스럽습니다. 다섯 원소로 이루어진 존재는 어디에나 보입니다. 인간은 이성을 도구 삼아 그것들을 재지요. 그러나 상상할 수 없는 것을 이성으로 알아내려고 해서는 안 됩니다. 본래의 것 이상은 의미를 알 수 없답니다.

꾸루의 기쁨이시여, 이제 수다르샤나라는 섬에 관해 말씀드리지요. 대왕이시여, 그 섬은 둥근 바퀴 같은 형상을 하고 있답니다. 강물이 굽이굽이 흐르고, 구름 같은 산들이 뒤덮여 있으며, 다채로운 도시와 아름다운 마을들이 가득합니다. 꽃과 열매 흐드러진 나무들이 빼곡하고, 재물과 곡식이 들어차 있으며, 사방이 짠 바다로 에워싸여 있답니다. 사람이 거울에서 자기 얼굴을 들여다보듯 수다르샤나 섬은 달의 원반 속에 모습을 비춘답니다. 사방이 온갖 약초로 가득한 섬의 두 부분은 삐빨라 나무*를, 그리고 두 부분은 거대한 토끼를 닮았지요. 나머지 부분은 모두 물이라고

삐빨라 나무_ 성스러운 무화과 나무를 뜻한다.

아셔야 합니다. 이것이 수다르샤나에 관해 간략하게 말씀드린 것이랍니다.'

7

드르따라슈트라가 말했다.
'산자야여, 그대는 그 섬에 관해 간략하게 말했다. 상세하게 말해다오. 토끼의 흔적이 보이는 땅의 크기를 말해주고, 삐빨라 나무가 차지하고 있는 땅의 크기를 말해다오.'

이어지는 와이샴빠야나의 이야기는 이러하다.

왕의 하문에 산자야가 말했다.
'대왕이시여, 동쪽을 향해 뻗어 있는 여섯 개의 보석 산은 동쪽과 서쪽바다 모두에 걸쳐 있답니다. 히마완, 헤마꾸타, 최고의 산 니샤다, 청금석 가득한 닐라, 달처럼 새하얀 스웨따, 온갖 광물로 빛나는 슈릉가완이 산들 이름이지요. 왕이시여, 싣다들과 짜라나들*이 모여드는 이 산들 간의 거리는 수천 요자나에 이른답니다. 바라따의 후손이시여, 땅은 성스럽고, 그 터전에서는 온갖 다양한 생명이 사방에 퍼져 살지요.
그곳은 바라따의 땅이며, 그 너머는 히마완이라고 합니다. 그리고 헤

짜라나_ 천상의 시인들이다.

마꾸타 너머는 하리*의 땅이라고 이르지요. 대왕이시여, 닐라 남쪽과 니샤다 북쪽에는 말라야완이라고 불리는 산이 있습니다. 그 산은 동쪽을 향해 뻗어 있지요. 말라야완 너머는 간다마다나 산이며, 바로 이 두 산 사이에 둥그런 황금의 산 메루가 있답니다. 갓 떠오른 태양처럼 빛나고 연기 나지 않는 불과 같은 산이지요. 땅을 지키는 군주시여, 그 산은 아래로는 만 육천 요자나까지, 위로는 팔만사천 요자나까지 뻗어 있다고 합니다. 위아래뿐만 아니라 너비로도 그 산은 세상을 뒤덮고 서 있답니다.

주인이시여, 바라따의 후손이시여, 바드라쉬와, 께뚜말라, 잠부드위빠, 그리고 공덕 지은 사람들이 사는 북꾸루, 이 네 개의 섬이 메루 산자락에 있습니다. 수빠르나*의 아들 수무카 새는 메루 산에서 금빛 날개를 지닌 새들을 보며 '메루에서는 빼어난 새도 중간쯤의 새도 못난 새도 구분이 없구나. 그러니 나는 이곳을 떠나야겠다'라고 생각했다고 합니다. 빛들의 주인 태양은 언제나 메루 산을 왼쪽에서 오른쪽으로 돌고, 달과 별과 바람도 그렇게 한답니다. 대왕이시여, 그 산에는 천상의 꽃과 열매가 가득하고 모두 황금으로 치장한 대궐 같은 집들이 꽉 들어차 있지요. 왕이시여, 신들은 늘 그곳 산봉우리에서 간다르와, 아수라, 락샤사, 압싸라스 무리를 대동해 노닌답니다. 브라흐마, 루드라, 신들의 제왕 인드라도 그곳에 함께 와서 헤아릴 수 없을 만큼의 닥쉬나를 바치며 갖가지 희생제를 지내고 있지요. 군주시여, 뚬부루, 나라다, 위쉬와와수, 하하, 후

하리_ 신들의 별칭으로 자주 사용되며, 대개 인드라나 위슈누 또는 위슈누의 화신들, 특히 끄르슈나의 별칭으로 자주 쓰인다. 뜻은 신들을 대변하는 색으로 초록이나 노랑 또는 연초록 또는 황갈색을 뜻한다.
수빠르나_ 아름다운 날개를 가진 새라는 뜻으로 천상의 독수리 가루다의 다른 이름이다.

후*도 그곳에 와서 다채로운 운율로 죽음 없는 빼어난 이, 신을 찬미한답니다. 당신께도 축복이! 땅의 주인이시여, 고결한 일곱 성자, 쁘라자빠띠 까샤빠도 그믐과 보름 때면 언제나 그곳을 들르지요. 메루 산 꼭대기에는 까위*의 아들 우샤나스가 디띠의 아들들*과 함께 머문답니다. 보석이 가득 담긴 이 산과 보석이 모두 그의 것이랍니다. 꾸베라는 그가 가진 몫의 사분의 일을 즐기는 것이며, 그 부의 십육분의 일을 인간에게 나눠준답니다. 메루의 북쪽 산허리에는 상서롭고 기분 좋은 천상의 나무 까니까라 숲이 있지요. 돌무더기 틈에서 자란 그 나무에는 사시사철 꽃이 피어 있답니다. 그곳은 동물의 주인 쉬와와 그의 아내 우마가 천인들에게 에워싸여 즐기는 곳이기도 하지요. 쉬와는 발까지 늘어뜨린 까니까라 꽃목걸이를 걸고 새 세상의 떠오르는 태양 같은 세 개의 눈에서 빛을 뿜고 있답니다. 엄격한 고행을 하는 이들, 싣다들, 계행 맑고 진실을 말하는 수행자들은 그곳에서 대신大神 쉬와를 볼 수 있지요. 그러나 악행하는 자 눈으로는 볼 수 없답니다.

  인간의 주인이시여, 성스럽고 성스러우며 이롭고 아름다운 바기라따의 딸 강가는 이 산 꼭대기로부터 흘러나오지요. 서른 신의 숱한 칭송을 받은 그녀는 무섭고 맹폭한 소리를 내며 아름다운 달의 호수로 떨어져 내린답니다. 바다를 닮은 성스러운 그 호수는 사실 그녀가 떨어져내려 만들어진 것이랍니다. 산도 견디기 어려웠던 그녀의 사나운 줄기를 예전에 대신 쉬와가 수백수천년 동안 머리로 받아냈지요.

뚬부루, 하하, 후후_ 모두 천상의 악사인 간다르와이다.
까위_ '시인' 또는 '지혜로운 자'라는 뜻으로 여기서는 아수라들의 스승 슈끄라를 일컫는다.
디띠_ 아수라들의 어머니이며, 따라서 디띠의 아들들은 아수라들을 뜻한다.

땅의 주인이시여, 메루의 서쪽 산허리에는 께뚜말라라는 곳이 있답니다. 그곳에는 천상의 난다나 뜰처럼 엄청나게 거대한 잠부산다라는 곳이 있지요. 바라따의 후손이시여, 그곳 사람들은 만 년을 산답니다. 사내들은 황금 같은 피부를 지녔고 여인들은 압싸라스 같지요. 그들은 질병을 모르고, 슬픔을 알지 못하며, 마음엔 언제나 기쁨이 가득하답니다. 그곳에서 태어난 사람은 녹아내리는 황금처럼 빛나지요.

간다마다나 산봉우리에는 압싸라스들에게 에워싸인 구햐까*의 주인 꾸베라가 락샤사들과 함께 즐기고 있습니다. 간다마다나 산자락에는 또 다른 지맥이 있고 그곳 사람들은 만 천년까지도 수명이 이어진다고 합니다. 왕이시여, 그곳에 사는 사내들은 검은 피부에 힘이 넘치며 기력이 좋고, 여인들은 푸른 연꽃처럼 빛나서 매우 사랑스런 모습들이랍니다.

닐라 너머는 스웨따, 스웨따 너머는 나이란야까라는 곳입니다. 슈릉가와따 너머는 아이라와뜨 땅이라고 하지요. 대왕이시여, 남쪽 끝 바라따와 북쪽 끝에 있는 아이라와뜨, 두 지역은 마치 휘어진 활과 같답니다. 그 가운데에 일라를 에워싼 다섯 지역*이 있지요.

수명이라든가 올곧음, 무병, 기쁨, 재물 등은 북쪽 너머 북쪽에 자리한 지역일수록 점점 더 좋아진다고 합니다. 바라따의 후손이시여, 그런 땅에서는 만생명이 조화를 이루고 살아간답니다. 대왕이시여, 지상은 이와 같은 산들로 뒤덮여 있습니다.

거대한 헤마꾸따 산은 까일라사라고도 부릅니다. 부의 제왕은 바로

구햐까_ 꾸베라의 보물지기 반신들이다.
다섯 지역_ 쉬웨따, 히란야까, 일라우르따, 하리와르샤, 히마와뜨이다.

그곳에서 구햐까들과 함께 즐긴답니다. 마이나까 산을 향해 뻗은 까일라사의 북쪽은 황금봉우리를 이고 있는 참으로 거대한 성산 마니마야입니다. 그곳 산허리에는 빛나는 황금모래가 담긴 성스럽고 성스러우며 아름답기 그지없는 빈두사라라는 호수가 있지요. 그곳에서 바기라타 왕은 바기라티*를 보기 위해 무수한 해를 보냈답니다. 그곳 희생제의 기둥은 보석으로 만들어져 있고, 성소는 모두 황금으로 되어 있지요. 천 개의 눈을 지닌 명예롭고 명예로운 신 인드라는 희생제를 통해 많은 일을 이루었답니다. 온 세상을 만든 영원한 생명의 주인이시며 타는 빛을 지닌 쁘라자빠띠께서도 만생명에 에워싸여 그곳에서 우러름 받고 계시지요. 나라, 나라야나, 브라흐마, 마누, 다섯 번째로 스타누까지도 거기 머문답니다. 브라흐마의 세계에 근원을 두고 세 길*로 가는 강가 여신은 지상에서 일곱 가닥으로 나뉘기 전 그곳에 맨 처음 모습을 드러낸답니다. 와스오까사라, 날리니, 청정한 사라스와띠, 잠부나디, 시따, 강가, 그리고 일곱째 신두가 그들이지요. 세상의 주인께서는 그곳에서 우리의 생각 너머에 있는 성스러운 섭리를 직접 정하신답니다. 천년이라는 시간의 끝이 오면 그곳에서 희생제를 올리지요. 이 일곱 가닥 강가가 세상에 널리 알려진 강이지요. 사라스와띠는 한때는 보였다가 어쩔 때는 보이지 않기도 한답니다.

락샤사들은 히마와뜨에, 구햐까들은 헤마꾸타에, 뱀들과 나가들은 니샤다에, 그리고 수행자들은 고까르나에 살고 있지요. 쉬웨따 산은 신과 아수라들의 거처라고 불립니다. 왕이시여, 간다르와들은 언제나 니샤다

바기라티_ 바기라타의 딸이라는 뜻으로 강가 강의 다른 이름.
세 길_ 강가 강의 세 길은 천상, 지상, 지하세계를 일컫는다.

에 살며, 브라흐마 르쉬들은 닐라에 살지요. 대왕이시여, 그리고 슈링가와뜨는 조상들이 거처하는 곳이랍니다. 대왕이시여, 이곳들이 바로 움직이거나 아니 움직이는 생명들이 살아가는 일곱 갈래 땅이지요. 신과 인간은 여러 갈래로 퍼져 번성했으나 헤아림에 능한 사람도 갈래를 다 헤아릴 수는 없다고 합니다.

왕이시여, 당신께선 토끼 모양을 한 신성한 이 땅에 대해 하문하셨고, 지금 막 소인은 토끼의 양 옆구리를 이루는 남과 북의 양 끝 땅에 관해 말씀드렸습니다. 그리고 왕이시여, 나가와 까샤빠라는 섬이 귀를 이루고, 성농 그늘 같은 바위를 품은 빛나는 말라야 산은 머리를 이루고 있답니다. 그것이 토끼 모양을 한 그 지역의 두 번째 모습이지요.'

8

드르따라슈트라가 말했다.

'지혜롭고 지혜로운 산자야여, 이제 메루의 동쪽과 북쪽 산자락에 대해, 그리고 말리야와뜨 산에 대해 말해다오.'

산자야가 말했다.

'왕이시여, 닐라 남쪽이자 메루의 북쪽 산자락에는 싣다들이 운집하는 성스러운 북꾸루가 있습니다. 꿀 열매 맺는 그곳 나무들에는 꽃과 열매가 언제나 가득하답니다. 꽃은 향기롭고 열매는 맛이 좋지요. 인간들의 군주시여, 백성을 지키는 분이시여, 그곳에는 모든 소망을 들어주는 열매가 달린 나무들도, 젖나무라고 불리는 나무들도 있답니다. 그것들은 아므르따처럼 여섯 맛을 다 갖춘 젖을 언제든 내주고, 열매에는 또 옷과 장신구들이 담겨 있지요. 백성들의 군주시여, 온 땅 가득 보석인 그곳의 표면은 고운 금모래로 덮여 있답니다. 닿는 것은 모두 상쾌하고 진흙 따위는 찾아볼 수 없지요. 그곳에서 태어난 사람들은 모두 천상에서 내려온 이들이랍니다. 하나같이 아름다운 그들은 평탄할 때나 굴곡질 때나 한결같이 덕이 있는 사람들이지요. 그들은 짝을 이뤄 태어나며 여인들은 압싸라스처럼 곱고, 젖나무에서 흐르는 아므르따 같은 젖을 마신답니다. 그곳에서 태어난 짝들은 함께 자라고 똑같이 아름다우며 같은 덕을 지니고 같은 옷을 입지요. 주인이시여, 짜끄라와까 새들처럼 서로가 서로를 사랑하는 그들은 병이 없고 슬픔이 없으며 마음은 언제나 편안하답니다. 대왕이시여, 그들은 만년하고도 천년을 더 살며 어떤 경우에도 서로를 버리는 법이 없지요. 그들이 목숨을 놓으면 바룬다라는 새가 날카로운 부리로 시신을 물어다 산의 동굴에 갖다 놓는답니다.

　왕이시여, 소인은 북꾸루에 관해 간략하게 말씀드렸습니다. 이제 메루 산 동쪽 산자락에 대해 있는 그대로를 말씀드리려고 합니다.

　백성의 주인이시여, 그곳의 가장 중요한 지역은 바드라쉬와랍니다. 그곳에는 깔라아므라라는 거대한 나무가 사는 바드라샬라 숲이 있지요. 대왕이시여, 깔라아므라는 사시사철 꽃과 열매가 가득한 상서로운 나무랍니다. 높이가 한 요자나에 이를 만큼 우뚝 큰 그 나무는 싣다와 짜라나들이 즐겨 찾는 곳이기도 하지요. 그곳 사내들은 희고 빛이 형형하며 힘이 넘치고, 여인들은 연꽃 같은 피부에 자태가 곱고 아름답기 그지없답니다. 달처럼 빛나는 달빛 피부의 여인들은 달덩이 같은 얼굴을 지니고 있지요. 달빛처럼 서늘한 몸을 지닌 그들은 가무에도 능하답니다. 황소 같은 바라따시여, 만년을 살 수 있는 그곳 사람들은 깔라아므라 나무즙을 마셔 영원한 젊음을 유지하지요.

닐라 오른쪽 그리고 니샤다 북쪽에는 수다르샤나라는 거대하고 영원한 잠부 나무가 있습니다. 소망을 다 들어주는 열매를 맺는 그 나무는 신다와 짜라나들이 즐겨 찾는 곳이랍니다. 그 나무의 이름을 따서 영원한 잠부드위빠의 이름이 지어진 것이지요. 인간의 주인이신 황소 같은 바라따시여, 하늘을 찌르는 그 나무의 제왕의 높이는 천백 요자나에 이르고, 익어서 터질 만할 때의 나무열매 둘레는 이천 오백 완척에 이릅니다.* 왕이시여, 열매는 떨어질 때 엄청난 소리를 내며 은 같은 즙이 흘러내린답니다. 인간을 지키는 분이시여, 그 잠부 열매의 즙은 강이 되어 메루 산을 오른쪽으로 돌며 북꾸루까지 이어 흐른답니다. 인간들의 군주시여, 언제나 흥에 겨운 그곳 사람들은 그 즙을 마시고, 그것을 마신 이들에게는 늙음이 찾아오지 않는다지요. 그곳에서 생산되는 잠부나다라는 황금은 신들의 장신구로 쓰이고, 그곳에서 태어난 사람들은 떠오르는 태양 같은 빛을 띠고 있답니다. 황소 같은 바라따시여, 그곳 말리야와뜨 산꼭대기에서 타오르는 불은 상와르따까* 라는 이름으로 불리지요. 그것이 시간의 불이기 때문입니다. 말리야와뜨 산봉우리 동쪽으로는 매우 조금 튀어나와 있는 곳이 있습니다. 바로 그곳에서 시작된 말리야와뜨는 오만 요자나에 걸

높이는 천백 요자나에 이르고 ~_ 15,000킬로에 육박하는 높이와 1킬로에 이르는 크기를 지닌 거대한 나무이니 실로 상상하기 어려울 만큼 아찔하다.

상와르따samvarta_ '파괴' 또는 '용해'라는 뜻이다. 따라서 접미사 'ka'가 붙은 상와르따까는 '파괴하는 이' 또는 '녹이는 이'라는 뜻으로 세상 종말 때 '모든 것을 녹이고 파괴하는 불'을 뜻하게 된다.

쳐 뻗어 있답니다. 그곳에서 태어난 사람들은 빼어난 은빛 피부를 갖고 있지요. 모두들 브라흐마 세계에서 내려온 사람들이어서 모두들 브라흐마의 말을 쓴답니다. 고행으로 자신을 태우고 자신의 씨를 함부로 흘려보내지 않는 그들은 생명을 보호하기 위해 태양으로 들어가지요. 육만 육천 명에 이르는 그들은 태양의 둘레를 돌며 태양의 마부 아루나를 앞서 간답니다. 태양열에 의해 육만 육천 년 동안 달구어진 그들은 그런 뒤에는 달의 궤도로 들어가지요.'

9

드르따라슈트라가 말했다.
'산자야여, 지역과 산들의 이름에 대해, 그리고 산에 사는 사람들에 대해 아는 대로 말해다오.'
산자야가 말했다.
'쉬웨따 남쪽이자 닐라 북쪽은 라마나까라는 지역입니다. 그곳에서 태어난 사람들은 모두 선한 심성을 지닌 아름답기 그지없는 이들이지요. 그곳 사람들은 또한 사랑을 무엇보다 중요하게 생각한답니다. 대왕이시여, 만 오천 년을 사는 그들은 마음이 항상 기쁨으로 넘쳐나지요.

쉬릉기나 남쪽이자 쉬웨따 북쪽에는 하이란야와띠 강이 흐르는 하이란야와뜨 지역이 있습니다. 대왕이시여, 그들은 약샤의 추종자이며 부유하고 아름답지요. 왕이시여, 그곳 사람들은 힘이 세고 마음이 언제나 기쁨에 차 있답니다. 인간을 지키는 군주시여, 그들은 만천 년 하고도 천 오백 년을 더 산답니다. 인간들의 군주시여, 쉬릉가와뜨 산에는 세 개의 쉬릉가*가 있습니다. 봉우리 하나에는 보석이 가득하고, 다른 하나에는 놀라운 황금이 꽉 차 있으며, 나머지 하나에는 모든 보물이 가득 찬 아름다운 궁궐들이 늘어서 있지요. 그곳엔 언제나 스스로 빛을 내는 여신 샨딜리가 머문답니다.

인간들의 군주시여, 바다의 끝자락에는 아이라와뜨라는 지역이 있습니다. 쉬릉가 북쪽, 다시 말해 쉬릉가와뜨의 가장 북쪽인 그곳은 태양이 따갑지 않고 사람들이 늙지 않는답니다. 달은 빛을 내는 유일한 것이라도 되는 듯 별들과 함께 맑게 빛나지요. 그곳에서 태어난 사람들은 연꽃처럼 환한 빛, 연꽃 같은 피부, 연꽃 잎 같은 눈, 연꽃 잎 같은 향을 지니고 있답니다. 왕이시여, 모두가 천상세계에서 내려온 그들은 음식 없이 사는 이들이어서 땀을 흘리는 법이 없고 향기로우며, 감각을 절제할 줄 아는 결점 없는 이들이지요. 백성을 지키는 훌륭한 바라따시여, 그곳에서 태어난 사람들은 수명이 만 삼천 년에 이른답니다.

우유바다 북쪽에는 황금수레에 탄 위용 넘치는 하리 와이꾼타 위슈누가 머물러 계시지요. 부따*들이 끄는 그의 여덟 바퀴 수레는 마음의 속도로 달린답니다. 불꽃의 빛깔을 지닌 빠르고 빠른 수레는 잠부나다 황금으로 꾸며져 있지요. 황소 같은 바라따시여, 만생명의 주인이신 위용 넘치는 분은 축소자이자 확장자이며 창조자이자 창조케 하는 분이랍니다. 왕이시여, 그분은 땅이자 물이며 창공이자 바람이고 빛입니다. 만생명의 회

쉬릉가_ '봉우리'라는 뜻이며, 쉬릉가와뜨는 '봉우리를 가진 것'이라는 의미이다.
부따_ 일종의 귀신이다.

생제이시며 불이 그분의 입이랍니다.'

와이샴빠야나가 말했다.

"자나메자야 왕이시여, 산자야에게서 이런 말을 들은 고결한 드르따라슈트라 왕은 아들들 생각에 깊이 빠져들었습니다. 대왕이시여, 생각한 뒤 그는 다시 이렇게 말했답니다.

'마부의 아들이여, 의심의 여지없이 시간이 세상을 멸하게 하고 다시 모든 것을 만들어 내느니. 이 세상에 영원한 것은 아무것도 없구나. 나라 나라야나˚는 세상만물 모든 것을 지탱하느니. 신들은 그를 와이꾼타라고 부르고 경전은 그를 위슈누라고 하지.'"

10

이어지는 와이샴빠야나의 이야기는 이러하다.

드르따라슈트라가 말했다.

'산자야여, 내 아들 두료다나가 저리도 분에 넘치게 탐해마지 않고, 빤두의 아들이 욕심내 마지않으며, 내 마음 또한 매달려 있는 곳, 어리석

나라 나라야나_ 나라 나라야나가 『마하바라따』에서 같이 언급될 때 일반적으로 나라는 아르주나로 환생한 옛 신인 나라를, 나라야나는 끄르슈나로 환생한 위슈누를 뜻한다. 뒤에 오는 문장으로 보아 여기서는 나라-나라야나가 위슈누 와이꾼타를 지칭하는 단수 한 몸으로 쓰였다.

은 병력이 모여드는 바라따 땅에 관해 모두 알려다오. 그대는 모든 것을 능히 알지 않더냐?'

산자야가 말했다.

'왕이시여, 소인의 말을 들어보소서. 그곳은 빤다와들이 욕심 부리는 곳이 아니라 두료다나가 탐착하고 수발라의 아들이 탐하는 곳이랍니다. 다른 여러 나라의 군주나 크샤뜨리야도 이 바라따의 땅을 탐해 서로를 못견뎌하지요. 바라따의 후손이시여, 소인이 이제 인드라 신이 사랑하고 위와스와뜨 아들 마누가 사랑하는 땅, 바라따 땅에 대해 말씀드리지요.

대왕이시여, 인드라 같은 바라싸의 왕이시여, 웨나의 아들 쁘르투*, 고결한 익슈와꾸 야야띠, 암바리샤, 만다뜨르, 나후샤, 무쭈꾼다, 우쉬나라의 아들 쉬비, 르샤바, 일라의 아들 뿌루라와스, 느르가 왕이 사랑했고, 힘이 넘치는 여타의 모든 크샤뜨리야가 이 바라따 땅을 사랑했답니다.

적을 제압하는 왕이시여, 이제 이 바라따 땅에 대해 소인이 들은 대로 들려드리겠습니다. 왕이시여, 하문하신 것을 들려드리는 동안 귀 기울여 들어보소서.

마헨드라, 말라야, 마히야, 슉띠마뜨, 륵샤와뜨, 윈디야, 바리야뜨라가 일곱 개의 큰 산맥입니다. 그 외에도 왕이시여, 그리 알려지지는 않았으나 단단하고 거대하며 놀라우리만치 아름다운 산봉우리를 이고 있는 산도 수천에 이르지요. 또한 잘 알려지지 않은 작은 산들과 난쟁이들이 머무는 산들도 있답니다.

위용 넘치는 꾸루의 후손이시여, 믈레차들과 혼혈들뿐만 아니라 아르

---

* 쁘르투_ 지상 최초의 왕이었으며, 그의 이름을 따 대지는 '쁘르트위'라고 불린다.

얀들이 지금 말씀드리는 강들의 물을 마시지요.

    수많은 지류를 거느린 강가 강과 신두, 사라스와띠, 고다와리, 니르마다, 바후다 큰 강, 샤따드루, 짠드라바가, 야무나 큰 강, 드르샤드와띠, 위바샤, 위빠빠, 스툴라왈루까, 웨뜨라와띠 강, 끄르슈나웨나 강, 이라와뜨, 위따샤, 빠요슈디, 데위까, 웨다스므르띠, 웨따시니, 뜨리디와, 익슈말리니, 까리쉬니, 뜨리와하, 찌뜨라세나, 고마띠, 두따빠빠, 완다나 큰 강, 까우쉬끼, 뜨리디와, 끄르띠야, 위찌뜨라, 로하따린, 그리고 왕이시여, 라타스타, 샤따꿈바, 사라유, 짜르만와띠, 웨뜨라와띠, 하스띠소마, 디샤, 샤따와리, 빠요슈니, 빠라, 바이마라티, 까웨리, 쭐루까, 와비, 샤따발라, 그리고 인간의 군주시여, 니찌라, 마히따, 수쁘라요가, 빠위뜨라, 꾼달라, 신두*, 와지니, 빠라말리니, 뿌르와비라마, 위라, 비마모가와띠, 빨라쉬니, 빠빠하라, 마헨드라, 삐빨라와띠, 빠리쉐나, 아쉬끄니, 샤랄라, 바라마르디니, 뿌루히, 쁘르와라, 메나, 모가, 그리고 꾸루의 후손이시여, 드르따와띠, 두마띠, 아띠끄르슈나, 수찌, 차위강이 있습니다. 사다니라, 아드르샤, 샤쉬깐따, 쉬와, 그리고 위라와띠 강도 있지요. 와스뚜, 수와스뚜, 가우리, 깜빠나, 사히란와띠, 히란와띠, 찌뜨라와띠, 찌뜨라세나, 님나가, 라타찌뜨라, 죠띠라타, 위쉬와미뜨라, 까삗잘라, 우뻰드라, 바홀라, 꾸짜라, 암부와히니, 와이난디, 뻰잘라, 웨슈나, 뚱가웨나 큰 강, 위디샤, 끄르슈나웬다, 따므라, 까삐람, 샬루, 수와마, 웨다쉬와, 하리쉬라와 큰 강, 쉬그라, 삐칠라, 바라드와지 강, 까우쉬끼 강, 쇼나, 바후다, 짠다나, 두르가, 안따하쉴라, 브라흐마메드야, 브르하드와띠, 짜락샤, 마히로히,

신두_ 잘 알려진 신두 강이 아닌 다른 지역의 신두인 듯하다.

잠부나디, 수나사, 따마사, 다시, 찌뜨라만야, 와라나시, 롤로뜨, 드르따까라, 뿌르나샤 큰 강, 인간들의 군주시여, 그리고 마나위, 우르샤바 큰 강, 사다니라마야, 우르띠, 만다가, 그리고 만다와히니가 있답니다. 바라따의 후손이시여, 브라흐마니, 마하가우리, 두르가, 찌뜨라빠라, 찌뜨라바르하, 만주, 마까라와히니도 있지요. 만다끼니, 와이따라니, 로까 큰 강, 슈띠마띠-아란야, 뿌슈빠웨니, 우뜨빨라와띠, 그리고 친애하는 바라따의 후손이시여, 로히띠야, 까라또야, 우르샤방기니, 꾸마리, 르쉬꿀리야, 브라흐마꿀리야, 사라스와띠, 수뿐야, 사르와강가도 있답니다.

이들은 모두 온 세상의 어머니이며 모두 힘이 넘친답니다. 이와 비슷하지만 아직 알려지지 않은 강이 수백수천 가닥이나 있지요.

왕이시여, 소인이 기억하는 대로 여러 강에 대해 말씀드렸습니다. 이제 땅에 사는 종족들에 대해 소인이 말씀드릴 테니 잘 들어보소서. 그들의 이름은 이러하답니다.

꾸루빤짤라, 샬와, 마드레야, 장갈라, 슈라세나, 깔링가, 보다, 마우까, 맛쓰야, 수꾸티야, 사우발리야, 꾼딸라, 까쉬, 꼬살라, 쩨디, 와뜨사, 까루샤, 보자, 신두, 뿔린다까, 우타마우자, 다샤르나, 메깔라, 우뜨깔라, 빤짤라, 까우쉬자, 에까쁘르슈타, 유간다라, 사우다, 마드라, 부징가, 까샤야, 아빠라까샤야가 있습니다. 바라따의 후손이시여, 또한 자타라, 꾹꾸샤, 수다샤르나, 꾼따야, 아완따야가 있으며 아빠라꾼따야도 있지요. 고윈다, 만다까, 샨다, 위다르바, 아누빠와시까, 아슈마까, 빵수라슈타라, 고빠라슈트라, 빠니따까, 아디라슈라, 수꾸타까, 발리라슈트가, 께왈라, 와나라스야, 쁘라와하, 와ㄲ라, 와ㄲ라바야, 샤까, 위데하까, 마가다, 수호마, 위자야, 앙가, 왕가, 깔링가, 야ㄲ를로바나, 말라, 슈데슈나, 쁘라후따, 마히샤, 까르쉬까, 와히까, 와타다나, 아비라, 깔라또아까가 있고, 친애하는 분이시여, 아빠란드라, 슈드라, 빠흘라와, 짜르마깐다까, 아타위, 샤바라, 마루바우마가 있습니다. 또한 왕이시여, 우빠우르따, 아누빠우르따, 수라슈트라, 께까야, 꾼따빠란따, 드와데야, 깍샤, 사무드라니슈타까, 여러 안드라와 안따르기리, 바히르기리, 앙가, 말라다, 마가다*, 마나와르자까도 있지요. 인간을 지키는 분이시여, 또한 마히웃따라, 쁘라우르쉐야, 바르가마, 뿐드라, 바르가, 끼라따, 수데슈나, 쁘라무다, 까까, 니샤아다, 니샤다, 아나르따, 나이르따, 두굴라, 쁘라띠맛쓰야, 꾸샬라, 꾸나타도 있습니다. 꾸루의 후예시여, 띠라그라하, 따라또야, 라지까, 람미야까가나, 띨라까, 빠라시까, 마두만따, 쁘라꾸뜨사까, 까쉬미라, 신두, 사우위라, 간다라, 다샤르까, 아비사라, 꿀루따, 사이왈라, 바흘리까, 다르위까, 수까짜, 다르와, 와따자, 아마라타, 우라가, 바후와드야, 수다마나, 수말리까가 있고, 와드라, 까리샤까, 꿀린다, 우빠트야까, 와나야와, 다샤빠르쉬와, 로마나, 꾸샤빈다와가 있으며, 친애하는 분이시여, 깟차, 고빨라깟차, 랑갈라, 빠라왈까, 끼라따, 바르바라, 싣다, 위데하, 따므라링가까, 오슈트라, 뿐드라, 사사인드라, 빠르와띠야가 있답니다.

바라따의 황소 같은 왕이시여, 이제 남쪽에 있는 또 다른 땅에 관해 말씀드리지요.

나의 왕이시여, 드라위다, 께랄라, 쁘라찌야, 부쉬까, 와나와시나, 운나띠야까, 마히사까, 위깔빼, 무사까, 까르니까, 꾼띠까, 사우드비다, 날라깔라까, 까우꾸따까, 쫄라, 꽁까나, 말와나까, 사망가, 꼬빠나, 꾹꾸랑

여러 안드라와 ~_ 이처럼 종종 겹치는 이름들이 있으나 같은 이름일 뿐 다른 지역인 듯하다.

가다가 있고, 드와지니, 우뜨사와, 샹께따, 뜨리가르따, 사르와세나야, 뜨리양가, 께까라까, 쁘로슈타, 빠라산짜라까가 있으며, 또한 윈드야뿔라까, 뿔린다, 깔까라, 마알라까, 말라까, 아빠라빠르와따까, 뿔린다, 꿀라까, 까란타, 꾸라까, 무샤까, 스따나발라, 사띠야, 빠띠빤자까, 아디다야, 시랄라, 스뚜바까, 스따나빠도 있답니다.

훌륭하신 바라따의 후예시여, 북쪽에 사는 종족들도 있습니다.

흐르쉬, 위다르바, 깐따까, 아스땅가나, 빠라땅가나, 믈레차, 야와나, 사까보자, 사나운 믈레차 종족, 살샤드루하, 꾼딸라, 후나, 빠라따까들이 있으며, 또한 마라다, 찌나, 다샤말리까, 그리고 다양한 크샤뜨리야, 와이샤, 슈드라 종족들, 슈드라비라, 다라다, 까쉬미라, 빠슈, 카쉬까, 뚜카라, 빨라와, 기리가호와라, 아뜨레야와 바라드와자, 스따나요쉬까, 아우빠까, 깔링가, 끼라따 종족들, 따마라, 항사마르가, 그리고 까라반자까가 있습니다.

위용 넘치는 분이시여, 소인은 이렇게 지역들에 대해 그저 간략하게 말씀드렸습니다. 이미 지니고 있는 덕과 힘을 잘만 키워낸다면 대지는 마치 소망을 채워주는 소처럼 세 가지의 거대한 힘*을 짜내 줄 것입니다. 왕들과 영웅들, 그리고 다르마와 아르타를 능히 아는 기개 넘치는 이들이 이 땅을 탐해 목숨을 버립니다. 그리고 대지는 신과 인간들의 몸뚱이에 피난처를 주려고 하지요.

훌륭하고 훌륭하신 바라따시여, 부를 품은 대지를 즐기려는 왕들은 고기를 탐하는 개들처럼 서로를 물어뜯습니다. 그러나 이 세상 어느 누구

---

* 세 가지의 거대한 힘_ 덕, 이익, 기쁨 또는 다르마, 아르타, 까마이다.

도 욕심을 다 채운 사람은 없습니다. 왕이시여, 그러기에 꾸루와 빤다와 들은 유화책으로든 뇌물로든 분쟁으로든 또는 무력을 써서든 이 땅을 얻으려 애쓰는 것입니다.

황소 같은 이여, 아버지, 어머니, 아들, 창공 그리고 하늘은 만 생명에게 구분 없고 흠결 없는 제대로 된 좋은 땅이 되어준답니다.

11

드르따라슈트라가 말했다.

'마부의 아들이여, 바라따의 땅, 그리고 히마와뜨의 힘과 수명은 얼마나 되는지, 이들의 좋고 나쁜 결실은 또 무엇인지 말해다오. 산자야여, 이와 아울러 하리 땅의 아직 오지 않은 시간과 가버린 시간에 대해 그리고 지금 이 시간에 대해 상세히 말해다오.'

산자야가 말했다.

'꾸루를 번성케 하는 바라따의 후손이시여, 바라따의 땅에는 네 개의 유가˚가 있답니다. 끄르따, 뜨레따, 드와빠라, 뿌쉬야˚가 그것들입니다. 주인이시여, 먼저 끄르따 유가가 있고 그 뒤를 뜨레따 유가가 따르며, 드와빠라 유가가 뒤를 잇고 마지막이 뿌쉬야입니다. 빼어난 꾸루시여, 훌륭한 왕이시여, 끄르따 유가에서 인간의 수명은 사천 년에 이릅니다. 인간

유가_ 생과 멸을 거치는 세상의 나이라고 할 수 있다. 종종 '세기'로 옮겼다.
뿌쉬야_ 말세인 깔리 유가와 같은 뜻이다.

을 지키는 분이시여, 뜨레따에서의 수명은 삼천 년이며 드와빠라 유가에 인간은 이천 년 동안 지상에 머물지요. 황소 같은 바라따시여, 반면 뿌쉬야 유가에는 특별하게 정해진 수명이 없습니다. 태아 때 죽거나 태어나자마자 죽기도 하지요.

 왕이시여, 끄르따 유가에서 사람들은 힘이 세고 기력이 넘치며 자손과 덕이 모두 충만하답니다. 수행력 높은 수행자들이 이 시기에 태어나지요. 왕이시여, 끄르따 유가에 태어난 사람들은 기가 성하고 고결하며 올곧아서 진실을 말하고 풍요로우며 수려한 풍모를 지니고 있습니다. 뜨레따 유가에서 사람들은 장수하며 용맹스럽기 그지없어 전장에 나서면 더 없이 빼어난 궁술을 자랑한답니다. 바로 이 시기에 크샤뜨리야 영웅들과 무기에 능한 전륜성왕들이 태어나지요. 대왕이시여, 드와빠라 유가에서는 모든 계급이 태어납니다. 기가 승하고 힘이 넘쳐 서로가 서로를 해치려들지요. 바라따의 왕이시여, 뿌쉬야 유가에서는 기는 쇠하나 분은 차고 넘치는 탐욕스럽고 잔악한 사람들이 태어납니다. 시기심 많고 화가 많으며 성을 잘 내고 미혹한데다 시샘이 많습니다. 바라따시여, 뿌쉬야 유가에서 사람들은 걱정과 탐욕에 사로잡혀 있답니다.

 인간을 지키는 왕이시여, 지금 우리는 드와빠라 유가에 살고 있습니다. 히마와뜨는 바라따보다 덕이 많고 하리의 땅은 그보다 더 훌륭하지요.'

드넓게 펼쳐진 여러 섬 이야기

12

드르따라슈트라가 말했다.

'산자야여, 그대는 잠부대륙에 대해 있는 그대로 말했다. 이제 그곳의 크기는 정말로 어느 정도에 이르는지 말해다오. 흠결 없는 산자야여, 바다의 너비는 얼마나 되는지 제대로 알려주고, 또한 샤까 섬과 꾸샤 섬에 관해서도 말해다오. 가왈가나 산자야여, 살말라와 끄라운짜 섬에 대해서도, 라후와 해와 달에 대해서도 모두 말해다오.'

산자야가 말했다.

'이 세상은 참으로 여러 개의 섬으로 이루어져 있습니다. 그러나 그중 일곱 개만 말씀드리고, 해와 달, 그리고 그것들을 붙잡고 있는 라후에 대해서도 말씀드리지요. 백성들의 군주시여, 잠부의 산은 십팔 만하고도 육백 요자나에 걸쳐 빼곡히 뻗어 있답니다. 스므르띠에 이르기를 짠 바다의 너비는 그것의 두 배에 이른다고 하며, 보석과 산호로 빛나는 바다는 여러 다른 지역에 잘 흩어져 있다고 합니다. 갖가지 휘황찬란한 광물을 지닌 산으로 단장된 바다는 싣다와 짜라나들이 모여 살며 모양은 둥글답니다.

왕이시여, 소인은 이제 샤까 섬에 대해 아는 대로 말씀드리겠나이다. 꾸루의 기쁨이시여, 소인이 있는 그대로 말씀 드리는 동안 잘 들어보소서. 인간을 지키는 분이시여, 그것의 크기는 잠부 섬의 두 배에 이릅니다. 대왕이시여, 바다의 너비는 그것보다도 훨씬 크답니다. 빼어난 바라따시여, 그 땅을 에워싸고 있는 바다를 우유바다라고 이르지요. 성스러운 그 땅에 사는 사람들에게는 죽음도 없다고 합니다. 인내할 줄 알고 기력이 성성한 그들에게 어찌 기근이 덮치리까? 바라따의 황소 같은 대왕이시여, 소인은 샤까 섬에 대해 이처럼 간략하게 말씀드렸습니다. 소인에게 달리 하문하고 싶으신 게 있나이까?'

드르따라슈트라가 말했다.

'다복한 산자야여, 그대는 샤까 섬 이야기를 있는 그대로 간략하게 말했다. 사실을 좀 더 상세하게 말해다오.'

산자야가 말했다.

'왕이시여, 그 섬에는 보석으로 단장한 일곱 개 산이 있습니다. 보물 담긴 광산과 강들도 있으니 그 이름들을 들어보소서. 백성을 지키는 분이시여, 그곳에 있는 모든 것은 지극히 좋고 성스러운 것들입니다.

신과 선인과 간다르와들이 사는 최고의 산은 메루라고 하지요. 대왕이시여, 다음으로는 동쪽으로 뻗어 있는 말라야라고 불리는 산이랍니다. 구름은 그곳에서 와서 사방으로 여행한답니다. 꾸루의 후손이시여, 그 너머로는 잘라다라*라는 큰 산이 있습니다. 그곳에서 비의 신 인드라는 언제나 가장 좋은 물을 끌어온답니다. 백성의 주인이시여, 그렇게 해서 우기가 되면 비를 뿌려주는 것이지요. 거기에서 조금 더 가면 라이와따까 높은 산이랍니다. 레와띠라는 행성은 조물주 할아버지가 정하신대로 항상 그 산 하늘 위에 고정되어 떠 있지요. 인드라 같은 왕이시여, 북쪽으로는 샤마*라는 큰 산이 있습니다. 백성과 땅의 주인이시여, 그 산으로부터 사람들은 검은 피부를 가져왔답니다.'

드르따라슈트라가 말했다.

'산자야여, 그대가 지금 말한 것에 크나큰 의혹이 생겼느니. 수따의 아들이여, 그곳 백성들이 어떻게 하여 검은 피부를 갖게 되었다는 것이냐?'

산자야가 말했다.

'왕이시여, 지혜 크신 꾸루의 기쁨이시여, 모든 섬에는 희고 검은 두 가지 피부색이 있지요. 그들 간에 약간의 차이점이 있답니다. 바라따시여, 이 산이 왜 샤마라고 불리는지 말씀드리지요. 바로 그곳에서 성스러운 검은 분 끄르슈나가 사셨기 때문이랍니다. 산은 그의 아름다움에서 검은 빛을 얻었답니다. 인드라 같은 꾸루의 후손이시여, 그 너머는 기품 넘치는 두르가 산입니다. 그 너머는 께사리*가 많은 께사라 산이며 바람은 바로 그곳에서 불어오지요. 꾸루의 후손이시여, 성현들께서 잘 살펴보신 바로는 각각의 산의 크기는 뒤에 언급한 산들이 앞에 언급한 산들이 취한 요자나의 두 배에 이른다고 합니다. 왕이시여, 스므르띠*에서는 메루

잘라다라_ '물을 머금은 산' 또는 '물줄기가 흐르는 산'이라는 뜻이다.
샤마_ '검다' 또는 '검푸르다'라는 뜻이다.
께사라_ '갈기'라는 뜻이며, 께사린 또는 께사리는 '갈기를 지닌 자'라는 뜻으로 보통 사자를 지칭한다.

큰 산과 맞닿아 있는 땅은 마하까샤, 물을 주는 말라야 산과 닿아 있는 땅은 꾸무도따라, 그리고 잘라다라 너머는 수꾸마라라고 명시하고 있습니다. 한편 레와따 지역은 까우마라, 샤마의 땅은 마니짜까, 께사라는 모다끼라고 부른답니다. 그 너머 지역은 마하뿌만이라고 하지요.

꾸루의 대왕이시여, 그들의 한가운데에 샤까라고 불리는, 둘레가 거의 잠부 섬만큼이나 거대한 나무가 있습니다. 성스러운 그곳 사람들은 그 나무를 공경하지요. 바라따의 왕이시여, 신다, 그곳에 머무는 데와따들, 짜라나, 네 계급의 모든 사람은 덕이 지극히 많답니다. 대왕이시여, 각 계급 사람은 세 의무를 기꺼이 수행아며, 도둑질 같은 짓은 아예 일어나지 않습니다. 모두 오래 살아 늙음과 죽음으로부터 자유롭지요. 그곳 사람들은 또한 우기 때의 강이 부풀듯 모두 풍요로 부풀어 있답니다.

꾸루의 후손이시여, 거기서 성스러운 물을 가득 담은 강가 강이 스스로를 여러 가닥으로 나투는 것을 볼 수 있습니다. 훌륭한 바라따시여, 수꾸마리, 꾸마리, 시따, 께와라까, 마하나리, 마니잘라 강, 익슈와르다니까 등속의 성스러운 강이 그곳을 흐른답니다. 꾸루 가문을 번성케 한 왕이시여, 이런 수백수천의 강에서 인드라는 물을 가져와 뿌려주지요. 맑히는 것으로 치자면 가장 빼어나고 성스러운 물을 담고 있는 그 강들의 이름과 크기를 다 들먹일 수는 없을 것입니다.

세상의 우러름을 받는 이들은 그곳에 네 개의 성스러운 지역이 있다

스므르띠_ '기억된 것'이라는 뜻으로 주로 이띠하사(서사), 다르마 샤스뜨라(법전), 수뜨라(시구 형식의 짧은 경전) 등의 성전을 뜻하거나 또는 막연히 전통을 뜻하기도 한다. 여기서는 명확하게 어떤 것을 지칭하는지 알기 어려우나 '명시하고 있다'라는 문구로 미루어보아 앞의 여러 성전 중 하나인 것으로 짐작된다.

고 말합니다. 마가, 마샤까, 마나사 그리고 만다가가 그 지역들 이름이지요. 왕이시여, 마가는 대부분이 브라만이며 자신들의 율법을 잘 지킵니다. 마샤까에는 모든 청을 들어주는 법다운 크샤뜨리야들이 있지요. 대왕이시여, 마나사에는 일상에 충실한 와이샤들이 있습니다. 그들은 모든 소망을 다 이루고 다르마와 아르타를 수행하는 용기 있는 사람들이지요. 만다가에는 올곧고 행실 좋은 슈드라들이 있습니다. 인드라 같은 왕이시여, 그곳에는 왕도, 벌도, 벌을 내리는 사람도 없답니다. 서로가 스와다르마에 따라 다르마를 지키고 있기 때문입니다. 샤까 섬에 대해는 이 만큼 말씀드릴 수 있겠습니다. 이 만큼이 기운 성성한 그 섬에 대해 들으셔야 하는 것이랍니다.'

13

산자야가 말했다.

'대왕이시여, 꾸루의 후손이시여, 이제 북쪽 섬들에 관해 소인이 들은 바를 말씀드릴 테니 들어보소서. 그곳 바다는 기이 물로 채워져 있고, 그 너머 바다는 다디와 만다* 물로 채워져 있답니다. 그 너머가 수라*의 바다이며, 달콤한 또 다른 바다도 있지요. 왕이시여, 섬 한가운데는 도도한 봉우리를 인 가우라라는 거대한 산이 있습니다. 산의 서쪽은 나라야나가

다디_ 버터, 만다는 우유의 크림을 뜻한다.
수라_ 술을 뜻한다.

좋아하는 끄르슈나 산이랍니다. 그곳 천상의 보물들은 위슈누가 몸소 지킨답니다. 그곳 사람들을 어여삐 여긴 께샤와께서 그들에게 행복을 내려 주시지요.

왕이시여, 꾸샤 대륙 한가운데는 성스러운 꾸샤 풀이 있고, 샬말리까 섬에는 샬말리 나무*가 사람들의 숭앙을 받는답니다. 왕이시여, 온갖 광물이 엄청나게 들어 있는 고만다 산은 연꽃 눈의 영예로우신 분 하리 나라야나 위슈누가 언제나 머물며 해탈을 얻은 이들에게 우러름 받는 곳이지요. 인드라 같은 왕이시여, 꾸샤 섬에는 수다마라는 오르기 어려운 험산이 있는데, 왕님산이기노 안 그 산에는 수많은 산호가 박혀 있답니다. 꾸루의 후손이시여, 그 지역의 세 번째 산은 듀띠만이라고 불리는 꾸무다 산입니다. 네 번째는 뿌슈빠완이며, 다섯 번째는 꾸쉐샤야이고, 여섯 번째는 하리기리랍니다. 그것들이 그곳의 주요 산이지요. 산들 간의 거리는 앞에 언급한 것의 두 배 만큼씩 북쪽을 향해 더 뻗쳐 있답니다. 그곳의 첫 번째 지역은 아우디비다이며, 두 번째는 웨누만달라, 세 번째는 라타까라, 네 번째는 빨라라로 기억되며, 다섯 번째는 드르띠마뜨, 여섯 번째는 쁘라바까라, 일곱 번째는 까뻴라입니다. 이 지역들이 일곱 개의 우러름 받는 곳이랍니다.

세상의 주인이시여, 신과 간다르와와 사람들은 그런 곳에 살고 즐기며, 그곳 사람들은 죽음을 알지 못합니다. 왕이시여, 그런 곳에서는 다스유들이 살지 않고 믈레차* 또한 태어나지 않습니다. 왕이시여, 사람들은

샬말리 나무_ 비단솜 나무이다.
다스유와 믈레차_ 『베다』에 등장하는 원주민이나 후대로 갈수록 다스유는 도적떼로, 믈레차는 야만족으로 여겨진다.

모두 피부가 희고 고와 사랑스럽기 그지없답니다.

인간의 주인이시여, 이제 나머지 나라들에 대해 소인이 들은 대로 말씀드리겠습니다. 대왕이시여, 그러니 마음을 모아 들어보소서.

끄라운짜 섬에는 끄라운짜라는 큰 산이 있습니다. 끄라운짜 너머에는 와마나까가 있고, 와마나까 다음에는 안다까라까가 있답니다. 왕이시여, 안다까라까 너머에는 최고의 산 마이나까가 있습니다. 왕이시여, 마이나까 너머는 더없이 좋은 고윈다 산이 있지요. 왕이시여, 고윈다 너머는 니비다라는 산이 있고, 그것들은 북쪽을 향해 각기 두 배씩 더 길어진답니다.

소인이 그 지역에 대해 말씀드릴 테니 잘 들어보소서.

끄라운짜 유역은 꾸살라라고 하며, 와마나 유역은 마노구나라고 합니다. 꾸루 가문을 짊어진 이여, 마노구나 너머에는 우슈나가 있고, 우슈나 너머에는 쁘라와라까가, 쁘라와라까 너머에는 안다까라까가 있지요. 안다까라까 너머는 무니데샤로 알려져 있습니다. 무니데샤 너머는 둔두비스와라로 불리지요. 백성을 지키는 대왕이시여, 신과 간다르와들이 지내는 이 지역들은 싣다, 짜라나들이 운집하며, 사람들 피부는 희고 사랑스럽답니다. 뿌슈까라 지역에는 보석과 보물이 가득한 뿌슈까라라는 산이 있습니다. 그곳엔 언제나 쁘라자빠띠 신께서 몸소 머물러 계신답니다. 백성을 지키는 분이시여, 모든 신과 대선인들이 항상 감미로운 말로 그분을 받들고 다정한 마음으로 섬긴답니다. 꾸루의 기쁨이시여, 잠부 대륙에서 나는 온갖 보물이 다 거기 있지요.

그곳 모든 나라에 사는 백성은 브라만의 금욕, 진실, 절제, 건강, 장수의 자질을 갖추고 있으며, 이 자질들은 북쪽으로 갈수록 두 배씩 더 늘어난답니다. 왕이시여, 바라따의 후손이시여, 어찌 보면 하나의 나라가 대륙 전체에 걸쳐 이어져 있다고 봐도 될 것입니다. 각각의 나라가 모두 하나의 다르마를 따르고 있기 때문이지요. 대왕이시여, 쁘라자빠띠 위쉬와라께서 몸소 그곳에 머물며 그곳 나라들을 지키려 지팡이를 들고 계신답니다. 왕이시여, 그분은 왕이시며 상서롭습니다. 그분은 아버지시며 할아버지십니다. 훌륭한 분이시여, 그분은 어리석고 지혜로운 백성 모두를 아울러 지키십니다. 꾸루의 후손이시여, 그곳에서는 음식이 저절로 솟아난답니다. 대왕이시여, 그곳 백성들은 언제라도 그것을 얻어 즐긴답니다.

 대왕이시여, 그 너머로는 사마라는 곳을 볼 수 있습니다. 네 귀퉁이가 있는 그곳은 서른세 개의 둥그런 지형으로 이루어져 있답니다. 꾸루의 후손이시여, 훌륭한 바라따시여, 바로 그곳에 세상의 흠모를 받으며 방위를 지키는 네 코끼리가 있지요. 왕이시여, 그들의 이름은 와마나, 아이라와뜨, 아다야*, 수쁘라띠까입니다. 이마 터져 즙이 흘러나오는 그들이 네 귀퉁이에 머문답니다. 왕이시여, 소인은 그들의 크기를 감히 들먹이지 못합니다. 그들의 몸통과 키와 아랫부분은 영원히 헤아릴 수 없습니다. 대왕이시여, 그 코끼리들은 사방에서 그곳으로 불어온 바람을 코끝으로 붙들었다가 재빨리 수백 자락으로 나누어 다시 풀어놓는답니다. 대왕이시여, 코끼리들의 날숨으로 풀려난 바람은 그곳으로부터 길을 찾아가 만생명을 지탱합니다.'

 드르따라슈트라가 말했다.

 '산자야여, 그대는 그것들의 의미를 매우 상세하게 말해주었구나. 산

아다야_ 봄베이 판본 등에는 아다야 대신 안자나로 되어 있다.

자야여, 그리고 나라들이 있는 곳에 대해서도 일러주었다. 이제 나머지를 말해다오.'

산자야가 말했다.

'대왕이시여, 소인은 나라들에 대해 말씀드렸습니다. 이제 행성들에 관한 진실을 말씀드릴 테니 들어보소서. 훌륭한 꾸루의 후손이시여, 스와르바누 라후는 몹시 빛나는 행성이랍니다. 대왕이시여, 스와르바누는 둥근 형상을 가진 행성이라고 알려져 있습니다. 면적은 만 이천 요자나에, 둘레는 삼만 육천 요자나에 이른답니다. 무구하신 이여, 그리고 혜안을 지닌 옛 어른들 말씀에 따르면 행성의 두께는 육천 요자나에 이른다고 합니다. 꾸루의 훌륭한 왕이시여, 달은 면적이 만 천 요자나에, 둘레가 삼만 삼천 요자나에 이릅니다. 찬 빛으로 빛나는 이 행성의 두께는 오십구 요자나랍니다. 꾸루의 기쁨이시여, 태양은 면적이 만 요자나에 이릅니다. 왕이시여, 그리고 둘레는 삼만 요자나에 이르고, 너무나도 빛나고 빛나 빛이 넘쳐나는 저 행성의 두께는 오십팔 요자나에 이른다고 합니다. 바라따시여, 이 만큼이 태양의 크기랍니다. 대왕이시여, 그러나 라후는 크고도 커서 때가 되면 달과 태양을 집어삼켜버립니다.

대왕이시여, 이것이 하문하신 것에 대한 간략한 답입니다. 모든 것을 있는 그대로 말씀드렸으니 이제 편안히 쉬소서. 소인은 세상과 그 모양새를 경전에 이른 대로 말씀드렸습니다. 그러니 꾸루의 후손이시여, 당신의 아들 두료다나를 향한 마음을 내려놓으소서. 최상의 바라따시여, 그가 이 땅에 관한 놀라운 이야기를 듣게 하소서.

왕이시여, 이 이야기를 듣는 왕은 영예로워지고 일을 이룰 것이며 선자들의 우러름을 받을 것입니다. 또한 장수를 누리고 위력을 높일 것이며 용맹스러워져서 그의 빛은 더욱 늘어나겠지요. 땅을 지키는 분이시여, 보름과 상현의 새달에 이 이야기를 듣는 이와 지계 곧은 이는 아버지와 조상을 기쁘게 한답니다. 이제 대왕께선 우리가 살고 있는 바라따의 땅에 관한 이야기를 들으셨습니다. 우리 조상들이 덕으로 맑히신 이 성스러운 땅에 관한 이야기를 모두 들으신 것입니다.'

비슈마의 죽음을 알리는 산자야[*]

* 역자가 엮은 『바가와드 기따』는 이 장부터 시작된다. 마하바라따의 흐름을 따라 읽는 『바가와드 기따』를 이해하는 데 필수적인 장이며, 작품의 기둥 같은 존재인 비슈마가 무너지면서 주인공 아르주나가 사촌간의 전쟁에서 할아버지 비슈마를 쏘았어야 하는 당위성에 대해 좀 더 깊은 사고를 필요로 하는 장이다. 마하바라따를 읽은 독자라면 각주에 불필요하고 겹치는 설명이 더러 보일 것이나 『바가와드 기따』를 읽는 기분으로 읽는 것도 나쁘지 않을 것이다.

14

와이샴빠야나가 말했다.

"자나메자야 왕이시여, 이제 가왈가니의 지혜로운 아들 산자야, 과거 현재 미래의 모든 것을 눈앞에 놓은 듯 볼 수 있는 그가 돌연 전장에서 돌아왔습니다. 슬픔으로 뒤범벅된 그가 생각에 빠져 있는 드르따라슈트라에게 황망히 다가가 비슈마가 죽었음을, 바라따들에게 둘도 없는 이가 쓰러졌음을 고했답니다."

이어지는 와이샴빠야나의 이야기는 이러하다.

산자야가 말했다.

"대왕이시여, 황소 같은 바라따시여, 소인 산자야 절하옵니다. 비슈마께서, 샨따누의 아들 비슈마께서, 바라따들의 할아버지께서 쓰러지셨나이다. 모든 전사의 수장이시며 활 가진 모든 이의 봉우리이신 꾸루의 할아버지께서 오늘 화살침상에 누우셨나이다. 왕이시여, 그분의 기상만 믿고 당신의 아들이 주사위를 던졌던 바로 그 비슈마께서* 쉬칸딘의 화살에 맞아 전장에 누우셨나이다. 이 땅의 모든 왕이 모여든 까쉬* 도성의 대전투*에서 달랑 전차 하나로 승리를 거두었던 대전사께서, 자마다그니의 아들 빠라슈라마와 전장에서 맞붙어서도 쓰러지지 않았던* 와수 태생*인 그분께서 오늘 쉬칸딘의 화살에 맞아 쓰러지셨나이다. 용맹으로는 대인드라와 맞먹고, 당당하기로는 히말라야 같으며, 심오하기로는 바다 같고, 인내하기로는 대지 같은 분, 입은 활이요 이는 화살이며 혀는 칼과 같아 어느 누구도 감히 넘볼 수 없는 인간-사자 같은 분, 그런 당신의 아버지께서 오늘 빤짤라 왕자 쉬칸딘에게 쓰러지셨나이다.

대전투에 나선 그분을 보고 빤다와 대병력은 사자보고 벌벌 떠는 소 떼처럼 공포에 짓눌려 내뺐었지요. 적군을 처단하는 그분께서 인간으론

그분의 기상만 믿고 ~_ 이 부분은 이 작품의 2장 '회당'에서의 두료다나 (혹은 두료다나를 대신한 샤꾸니)와 유디슈티라의 노름을 언급한 것이다. 비슈마는 노름이 시작될 당시 그들의 노름을 힐책하며 그만 둘 것을 종용했으나 정작 노름이 시작되자 빤다와들이 모든 것을 잃게 될 때까지도 알 수 없는 침묵을 지켰기 때문에 혹자는 비슈마가 그들의 노름을 방조했다는 비난을 하기도 한다. 그러나 이 모든 상황에서 다르따라슈트라도, 빤다와도 한결같이 꾸루의 큰 어른으로 비슈마를 의지하고 있다.

까쉬_ 현재 인도 북부의 바라나시이다.

도성의 대전투_ 비슈마가 아우인 위찌뜨라위르야를 위해 까쉬의 세 공주 암바, 암비까, 암발리까를 데려온 전투를 말한다.

쓰러지지 않았던_ 까쉬의 공주 암바의 청으로 비슈마와 결전을 벌였던 빠라슈라마는 오히려 비슈마에게 패해 그의 무예를 칭송했다. 상세한 내용은 『마하바라따』 5장 '암바' 편을 참조하라.

와수 태생_ 비슈마의 전신 또는 전생이 천신인 여덟 와수 중 한 명임을 말한 것이다. 상세한 이야기는 『마하바라따』의 1장을 참조하라.

도저히 할 수 없는 일을 하시며 열흘 밤 당신의 병사를 지키다 태양처럼 저무셨나이다. 열흘 동안 전장에서 수천의 화살비를 뿌리며, 흔들림 없는 인드라처럼 셀 수 없이 전사를 쓰러뜨린 그분께서 폭풍에 치인 나무처럼 그렇게 바닥에 넘어져 누워계시나이다. 왕이시여, 바라따시여, 그분은 당신의 그 못난 생각과는 격이 맞지 않은 분이셨습니다."

15

드르따라슈트라가 말했다.

"꾸루의 황소 비슈마가 어찌 쉬칸딘에게 당하셨더냐? 인드라 같은 내 아버지가 어찌 전차에서 떨어지셨단 말이냐? 산자야여, 내 아들들은 비슈마 없이 어찌고 있더냐? 당신의 아버지를 위해 금욕 수행한 저 신 같은 장사 없이 말이다. 기개 넘치고 팔심 넘치는 대궁수요 범 같은 대전사가 쓰러졌을 때 내 아들들의 마음은 어떠해 보이더냐? 꾸루의 황소요 영웅이요 황소 같은 사내의 죽음을 그대가 내게 말하니 더할 수 없는 고뇌가 나를 덮치는구나. 누가 그를 따르더냐? 누가 그의 앞에 서 있더냐? 곁에는 또 누가 있더냐? 산자야여, 누가 뒤돌아서고 누가 그를 믿고 나아가더냐? 범 같은 불패의 전사요 황소 같은 크샤뜨리야가 온힘으로 적진 깊숙이 짓쳐 들어갈 때 어떤 용사들이 그의 뒤를 따르더냐? 천의 빛줄기를 지닌 태양이 어둠을 물리듯 적의 군사를 물리고 적을 처단했던 이, 적의 심장에 두려움을 심고 꾸루들의 청에 따라 도저히 할 수 없는 힘든 일을 전장에서 해냈던 이, 그런 샨따누의 아들에 빤다와들이 어찌 전투에서 마주설 수 있었더냐?

하루의 장이 닫힐 무렵, 감히 범접 못할 저 영리한 이가 저들의 군대를 집어삼킬 때 저들이 어찌 막아냈더냐? 사나운 화살을 이빨 삼고 쩍 벌린 매서운 활을 입 삼으며 칼을 혀 삼아 군대를 휩쓸어내는 범접 못할 사내를, 세상 어떤 범 같은 사내도 뛰어넘으나 겸손하기 그지없는 무적이요 불패인 저 대장부를 꾼띠의 아들들이 무슨 수로 전장에서 넘어뜨렸더냐? 거센 화살 뿜어대는 저 매서운 활잡이가, 장려한 전차 굴리며 사나운 화살로 적의 머리 베어버리는 이가, 전장에 우뚝 선 모습을 언뜻만 보아도 근접 못할 시간의 불*을 본 듯 빤다와 대병력이 꽁무니 뺐던 이가, 열흘 밤이 지나는 동안 아군을 이끌며 적군을 베어내던 이가, 저리도 하기 힘든 일을 해내고는 지는 태양처럼 져버렸구나. 그치지 않는 화살비를 쏘아 날린 인드라 같던 이가, 열흘 동안의 낮에 전장에서 셀 수 없이 많은 적병을 베었던 바라따의 후손이, 저리 누워서는 안 되는 이가, 내 몹쓸 통치 때문에 바람에 망가진 나무처럼 땅바닥에 누웠구나!

매서운 용맹 떨치던 샨따누의 아들 비슈마가 공격을 멈추었을 때 그를 본 빤다와 병사들은 어떠하더냐? 빤두의 아들들은 비슈마를 상대로 어찌 싸웠더냐? 산자야여, 드로나가 살아 있는데 어찌 비슈마가 승리를 거두지 못한 것이냐? 전투에 능한 이들 중에서도 가장 뛰어난 전사 비슈마가 어찌 죽음을 맞는단 말이냐? 끄르빠와 바라드와자의 아들이 곁에 있지 않았더냐? 전투에 나서면 신들도 이기기 어려워하는 비슈마가 어

시간의 불_ 여기서의 시간은 죽음 또는 종말을 뜻한다. 세상이 더 이상 구제될 수 없는 악으로 가득 차면 새로운 시대를 위해 쉬와 신이 불을 뿜어 한 세기 또는 유가를 끝낸다.

찌 고작 일당백의 전사일 뿐인 빤짤라의 왕자 쉬칸딘에게 무너졌더냐? 그보다 훨씬 더 대단한 힘을 가진 자마다그니의 아들과도 전장에서 맞섰던 이를, 그리하여 자마다그니의 아들이 끝끝내 이기지 못했던 이를, 인드라와 용맹이 맞먹는 이를, 대전사들의 힘을 짓눌렀던 이를, 그런 비슈마를 어찌 그가 전장에서 쓰러뜨렸더냐?

산자야여, 내게 말해다오. 그 영웅 없이 우리는 몸 숨길 곳을 찾지 못하겠구나. 산자야여, 내 아들들과 대궁수들 중에 저 불패의 사내를 저버리지 않은 자는 누구더냐? 두료다나가 그를 보호하라고 명한 영웅들은 누구더냐? 산자야여, 쉬칸딘을 앞세운 빤다와 모두가 비슈마를 향해 짓쳐들어올 때 까우라와들이 행여 두려워 떨며 저 불패의 사내를 저버리지는 않았더냐?

빤따와들, 빤짤라들, 스른자야*들 .... 이 모든 적병을 흩트릴 때, 활줄 튕겨 포효하고 억수 같은 화살비를 퍼부으며 활을 당겨 우레 치던 그는 크고 높은 구름이었다. 그럴 때면 저 영웅은 마치 벼락 든 인드라가 다나와들을 짓뭉개는 것 같았느니. 가까이 갈 수 없는 악어 같은 화살대가 판을 치고 활의 파도가 춤을 추는 전장에서, 몸 붙일 섬 하나 없는데 헤엄도 칠 수 없는 저 견디지 못할 전장에서, 철퇴와 칼의 소용돌이가 몰아치고 상어 같은 말들이 득실거리며 코끼리 떼로 진창이 되어버린 전장의 바다에서 분노의 광휘로 활활 타올라 말과 코끼리와 보병과 기병들을 무참히 빠뜨려 죽인 이를, 적의 영웅들을 휩쓸어내며 적군을 태워버

스른자야_ 빤짤라에 속한 부족이나 종종 독립된 부족으로 취급되기도 한다. 바라따들의 전쟁에서 빤짤라들과 더불어 빤다와 측에 서서 까우라와들과 싸운다.

린 이를, 그런 이를 대체 어떤 용맹스런 영웅이 바다를 막는 경계선처럼 멈추어 세웠더냐?

산자야여, 적을 처단하는 비슈마는 두료다나의 이로움을 위해 언제 자신이 할 일을 했더냐? 누가 그의 전방에 섰더냐? 기개를 가늠키 어려운 저 비슈마의 오른쪽 바퀴를 누가 지켰더냐? 죽을 힘을 다해 그의 후방에서 적의 영웅을 막아낸 이는 누구더냐? 비슈마를 보호하기 위해 누가 그의 바로 앞에 섰더냐? 전투하는 저 영웅의 앞바퀴는 어떤 영웅이 지켰더냐? 산자야여, 누가 그의 왼쪽 바퀴 옆에 서서 스른자야들을 죽였더냐? 전투할 때 전방에 서서 저 범접키 어려운 이를 지킨 이는 누구더냐? 누가 그의 곁에 서서 가기 어려운 길을 뚫어내고 갔더냐? 산자야여, 저 혼돈의 전장에서 적의 영웅들과 맞서 싸운 이는 누구더냐? 이기기 어려운 상대라고는 하나 영웅들이 그를 지키고 그가 영웅들을 지켰거늘 어찌 그 전투에서는 저들을 빨리 제압하지 못했더냐?

산자야여, 그는 온 세상의 주인이었고 지고한 생명의 주인이었다. 빤다와들이 어찌 그를 칠 수 있었단 말이냐? 산자야여, 적들과 싸울 때 저 범 같은 비슈마는 전장에서 까우라와들의 섬이었다. 그런 그가 무너졌다고 말하는 게냐? 그의 위용에 기댈 수 있었기에 호기로운 내 아들은 빤다와들을 무시할 수 있었느니! 그가 어찌 적에게 죽임을 당했단 말이냐? 예전에 인드라와 신들은 다나와들과 싸우며 전장에서는 맹폭하고 서약이 굳은 내 아버지께 도움을 청하였느니! 세상의 복인 저 대영웅이 태어나자 샨따누는 근심도 슬픔도 고통도 다 떨쳐버렸다. 모든 것이 아들 비슈마의 복 때문이었느니!

지고한 지혜를 지닌 이, 무엇이 진리인지 아는 이, 참다운 법에 마음

쏟는 순수한 이, 『베다』와 『베당가』*의 진리를 꿰뚫어 아는 이, 어찌 그런 이가 죽었다고 내게 말하느냐? 어떤 무기든 다룰 줄 알며 자제력 있고 평온한 저 기개 높은 샨따누의 아들이 죽었다고 들었을 때 나는 남은 내 군사들이 모두 무너졌다고 여기느니! 나는 이제 아노라. 아다르마가 다르마*를 덮쳤음을! 나이든 어른이 쓰러진 곳에서 빤다와들은 왕국을 원하고 있구나!

예전에 자마다그니의 아들 빠라슈라마, 어떤 무기 다루는 데도 당할 자 없던 그는 암바를 위해 전장에서 비슈마와 결전을 벌였으나 패하고 말았거늘. 그대는 지금 인드라 같은 행적을 지닌 이가, 궁수 중에서도 가장 빼어난 비슈마가 죽었다고 말하는구나. 이보다 더 아픈 말이 어디 있으랴!

자마다그니의 아들 라마는 전투에서 크샤뜨리야의 서약을 지키는 이들을 무수히 짓밟고 적의 영웅을 처단했었다. 그렇다면 온갖 무기에 달통하고 최상의 무기를 능히 다루는 영웅을, 전장을 겪고 겪은 저 바라따의 황소를 죽인 드루빠다의 아들 쉬칸딘은 전장에서 무적이던 브르구의 후손 라마보다도 기와 위력과 기력이 더 뛰어나단 말이냐? 어떤 영웅들

베당가vedaṅga_ '『베다』의 가지 또는 『베다』의 부분'이라는 뜻으로 일종의 『베다』의 부록이며, 『베다』의 적확한 발음과 해석 또는 진언의 올바른 사용 등을 위해 쓰인 보조 작품이다. 쉭샤śikṣā, 찬다스chadas, 위야까라나vyākaraṇa, 니룩따nirukta, 죠띠샤jyotiṣa, 깔빠kalpa 등의 여섯 베당가가 있다. 쉭샤는 『베다』에 대한 올바른 발음과 발성을 위한 발음학, 찬다스는 운율학, 위야까라나는 문법학, 니룩따는 『베다』의 어려운 단어를 어원적으로 설명하는 어원학, 죠띠샤는 천문학 그리고 깔빠는 『베다』의 의례 또는 의식에 관한 학문이다.
다르마와 아다르마_ 다르마는 진리와 바른 법 또는 도리와 세상의 참된 이치를, 아다르마는 그에 반하는 것을 뜻한다.

이 적과의 전장에서 적을 궤멸시키는 그를 따랐느냐? 산자야여, 비슈마와 빤다와의 전투에서 벌어진 일을 내게 말해다오. 산자야여, 내 아들은 이제 제 영웅 잃은 여인네와 같겠구나. 나의 군대는 이제 양치기 잃고 우왕좌왕하는 양떼 같겠구나.

온 세상 최고의 용맹을 지녔던 이가 대전투에서 절멸했을 때 그대의 마음은 어떠하더냐? 산자야여, 세상의 지표가 되었던 대영웅 아버지를 죽음에 이르게 한 우리는 이제 살아가는 데 필요한 어떤 힘을 갖고 있단 말이냐? 비슈마가 쓰러진 뒤 너무나 힘에 겨울 내 아들들은 강을 건너려던 이가 바닥 모를 물에 빠져버린 배를 보고 낙망하는 꼴이겠구나. 범 같은 사내 비슈마가 쓰러졌음을 듣고도 터지지 않은 것을 보니 내 심장은 필시 무쇠만큼이나 단단한 게로구나.

무기 다루는 법도, 깊은 지혜도, 책략도 모두 저 바라따의 황소 안에 있거늘, 가늠할 수 없고 정복할 수 없는 그가 어찌 전장에 쓰러져 있단 말이냐? 무기로도, 용맹으로도, 놓음으로도, 지혜로도, 당당함으로도, 고행으로도, 정녕 죽음을 벗어날 인간은 없도다! 산자야여, 그대가 내게 샨따누의 아들 비슈마가 쓰러졌음을 이른다면 시간은 그야말로 세상 누구도 정복할 수 없는 대영웅이로다!

나는 예전에 샨따누의 아들 비슈마로부터 피난처를 구했었거늘, 내 아들들이 지금 얼마나 서러워할까 생각하니 너무 괴로워 내게 닥친 이 고통은 마음에 담을 수도 없구나. 산자야여, 땅에 떨어진 태양 같은 샨따누의 아들을 보고 두료다나는 무엇을 어찌 하려 하더냐? 산자야여, 아무리 머리를 싸매고 생각해봐도 누가 내편이고 누가 적군인지, 남아 있는 왕들 누가 누구와 맞서 싸울지 좀처럼 감을 잡을 수 없느니. 빤다와들이,

그리고 내 아들들이 할아버지를 죽게 하고 왕국을 탐한다면, 저 샨따누의 아들을 죽이고 왕국을 탐한다면 선인들이 우리 앞에 펼쳐 놓은 크샤뜨리야 율법은 잔혹하기도 하구나! 크샤뜨리야 율법이 살아 있는 한 쁘르타*의 아들들도 내 아들들도 잘못이 없는 것을! 산자야여, 율법을 바탕 삼아 온 힘을 다해 더 없는 용맹을 보여주는 것, 그것은 어떤 어려움 속에서도 해내야만 하는 아르얀*의 임무로다.

내 소중한 산자야여, 저들의 군대를 도륙해가던 이, 수치를 아는 불패의 비슈마를 대체 무슨 수로 빤두의 아들들이 넘어뜨린 것이냐? 산자야여, 병사들은 어떤 방식으로 썼느냐? 고결한 이들끼리 어떻게 싸우느냐? 내 아버지 비슈마는 적에게 어떻게 당하셨더냐? 두료다나, 까르나*, 수발라의 노름꾼 아들 샤꾸니*, 두샤사나는 비슈마가 죽었을 때 뭐라 말하더냐? 사람과 코끼리와 말들의 몸뚱이가 화살과 투창과 철퇴와 칼과 창과 전차에 뒤섞여 나뒹구는 곳, 가까이 갈 수조차 없는 위험천만한 전장의 노름판 위에 지혜 더딘 인간 황소들이 들어가 목숨을 내기로 걸고 얼마나 무서운 주사위를 던지더냐?

쁘르타_ 꾼띠의 다른 이름.
아르얀_ 여기서는 마누의 『다르마 샤스뜨라dharma śstra』를 따라야 하는 아르얀을 일컫는다.
까르나_ 태양신 수르야와 꾼띠의 혼전아들로 태어났으나 버려져 마부에게 길러졌고, 이후 두료다나의 가장 가까운 벗이자 충복이 되어 까우라와 측에서 싸우는 비운의 영웅이다.
샤꾸니_ 협잡꾼이요 모사꾼으로 묘사되는 간다라 왕국의 왕자 드르따라슈트라의 아내 간다리의 동생, 따라서 드르따라슈트라들에게는 외삼촌이 된다. 그는 빤다와들의 맏이 유디슈티라를 노름에 초대하고 속임수로 모든 것을 빼앗아 형제들과 함께 숲속으로 쫓아버린다. 빤다와-까우라와 사촌간의 갈등을 부추긴 그의 그런 행각은 결국 바라따 족이 꾸루 들녘에서 전쟁을 벌이는 데 가장 큰 빌미를 제공한 셈이 된다.

산자야여, 누가 이겼느냐? 누가 또 졌느냐? 누가 깃발을 빼앗았느냐? 샨따누의 아들 비슈마 말고 또 누가 쓰러졌느냐? 내게 모두 다 말해다오. 신과 같은 맹세를 했던 무서운 행적의 아버지가 이 전장에서 죽어 넘어졌음을 들으니 내 마음엔 평화가 없구나. 슬픔이 밀려드는구나. 산자야여, 불에 기이를 붓듯 그대는 내 고통스런 마음에 대고 아들들로 인한 크나큰 걱정의 불을 붓느니! 온 세상 널리 이름 떨쳤던 비슈마가 그토록 무거운 짐을 짊어졌다 내려놓은 것을 본 내 아들들은 분명 슬픔의 도가니에 빠져 있으려니. 나는 두료다나가 몰고 온 엄청난 고통에 대해 들으리라.

그러니 말하라, 산자야여, 그곳에서 벌어진 모든 일에 대해 내게 말하라. 산자야여, 아둔하고 지혜 없이 태어난 녀석이 전장에서 왕들에게 저질렀던 책략이라면 잘못된 것이거나 잘된 것이거나 모두 다 내게 말하여라. 승리를 갈망하던 비슈마가 그곳 전장에서 했던 일, 온갖 무기 다 다루던 기력 창창한 이가 했던 일을 남김없이 말해다오. 꾸루와 빤다와 군대 간의 전투는 어떻게 펼쳐졌는지, 어떤 순서로, 어떤 시점에, 왜 벌어졌는지 모두 말해다오.'

16

산자야가 말했다.

"대왕이시여, 대왕께선 하문하실 만하고 충분히 답을 들으실 만합니다. 그러나 두료다나에게만 잘못을 씌우셔서는 안 됩니다. 자신이 잘못한 일에 결과가 좋지 않다고 하여 제 잘못을 다른 사람 탓으로 돌려서는 안 되지요. 대왕이시여, 사람들 사이에서 뭔가 잘못을 행했다면 그런 일을 저지른 것에 대해 온 세상의 비난을 죽도록 받아 마땅합니다. 속임 없는 빤다와들은 당신을 섬긴 탓에 책사들과 함께 속임을 당했습니다. 그러나 저들은 오래 전 숲에서 이미 당신을 용서했습니다.

말과 코끼리와 기력 창대한 저 용사들에 대해 소인이 직접 본 것을, 또는 요가의 위력으로 본 것을 들어 보소서. 헛되이 슬픔에 마음을 엮어 두지 마소서. 인간을 지키는 분이시여, 이것은 결단코 오래 전에 정해진 운명이며, 맞아야 할 숙명이랍니다. 왕이시여, 소인이 더할 나위 없는 전상의 앎을 얻은 것, 감각 너머의 눈을 갖게 된 것, 먼 곳의 일을 듣게 된 것은 모두 당신의 아버지, 사려 깊은 빠라샤라 아들 위아사 덕입니다. 타인의 생각을 알게 된 것, 과거와 미래를 보는 것, 일어날 일의 조짐을 알게 된 것, 하늘을 움직여 다닐 수 있는 힘은 모두 그분 덕이지요. 전장에서 무기가 소인을 침해할 수 없는 것 또한 그분 덕이랍니다. 그러니 그분께 절을 올린 뒤 드릴 이 말씀을 들어보소서. 저 끔찍한 바라따들의 대전투가 어떻게 벌어졌는지, 얼마나 현란하고 얼마나 털이 곤두서도록 놀라운 일이 가득한지 모두 말씀드릴 테니 들어보소서.

대왕이시여, 군대가 규율에 따라 진을 구축하고 행군하자 두료다나가 두샤사나에게 이렇게 말하더이다.

'두샤사나여, 비슈마를 지킬 전차들을 어서 매어라. 전군을 어서 재촉하여라. 마침내 여러 해를 마음속에 품어온 일, 꾸루들이 빤다와들과 그들의 군대에 맞설 때가 왔구나. 전장에서 비슈마를 지키는 것보다 더 큰 일은 없을 터이다. 그분을 잘 지키면 그분이 빠르타들을, 소마까들을,

스른자야들을 죽일 것이다. 저 무구한 영혼 비슈마 당신은 쉬칸딘을 죽이지 않겠노라고, 그가 이전에는 여인이었다고 하니 전장에서 그를 피하겠노라고 내게 말씀하셨다. 그러니 비슈마를 특히 쉬칸딘으로부터 더 잘 보호해야 한다고 여겨지는구나. 전군은 쉬칸딘을 파괴하는 데 몰두하라. 무기에 달통한 모든 군사는 동쪽에서, 서쪽에서, 남쪽에서 그리고 북쪽에서 할아버지를 보호하여라. 늑대가 괴력의 사자를 죽일 수도 있는 법이다. 쉬칸딘이라는 자칼이 사자를 죽이지 못하게 하여라. 아르주나가 쉬칸딘을 보호하는 동안 유다만유는 아르주나의 왼쪽 바퀴를, 웃따마오자스는 오른쪽 바퀴를 지키리라. 두샤사나여, 아르주나가 보호하고 비슈마가 피하는 쉬칸딘이 강가 아들을 죽이지 못하게 하여라.'

그리고 밤이 새벽을 위해 길을 내주었을 때, '고삐를 매라, 고삐를!'이라고 외치는 왕들의 엄청난 함성이 울렸습니다. 바라따의 후손이시여, 사방에서 소라고둥 소리, 북소리, 사자 같은 포효와 함께 놀란 말들의 울음소리, 전차바퀴 소리가 뒤엉켜 들렸습니다. 거대한 코끼리들의 울부짖음, 함성, 신음, 전사들의 팔 두들기는 소리*가 들리더이다.

대왕이시여, 동이 트자 빤다와들과 꾸루들의 대군이 남김없이 모두 고삐를 매고 일어섰습니다. 인드라 같은 왕이시여, 당신의 아들들과 빤두 아들들의 금칠 갑옷을 두른 코끼리들과 황금으로 장식된 전차들은 그곳에서 마치 번개 띠 두른 구름인 듯 빛났답니다. 전차병들은 오밀조밀한 마을들 같았고 당신 아버지는 그곳에서 보름달처럼 몹시 밝게 빛났습

전사들의 팔 ~_ 이는 전사들이 도전의 의미로 왼쪽 팔을 오른쪽 팔로 툭툭 두드리는 것을 묘사한 것이다.

니다. 전사들은 활, 창, 철퇴, 투창, 원반, 그리고 각자에게 주어진 번쩍이는 다른 무기로 무장하고 전투태세를 갖추었지요. 백성을 지키는 왕이시여, 코끼리, 전차, 보병, 말들이 제자리를 찾고 수백수천으로 진을 이루었습니다. 아군과 적군 왕들의 수천 개의 깃발, 드높이 치솟은 온갖 모양의 깃발이 금빛으로, 화려한 보석 빛으로, 훨훨 타오르는 불꽃의 빛으로 빛나며 모두 하나같이 인드라의 궁궐에서 빛나는 인드라의 무지개 깃발처럼 보였답니다.

황소 눈 지닌 인드라 같은 사내들이 번쩍이는 무기를 치켜들고, 손목 보호대를 단단히 묶고, 화살집에 화살을 가득 채워 넣은 채 전방에 섰습니다. 수발라의 아들 샤꾸니, 샬리야, 신두 왕 자야드라타, 아완띠의 윈다와 아누윈다, 깜보자의 수닥쉬나, 깔링가의 쉬루따유다, 자야뜨세나 왕, 꼬살라의 브르하드발라, 사뜨와따 족의 끄르따와르만이 사단을 이끄는 범 같은 열 명의 대장이었습니다. 물러섬 없는 용사요, 희생제에선 막대한 닥쉬나*를 베푸는 영웅이었답니다.

그들 말고도 두료다나 휘하의 다른 수많은 용사, 왕국은 작지만 정책을 펼 줄 알고 큰 힘을 지닌 왕들 그리고 왕의 아들들이 무장한 채 제각각의 군대를 이끌고 나타났습니다. 검은 사슴 가죽을 둘러매고, 깃발을 들고, 문자 띠를 성스럽게 맨* 이들이 두료다나를 위해, 그의 브라흐마 세계를 위해 성수를 뿌렸답니다. 그들이 자리 잡고 서서 열 개의 풍요로

닥쉬나 dakṣiṇā _ 희생제 등의 종교적 의례를 마친 제주가 브라만 제사장들에게 바치는 선물 또는 사례를 뜻한다. 배움을 끝낸 제자가 스승에게 바쳐야 하는 사례를 뜻하기도 한다.
검은 사슴 가죽을 ~ _ 브라만을 상징하는 것들이다. 문자는 상위 세 계급 사람이 일정한 나이가 되면 어깨에서 허리까지 내려뜨려 매는 거칠고 성스러운 풀이다.

운 사단을 쥐락펴락 하고 있었지요. 샨따누의 아들 비슈마께서는 드르따라슈트라 당신의 아들이 전군의 맨 앞 선봉에 선 열한 번째의 까우라와 대사단을 이끌었습니다.

대왕이시여, 흰 두건 두르고, 흰 갑옷 입은 비슈마께서 흰 말을 탄 모습은 마치 달이 훤히 떠오를 때의 광경 같았답니다. 흰 구름 사이를 뚫고 비추는 강렬한 태양처럼 은빛 전차를 타고 황금 딸라나무 깃발을 들고 선 비슈마를 꾸루와 빤다와들이 바라보았습니다. 대병력의 맨 앞에 선 비슈마를 본 빤다와들과 드르슈타듐나*가 이끄는 스른자야 대병력은 두려움에 떨었습니다. 하품하는 사자를 본 가여운 사슴 떼처럼 드르슈타듐나가 이끄는 전 병력이 두려움에 떨었답니다.

바라따의 후손이시여, 빛으로 장식된 당신의 열한 개 사단이, 고결한 이들이 지키는 빤다와들의 일곱 사단이 있었습니다. 두 병력은 마치 세기의 끝에 미친 상어 떼가 날뛰고 거대한 악어 떼가 들끓는 두 개의 거대한 바다가 부딪치는 것 같았답니다. 왕이시여, 저토록 엄청나게 모여든 병력은 예전엔 본 적도 들은 적도 없나이다."

17

산자야가 이어 말했다.

드르슈타듐나_ 드루빠다의 아들이며 빤짤라의 왕자이자 빤다와들의 공처인 드라우빠디의 오라비로 빤다와 군대를 이끄는 군사대장이다.

"성스러운 위야사 끄르슈나 드와이빠야나께서 말씀하셨듯이 지상의 모든 왕이 모여들었답니다. 그날의 달은 마가 행성*의 표식으로 떠 있었고, 하늘에는 일곱 개의 대행성*이 모여서 타는 듯 빛났습니다. 태양은 두 개로 나뉘어 떠오르는 듯하다가 창공에 완전히 떠올랐을 때는 마치 불꽃이 이글거리는 것 같았답니다. 불타는 지평선에서는 자칼과 까마귀들이 살점과 피의 잔치를 벌일 시체를 탐하며 울부짖었습니다.

빤다와들과 꾸루들의 나이든 할아버지와 드로나는 아침에 일어나면 날이면 날마다 '승리가 빤다와들에게 가야 하리!'라고 말씀하시면서도 적을 길들이는 저 두 분은 당신늘 스스로 맹세했던 대로 마마를 위해 싸우셨지요. 모든 다르마를 꿰뚫어 아는 당신의 아버지 데와우라따 비슈마께서 왕들을 모아 놓고 이렇게 말씀하시더이다.

'크샤뜨리야들이여, 그대들 앞에 활짝 열린 이 문은 하늘세계에 이르는 문이니 이 문을 통해 인드라와 브라흐마 세계로 들어가야 하리. 이것은 그대들의 선조와 그 선조들이 갔던 영원의 길이다. 온 마음으로 전투에 임해 스스로를 드높여라. 나바가, 야야띠, 만다뜨르, 나후샤, 느르가도 그대들과 같은 행적을 쌓아 신성해졌고, 그리하여 최상의 거처에 이르렀느니! 크샤뜨리야들에게 아다르마는 병들어 집에서 죽는 것이며, 영원한 다르마는 전장에서 죽음을 구하는 것이다.'

황소 같은 바라따시여, 비슈마께 이런 말을 들은 이 땅의 왕들은 자리를 떠나 각자의 진영으로 돌아갔고, 저마다의 훌륭한 전차에서 밝게

마가 행성_ 힌두력 열 번째 달로 다섯 개의 별을 거느리고 있다.
일곱 개의 대행성_ 맨눈으로 볼 수 있는 천체로, 달, 수성, 금성, 태양, 화성, 목성, 토성이다.

비슈마의 죽음을 알리는 산자야

빛났답니다. 황소 같은 바라따시여, 그러나 까르나는 책사들, 친지들과 함께 무기를 내려놓으라는 명을 받았지요. 까르나를 뺀 당신 아들들과 당신 쪽에 선 왕들은 행군을 시작했고 사자 같은 포효로 시방사방을 울렸습니다.

그들의 군대는 새하얀 차양, 깃발, 기, 코끼리, 말, 전차, 보병들로 밝게 빛났답니다. 큰북과 작은북 소리, 자바라 치는 소리, 전차의 바퀴소리들이 어우러져 지축이 흔들렸습니다. 금팔찌, 윗팔찌를 번쩍거리며 활을 맨 일당백의 전사들은 마치 걸어 다니는 산과 같아 보였답니다. 꾸루 군의 총대장 비슈마는 구름을 벗어난 태양 같은 다섯 개의 별과 야자나무가 그려진 기를 들고 서 있었습니다.

황소 같은 바라따시여, 당신의 대궁수 왕들은 샨따누 아들의 명에 따라 움직였지요. 고와사나 왕 사이비야는 왕자들을 모두 데리고 왕과 어울리는 코끼리의 왕을 앞세워 위풍당당하게 행진했습니다. 완전무장한 연꽃 피부의 아쉬와타만은 사자꼬리 기를 들고 전군의 선봉에 서서 행군했답니다. 쉬르따유스, 찌뜨라세나, 뿌루미뜨라, 위윙샤띠, 살리야, 부리쉬라와스, 그리고 대전사 위까르나, 이 일곱 대궁수는 번쩍이는 전차에 타고 비슈마의 전방을 지키기 위해 드로나 아들의 뒤를 따랐습니다. 높고 휘황한 그들의 전차는 번쩍거렸고 그들의 금칠된 깃발은 밝게 빛났답니다. 스승 중의 스승 드로나의 금칠된 제단은 항아리와 활로 함께 장식되어 있었지요.

수백수천의 다양한 병사를 이끄는 두료다나의 기는 보석 박힌 거대한 코끼리였답니다. 그의 앞에는 깔링가, 빠우라와, 깜보자의 수닥쉬나, 크쉐마단와, 수미뜨라의 전차병들이 있었습니다. 황소 깃발을 단 마가다 왕은 매우 값진 전차에 타고 병사를 잡아끄는 듯 선봉에서 행군했지요. 한 무더기의 가을구름 같은 동쪽의 병력은 앙가 군주와 고결한 끄르빠가 지켰습니다. 아름다운 은빛 멧돼지 깃발을 앞세운 명성 자자한 자야드라타는 병사들의 선봉에 서서 수백 수천의 전차병, 팔천의 코끼리병, 육만의 기병에게 명을 내렸지요. 왕이시여, 신두 왕 자야드라타의 보호를 받으며 군대의 선두에 선 저 기세등등한 대병력은 무수한 전차, 코끼리, 말과 함께 밝게 빛났답니다.

모든 깔링가 군주는 께뚜마뜨와 함께 육만의 전차병, 만 명의 코끼리병을 이끌고 행군했습니다. 산처럼 거대한 그의 코끼리늘은 부장, 부석기, 화살집, 깃발로 번쩍였지요. 나무가 그려진 높다란 기를 든 깔링가 군주는 흰 차양과 갑주와 야크꼬리 부채와 더불어 아름답게 빛났답니다. 더없이 화려한 쇠몰이 막대를 쥐고 코끼리에 올라 탄 께뚜마뜨도 비 담은 구름 속에 빛나는 태양 같았습니다.

타는 듯한 기세로 빼어난 코끼리에 올라 탄 바가닷따 왕은 벼락을 든 신 인드라 같았답니다. 그리고 바가닷따와 어깨를 나란히 하고 코끼리에 오른 아완띠의 윈다와 아누윈다가 께뚜마뜨를 뒤따라 왔지요. 군진은 전차 몸통에 코끼리 머리, 말의 날개를 지닌 무서운 새의 형상이었고, 그 새가 사방에서 공격을 펼치는 듯했습니다. 왕이시여, 군진은 드로나, 샨따누의 아들, 드로나 스승의 아들 아쉬와타만, 바흘리까, 끄르빠가 짠 것이었답니다."

18

산자야가 말했다.

"대왕이시여, 곧이어 심장을 요동치게 하는 소리가 들렸습니다. 전사들이 전투준비를 하는 요란한 소리였지요. 고둥, 북, 코끼리 울음, 전차 바퀴 소리가 땅을 찢을 듯하더이다. 하늘은 삽시간에 히힝 거리는 말들의 소리와 전사들의 포효로 메워졌고, 대적하기 어려운 빤두의 아들들과 당신의 아들들이 지축을 뒤흔들었습니다. 황금으로 장식한 코끼리와 전차들이 번개 담은 비구름처럼 빛나 보였답니다. 인간을 지키는 분이시여, 왕실의 황금 상징으로 단장한 당신 병사들의 다양한 깃발이 불처럼 번쩍거렸습니다. 바라따의 후손이시여, 아군과 적군의 번쩍거리는 깃발들은 마치 인드라의 궁궐에서 빛나는 그의 깃발인 무지개 같았고, 황금 갑옷을 입은 영웅들은 태양과 불처럼 빛나서 훨훨 타는 행성 같더이다.

화려한 깃발을 달고 활을 치켜든 채 전투태세를 갖춘 황소 눈의 대궁수들은 군대의 선봉에서 빛났습니다. 인간을 지키는 왕이시여, 비슈마의 등을 지키는 이는 당신의 아들들이었지요. 두샤사나, 두르위샤하, 두르무카, 두샤하, 위윙샤띠, 찌뜨라세나, 대전사 위까르나, 사띠야우라따, 뿌루미뜨라, 자야, 부리쉬라와스, 샬라 그리고 이만 명의 전사가 그들을 따랐습니다. 아비샤하들, 수라세나들, 쉬비들, 와사띠들, 샬와들, 맛쓰야들, 암바슈타들, 띠르가르타들, 께까야들, 사우위라들, 끼라타들 그리고 동, 서, 북쪽의 말라와들, 이 열두 종족 모두가 목숨을 걸고 엄청난 전차부대를 만들어 할아버지를 지켰답니다.

마가다 왕은 만 마리의 사나운 코끼리를 몰고 전차부대를 따랐습니다. 군대 중앙에는 백 명의 육만 배에 이르는 보병이 전차바퀴와 코끼리 다리를 지키는 병력으로 배치되었지요. 수백, 수천, 수만의 병사가 활과 방패와 칼과 날카로운 발톱 같은 창을 들고 선봉에 섰습니다. 바라따의 후손이시여, 대왕이시여, 당신 아들의 거대한 열한 개 사단은 야무나강과 합류하기 전의 강가강 같은 기세였나이다."

19

드르따라슈트라가 말했다.

"그리 적은 병력을 지닌 빤두의 아들 유디슈티라는 대체 어쩌자고 우리의 열한 개 사단이 진군하는 것을 보고도 대적하려 들었더란 말이냐? 인간과 신과 간다르와*와 아수라의 군진을 아는 꾼띠와 빤두의 아들은 대체 어쩌자고 비슈마와 대적해 싸우려 했더냐?"

산자야가 말했다.

"올곧은 다르마의 왕 꾼띠의 아들은 다르따라슈트라* 군대의 행군을 보고 다난자야에게 말하더이다.

'내 아우여, 브르하스빠띠* 대선인의 가르침을 통해 우리는 적은 병

간다르와_ 음악과 유희로 대표되는 반신이나 전투에서는 신과 아수라 못지않게 용맹하고 포악하기도 하다.
다르따라슈트라들_ 드르따라슈트라들과 혼동될 수 있어 가급적 드르따라슈트라의 아들(들)로 풀어 썼으나 종종 까우라와 군을 통칭할 때, 빤다와들과 대비되어 쓰일 때는 다르따라슈트라를 그대로 유지해 썼다.
브르하스빠띠_ 신들의 왕 인드라의 스승인 동시에 신들 모두의 스승이기도 하다.

력은 빼곡하게, 큰 병력은 원하는 만큼 널찍하게 펼쳐 진을 짜야 함을 알고 있다. 적은 병력으로 큰 병력을 상대하려면 바늘귀와 같은 진을 짜야 한다. 지금 우리 병력은 적군에 비해 한참이나 수가 적구나. 빤두의 아들이여, 대선인의 말씀에 따라 진을 짜 보아라.'

다르마 왕의 말에 아르주나는 이렇게 답하더이다.

'왕이시여, 벼락을 휘두르는 신*이 만든, 도저히 깨트릴 수 없고 조금의 흔들림도 없는 소위 '벼락' 진을 짜겠습니다. 휘몰아치는 바람 같은 싸움꾼 중의 싸움꾼, 전장에서 누구도 감히 맞서 싸울 수 없는 비마가 선봉에서 싸울 것입니다. 싸우는 법을 꿰뚫어 알고 사나운 기세로 적군을 흩뜨려버릴 저 최고의 사내가 선봉에 서서 싸울 것입니다. 두료다나를 앞세운 모든 왕은 그를 보고 사자 앞의 불쌍한 짐승들처럼 황망히 도망치겠지요. 우리 모두는 신들이 벼락 든 신을 의지하듯 싸움꾼 중의 싸움꾼, 두려움 막아주는 울타리 같은 비마를 의지해 싸우려 합니다. 무서운 행적을 쌓아온 성난 늑대 배*, 저 황소 같은 사내를 보고 맞설 사내가 인간세상에는 없기 때문입니다. 비마세나가 벼락의 알맹이로 빚은 단단한 철퇴를 사나운 기세로 휘두르면 거대한 바다도 말려버릴 수 있습니다. 인간들의 군주시여, 우리가 드르따라슈트라의 후계자임을 안 께까야들, 드르슈타께뚜 그리고 영웅 쩨끼따나가 책사들과 함께 여기 있습니다.'

나의 왕이시여, 전 병력이 이렇게 말하는 쁘르타의 아들 아르주나에

벼락을 휘두르는 신_ 벼락(와즈라)을 쥔 신들의 제왕 인드라를 일컫는다.
늑대 배_ 다섯 빤다와 중 둘째인 비마를 일컬으며, 그가 굶주린 늑대처럼 누구보다 많이 먹어 생긴 별칭이다.

게 경의를 표하며 전장에서 덕담을 주고받더이다. 팔심 좋은 다난자야는 그렇게 말한 뒤 곧장 행군할 것을 병사들에게 명했지요. 꾸루들은 비에 물이 불어 가득 차오른 강가 강처럼 빤다와 대병력이 전진해오는 것을 보았답니다. 비마세나, 드루빠다의 아들 드르슈타듐나, 나꿀라와 사하데와, 영웅 드르슈타께뚜가 선봉에 섰고, 사단에 에워싸인 왕이 직접 아들 형제들과 함께 뒤를 따라 후방을 맡았습니다. 기세등등한 마드리의 두 아들이 비마의 바퀴를 지켰고, 드라우빠디의 아들들과 기력 넘치는 수바드라의 아들이 뒤를 지켰으며, 빤짤라의 대전사 드르슈타듐나가 제 사단의 용사들, 그리고 최고의 선사병인 쁘라마느라사들과 함께 그를 지켰답니다. 황소 같은 바라따시여, 그리고 쉬칸딘이 그들 뒤에 있었고, 비슈마의 파멸을 작심한 아르주나가 그를 지키며 행군했지요. 대전사 유유다나가 아르주나의 뒤를 지켰고, 빤짤라의 유다만유와 웃따마오자스는 그의 바퀴를 지켰습니다.

병사들의 중앙은 걸어 다니는 산 같은 거구를 지닌 발정난 코끼리들과 꾼띠의 아들 유디슈티라 왕이 차지했나이다. 빤다와들을 위해 용맹을 펼친 고결한 빤짤라의 왕 드루빠다는 대병력과 함께 위라타 뒤에 자리했습니다. 왕이시여, 질 좋은 황금장신구로 꾸민 우뚝한 기는 온갖 상징을 달고 전차 위에서 해와 달처럼 빛났답니다. 대전사 드르슈타듐나가 유디슈티라를 지키기 위해 형제, 아들들과 함께 뒤를 따랐습니다. 거대한 원숭이를 세운 아르주나의 기 하나가 적군인 당신 병사들의 온갖 기를 모조리 위압하더이다.

비마 앞에는 수백수천을 헤아리는 보병이 창, 칼, 투창 따위로 무장하고 지켰습니다. 이마 터지고 취한 수만 마리의 사납고 산 같은 거구의

비슈마의 죽음을 알리는 산자야 **83**

코끼리들*이 터진 이마로부터 연꽃 향기 풍기는 즙을 비구름처럼 흘러내리며 움직이는 산처럼 왕의 뒤를 따라다녔지요. 감히 누구도 범접할 수 없는 고결한 비마는 무섭고 섬뜩한 쇠도리깨 철퇴를 끌며 대병력을 이끌었답니다. 그의 곁에 가까이 선 전사들은 어떤 방향에서도 그를 똑바로 쳐다볼 수 없었지요. 빛으로 활활 타는 태양 같은 그를 눈으로 바로 쳐다보기가 어려웠기 때문입니다. 그것이 '벼락'이라고 불리는 진이었습니다. 사방에 얼굴이 있어 깨트리기 어려운 진, 간디와 활의 주인 아르주나가 번개 깃발과 활로 지키는 진이었지요. 빤다와들이 직접 지키는, 인간세상에서는 누구에게도 패하지 않는 빤다와들이 당신 군대를 향해 돌진하는 진이었답니다.

양쪽 진영이 해가 떠오르기를 기다리는 여명에, 맑은 하늘에서는 젖은 바람이 불었고 천둥이 내리쳤습니다. 모래자갈을 실은 사나운 회오리바람이 밑에서부터 불었고, 솟아오른 먼지가 세상을 어둠으로 뒤덮었지요. 황소 같은 바라따시여, 거대한 운석이 동쪽으로 떨어지더니 떠오르는 태양을 내리쳐 굉음을 냈답니다. 황소 같은 바라따시여, 훌륭하신 바라따시여, 병사들이 바짝 경계하고 있는 동안 빛 잃은 태양이 소란스럽게 떠올랐고, 대지가 흔들리더니 굉음과 함께 갈라졌습니다. 왕이시여, 사방에서 수많은 불길한 조짐이 일고 먼지는 너무나 두꺼워 한치 앞도 볼 수가 없더이다. 느닷없는 바람에 깃발이 흔들려 종들의 물결이, 황금

이마 터지고 ~_ 힘 좋고 사나운 코끼리들을 지칭하는 인도신화와 문학의 전형적 표현방식이다. 인도신화에서 발정기의 수코끼리 이마에서 발정액과 같은 즙이 흘리내리고 이 즙과 그것의 향에 취한 코끼리들은 눈에 뵈는 것 없이 앞뒤 가리지 않고 어느 것과도 사납게 싸워 이기는데 그중에서도 예순 살 된 코끼리가 가장 용맹스럽다고 한다.

화관들의 물결이 일렁였습니다. 태양빛을 지닌 드높은 깃발들이 펄럭이
더니 잠잠하던 소리가 서서히 일었고 마치 딸라나무 숲에 있는 듯한 소
리를 내더이다. 이런 식으로 저 범 같은 사내들, 전쟁에 취한 빤다와들은
당신 아들의 군대에 맞선 방어진을 폈습니다. 황소 같은 바라따시여, 그
것은 마치 철퇴를 손에 쥔 비마세나의 모습을 선봉에 보여 당신 병사들
의 골수를 빼낼 것 같은 진이었나이다."

20

드르따라슈트라가 말했다.
"산자야여, 태양이 떠올랐을 때
누가 먼저 환호하듯 전쟁을 맞았더냐?
전장에서 비슈마가 인도하는 내 아들들이었더냐?
아니면 비마가 이끄는 빤두의 아들들이었더냐?

달과 태양과 바람은 어느 쪽을 향했더냐?
들짐승들은 어느 쪽 진영을 향해 울부짖더냐?
어느 쪽 젊은이들이 기쁨에 찬 낯빛이더냐?
모든 것을 있는 그대로 다 말해다오."

산자야가 말했다.
"왕이시여, 양쪽 진영에서 똑같이 일어섰고

양쪽 진영 모두가 환호하는 모습이었나이다.
양쪽 모두의 낯이 산등성이 같은 빛이더이다.
양쪽 모두에 코끼리와 전차와 말이 가득 채워졌나이다.

양쪽 진영이 모두 웅대했고, 모두 살벌했으며,
바라따시여, 양쪽이 똑같이 참을 수 없어하더이다.
양쪽이 모두 하늘을 얻기 위해 쏟아져 나왔나이다.
양쪽 모두 좋은 이, 귀한 이가 지켰나이다.

다르따라슈트라의 꾸루들은 서쪽을 향해 섰고
호전적인 빤다와들은 동쪽을 향해 서 있었나이다.
까우라와들은 다이띠야 군 같았고
빤다와들의 군은 신들의 것인 듯하더이다.

빤다와들의 뒤로는 상서로운 바람이 불었고
다르따라슈트라들을 향해서는 들짐승들이 울부짖었나이다.
당신 아들의 코끼리들은
마주선 코끼리 왕의 찌를 듯 취한 향을 견디지 못하더이다.

꾸루들의 한가운데서 두료다나는
태생 좋고 힘 좋은 연꽃 빛깔 코끼리,
이마 터져 황금 즙 흐르는 코끼리에 올라
가객과 시인들의 찬미를 받았나이다.

달빛처럼 새하얀 햇빛가리개와
황금으로 빚은 관이 그의 머리 위에 빛나더이다.
간다라 왕 샤꾸니는 산더미 같은 간다라 병사들과 함께
사방에서 그를 지켰나이다.

하얀 차양 아래 하얀 활, 소라고둥 든
나이든 비슈마가 전군의 선봉에 있었나이다.
하얀 두건 두르고 하얀 깃발 들고 흰 말이 끄는
그는 마치 하얀 산인 듯하더이다.

다르따라슈트라 모두가 그의 병사들이었고
샬라, 바흘리까 군대의 일부, 암바슈타 크샤뜨리야,
신두의 병사들, 사우위라 그리고
빤짜나다에서 온 용사들도 그의 병사들이었나이다.

붉은 말 매진 황금전차에는
팔심 좋고 기개 넘치는 고결한 드로나가 있었나이다.
모든 왕들의 스승으로 명성 자자한 이,
그가 인드라처럼 군의 후방을 지켰더이다.

군의 한가운데에는 와르다크샤뜨리,
부리쉬라와스, 뿌루미뜨라, 자야,

비슈마의 죽음을 알리는 산자야 **87**

살와, 맛쓰야, 께까야의 모든 호전적 형제가
코끼리병들과 함께 있었나이다.

북쪽 대장인 고결한 샤라드와따 끄르빠,
대궁수이자 수려한 용사요 고따마의 아들인 그가
사까, 끼라따, 야와나, 빠흘라와 병사들을 이끌고
북쪽에서 군을 지켰나이다.

안다까, 우르슈니, 보자의 대전사들 그리고
칼을 뽑아든 사우라슈트라, 나이르르띠들이 지키는
끄르따와르만, 참으로 대단한 힘을 지닌 그가
당신 군의 남쪽을 맡았나이다.

왕이시여, 아르주나의 죽음 또는
아군의 승리를 위해 만들어진 맹약전사들의 만 대의 전차가
아르주나 있는 곳으로 진군할 채비를 마쳤답니다.
뜨리가르따 용사들 또한 그러했나이다.

바라따의 후손이시여, 당신에게는 수백수천의 코끼리가 있었습니다. 그리고 코끼리마다 백 대씩의 전차가, 전차마다 백 명의 기병이, 말마다 열 명의 궁수가, 궁수마다 방패 가진 열 명의 보병이 딸렸지요. 날이면 날마다 당신의 선봉장인 샨따누의 아들 비슈마는 신과 아수라와 간다르와의 진에 필적할 진형을 짰답니다. 그리고 보름달에 치솟는 바다 같은

다르따라슈트라의 대전사들은 전장에서 비슈마가 짠 진형에 따라 서쪽을 향해 자리 잡았습니다.

깃발을 펄럭이는 당신의 드센 병사들은 많고 많았으나
왕이시여, 빤다와의 병사들은 그렇지 않았나이다.
그럼에도 그들의 병력은 웅대했고, 이기기 어려워 보이더이다.
끄르슈나와 아르주나가 그들을 이끌고 있었기 때문이었습니다."

21

산자야가 말했다.
"다르따라슈트라의 거대한 병력이 일어서는 것을 본 꾼띠의 아들 유디슈티라는 풀이 죽었습니다. 비슈마가 이끄는 진, 꿰뚫을 수 없어 보이고 실제로도 꿰뚫을 수 없다고 여긴 진을 보고 풀죽은 빤두의 아들이 아르주나에게 말하더이다.

'팔심 좋은 다난자야여, 할아버지가 전사로 나선 다르따라슈트라들에 우리가 무슨 수로 전장에서 맞서 싸울 수 있겠느냐? 적을 괴롭히는 비슈마, 기개 넘치는 우리 할아버지께서는 도저히 깰 수 없고 흔들림 없는 진을 법전의 규칙에 따라 만드셨구나. 적을 괴롭히는 아우여, 우리와 우리 병사들은 위험에 처해졌다. 이처럼 엄청나게 다가오는 병력으로부터 우리가 어찌 빠져나올 수 있겠느냐?'

드르따라슈트라 왕이시여, 그러자 아르주나가 당신의 군대를 보고 풀이 죽어 있는 왕, 적을 처단하는 쁘르타의 아들 유디슈티라에게 말하더이다.

'백성을 지키는 분이시여, 제 아무리 영리하고 수적으로 우세한 용사라고 해도 그보다 훨씬 적은 수에 제압당할 수 있음을 알게 될 것입니다. 빤다와 왕이시여, 그 연유를 말씀드릴 터이니 괜한 근심 마소서. 나라다 선인*도, 비슈마도, 드로나도 모두 이를 아십니다. 세상의 할아버지 브라흐마는 예전에 신들과 아수라들 간의 전쟁에서 바로 이 문제에 관해 대인드라와 여타의 신들에게 "승리를 얻고자 하는 이는 힘과 위세가 아니라 진실과 자비로, 또한 다르마와 기개로 승리하지요. 아다르마, 탐욕, 미혹을 버리고 기상을 세운 뒤 자신을 버릴 각오로 싸우시오. 다르마가 가는 곳에 승리가 있을 것이오"라고 말했다고 합니다.

그러니 왕이시여, 전장에서의 승리는 우리 것이 분명함을 아소서. 나라다가 말씀하셨듯이, 끄르슈나가 가는 곳에 승리가 있을 것입니다. 승리는 끄르슈나가 본디부터 지니고 있던 덕목입니다. 승리는 늘 끄르슈나의 뒤를 따라다닙니다. 겸양은 승리 이외에 끄르슈나가 지닌 또 다른 덕이지요. 끝없는 빛을 품은 고윈다* 끄르슈나는 적군 속을 아무렇지도 않게 나다닙니다. 항상하고 항상한 사내 끄르슈나가 가는 곳에 승리가 있습니다. 언젠가 그는 날선 활을 맨 하리 와이꾼타* 모습이 되어 신과 아

나라다 선인_ 천상과 지상을 연결하는 소식통이다. 천상과 지상에서 좋고 궂은 소식을 날라 천상의 비밀을 발설하기도 하고 지상의 아름다운 소식을 천상에 전하기도 한다.

고윈다_ '소몰이꾼'이라는 뜻으로 끄르슈나에게 가장 자주 쓰이는 별칭이다. 끄르슈나가 어린 시절 소몰이꾼 사이에서 자랐음을 상징하며 끄르슈나를 그린 신화에는 늘 소떼가 함께 등장한다.

하리 와이꾼타_ 위슈누의 별칭으로, 와이꾼타는 위슈누가 다섯 원소로 세상을 만들 때 어떤

수라들에게 "누가 이길 것인가?"라고 벼락 치듯 말했지요. 그리고 "끄르슈나를 따르는 자 승리하리!"라고 말하는 쪽에 승리가 갔답니다. 그의 은총으로 인드라와 신들은 삼계를 얻었습니다.

바라따의 후손이시여, 당신이 걱정할 만한 어떤 것도 저는 보지 못했습니다. 세상을 지배하는 서른 신의 주인께서 당신의 승리를 바란답니다.'"

22

산자야가 말했다.

"황소 같은 바라따시여, 그리하여 유디슈티라 왕은 비슈마 군에 대항할 제 병사들을 향해 '꾸루의 후손 빤다와들은 상대와 맞서 싸울 병력을 갖추었다. 그리하여 더없이 높은 천상을 전투로써 얻고자 하느니'라며 독려했습니다. 그는 한가운데 쉬칸딘의 병력을 배치해 왼손잡이 궁수*가 지키게 하고, 비마가 보호하는 드르슈타듐나도 직접 쉬칸딘을 지키게 했답니다. 왕이시여, 남쪽 병력은 사뜨와따*들의 영예로운 수장이자 인드라 같은 궁수 유유다나*가 맡았습니다.

> 방해kuṇṭhita도 받지 않았기(vi 또는 vai) 때문에 붙여진 별호로, 위슈누가 거처하는 장소를 와이꾼타라고 부르기도 한다.
>
> 왼손잡이 궁수_ 활을 쏠 때 왼손과 오른손을 자유자재로 사용하는 아르주나를 일컫는다.
>
> 사뜨와따_ 끄르슈나가 속한 야다 족의 다른 이름이다.
>
> 유유다나_ 사띠야끼의 다른 이름으로, 평상시에는 끄르슈나의 마부 역할을 하는 용맹스런 전사이다.

코끼리 군의 한가운데,
대인드라의 전차 같은 전차,
보석과 황금으로 빛나는 무기들을 채운 전차,
황금고삐 맨 말들이 끄는 전차에 유디슈티라가 섰습니다.

상아 손잡이 높다란 햇빛가리개는
더할 수 없이 새하얗게 빛났답니다.
대선인들이 인간의 군주를 찬미하며
오른쪽으로 돌아 예를 갖추었습니다.

왕사들은 적의 죽음을 말하고
『베다』를 읊조리는 나이든 대선인들은
진언과 주문과 신묘한 약초로
병사들 사이를 돌며 독려했습니다.

고결한 꾸루의 수장은 브라만들에게
옷가지와 소와 과실과 꽃을,
그리고 또한 황금갑주를 바치고
신들 가운데의 인드라처럼 행군했습니다.

천 개의 태양처럼 빛나고 잠부나다 황금처럼 수려한
수백의 종이 달려 있는 아르주나의 전차,

새하얀 말이 매이고 단단한 바퀴가 떠받치는 전차는
불꽃 화환 품은 불처럼 빛났습니다.

간디와 활과 화살을 손에 쥐고
원숭이 기를 세운 영웅,
끄르슈나가 모는 전차에 탄 저 궁수,
지상에 다시없고, 다시없을 그가 행군했습니다.

부기 없는 맨 어깨로도
당신 아들의 군대를 궤멸시킬 억센 팔 지닌 이,
너무나도 섬뜩한 형상을 취하고
인간과 말과 코끼리를 전장에서 태워버릴

저 비마세나 늑대 배가 쌍둥이들과 함께
영웅 아르주나의 전차를 지켰습니다.
지상에 강림한 인드라 같은 이,
미친 황소 같고 노니는 사자 같은 그를 보고,

코끼리 왕처럼 도도한 늑대 배를 보고,
도저히 맞서 이길 수 없는 그가 전방에 선 것을 보고
당신의 병사들은 진흙탕에 빠진 낙타처럼
겁에 질려 싸울 기력을 잃었습니다.

병사들 한가운데 선 왕의 아들, 누구도 감히 맞서 이길 수 없는 최고의 바라따 아르주나에게 끄르슈나가 말하더이다.

'진영의 한가운데서 타오르는 대장,
우리 군에게 사자처럼 보이는 저 비슈마,
꾸루 왕가의 기치이자
서른 번의 말희생제 지낸 그가 저기 서 있네.

비구름이 뜨거운 태양을 감싸듯
기개 높은 그를 병사들이 감싸고 있네.
인간들의 영웅이여, 저들을 죽이고,
바라따의 황소와 맞붙어 싸울 길을 찾게'라고."

드르따라슈트라가 말했다.
"산자야여, 누구의 병사들이 먼저 환호하는 마음으로 전투를 시작했더냐? 누가 기운 치솟고 누가 풀죽은 마음이었더냐? 저 심장 떨리는 전장에서 누가 먼저 무기를 들었더냐? 나의 병사들이더냐, 아니면 빤다와의 병사들이더냐? 산자야여, 말해다오. 어느 진영의 화환에 향이 났고, 우레처럼 포효하는 어느 진영의 병사들에게서 상서로운 말들이 일었느냐?"

산자야가 말했다.
"양쪽 군의 병사들이 모두 기쁨으로 환호했습니다. 양쪽 모두의 화환에서 향이 나더이다. 황소 같은 바라따시여, 서서히, 도도하게 행군해

오는 대병력의 첫 번째 격전은 장엄했습니다. 소라고둥, 북, 코끼리들의 울부짖음, 혼잡한 병사들의 환호가 뒤섞인 가락소리가 귀를 멎게 할 지경이더이다."

23*

드르따라슈트라가 말했다.

"산자야여, 다르마의 들녘, 꾸루 들녘에 호전적으로 모여든 내 아들들과 빤두의 아들들은 무엇을 했더냐?"

산자야가 말했다.

"빤다와 군이 진을 친 것을 본 두료다나 왕이 드로나 스승에게 다가가 '스승이시여, 빤두 아들들의 엄청난 병력을 보십시오. 당신의 올곧은 제자 드루빠다의 아들*이 진을 펼쳤습니다. 전장에서 비마와 아르주나 같은 대궁수 용사들, 유유다나, 위라타, 대전사 드루빠다, 드르슈타께뚜, 쩨끼따나, 용맹스런 까쉬의 왕 뿌루지뜨, 꾼띠보자, 황소 같은 사내 사이비

23_ 여기서부터는 전투를 시작하려다 막상 눈앞에 진치고 서 있는 친지들을 보고 주저하며 전쟁을 단념하려는 아르주나의 모습이 그려진다. 본격적인, 또는 독립된 작품으로서의 『바가와드 기따』는 대개 이 부분을 기점으로 삼고 있다. 『바가와드 기따』의 첫 장인 이 장은 '아르주나 위샤다arjuna viṣāda 즉 아르주나의 실의失意'라는 부제가 붙어 있다. **드루빠다의 아들_** 드르슈타듐나를 일컫는다. 빤다와들의 공처인 드라우빠디와는 같은 날 태어난 남매지간이다. 쉬칸딘은 이들 남매의 맏형/누이로, 드루빠다의 딸로 태어났다가 후에 아들로 몸을 바꾸어 비슈마를 죽인다.

비슈마의 죽음을 알리는 산자야

야, 용맹한 유다만유, 위력적인 웃따마오자스, 수바드라의 아들, 드라우빠디의 아들들, 모두가 대전사입니다. 훌륭하고 훌륭한 브라만이시여, 이제 우리의 빼어난 전사들, 내 병력을 이끌 이들의 이름을 말씀드릴 터이니 들어보십시오.

먼저 당신이 계시고, 비슈마, 까르나, 끄르빠, 사미띤자야, 아쉬와타만, 위까르나, 소마닷따의 아들, 그리고 내게 목숨을 맡긴 수없이 많은 다른 용사도 있습니다. 모두 온갖 무기 능히 다루고 모두 전투에 능한 이들입니다. 비슈마가 지키는 우리 병력은 저들과 맞설 만하고, 비마가 지키는 저들의 병력은 우리 적수가 되지 못합니다. 당신들 모두 제 자리를 잡고 어디서든 비슈마를 지킬 수 있어야 합니다'라고 말하더이다.

꾸루의 위용 넘치는 어른 비슈마 할아버지는 사자의 포효를 하며 소라고둥을 불어 두료다나의 심장을 고동치게 했지요. 그리고 불현듯 소라고둥, 큰북, 작은북, 징이 울리고 혼잡하게 들끓는 소리가 들렸답니다.

그러자 그때, 끄르슈나와 빤두의 아들 아르주나가 네 마리의 새하얀 말이 끄는 전차에 타고 천상의 소라고둥을 불었지요. 끄르슈나는 빤짜잔야를, 다난자야는 데와닷따를, 무서운 행적의 늑대 배는 거대한 소라고둥 빠운드라를 불었답니다. 꾼띠의 아들 유디슈티라 왕은 아난따위자야를, 나꿀라와 사하데와는 각각 수고샤와 나니뿌슈빠까를 불었고, 최고의 궁수 까쉬의 왕, 대전사 쉬칸딘, 드르슈타듐나, 위라타, 불패의 사띠야끼, 드루빠다, 드라우빠디의 모든 아들, 팔심 좋은 아비만유······. 왕이시여, 그렇게 모두 각자의 고둥을 불었지요. 그 소리는 다르따라슈트라들의 심장을 떨리게 했고, 하늘과 땅이 심히 뒤흔들리게 했습니다.

이 땅의 왕이시여, 무기들이 부딪기 시작한 전장에서 제 자리 잡은 다르따라슈트라들을 보고 원숭이 깃발의 아르주나가 활을 집어 들며 끄르슈나에게 말하더이다.

'추락 없는 이여, 양 진영 한가운데로 전차를 몰고 가주세요. 싸울 욕심으로 진치고 있는 저들을 제대로 볼 수 있을 만큼 가까이 가주세요. 이 들끓는 전장에서 내가 누구와 싸워야 할까요? 여기 이 전장에 모여 마음 어둔 드르따라슈트라의 아들을 위해 기꺼운 마음으로 싸우려는 자들이 누군지 봐야겠습니다.'

바라따의 후손이시여, 이 같은 아르주나의 말에 끄르슈나는 저 훌륭한 전차를 몰고 가 비슈마와 드로나와 이 땅의 모든 왕을 마주볼 수 있는 양 진영 가운데 세웠습니다. 그리고 쁘르타의 아들에게 말하더이다.

'모여 있는 꾸루들을 보게.'

쁘르타의 아들은 아버지들, 할아버지들, 스승들, 삼촌들, 형제들, 아들들, 손자들, 벗들이 거기 있는 것을 봤습니다. 장인들, 마음 맞는 동지들이 양 진영 모두에 있음을 본 것이지요. 꾼띠의 아들은 모든 친지가 진을 펼치고 있음을 보고 더할 수 없는 연민에 사로잡혔답니다. 그가 풀죽어 이렇게 말하더이다.

'끄르슈나여, 내 친지 모두가 서로 맞서 싸우려 진치고 있는 것을 보니 사지가 후들거리고 입이 바싹 마릅니다. 몸이 떨리고 털이 곤두섭니다. 간디와가 손에서 미끄러져 내리고 살갗이 타오릅니다. 제대로 서 있을 수 없고 마음이 혼란스럽습니다. 께샤와*여, 뭔가 뒤틀릴 조짐이 보입니다.

께샤와keśava_ '아름다운 머리칼을 가진 자'라는 뜻으로 끄르슈나의 별칭이다.

내게 속한 사람들을 전장에서 죽이고 명예를 구하지 못하겠습니다. 끄르슈나여, 나는 승리를 바라지 않고, 왕국과 행복을 바라지 않습니다. 고윈다여, 왕국이 무슨 소용이며 호사스런 삶이 무슨 의미가 있으리까?

우리가 왕국을 바라고 안락과 행복을 바라는 것은 저들을 위해서입니다. 헌데 지금 저들이 목숨을 걸고, 재물을 버리고 우리와 싸우려 마주서 있습니다. 스승들, 아버지들, 아들들, 할아버지들, 삼촌들, 장인들, 손자들, 처가형제들, 처가친척들 ……. 끄르슈나여, 나는 죽음을 두고서도, 삼계의 제왕자리를 두고서도 그럴 수 없습니다. 겨우 땅 쪼가리 따위를 위해서라면 말해 무엇 하리까?

끄르슈나여, 다르따라슈트라들을 죽인 뒤 우리에게 무슨 기쁨이 남아 있으리까? 우리가 저 죄 많은 자들을 죽인들 죄악만이 우리에게 덮치는 것은 아니리까? 그러니 다르따라슈트라들을 처단하는 것도, 친지들을 죽이는 것도 옳은 일이 아닙니다.

끄르슈나여, 제 사람들을 죽인다면 그 뒤에 무슨 행복이 있으리까? 끄르슈나여, 저들의 마음이 탐욕으로 덮여 있어 가문을 망치는 잘못을 보지 못하고, 동지를 배반한 죄를 보지 못한다고는 하나 멸문이 가져올 죄를 충분히 보고 있는 우리가 어찌 이 죄악을 피할 방법을 보지 못했을까요?

가문을 멸하게 하는 것은 영원한 가문의 다르마를 멸하게 하는 것입니다. 다르마가 상처 입었을 때 온 가문이 아다르마에 덧씌워집니다. 끄르슈나여, 아다르마가 덮치면 가문의 여인들이 망가집니다. 우르슈니의 후손이시여, 여인들이 망가지면 계급이 섞이고, 계급이 섞이면 가문을 멸하게 한 자와 그 가문에는 지옥뿐입니다.* 조상들은 추락하고, 제물과 물은 더럽혀집니다. 계급이 섞이고, 한 가문을 멸문에 이르게 한 자들의 그런 잘못은 각자가 지닌 태생적 계급의 다르마*와 가문의 다르마*를 내동댕이치게 하고 맙니다.

끄르슈나여, 우리가 익히 들어온 대로 가문의 다르마를 내동댕이친 자에게 지옥의 자리는 정해져 있습니다. 아아! 우리는 왕국과 안락함을 위한 탐욕으로 제 사람들을 죽이는 크나큰 죄를 지으려 서 있습니다. 무기를 손에 든 다르따라슈트라들이 전장에서 무기 없이 무방비로 있는 나를 죽이는 편이 훨씬 낫겠습니다.'

전장에서 그렇게 말한 뒤 아르주나는 화살과 활을 버리고 슬픔으로 마음이 무너져 전차 위에 주저앉았나이다."

24*

산자야가 말했다.

여인들이 ~_ 지옥뿐입니다_ 이 문장에 쓰인 단어 '상까라saṃkara'는 '섞임', '뒤섞임', '뒤죽박죽'이라는 뜻으로 궁극적으로는 '계급이 같지 않은 남녀가 법이 금한 혼인을 해 계급이 섞인 자녀를 낳아 사회적 혼란을 야기하는 것'을 뜻한다. 상까라는 법전에서도, 사회전반에 걸쳐서도 매우 중한 죄를 저지르는 것으로 인식되었다.

각자가 지닌 태생적 계급의 다르마_ 이를 뜻하는 '자띠jati'는 피부색과 각자의 특성으로 구분 짓던 특성적 계급인 '와르나varṇa'와는 본디 같은 뜻이 아니었으나 카스트가 고착되고, 섞인 계급이 비법非法이 되면서 결국 같은 뜻으로 쓰이게 되었다.

가문의 다르마_ 이를 뜻하는 '꿀라 다르마kula dharma'는 가문이 지켜야 할 율법으로, 자띠 다르마보다 좁은 의미로 볼 수 있으나 크게 다르지는 않다.

24_ '헤아림의 요가'로 옮긴 이 장은 끄르슈나가 실의에 빠진 아르주나에게 스와다르마, 즉 각자가 지켜야 할 율법과 도리 등을 중심으로 교훈을 설하는 장이다.

"연민에 사로잡혀 눈에 눈물이 가득 고인 채 실의에 빠져 있는 아르주나에게 마두를 죽인 이*가 이렇게 말했습니다."

'상키야 요가'라는 소제목이 붙은 이 장부터 끄르슈나는 본격적으로 권능한 신으로서의 위엄을 내보이며 신의 목소리를 내기 시작한다. sāṃkhya는 '셈', '수數' 등의 뜻이며, 철학으로서의 상키야(수론數論)는 힌두의 육파철학 중 하나이다. '땃뜨와tattva 또는 참된 원리'를 스물다섯 개의 숫자로 열거해 놓았다고 해서 상키야철학으로 명명되었다. 『바가와드 기따』가 상키야와 요가철학의 지대한 영향을 받기는 했지만 여기서 일컫는 상키야는 딱히 육파철학의 상키야학파를 지칭하지는 않는다.
『바가와드 기따』는 각 장의 제목에 '요가'라는 단어를 덧붙여 '~요가'라는 식으로 명명한다. 싼스끄리뜨의 많은 개념이 그렇듯 '요가'라는 단어에도 다양한 뜻이 담겨 있다. 요가의 어원은 일반적으로 '엮다', '조절하다', '합일하다' 혹은 '무아지경에 빠지다', '명상하다' 등의 뜻을 지닌 'yuj'로 본다. 빠탄잘리Patañjali는 『요가 수뜨라Yoga sutra』 첫머리에서 '요가는 마음작용을 멈추는 것yogaścitta vṛtti nirodha'이라고 정의한다. 요가의 목적은 '숱한 문젯거리에서 사람을 놓여나게 하는 것viyoga'이다. '상키야 요가'를 요가의 어원과 정의에 따라 해석하면 '헤아림으로 (신과 내가) 합일에 이르는 것' 혹은 '헤아림을 통해 마음작용을 멈추는 것' 쯤이 될 것이다. 마두를 죽인 이madhusūdana_ 끄르슈나(또는 위슈누)를 지칭한다. 『마하바라따』에 따르면 태초에 물 위에 누워 있던 마하위슈누의 배꼽에서 연꽃이 자라났고, 그 연꽃에서 창조의지를 지닌 브라흐마가 태어났다. 마두와 까이따바는 그 연꽃에서 떨어진 두 방울의 물에서 태어난 아수라들이다. 『마하바라따』에는 그들의 죽음에 관한 언급이 없다. 그러나 『데위바가와따 뿌라나Devibhagavata Pūraṇa』에 따르면, 그들은 마하위슈누의 두 귀에서 태어났다. 데위의 축복으로 인해 자기 의지에 따라서만 죽을 수 있던 그들은 거만하기 그지없었고, 급기야 위슈누의 배꼽 연꽃에서 태어난 브라흐마의 『베다』를 훔치고 그를 죽이려고 했다. 다급해진 브라흐마를 위해 위슈누는 데위의 도움을 청했고, 정상적

이어지는 산자야의 이야기는 이러하다.

성스러운 이가 말했다.

'이처럼 고약한 시기에 그 같은 의기소침이 대체 어디서 왔더란 말인가? 아르주나여, 이는 고결하지도, 하늘세계로 이어지지도, 명예를 주지도 않는다네, 쁘르타의 아들이여, 내시 같은 짓 말게. 그대답지 않네. 적을 태우는 이여, 얄팍하고 나약한 마음을 버리고 일어서게.'

아르주나가 말했다.

'적을 짓누르는 끄르슈나여, 내가 어찌 저 두 분, 존중 받아 마땅한 비슈마와 드로나에게 전장에서 화살을 맞겨눠 싸우리까?

의미를 좇고자 하는* 어른들을 죽이고

인 방법으로는 죽일 수 없다는 데위의 조언에 따라 속임수를 써서 그들을 죽였다. 그러한 연유로 위슈누는 마두수다나madhusūdana로 불렸고, 그들을 죽일 수 있도록 도운 데위는 까이타비kaiṭbhī라는 별칭으로 불렸다.

의미를 좇고자 하는_ 매우 다양한 해석이 가능한 구절로, 원문은 artha-kāma이며 일반적으로 '재물과 욕망'이라는 뜻이다. 바우테넌은 '탐욕스러운'으로, 에저튼은 '자신의 끝을 찾아나서는'으로, 라다크리슈난은 '자기 이득에 마음을 쓰더라도'로, 함석헌은 '부를 갈망하는 스승들'로, 길희성은 '스승들이 욕심 많다 하나' 등으로 옮기고 있다. 그러나 artha는 흔히 '뜻 또는 의미'를, kāma는 '~을 좇는, 욕심내는'이라는 뜻으로도 쓰인다. 『마하바라따』라는 작품이 이어져오는 내내 드로나와 비슈마 등의 어른은 빤다와들이 옳음을 알고 또 그렇게 주장하면서도 부에 대한 욕심 때문이 아니라 두료다나에게서 실질적 보살핌을 받고 있어 도의상 두료다나 측에 서서 싸우게 된다. 그들의 그런 도의와 당위성을 그들의 '의미'로 보았고, 그런 스승과 할아버지를 이해하고 우러르며, 그러기에 싸우기를 주저하고 갈등하는 아르주나의 심성을 반영해 이렇게 옮겼다. artha-kāma

저분들의 피에 담긴 영화를 누리느니
고절하신 저 어른들을 죽이지 않고
구걸하며 이승을 떠도는 게 낫겠습니다.

우리가 저들을 이기는 것, 저들이 우리를 이기는 것,
그중 어느 것이 더 나은지 알지 못하겠습니다.
저 앞에 진을 친 다르따르슈트라들을 죽이고 나면
우리는 더 살아가고 싶지도 않을 것입니다.

내 자성自性은 연민의 허물에 빠져 있습니다.
다르마가 무엇인지 혼란스런 자가 묻습니다.
무엇이 옳은지 또렷하게 말씀해주십시오.
당신께 묻는 당신의 제자인 내게 가르침을 주십시오.

감각을 말리는 내 슬픔을 몰아낼
어떤 것도 나는 보지 못하겠습니다.

를 단순히 '탐욕'이나 '재물에의 욕망'으로 옮긴다면 전쟁을 주저하고 갈등하는 것은 오직 아르주나뿐이며, 비슈마를 비롯한 어른들의 고뇌는 옅거나 없는 것으로 보일 위험도 있을 것이다. 이편과 저편의 망설임과 도의가 바로 『바가와드 기따』를 있게 한 동력이며 동기라고 본다면 소홀히 지나칠 수 없는 대목이기도 하다. 이 시에서 '왜냐하면, ~때문에'라는 뜻을 지닌 'hi'를 두 문장 모두에 적용해 '고절하신 저 어른들을 죽이느니 구걸하며 이 세상을 떠도는 것이 낫기 때문이며, 의미를 좇고자 하는 어른들을 지금 여기서 죽이는 것은 피로 물든 영화를 누리는 것이기 때문입니다'라고 옮겨도 무방하다. 읽는 이의 개별적 문맥에 맞추는 것도 나쁘지 않을 듯하다.

맞설 이 없는 풍요로운 세상을 얻는다 해도,
또 신들의 왕국을 얻는다 해도!'

산자야가 말했다.
"'적을 태우는 이여', 곱슬머리 아르주나는 끄르슈나에게 그렇게 말한 뒤, '고윈다여, 나는 싸우지 않겠습니다'라고 선언하고는 입을 다물어 버렸답니다. 바라따의 후손이시여, 끄르슈나가 양 진영 가운데에서 풀죽어 서 있는 그에게 비웃듯 말했습니다."

이어지는 산자야의 이야기는 이러하다.

성스러운 이가 말했다.*
'슬퍼해서는 안 되는 자를 위해 슬퍼하면서 그대는 지혜 담긴 말을 하는구나. 두루 아는 자*는 목숨 떠난 자를 위해서도, 목숨 붙은 자를 위해서도 슬퍼하지 않느니. 나는 단 한 번도 존재하지 않았던 적이 없고, 그대도, 여기 이 인간의 왕들도 그러하다. 또한 여기 있는 우리 중 어느

성스러운 ~ _ 여기서부터 끄르슈나는 아르주나의 벗이요 동지였던 이전의 다정한 모습을 버리고 전지전능한 신으로 조언하고 교훈을 주는 모습을 보인다. 따라서 번역의 흐름상 끄르슈나의 어투로는 여전히 다정하나 신으로서 다소 위압적이고 권위적인 '~하라, ~하느니!' 체를, 아르주나의 어투로는 신봉자로서 '저는' '제가' 체를 사용한다.

두루 아는 자paṇḍita_ 모든 것을 통틀어 넓게 아는 박사를 뜻한다. 흔히 '지혜로운 사람'으로 번역되나 싼스끄리뜨어에는 '지혜'를 뜻하는 단어가 워낙 다양해 본 번역에서는 되도록 단어의 어원에 근거해 '붓디buddhi'는 '이해 또는 이성'으로, '즈냐나jñāna'는 '앎'으로, '쁘라즈냐prajñā'는 '지혜'로, '위즈냐나vijñāna'는 '분별지'로 각기 다르게 옮겼다.

누구도 존재하기를 멈추지 않을 터이다. 몸에 깃든 자*는 이 몸에서 어린 시절, 젊은 시절, 늙은 시절을 거쳐 가고, 이후에 다른 몸을 얻어 그 또한 거쳐 가느니. 분별 있는 자는 거기에 미혹되는 법이 없다.

꾼띠의 아들이여, 추위와 더위, 안락과 고통*을 일으키는 감각대상과의 접촉*은 쉬지 않고 왔다가 또 사라지느니. 바라따의 후손이여, 그러니 견뎌라. 황소 같은 사내여, 그런 것들이 괴롭히지 않는 사람, 안락과 고통을 똑같이 여기는 사려 깊은 자에게 '죽음 없음'이 어울린다. 있지 않은 것이 존재할 수 없고, 있는 것이 아니 존재할 수 없느니.* 본질을 보는

몸에 깃든 자dehīn_ 'deha(몸)+소유격 'īn' 형태로 '몸을 가진 자' 또는 '육신을 소유한 자'라는 뜻이다. 영역은 주로 embodied one '유형화된 자', spirit '영혼' 또는 soul '혼'이다. 국역본들 또한 '육신의 소유주'(길희성), '몸의 주인'(함석헌) 등으로 번역했다.

안락sukha**과 고통**duḥkha_ 상반되는 이원적 개념 또는 대립되는 쌍의 개념으로 자주 등장하며, 문맥에 따라 행복과 불행, 기쁨과 슬픔, 즐거움과 괴로움, 편안함과 불편함 등으로 옮기기도 한다.

감각대상과의 접촉_ 감각대상과 감각을 차지하는 기관, 즉 감관感官과의 접촉을 의미한다. 감관은 눈, 귀, 코, 혀, 몸眼耳鼻舌身을, 감각대상은 빛, 소리, 냄새, 맛, 느낌色聲香味觸이며, 여기서 오관五官으로 대변되는 감관이 각각의 감각대상인 빛 등과 부딪혀 감정을 불러일으킨다는 뜻이다.

있지 않은 것 ~_ 싼스끄리뜨어와 영어와 한글이 미묘하게 다른 문장으로, 원문인 sat와 asat 그리고 bhāva와 abhāva를 역자에 따라 각기 다르게 번역하고 있다. sat와 bhāva는 둘 다 사전적으로는 '존재, 있음, 참, 실재' 등 거의 흡사한 뜻을 갖고 있으며, asat와 abhāva는 물론 반대의 뜻이다. 덧붙이자면 sat는 '실제로 존재하는 것', bhāva는 '상황, 상태' 등의 뜻을 품고 있다. 영어에서는 흔히 sat를 'being'으로, bhāva를 'becoming'으로 표현한다. 불교적 설명을 덧붙이자면, sat는 부동적 존재인 반면 bhāva는 '연기적 흐름 속에서의 존재' 또는 '중도적 존재'라고 표현할 수 있을 것이다. '실재實在, 실존, 참된 존재'라는 뜻을 지닌 둘의 합성어 satbhāva(또는 sadbhāva) 또한 흔히 쓰이는 단어이다. 샹까라는 여기서 '있지 않은 것 또는 참이 아닌 것asat'은 인지기관을 통해 인지되는 추위나 더위 그리고 그것들을 일으키는 원인 따위로, '변하는 것vikāra'이며 '변하

자는 이 둘의 경계를 본다. '그러나 이 모든 세상에 두루 퍼져 있는 그것은 멸하지 않음을 알아라.* 멸하지 않는 그것의 파멸을 불러올만한 자는 세상 어디에도 없느니. 바라따의 후손이여, 끝이 있는 것은 다만 이들 몸뚱이, 다함없고 멸함 없으며 가늠할 수 없는 그것의 그릇인 육신*일 뿐이다. 그러니 싸우라. 그런 존재인 그것이 누구를 죽인다거나 누구에게 죽임을 당했다고 여기는 자들, 그들은 아무것도 알지 못하느니. 그것은 죽임을 당하지도, 죽이지도 않는 법이다.

그것은 결코 태어나지도 죽지도 않거니와
혹은 있었다가 다시 없게 되는 일도 없느니.*

는 것은 모두 일시적인 것'이기 때문에 '절대적으로 참인 것vastu-sat은 아니며, 그에 반해 '있는 것 또는 참인 것sat'은 '불변으로 인지되는 것'이라고 설명한다. 샹까라는 결론적으로 '우리 의식이 결코 놓치지 않는 것은 sat요, 놓치는 것은 asat라고 설명한다. 라마누자는 이 문장을 '참이 아닌 것은 결코 존재할 수 없고 참인 것은 결코 사라질 수 없다'라고 옮겼다. 그리고 '있지 않은 것, 참이 아닌 것'은 결국은 사라지는vināśa '육신'으로, '있는 것, 참인 것'은 결코 사라지지 않는avināśa '혼ātman'으로 설명한다.

그러나 이 모든 ~_ 언젠가는 사멸하는 추위나 더위 따위와는 달리 그것, 즉 몸에 깃든 자dehīn는 멸하지 않는다는 것이다.

그것의 그릇인 육신_ '그것'으로 옮긴 원문은 śarīrin이다. śarīrin은 dehīn과 거의 마찬가지 뜻이나 dehīn의 어근인 deha가 '유형화된 것' 또는 어떤 '형체'로서의 몸을 뜻한다면 śarīrin의 어근인 śarīra는 생물 또는 무생물을 '담거나 감싸고 있는 집 또는 그릇'으로서의 육신을 뜻한다. 여기서는 혼동을 피하기 위해 śarīrin을 원뜻인 '육신에 깃든 자'가 아니라 앞뒤 문맥에 따라 '그것'이라고 옮겼다.

그것은 결코 ~_ 이 시구는 매우 까다롭고 복잡하며 해석도 다양하다. 원문 또한 두 가지로 읽힌다.
　첫째: na jāyate mriyate vā kadācin
　　　nāyam bhūtvā bhavitā vā na bhūyaḥ

그것은 불생이요 항상하며 영구하고 오래되었다.

육신이 죽어도 죽임을 당하지 않느니.

쁘르타의 아들이여, 멸함 없고 항상하며 태어남 없고 변함없는 그것을 아는 사람이 어찌 누구를 죽일 것이며, 어찌 누구를 죽게 할 것인가?

낡은 옷 버리고

다른 새 옷 취하는 사람처럼

육신에 깃든 자는 낡은 몸 버리고

다른 새 몸 만나느니.

칼은 그것을 베지 못하고, 불은 그것을 태우지 못한다. 물은 그것을

둘째: na jāyate mriyate vā kadācin
nāyam bhūtvās bhavitā vā na bhūyaḥ

해석이 분분한 이유는 이 문장들에서 보이는 '~이 아니다'라는 뜻의 부정어 'na'의 잦은 쓰임과 bhūtvā 와 bhavitā를 분리해 쓴 판본, 그리고 bhūtvās bhavitā처럼 붙여 쓴 판본이 공존하기 때문으로, 이 문장을 보는 철학적 견해들이 다르기 때문이다. 여기서 부정어 'na'는 문장 전체를 부정할 수도, 한 단어만 부정할 수도 있기 때문에 'na'를 어떤 단어와 연결 짓느냐에 따라 문장 전체의 내용이 바뀔 수도 있다. bhūtvā bhavitā와 bhūtvās bhavitā는 완전히 다른 뜻이다. bhūtvā bhavitā는 '있게 된 뒤에bhūtvā 다시 bhūyaḥ 있게 되지bhavitā 않을na'이라는 뜻으로, 그리고 bhūtvās bhavitā는 '있었다가 (bhūtvā)다시 없게 되지(abhavitā) 않을(na)'이라는 뜻으로 읽힌다. 샹까라는 이를 붙여 읽고, 라마누자는 떼어 읽었으나 부정어 'na'를 bhavitā의 앞뒤에 이중으로 적용함으로써 궁극적으로는 샹까라와 같은 의미인 '존재했다가 다시 없어지지는 않는다'라고 해석했다. 함석헌은 '일찍이 나타난 일 없으므로 다시 나타나지 않는 일도 없을 것이다'로, 길희성은 '생겨나지 않았으니 앞으로 생기는 일도 없을 것이다'로, 그리고 에저튼은 '되었던 것이 결코 다시 되지 않을 일은 없을 것이다'로 해석하고 있다.

적시지 못하고, 바람은 그것을 마르게 못하느니. 그것은 베이지 않고 타지 않고 젖지 않으며 마르지 않는다. 그것은 항상하고 신성하며 단단하고 아니 움직이며 영원히 이어지느니. 그것은 은재하며, 생각 너머의 것이고, 변형 너머의 것이라고 일컬어진다. 그러므로 그것이 그러함을 알아 그대는 슬퍼함이 마땅치 아니하다.

혹 그것이 늘 태어나고 늘 사멸하는 것이라 여긴다 해도, 팔심 좋은 이여, 그대가 그것을 슬퍼함이 마땅하지는 않다. 태어난 것에는 필히 죽음이, 죽은 것에는 필히 태어남이 있느니. 피할 수 없는 일에 슬퍼함은 마땅치 아니하다. 바라따의 후손이여, 존재의 시작은 은재하고, 중간은 현재하며, 끝은 다시 은재하거늘 어찌 그에 탄식하리?

누군가는 기적적으로 그것을 보고
누군가는 기적적으로 그것을 말하며
또 다른 누군가는 기적적으로 그것을 듣는다.
그러나 들어도 결코 그것을 아는 자는 없느니.

바라따의 후손이여, 몸에 깃든 그것은 어떤 몸에 있더라도 결코 죽임을 당하지 않는다. 그러하기에 그대는 어떤 존재에 대해서도 슬퍼함이 마땅치 아니하다. 자신의 율법*에 비추어보아도 그대는 흔들릴 까닭이

자신의 율법_ 카스트에 따른 각 계급에게 주어지는 율법, 즉 '스와다르마'를 옮긴 것이다. 아르주나의 스와다르마는 크샤뜨리야로서 마땅히 지켜야 할 율법, 즉 백성을 지키고 전쟁을 하는 무사로서의 율법이다. 『마하바라따』 1권 말미의 부록을 참조하면 도움이 될 것이다.

없다. 정당하게 싸우는 것보다 크샤뜨리아에게 더 영예로운 일은 없느니. 쁘르타의 아들이여, 그것은 어쩌다 열린 하늘의 문으로 가는 길이다. 그런 전쟁을 맞이하는 것은 크샤뜨리아에겐 행운이려니. 만일 그대가 이 정당한 전쟁을 하지 않는다면 자신의 율법과 명예를 버리고 죄를 짓게 되는 것이다. 생명 있는 자들은 그대의 끝 모를 불명예를 말하리라. 우러름 받는 자에게 불명예는 죽음보다 못하려니. 대전사들은 그대가 두려움 때문에 도망쳤다 여길 터이고, 한때 그대를 중히 여겼던 자들은 그대를 가벼이 여길 터이다. 그대가 잘못되길 바라는 자들은 좋지 않은 말을 수없이 해대며 그대의 역량을 비난할 터이니 그보다 더 고통스런 일이 또 어디 있으랴?

죽임을 당한다면 천상에 이를 것이요, 승리한다면 그대는 천하를 누릴 것이다. 꾼띠의 아들이여, 그러니 일어서라. 전쟁을 위해 마음을 굳게 다잡아야 하느니. 행과 불행, 얻음과 잃음, 승리와 패배를 같은 것으로 여기고 그대의 마음을 전쟁에 매두어라. 그리하여 죄를 짓지 않도록 해라.

쁘르타의 아들이여, 이러한 이해는 상키야에 따라 설해진 것이다. 이제 요가*에 따른 이해를 설하리라. 잘 여겨 들어라. 이 이해로 동여매진 그대는 행위의 얽매임*을 벗겨낼 것이다. 여기에는 애씀이 헛되지 않고 물러섬이 없어 그것의 매우 적은 다르마로도 큰 위험을 건너느니. 꾸루

상키야와 ~_ 여기서 상키야는 '이론'으로, 요가는 '실천'으로 옮겨지기도 한다. 셈, 헤아림이라는 뜻이 있는 상키야는 여기서 헤아리고 분별할 수 있는 이해와 지혜를, 요가는 그러한 이해와 지혜에 근거한 행위를 뜻한다고 할 수 있다.

행위의 얽매임karmabandha_ '업의 족쇄'라고 옮겨도 무방할 듯하다.

의 기쁨이여, 여기에˚ 확고한 이해는 하나이지만 확고하지 않은 이해는 실로 가지가 무수하고 끝이 없다.

쁘르타의 아들이여, 『베다』의 말에 탐착해 '다른 것은 없다'라고 주장하는 우매한 자가 욕망으로 자기를 채우며 천상에 이르는 것을 지고의 목적으로 삼아 꽃피우듯 하는 말˚, 행위의 결과로 내생에도 태어나게 하는 말, 안위와 권위에 집착해 안위와 권위를 얻으려는 목적으로 온갖 특별한 의례를 행하게 하는 그런 말에 마음을 빼앗긴 자에게 삼매三昧에 관한 이 확고한 이해는 새겨지지 않느니.˚

아르주나여, 『베다』는 세 기질˚의 활동 영역이다. 세 기질에서 벗어

˚ 여기에_ 상키야에 따른 이해와 요가에 따른 이해이며, 그 이해로 자신을 묶고 무장해 행위의 얽매임으로부터 놓여나게 할 이해를 뜻한다.

˚ 꽃피우듯 하는 말_ 'puṣpitaṃ vācam'이라는 원문을 가감 없이 옮긴 것으로, 꽃을 피우듯 화사하고 화려한 미사여구를 늘어놓으며 사람을 현혹시켜 결실을 바라고 『베다』의 의례를 부추기는 자들이 하는 말을 뜻한다.

˚ 『베다』의 말에 탐착해 ~_ 이 문장은 『베다』, 『브라흐마나』, 『수뜨라』 등에 규정된 의례에 집착해 어떤 결실을 바라며 제를 지내고 또 그것을 부추기는 브라만, 무언가를 얻기 위한 욕망으로kamya 수많은 의식과 제례를 행하는 브라만은 궁극의 목적을 위해 모든 내면의 인식을 비워야 하는 삼매samādhi를 얻을 수 없다고 경계하고 있다. 그러나 결실의 유무와 관계없이, 결실에 대한 바람 없이 지내는 제는 『바가와드 기따』에서도 매우 중요시한다. 3장 '까르마 요가karma yoga'의 '제로써 신들을 공양하고, 공양 받은 신들은 인간이 바라마지 않는 복락을 준다', '신들이 준 것을 즐기기만 할 뿐 그들에게 바치지 않는 자는 도적이다', '삼라만상에 다 깃들어 있는 성스러운 『베다』는 항상 제에 바탕을 두고 있다'는 구절들과 비교해 읽어도 흥미로울 듯하다. 9장 '라자 위드야-라자 구히야 요가rājavidyā-rājaguhya yoga'에서는 끄르슈나 자신을 향해 제를 지내는 것을 높이 사고 있기도 하다.

˚ 세 기질tri guṇa_ 물질세계 또는 본원적·본연적 동력이자 타고난 것 또는 본성인 쁘라끄르띠 prakṛti를 구성하는 세 가지 성질로, 밝음 또는 선함의 성질인 사뜨와sattva, 활동 또는 역동의 성질인 라자스rajas 그리고 어둠 또는 암흑의 성질인 따마스tamas를 말한다.

나라. 상반되는 이원*의 사고에서 벗어나라. 항상 진리에 머물러라. 얻고 지키는 생각에서 벗어나라. 자기 자신의 주인이 되어라. 꿰뚫어 아는 브라만에게 모든 『베다』는 그저 사방에 물이 넘칠 때 소용되는 우물, 딱 그만큼이다.

    그대의 직분은 오직 행위에 있을 뿐 결코 결과에 있지 않느니. 행위의 결과를 동기로 삼지 말 것이며 또한 무행위에 집착하지도 말아야 한다. 다난자야여, 집착을 버린 뒤 요가*에 바탕을 두고 행동하여라. 이루고 이루지 못함을 같은 것으로 여겨라. 동등함*을 요가라 일컫느니. 다난자야여, 행위는 이해의 요가보다 더 열등한 것이니 이해에서 귀의처를 찾아라. 결과를 동기로 삼는 자는 가엾구나. 이해로 동여매진 자는 이 세상에서 선한 행위와 불선한 행위* 둘 모두를 버리느니. 그러니 요가에 자신을 동여매라. 요가는 행위에서의 이로운 솜씨이다. 이해로 동여매진 영리한 자는 행위에서 비롯되는 결과를 버리고 태어남의 사슬에서 벗어나 무결한 경지에 이르느니. 그대의 이해가 미혹의 먼지더미를 걷어내면 들은 것과 듣게 될 것*에 대해 무심해지리라. 『베다』*로 인해 혼망된 그

상반되는 이원dvandva_ 대립적 쌍으로 행과 불행, 기쁨과 슬픔 따위의 상반되는 두 개념을 뜻한다.
집착을 버린 뒤 요가_ 여기서 말하는 요가는 앞서 언급된 『베다』의 말과 의례에 탐착하지 않으며, 결과에 연연하지 않고 이해와 지혜로 이루어진 초일의 행위를 뜻한다.
동등함samatvaṃ_ 치우침 없이 공평하고 평등하게 보는 시각 또는 그런 마음이다.
선한 행위sukṛta와 불선한 행위duṣkṛta_ 잘한 일과 못한 일 또는 잘된 일과 못된 일 등으로 옮겨도 무방하다.
들은 것과 듣게 될 것_ 『베다』에서 들은 것śrotavya과 앞으로 『베다』에서 들을 것śruta을 뜻한다.
『베다』_ 『베다』를 칭하는 이름에는 『베다』 이외에도 선인들이 하늘의 말을 '들은 것'을 뜻

대의 이해가 삼매에 단단히 서서 흔들림이 없으면 요가를 이룰지니.'

아르주나가 말했다.

'께샤와여, 삼매에 머물러 지혜가 단단한 자를 일컫는 말은 무엇입니까? 생각이 단단한 자는 어떻게 말하며, 어떻게 앉고, 어떻게 걷습니까?'

성스러운 이가 말했다.

'쁘르타의 아들이여, 마음속에 들어오는 모든 욕망을 버리고 오로지 자아로 자아를 만족할 때 그를 일컬어 지혜가 단단한 자라고 부른다. 고통에 마음이 망가지지 않고 기쁨에 들떠 치닫지 않으며 애착과 두려움과 성냄에서 벗어난 자를 일컬어 생각이 단단한 수행자*라고 한다. 상서롭거나 아니 상서로운 것을 만났을 때 한쪽으로 마음이 기울지 않으며 기뻐 반기거나 싫어 꺼려하지 않는 자, 그의 지혜는 단단히 서 있느니. 거북이가 사지를 움츠려 넣듯 감각대상으로부터 감각기관을 온전히 거두어들인 자의 지혜는 단단하다. 몸에 깃든 자가 음식을 취하지 않을 때* 감각대상은 사라지느니. 맛은 남아 있으되 그가 지고의 것을 본 뒤에는 맛 또한 사라진다. 꾼띠의 아들이여, 요동치는 감각은 통찰력 있는 사람*이 아무리 애를 써도 마음을 억지로 앗아가느니.

하는 '쉬루띠'가 있다.
수행자_ 여기서는 무니muni를 이렇게 옮겼으며, 흔히 르쉬rśi와 거의 흡사한 뜻으로 쓰이나 무니는 붓다를 지칭하는 석가무니 같은 수행-성자에, 르쉬는 좀 더 사회적이고 자유분방한 선인-성자에 가깝다고 할 수 있다.
음식을 취하지 않을 때_ nirāhārasya(nir+āhārasya)와 몸에 깃든 자dehinaḥ를 여기서 이중 절대 소유격인 '～ 할 때'로 옮겼다.
통찰력 있는 사람_ '마음cita을 꿰뚫어 보는vipaśa 사람'이라는 뜻을 지닌 '위빠스찌따vi-paścita'를 이렇게 옮겼다.

모든 감각을 다잡은 뒤 나를 지고의 곳에 두고 반듯이 앉아야 한다. 감각이 다스려질 때 그의 지혜는 단단하느니. 감각대상을 생각하다보면 사람에게는 집착이 일고, 집착으로부터 욕망이 생기며, 욕망으로부터 분노가 자란다. 분노로부터 미혹이 오는 것이며, 미혹으로부터 기억이 길을 잃는다. 길을 잃은 기억으로부터 이해가 망가지고, 망가진 이해로부터 파멸이 온다. 애착과 미움에 매이지 않고 자아가 다스린 감각들로 감각대상들 사이를 다니는 자, 그렇게 자아가 절제된 자가 고요함을 얻느니. 고요할 때 모든 고통은 사멸되고 마음이 고요한 자에게 이내 이해가 바로 서기 때문이다. 가지런하지 않은 자에게 이해가 없고 가지런하지 않은 자에게 사량思糧*이 없다. 사량 없는 자에게 평온이 없고 평온 없는 자에게 어찌 행복이 있으랴? 방황하는 감각에 끌려 다니는 마음은 바람이 물 위의 배를 쓸어가듯 사람의 지혜를 앗아가기 때문이다. 팔심 좋은 이여, 그러기에 감각대상으로부터 감각기관을 완전히 움츠려 넣은 자, 그런 자의 지혜는 단단한 것이다. 자신을 다잡은 자는 삼라만상의 밤에 깨어 있고, 중생들이 깨어있을 때가 직시하는 수행자에게는 밤일지니.

차 있어도 바닥이 흔들리지 않는

사량_ '바와나bhāvana'를 사량으로 옮겼다. '생각해 헤아린다'라는 뜻의 思量이 아니라 '생각을(또는 생각해) 키운다'라는 뜻으로서의 思糧이다. 이렇게 옮긴 까닭은 바와나라는 단어에 '키운다', '배양한다'라는 뜻이 농축되어 있기 때문이다. 바와나의 영문 번역은 '명상meditation', '생각thought', '사색contemplation', '키움augmentation' 등 여러 가지이며, 길희성은 이를 '수정修定', 함석헌은 '영감', 바우테넌은 '뭔가를 불러올 수 있는 힘power to bring things about', 처니악A. Cherniak은 '염력powers of contem- plation', 라다크리슈난은 '집중력power of concentration'으로 옮겼다.

바다로 물이 흘러들어가듯
모든 욕망이 그렇게 흘러드는 자, 평온 얻으리.
그러나 욕망을 탐하는 자 그러지 못하리니.

여타의 욕망을 모두 버리고 갈망 없이, 내 것 없이, 내가 행위자라는 생각 없이 오가는 사람은 평온을 얻으리니. 쁘르타의 아들이여, 그것이 브라흐만에 머무는 것이며, 이를 얻으면 미혹에 이르지 않느니. 삶의 마지막 순간에도 거기 머물면 브라흐만 열반*에 이르리라.'

25*

아르주나가 말했다.
'머리카락 아름다운 끄르슈나여, 이해가 행위에 우선한 것이라 여기신다면 어찌하여 당신은 저더러 끔찍한 행위를 하게 하시나요? 혼재하여 모호한 말씀으로 당신은 제 이해를 혼란스럽게 하십니다. 제가 최상의 것을 얻을 수 있는 하나를 결정지어 말씀해주십시오.'
성스러운 이가 말했다.
'무구한 이여, 예전에 나는, 삶을 운용하는 데서* 이 세상에는 두 가지

브라흐만 열반nirvāṇa_ 여기서 쓰인 열반과 모든 세속적 욕망을 버리고 출가해 얻는 불교적 열반을 대비해 생각해보면 좋을 듯하다.
25_ 독립된 『바가와드 기따』의 3장에 해당하며 '까르마 요가karma yoga, 즉 행위의 요가'라는 부제가 붙어 있다.

방법이 있다고 말했느니. 헤아림이 있는 자들을 위한* 앎의 요가*, 그리고 실천이 있는 자들을 위한* 행위의 요가*가 그것들이다.

사람이 단지 행위를 취하지 않는다고 하여 무위*를 얻지 않으며, 또한 그저 행위를 놓아버린다고 하여 완성에 이르지도 않는다. 사람은 단 한순간도 아무 행위도 하지 않고 지낼 수는 없느니. 본연적 기질*로 인해 모두가 행위해야만 하게 만들어져 있기 때문이다. 행위의 기관들을 다잡았으되 마음으로는 여전히 감각대상을 기억하고 있는 자, 그를 일컬어 자신을 속이는 거짓 행위자라고 하느니. 아르주나여, 그러나 마음으로 감각을 다스리고 행위의 기관들로는 행위의 요가를 집착 없이 행하는 자, 그런 자는 매우 특별하다. 주어진 일을 행하여라. 행함은 아니 행함에 우선하느니. 아니 행하고서는 육신을 부지하는 일조차 가능치 않다.

이 세상은 제祭를 위한 행위 말고는 모두 행위에 매여 있다.* 꾼띠의

삶의 운용_ '니슈타niṣṭha'를 옮긴 것이며 '헌신', '적용', '활용' 등의 여러 가지 뜻으로 쓰인다.
헤아림이 있는 자들을 위한_ 'sāṃkhyānām'을 옮긴 것이다.
앎의 요가_ 'jñāna yoga'를 옮긴 것이다.
실천이 있는 자들을 위한_ 요긴yogin의 소유격인 'yoginām'을 옮긴 것이다.
행위의 요가_ 이 장의 주제인 '까르마 요가'를 옮긴 것이다.
무위_ 'naiṣkarmya'를 이렇게 옮겼다. 앞서 말한 '무행위akarma'와는 다른 의미인 '행위에서 벗어난' 또는 행위로부터 자유로운 '행위 없음'의 상태를 뜻한다.
본연적 기질_ '쁘라끄르띠 구나prakṛti guṇa'를 옮긴 것이다. prakṛti는 흔히 '물질'로, guṇa는 '요소'로 번역되기도 한다.
제를 위한 행위 ~_ 앞 장 '상키야 요가'에서 지적한 자신의 안위와 권위를 얻으려는 욕망이나 『베다』에의 탐착으로 의례를 행하는 것이 아니라 신을 향한 사랑과 순수한 헌신의 행위로서의 제 혹은 의례를 뜻하며, 그래야만 비로소 복락을 얻을 수 있다는 것이다. 4장 '즈냐나 까르마 산야사 요가'에서는 '사람들은 이 세상에서 행위가 성취되기를 바라

아들이여, 집착을 벗고 제를 위한 행위를 하여라. 쁘라자빠띠*는 예전에 제와 함께 생명들*을 만든 뒤, '이것*과 함께 퍼져나가거라. 이것이 그대들의 염원을 들어주는 소*가 되리라'라고 말했느니.

　이것으로 신들을 공양하여라. 신들은 그대들을 키우니 서로가 서로를 받들어 공양하며 지고의 선에 이를지라. 제로써 공양 받은 신들은 그대들이 바라마지 않는 복락을 줄 것이기 때문이다. 신들이 준 것을 즐기기만 할 뿐 그들에게 바치지 않는 자는 도적이려니. 제 지내고 남은 음식을 먹는 선한 자는 모든 괴로움에서 벗어나지만 자신을 위해 음식을 만드는 악한 자는 쇠악을 먹는 것이나. 생명 있는 것들은 음식을 통해 존재하고, 음식은 비로 인해 자라며, 제로 인해 비가 있게 되고, 제는 행위로부터 생기느니. 행위는 성스러운 『베다』*에서 생겨났고, 성스러운 『베다』

　　며 신들에게 제를 올린다. 행위에서 비롯된 성취는 인간세상에서 빠르게 나타나기 때문이다'라고 말하기도 한다. 행위와 제사, 행위자의 바람과 순수함의 문제를 다루는 각 장의 성격을 비교해보면 흥미로울 듯하다.

쁘라자빠띠_ 주로 희생제가 가장 중시되던 브라흐마나 시대에 생명prajā의 주인pati으로 찬미되던 신이지만 초기 『베다』에서는 신이 아닌 '세상을 떠받치는' 신들의 별칭으로 쓰이다가 후대에 성립된 것으로 보이는 『리그베다』의 10장에 이르러서야 자손을 주고, 생명을 만든 신으로 서너 번 언급된다.

생명들_ '쁘라자prajā'를 옮긴 것이다. 흔히 '피조물'로 번역되나 피조물이라는 단어가 지닌 수동성보다 피조물이 지닌 생명의 능동성을 더 강조하고자 이렇게 옮겼다.

이것_ (희생)제를 뜻한다.

염원을 들어주는 소_ '까마두가kāmadugha(또는 kāmadughā[여성명사])'를 옮긴 것으로, 남성명사와 여성명사 모두 가능하다. 여성명사 kāmadughā는 kāmadhenu와 동의어이기도 하다. 까마두흐kāmaduḥ(일반적으로 남성주격형 까마두끄kāmaduk)가 쓰이기도 한다.

성스러운 『베다』_ '브라흐만Brahman'을 옮긴 것으로. 중성명사로 쓰이는 브라흐만은 '경전' 또는 '베다'라는 뜻 외에도 우주를 아우르는 혼이나 정신, 비인격의 지고한 존재를는 음절 '옴'*으로부터 온 것임을 알아라. 그러므로 삼라만상에 다 깃들어 있는 성스러운 『베다』는 항상 제에 바탕을 두고 있음이다.

쁘르타의 아들이여, 이렇게 굴려져온 바퀴를 이 세상에서 따라 굴리지 않는 자는 감각에 빠져 더러움에 물든 채 헛되이 사는 것이다. 그러나 오로지 자아에 기뻐하고 자아에 흡족해하는 사람, 오로지 자기 자신에만 온전히 만족해하는 사람, 그런 사람에게는 해야 할 일이 남아 있지 않다. 이 세상에 행해진 어떤 것도, 행해지지 않은 그 무엇도 그의 관심사가 아니며, 삼라만상 어떤 것에도 그의 관심사가 머물러 있지도 않으니. 그러니 항상 집착 없이 해야 할 일을 하라. 집착 없이 제 일을 하는 사람은 지고의 것을 얻기 때문이다. 자나까*를 위시한 자들은 오직 행위로 뜻한 바를 이루었기에 세상사 또한 그러함을 잘 살피어 행함이 마땅하리라.

어떤 행위를 하건 뛰어난 자가 하면 사람들은 그것을 따라하고, 세상은 그가 기치로 삼은 행위를 따르느니. 쁘르타의 아들이여, 내게는 이 삼계에 해야 할 것이 아무것도 남아 있지 않고, 얻어야 하나 얻지 못한 그 무엇도 없다. 그럼에도 나는 행위를 하느니. 쁘르타의 아들이여, 만일 내가 부단히 행위 하지 않는다면 사람들은 천지사방에서 내 하는 대로 따라 할 터이고, 만일 내가 해야 할 행위를 하지 않는다면 세상은 무너지리

가리키기도 한다. 브라흐만의 남성주격명사인 Brahmā는 창조주 브라흐마를 뜻하며, 흔히 브라만이라고 칭해지는 사제계급은 브라흐마나Brahmaṇa이다.

옴_ 여기서 '옴'으로 옮긴 단어는 '악샤라akṣara'이다. '악샤라'는 문자적으로 '멸함 없는', '불멸의 것'이라는 뜻이나 『베다』에서 뜻하는 악샤라는 모든 것이 한 음절에 함축된 '옴' 이기에 이렇게 옮겼다.

자나까_ 옛 북인도의 왕국 위데하의 전설적 왕으로, 『라마야나』의 여주인공이며 라마의 아내인 시따의 아버지이기도 하다.

니, 나는 계급이 섞이는 것*을 초래한 장본인이 되어 생명들을 파멸로 이끌고 말 것이다.

바라따의 후손이여, 집착을 가진 무지한 자들과 마찬가지로 배움 많은 자들 또한 행위를 해야 한다. 그러나 그것은 세상을 이롭게 하려는 집착 없는 행위여야만 하느니. 배움 많은 자는 행위에 집착하는 분별없는 자들의 이해를 파괴하는 짓을 초래해서는 안 되며, 그들이 모든 행위를 적절히 다잡아 행하게 해야 한다.

행위는 온전히 본연적 기질에 의해 행해지는 것임에도 내가 행위자* 라는 미혹된 사유를 가진 자는 '내가 했나'라고 생각하느니. 팔심 좋은 이여, 그러나 기질과 행위의 몫을 본질적으로 아는 자는, 기질은 기질에 작용함을 알아 집착하지 않는다. 본연적 기질에 미혹된 자는 기질에 의한 행위에 집착한다. 일체를 아는 자는 일체를 알지 못하는 자들을 흔들어서는 안 된다.

모든 행위는 내게 내려놓고 지고의 자아에 의식意識을 모아, 사심 없고

계급이 섞이는 것_ 'saṃkara'를 옮긴 것으로, 이 상까라는 『마하바라따』와 『기따』에서 시종일관 주장하는 것, 즉 각자의 계급이 지켜내야 할 율법인 스와다르마에 관한 문제이다. '뒤섞임'이라는 뜻을 지닌 saṃkara는 서로 다른 계급끼리 혼인하는 것을 뜻하며, 전통적으로 세상이 혼탁해지고 파멸에 이르는 가장 나쁜 일로 본다. 계급의 혼탁이 세상의 혼탁이라고 보는 『바가와드 기따』의 이 논리를 『성경』 등의 경전 윤리에 빗대 단지 '혼란을 야기하는 자' 또는 '세상의 혼란'이나 '혼탁한 세상'으로 번역한다면 기존 번역의 오류를 답습하게 되는 것뿐만 아니라 『바가와드 기따』 자체를 오역하는 것이므로 본 번역은 원뜻을 가감 없이 전한다. 스와다르마 문제는 『바가와드 기따』 안에서도 다양하게 읽히고, 읽는 이의 시각에 따라 여러 가지로 해석될 수 있는 여지가 많을 것이다.

내가 행위자_ 아항까라ahaṅkāra를 여기서 문자적으로 옮긴 것이다. aham은 '나'를, kāra는 '만든 자, 행위자'를 뜻하며, 아항까라는 복합적으로 '아만我慢', '이기심' 등이라는 뜻으로 쓰이는 경우가 많다.

내 것이라는 마음 없이 안타까움을 버리고 싸워라. 마음을 언제나 내게 두고 믿음을 갖고 시샘 없이 한결같은 마음으로 나를 따르는 사람들, 그들 또한 행위에서 자유로우리라. 그러나 시샘으로 가득 차 나의 이런 생각을 따르지 않는 사람들은 앎이 모두 뒤섞이고 의식이 망가짐을 알아야 하느니. 앎이 있는 자라 할지라도 제 본연의 기질에 따라 행동한다. 존재들은 본연적 기질을 따라가는 법이다. 어찌 그것을 잡으랴? 애착과 미움은 각각의 감각대상에 도사리고 있느니, 사람의 길을 가로막는 이 둘의 아귀에 떨어져서는 안 된다. 공덕이 부족한 제 율법*이 제대로 갖춘 타인의 율법보다 낫느니. 제 율법을 지키다 죽는 것은 명예롭다. 타인의 율법은 두려움을 불러들이느니.'

아르주나가 말했다.

'우르슈니의 후손이시여, 사람은 대체 무엇에 매여 원치 않음에도 불구하고 마치 힘에 이끌리듯 죄를 짓습니까?'

성스러운 이가 말했다.

'그것은 욕망이며, 그것은 분노이니, 활동의 기질*에서 생겨난 것이다. 대재앙을 부르고 크나큰 죄를 짓게 하는 그것은 이 세상의 적임을 알아야 하느니. 불이 연기에 가려 있듯, 거울이 먼지에 씌어 있듯, 태아가 탯집*에 싸여 있듯 세상은 그것에 덮여 있다. 꾼띠의 아들이여, 욕망의 모습을 가졌으며, 배를 채우기 어려운 불과 같은 그것, 배움 많은 자의

제 율법_ 각자가 또는 각 계급이 반드시 지켜야 할 계급의 율법 또는 도리인 스와다르마를 뜻한다.
활동의 기질_ 'rajas guṇa'를 옮긴 것이다.
탯집ulba_ 흔히 '막' 또는 '태반'이라고 옮기는데, 태아를 감싼 막을 뜻한다.

영원한 적인 그것은 앎을 가린다. 감각기관과 마음과 이성이 그것의 자리라고 일컫느니. 그것들을 수단으로 그것은 앎을 가리고 몸에 깃든 자를 미혹한다. 바라따의 황소여, 그러하니 그대는 애초에 감각기관을 다스려야 한다. 지와 분별지*를 망가뜨리는 고약한 그것을 버려야 하느니. 감각기관은 탁월한 것이요, 마음은 감각기관에 우선한 것이며, 이성은 마음보다 앞서는 것이라고 한다. 그러나 이성보다 뛰어난 최상의 것은 그*이다. 이처럼 이성보다 뛰어난 그를 알아 자아를 자아로써 다잡아라. 팔심 좋은 이여, 욕망의 형상을 취하고 있는 물리치기 어려운 적을 물리쳐라.'

26*

성스러운 이가 말했다.

'멸함 없는 이 요가를 나는 위와스와뜨*에게 설했고, 위와스와뜨는 마누*에게, 마누는 또 익슈와꾸*에게 전했다. 적을 태우는 이여, 그런 식으

지jñāna와 분별지vijñāna_ 앎과 꿰뚫어 아는 앎 또는 분별지어 아는 앎을 말한다. jñāna는 앞에서 앎으로 옮겼으나 vijñāna와 연결 지어 설명될 때는 언어의 통일성을 위해 지知로 옮겼다.

그_ 자아를 가리킨다.

26_ '즈냐 까르마 산야사 요가jñāna karma sanyāsa yoga'라는 부제가 붙어 있다. sanyāsa를 중심으로 본 sanyāsa 요가 즉, '놓음 (혹은 버림)의 요가'로 불리거나 jñāna를 중심으로 본 jñāna 요가 즉, '앎의 요가'로 불린다. 뒷장이 산야사 요가이므로, 냐나 요가로 부르는 것이 더 일반적이다. 독립된 『바가와드 기따』의 4장에 해당한다.

위와스와뜨_ 태양 또는 태양신이며, 흔히 수르야로 불린다.

마누_ 태양신의 아들 와이와스와따라고 불리며 인간(마나와manava, 즉 마누의 후손)들의

로 선인 왕들은 대대손손 전해져온 이 요가를 알아왔거늘 오래고 오랜 시간이 흘러 이것이 세상에서 사라졌구나. 그대는 내게 마음을 바치는 벗이라 여기기에 오늘 나는 바로 이 오래된 요가를 설하느니. 이것은 실로 은밀하고도 위없는 것이다.'

아르주나가 말했다.

'당신의 태어남은 그리 오래지 않고 위와스와뜨의 태어남은 오래되었습니다. 당신께서 '내가 그에게 설했고'라고 하는 말은 어떻게 이해해야 합니까?'

성스러운 이가 말했다.

'적을 태우는 아르주나여, 나의 생도 그대의 생도 수없이 지나갔느니. 나는 그 모든 생을 알고 그대는 알지 못한다. 나는 태어남 없고 변함없는 존재임에도, 또한 만생명의 주인임에도 내 자신의 본연의 성질*에 바탕을 두고 마야*로 이 세상에 왔느니. 바라따의 후손이여, 정법이 가라앉고 비법*이 솟아오를 때마다 나는 내 자신을 세상에 나타낸다. 선한 자를 지키고 악한 자를 멸하기 위해, 그리고 정법을 바로 세우기 위해 나는 유가*

어버이이다.
익슈와꾸_ 와이와스와따 마누의 첫째아들이며, 북인도의 아요드야를 다스린 태양족의 첫 번째 왕이다. 익슈ikṣu는 사탕수수이며 익슈와꾸는 사탕수수가 많은 자, 더 나아가 사탕수수처럼 부드럽고 소망을 들어주는 사람이라는 뜻이다. 『라마야나』의 주인공 라마도 익슈와꾸의 후손이다. 끄르슈나 자신은 태음족인 야두의 후손으로 세상에 현현했다.
본연의 성질_ 9장 '라자 위드야-라자 구히야 요가'에서 말하는 끄르슈나의 낮은 본성인 쁘라끄르띠prakṛti를 뜻한다.
마야māya_ 마법 또는 신묘한 힘이나 환영 등을 뜻한다.
정법이 ~_ 정법은 '다르마dharma'를, 비법은 '아다르마adharma'를 옮긴 것이다.
유가_ 유가는 힌두의 개념에서 생과 멸을 거치는 세상의 나이라고 할 수 있다. 이 나이 또는 마다 몸을 나투느니.

아르주나여, 신성한 나의 태어남과 행위를 여실히 아는 자는 몸을 버린 뒤 다시 태어나지 않는다. 그는 내게로 오느니. 내게 귀의해 탐착과 두려움과 분노에서 벗어난 자들, 앎과 고행으로 자신을 맑힌 많은 자들은 나와 같은 경지에 이르렀다. 쁘르타의 아들이여, 사람들이 나를 숭앙하면 나는 그 방식 그대로 그들을 존중하고, 사람들은 어떻게든 내 길을 따르느니. 사람들은 이 세상에서 행위가 성취되기를 바라며 신들에게 제를 올린다. 행위에서 비롯된 성취는 인간세상에서 빠르게 나타나기 때문이다. 기질과 행위로 구분 지어진 4계급*은 나로 인해 생겨났느니. 비록 내가 그것의 행위자*이기는 하나 나는 만고불변의 무행위자임을 알아라. 행위는 내게 스며들지 못하느니, 내가 행위의 결실을 갈구하지 않기 때문이

> 시대는 넷으로 나뉘어 순환한다. 선함만이 존재하는 신들의 시대인 '사띠야 유가satya yuga', 선함이 주를 이루나 악이 들어서기 시작해 다르마의 다리가 하나 빠진 상태로 세상이 유지되는 '뜨레따 유가treta yuga', 선과 악이 반반이며 다르마의 다리 둘로 유지되는 '드와빠라 유가dvapara yuga', 그리고 악이 가득하며 다르마의 다리 하나로 세상이 지탱되는 말세인 '깔리 유가kali yuga'가 그것이다. 네 유가가 일흔 번 지나가면 만완따라manvantara라고 불리는 마누의 한 시대가 끝나고, 다음 번 마누 시대가 시작된다. 마누는 이런 식으로 열네 명이 존재하며, 현재는 일곱 번째 마누인 와이와스와따 마누 시대이다.

기질과 행위로 구분지어진 4계급_ 카스트제도가 애초에 태생이 아니라 각자가 지닌 기질과 행위에서 비롯되었음을 말한다. 피부색varṇa에 의해 구분 지어진 『베다』시대, 기질guṇa과 행위(까르마karma)에 의해서라고 말하는 『바가와드 기따』, 그리고 그 이후(사실은 『바가와드 기따』시대에도)부터 현재까지 태생jati에 의해 구분 지어진 인도의 카스트제도는 당시의 의도 여하와는 무관하게 지금까지도 대대로 세습되는 족쇄 같은 역할을 한다.

행위자_ 'kartṛ'를 옮긴 것으로 문자적 의미는 '만든 사람', 즉 행위자가 맞지만 대개는 창조자나 조물주 또는 창조자 브라흐마의 별칭으로 쓰인다. 뒤따르는 문장의 무행위자akartṛ와 대비되는 뜻으로 이렇게 옮겼다.

다. 이렇게 나를 아는 사람은 행위에 얽매이지 않는다. 그러함을 알아차린 뒤, 해탈을 구한 옛 사람들도 행위를 했느니. 그러기에 그대도 오래고 오래 전의 옛 사람들이 한 대로 행위를 하여라.

　무엇이 행위이고 무엇이 무행위인가? 현인들도 그런 것에 미혹되느니. 그러기에 나는 행위가 무엇인지 설파하고자 한다. 이를 안 뒤에는 상서롭지 않은 것에서 놓여나리라. 행위를 알아야 하고, 비행위*도 알아야 하며, 무행위가 무엇인지도 알아야 하느니. 행위의 이치는 오묘한 것이다. 행위에서 무행위를 보는 자, 무행위에서 행위를 보는 자는 사람들 중에 이해를 지닌 자이다. 그는 모든 행위를 다잡는다. 시도하는 모든 일에 욕망과 의도를 내버린 자, 앎의 불로 행위를 태워버린 자, 현자들은 그를 일컬어 두루 아는 자라고 한다. 행위의 결과에 대한 집착을 버리고 항상 자족하며 어디에도 기대지 않는 자는 행위를 하나 결코 어떤 것도 하지 않는 것이다. 의식과 자아를 다잡고 바라는 것 없이, 쥐고 있는 모든 것을 내려놓고 오로지 몸으로만 행위 하는 자는 더러움에 물들지 않느니.

　가진 만큼 만족하고 상반의 사고를 넘어선 자, 시샘을 벗어던지고 이룸과 아니 이룸에 평정심을 지닌 자, 그는 비록 무엇을 행해도 그에 매이지 않는다. 집착이 사라져 자유로운 자, 앎에 굳건한 의식을 가진 자가 제를 지내기 위해 하는 행위는 온전히 녹아 사라지느니. 제물을 바치는 것은 브라흐만이요, 브라흐만에 의해 브라흐만의 불에 바쳐진 제물도 브라흐만이다. 브라흐만의 행위*에 마음을 모으는 자는 기어이 브라흐만에

비행위_ 'vikarma'를 옮긴 것으로 행위karma를 벗어난(vi-), 그리하여 '그릇된 행위'를 뜻한다. 행위는 karma, 무행위는 a-karma, 무위는 naiṣ-karma, 비행위는 vi-karma, 그리고 행위 않음은 na-karma임을 알아두면 읽기 편할 듯하다.

이르리라. 어떤 요긴*은 오로지 신들에게만 제를 올리고, 또 다른 요긴은 오로지 제로써만 브라흐만이라는 불*에 제를 올린다.* 또 혹자는 듣는 것을 비롯한 감각기관을 절제의 불에 제를 올리며*, 혹자는 소리 등의 감각대상을 감각기관의 불에 제를 올린다.* 혹자는 모든 감각의 행위와 숨의

브라흐만의 행위_ 제(사)를 뜻한다.
어떤 요긴_ 여기서는 '까르마 요가', 즉 행위의 요가를 하는 자를 요긴으로 칭하고 있다.
브라흐만이라는 불_ 불은 (희생)제를 업으로 삼는 브라만계급에 필수적인 것이나 여기서의 브라흐만은 계급으로서의 브라만(혹은 브라흐마나)이 아니라 중성명사로서의 브라흐만, 수 베다 및 본 비판서의 시야를 낳게 누시며 나타나리니 '브라흐마의 불'고 옮긴 단어는 'brahmāgnāv'로 '브라흐마의 불'로도 해석이 가능하다.
어떤 요긴은 ~_ 이 구절에 대해서는 매우 다양한 해석이 존재한다. 첫 번째 구절의 요긴은 '의식과 의례를 중시해 신들에게 제 지내는 것을 업으로 삼는' 자들이며, 여기서의 신들은 대체로 인드라 등의 『베다』 신들을 일컫는다. 두 번째 구절의 또 다른 요긴은 '불은 늘 곁에 두고 있되 의식과 의례에 매이지 않고 오로지 (희생)제'라는 명목으로만 순수하게 제를 올리는 자들이다. 상까라는 여기서의 희생제(야즈냐yajñām)를 지고의 브라흐만과 다르지 않은 아뜨만ātman(자아)으로 보고 '어떤 이는 오로지 자아로써만 자아를 브라흐만의 불에 바친다'라고 해석하며, 브라흐만의 불에 자아를 바치는 것은 한정적 자아가 무한한 지고의 브라흐만과 합일하는 자아에 대한 깨우침과 다르지 않다고 했다. 그에 반해 라마누자는 '어떤 자들은 브라흐마의 불에 오로지 공물을 써서 제를 올린다'라고 해석하며, 여기서의 희생제(야즈냐yajñām)는 희생제를 지내는데 필요한 공물이나 제를 지내는 국자 등의 물품을 뜻한다고 한다. 라다크리슈난, 에저튼 등은 '오직 희생제로써 희생제를 바친다'라고 옮겼다.
또 혹자는 ~_ 감각기관은 감각을 일으키는 다섯 기관pañca indriya인 안이비설신眼耳鼻舌身, 즉 눈, 귀, 코, 혀, 몸이라는 감각의 뿌리인 오관五官 또는 오근五根을, 감각대상은 욕망을 일으키는 다섯 가지 삼사대상pañca visaya인 색성향미촉色聲香味觸, 즉 빛, 소리, 냄새, 맛, 느낌인 오경五境을 뜻한다. 여기서는 요긴이 절제라는 상징적 불에 제를 올려 감각기관이 감각대상에 현혹되지 않도록 한다는 뜻이다. 상까라는 절제 자체가 (희생제의) 불과 같은 것이라고 여겨, 그것을 상징하는 불에 공물을 바치며 감관을 절제하는 수행을 한다고 설명했다.
감각대상을 ~_ 상까라는 여기서 감각기관 자체가 불이며, 감각기관이라는 불에 감각대상인

행위*를 앎으로 켜진 자제라는 요가의 불에 바치느니. 재물을 바쳐 제를 올리거나 고행 형태로 제를 올리고 또는 요가로 제를 올리며, 혹독한 서약을 지키며 수행하는 자들은 『베다』의 지식과 앎을 제로 올린다. 혹자는 들숨을 날숨*에 바치고, 또 혹자는 날숨을 들숨에 바친다. 들숨과 날숨의 결을 틀어막고 숨의 조절에 몰두하는 것을 더 없는 목표로 삼는 자들도 있느니. 혹자는 음식을 절제해 숨을 숨에 바친다*. 이들, 그리고 제 지내고 남은 아므르따* 같은 음식을 먹는 모든 이들이 영원한 브라흐만을 향해 가느니. 훌륭한 꾸루의 후손이여, 이세상은 제를 지내지 않는 자의 것이 아니다. 저세상은 말해 무엇 하겠는가? 이와 같이 브라흐만의 낯에는 여러 갈래의 제가 펼쳐져 있느니. 그것들이 모두 행위로부터 나왔음을 알아라. 그렇게 알고 난 뒤 그대는 자유로워지리라.

쁘르타의 아들이여, 앎으로 지내는 제는 물질로 지내는 제보다 우월하다. 적을 태우는 이여, 모든 행위는 예외 없이 앎에서 완전해지느니. 몸을 굽혀 묻고 또 물음으로써, 그리고 섬김으로써 이를 알아라. 진리를 보는 자들이 그대에게 앎을 보여주리니. 빤두의 아들이여, 이를 안 뒤에는 또 다시 미혹의 길로 가는 일은 없으리. 이것으로 그대는 자아 안에서,

> 듣는 것 등의 제물을 바친다고 했다. 감각기관과 감각대상이 접촉하되 접촉에 집착하지 않는다는 뜻으로 보인다.
> 숨의 행위_ 'prāṇa karma'를 옮긴 것이다. 쁘라나는 '숨'이나 '호흡' 이외에도 '생명', '생명력', '생명의 동력' 등의 뜻을 지닌다.
> 들숨과 날숨_ 'prāṇa와 apāna'를 옮긴 것이며, 여기서 prāṇa는 통칭 '숨'이 아니라 '내쉬는 숨apāna'에 반하는 '들이쉬는 숨'을 뜻한다.
> 숨을 숨에 바친다prāṇa to prāṇa_ 이는 생명력vital force을 생명prāṇa을 유지하는 데만 쓴다는 뜻이다. 다시 말해 숨 쉬는 것조차도 숨을 쉬어 생명을 유지하게만 한다는 뜻이다.
> 아므르따amṛta_ 불로불사를 가져다주는 신들의 음료 또는 음식이다.

또 내 안에서 존재들을 남김없이 보게 되리라. 그대가 혹여 죄악을 저지른 모든 자 중 가장 나쁜 죄인이라고 해도 이 앎의 배로 모든 흠결을 건너리니. 아르주나여, 지펴진 불이 연료를 모두 재로 만들듯 앎의 불은 모든 행위를 재로 만든다. 맑히는 그릇으로 앎만한 것은 이 세상에 없기 때문이니, 요가를 이룬 자는 때가 되면 자신 안에서 그것을 찾게 된다. 거기에 마음을 쏟고 감각기관을 다스리는 신념 있는 자는 앎을 이룬 뒤 이내 지고의 평온을 얻으리. 앎이 없는 자, 신념 없는 자, 자아를 의심하는 자는 패망하느니. 자아를 의심하는 자에게는 이 세상도 저세상도 행복도 없다.

아르주나여, 요가로 행위를 내려놓는 자, 앎으로 의심을 살라낸 사, 자아에 단단한 자는 행위가 얽어매지 못한다. 그러니 바라따의 후손이여, 무지에서 생긴 마음속 의심을 앎의 칼로 잘라내어라. 요가에 기대 우뚝 서라.'

27*

아르주나가 말했다.

'끄르슈나여, 당신은 행위의 놓음*을, 그러면서 다시 요가를 칭송하십니다. 이 둘 중 어떤 것이 더 나은지 분명히 말씀해주십시오.'

27_ 'karma-saṃnyāsa yoga(행위를 놓는 요가)' 또는 'saṃnyāsa yoga(놓음의 요가)'라는 부제가 붙어 있다. 독립된 『바가와드 기따』의 5장에 해당한다.

행위의 놓음_ 'saṃnyāsam karmaṇām'을 옮긴 것으로, 그침 혹은 중지를 뜻하는 요가수뜨라의 니로다nirodha와 비교해봐도 좋을 것이다.

성스러운 이가 말했다.

'놓음과 행위의 요가 둘 다 위없는 경지에 이르게 한다. 그러나 둘 중에서 행위의 놓음보다는 행위의 요가가 더 낫구나.* 뭔가를 싫어하지도 않고 애타게 바라지도 않는 사람이 항상 놓을 줄 아는 사람이라고 알아야 하느니. 팔심 좋은 이여, 상반되는 이원의 사고를 벗어던진 사람은 얽매임에서 쉬이 벗어날 수 있기 때문이다. 어리석은 자들은 헤아림과 행*이 따로따로라고 말하지만 두루 아는 자들은 그렇지 아니하다. 어느 한쪽에라도 제대로 서 있는 사람은 둘 모두의 결실을 얻는다. 헤아림으로 얻은 경지는 행으로도 이를 수 있느니, 헤아림과 행이 하나임을 보는 자, 그가 진정으로 보는 자이다.*

팔심 좋은 이여, 놓음은 실로 요가* 없이 얻기 어렵다. 요가로 다잡은 수행자는 머지않아 브라흐만의 경지에 이른다. 요가로 다잡은 마음 맑은 사람, 자신을 이기고 감각기관을 다스린 사람, 자신의 자아가 삼라만상의 자아가 되는 사람은 행위를 해도 그 행위에 의해 더럽혀지지 않느니.

진리를 아는 자는 비록 보고, 듣고, 만지고, 냄새 맡고, 먹고, 걷고, 자

행위의 놓음보다는 ~ _ '행위의 놓음'은 앞 장에서 말한 '앎으로 동여매진 행위'를 놓는 것이 아니라 행위 자체를 놓는 것을 뜻하며, 요가는 '행위의 요가'를 뜻한다.
헤아림과 행 _ 헤아림은 '상키야sāṃkhya'를, 행은 '요가yoga'를 옮긴 것으로, '행위의 요가'는 'karma yoga'를 가리킨다.
헤아림으로 얻은 ~ _ 3장 앞머리의 '헤아림이 있는 자들은 지혜의 요가, 실천이 있는 자들은 행위의 요가'라는 가르침과도 일맥상통하는 구절이다.
요가 _ 행위의 요가, 즉 '까르마 요가'이며, 여기서부터는 행과 행위의 혼동과 중복을 피하기 위해 요가를 행으로 옮기는 대신 원문 그대로 둔다.

고, 숨 쉬고, 말하고, 배설하고, 쥐고, 눈을 뜨고 감더라도 감각기관이 감각대상에 작용할 뿐이라고, '나는 어떤 일도 행하지 않는다'라고 지속적으로 생각해야 한다. 집착을 버리고 브라흐만 안에서 모든 일을 행하는 자, 그는 마치 연꽃이 물에 젖지 않듯 죄악에 젖어들지 않는다. 요긴*은 자아를 맑히기 위해 집착을 버리고 오로지 몸으로, 마음으로, 생각으로, 감각으로 행위 한다.

자신을 다잡은 자는 일의 결과를 내려놓고 더할 나위 없는 평온을 얻지만 다잡지 못한 자는 결과에 집착해 욕망의 행위에 얽매인다. 몸에 깃든 자는 마음으로 모든 행위를 내려놓고 아홉 문의 성*에 편안히 머문다. 그는 행위를 하지도, 하게 하지도 않느니.

자재自在한 이*는 행위를 주재하지 않고, 행위 자체도 세상에 만들지 않으며, 행위와 결과를 연결 짓지도 않느니. 단지 각자가 본래 지닌 힘*으로 굴러가게 할 뿐. 권능한 이*는 누구의 악행도, 또 누구의 선행도 취하

요긴yogin_ 흔히 주격 단수인 요기yogi로 쓰이기도 한다. 요긴과 요기 중 어느 것을 써도 상관없고, 요기가 더 일반적으로 쓰이나 단어의 원형을 택해온 본 번역의 일관성을 위해 요긴으로 표기한다.
아홉 문의 성_ 아홉 문의 성(또는 도시)nava-dvāra pura은 아홉 개의 성문이 있는 도시에 몸을 비유한 것으로, 객관적 지식을 얻는 일곱 구멍인 눈, 콧구멍, 귓구멍, 입과 아래의 두 배설 기관인 직장과 방광을 일컫는다.
자재한 이_ '쁘라부prabhu'를 옮긴 것이다.
본래 지닌 힘_ '스와바와svabhāva'를 옮긴 것으로, 이 스와바와는 각자가 자연스럽게 태생적으로 갖고 있는 힘으로, 여기서는 본연의 기질, 만물이 본디 갖고 있는 성질인 쁘라끄르띠와 같은 뜻으로 쓰였다.
권능한 이_ 'vibhu'를 옮긴 것으로, 주 8의 '쁘라부'와 마찬가지로 몸의 주인인 자아를 가리킨다고 보는 것이 일반적이며, 자아와 더불어 끄르슈나를 가리킨다고도 보는 견해도 있다.

지 않는다. 앎이 무지에 덮여 있기에 살아 있는 자들이 거기에 미혹되는 것일 뿐. 그러나 자아에 대한 무지를 앎으로 물리친 자에게는 바로 그 앎이 지고한 그것*을 태양인 듯 비추느니. 이성을 그것에 향하게 하고, 자아를 그것에 세우며, 그것에 머물고, 그것에 마음을 바쳐 앎으로 더러움을 뿌리 뽑은 자는 돌아와야 하는 길을 다시는 가지 않는다.*

두루 아는 자는 배움과 절제를 갖춘 브라만이거나 소이거나 코끼리이거나 개이거나 개를 먹는 자*이거나 모두 분별함이 없는 눈으로 본다. 마음이 평정에 머무는 자는 바로 여기 이 세상에서 태어남을 극복하느니. 브라흐만은 흠결 없고 분별함 없기 때문이다. 그러기에 그는 브라흐만 안에 머무는 것이다.

좋은 것을 얻었을 때 기뻐 날뛰지 않고, 마땅치 않은 것을 만났을 때 미워하지 않아야 한다. 미혹됨 없는 단단한 이성으로 브라흐만을 아는 자는 브라흐만에 머무느니. 외부의 것과 접촉해도 마음이 그에 집착하지 않는 자는 자아 안에서 평온을 얻는다. 그의 자아는 브라흐만의 요가와 이어져 있느니*, 그는 다함없는 행복을 누린다.

접촉으로 인해 생긴 안락은 고통의 산실일 뿐이다. 꾼띠의 아들이여, 현자는 시작이 있고 끝이 있는 그 안에 빠져들지 않느니. 욕망과 분노에

그것_ 브라흐만을 뜻한다.
돌아와야 하는 길을 ~_ 불교의 '돌아오지 않는 자, 아나가민anāgāmin'과 비교해보면 좋을 듯하다. 아나가민은 불교에서 해탈을 방해하는 '얽매임을 끊어내는 네 단계' 중 세 번째 단계로, 다시는 인간으로 환생하지 않고 가장 높은 천상 중 한 군데서 태어나 그곳에서 해탈을 이루는 단계이다.
개를 먹는 자_ 천민 중에서도 가장 낮은 계급의 천민을 일컫는 말이다.
브라흐만의 요가 ~_ 브라흐만 또는 아뜨만에 대한 명상에 깊이 빠져들어 있음을 의미한다.

서 오는 세찬 소요를 육신을 벗어던지기 전, 바로 이 생에서 참아낼 수 있는 자는 다잡은 사람이요, 행복한 사람이다.

내면이 행복이요 내면이 즐거움이며 내면이 빛인 그런 요긴이 브라흐만이며, 브라흐만의 열반에 이르느니. 더러움이 사라지고 의심이 끊겼으며 자아가 다스려진 수행자는 브라흐만의 열반을 얻고 삼라만상의 이로움을 위해 마음을 쏟는다. 욕망과 분노에 매이지 않고 마음을 다스리는 수행자, 자기 자신을 아는 수행자는 이승에서도 저승에서도 브라흐만의 열반에 드느니.

외부와의 접촉을 멀리하며 시선을 미간에 두고 코 안을 드나드는 들숨과 날숨을 가지런히 한 뒤, 감각기관과 마음과 정신을 다스리며 해탈을 궁극의 목적으로 삼는 수행자, 열망을 버리고 두려움도 분노도 버린 수행자는 언제나 자유로운 자이다. 나를 제와 고행을 즐기는 자로, 온 세상의 주인으로, 삼라만상의 벗으로 알아 그는 고요함을 얻느니.'

28*

성스러운 이가 말했다.

'행위의 결과에 기대지 않고 그저 해야 할 일을 하는 자, 그가 내려놓은 자요, 그가 요긴이다. 단지 불을 지니지 않았다고 해서* 또는 행위를

28_ '드야나 요가dhyāna yoga, 즉 선정의 요가'라는 부제가 붙어 있다. 독립된 『바가와드 기따』의 6장에 해당한다.

불을 지니지 않았다고 해서_ 여기서 '불'은 브라만 사제가 섬기는 성화聖火를 뜻한다. 『베다』

하지 않았다고 해서가 아니다. 빤두의 아들이여, '내려놓았다'라고 하는 것이 곧 요가임을 알아라. 의도˙를 내려놓지 않는 자들은 결코 요긴이 될 수 없기 때문이다. 요가에 오르려는 수행자에게는 행위가 방편이라고 하며, 요가에 이미 오른 자에게는 고요함이 방편이라고 한다. 모든 의도를 내려놓고 감각대상에도, 행위에도 집착하지 않을 때 그를 일컬어 요가에 오른 자라고 하기 때문이다.

자신으로 자신을 높일 것이며 자신을 낮추지 말아야 하느니. 자기 자신만이 자신의 친지요, 자기 자신이 다만 자신의 적인 법이다. 오직 자신으로 자신을 이긴 자에게 자신은 자신의 친지이나 자신을 다스리지 못한 자에게 자신은 다만 적개심 지닌 적으로 굴 뿐이다.˙ 자신을 이기고 고요함에 이른 자의 지고한 자아는 추위나 더위에, 행과 불행에, 칭송과 비난에 한결 같은 마음을 유지한다. 자아가 지와 분별지에 충족되고, 곧추 서서 감각기관을 다스리며, 흙덩이와 돌과 황금을 같게 보는 요긴, 그를 일컬어 '다잡은 자'라 하느니. 동지, 벗, 숙적, 방관자, 중립적인 사람, 싫은 사람, 친지, 선한 사람, 악한 사람 모두에게 공평한 마음을 지닌 자는 비범하다.

는 보편적 브라만들에게 항상 불을 꺼트리지 말고 지니도록, 그리하여 매일 여명과 황혼에는 아그니호뜨라agnihotra 제, 즉 진언과 함께 불에 제물을 바쳐 섬기는 '불의 제'를 올리도록 하고 있다. 그러나 통상 제사가 아닌 수행을 목적으로 삼는 브라만들은 이 불을 내려놓고 수행에 전념한다. 여기서는 그렇게 불을 내려놓는다고 해서 '내려놓은 수행자'는 아니라고 말하고 있다.

의도_ 'saṃkalpa'를 옮긴 것으로 열망, 욕망, 소망, 기대 등 마음속에 품은 뜻 또는 욕망의 싹을 뜻한다.

자신_ '아뜨만ātman'을 옮긴 것으로, 여기서 아뜨만은 두 가지 의미로 쓰였다. 이겨내야 할 현상으로서의 자아, 즉 재귀적 자아와 초월적 자아 두 가지 의미로 보면 될 것이다.

요긴은 한적한 곳에 남아 홀로 생각과 마음을 다스리며 바라는 것이나 가진 것 없이 언제나 자신을 다잡아야 한다. 청정한 곳에서 자신을 위해 헝겊이나 사슴가죽 또는 꾸샤 풀*을 덮은, 너무 높거나 지나치게 낮지 않은 단단한 자리를 마련해야 하느니. 그 자리에 앉아 마음을 한곳에 단단히 모은 뒤 생각과 감각기관이 하는 일을 다스리고 자신을 맑히기 위해 요가에 마음을 매두어야 한다. 몸체와 머리와 목을 곧게 유지하며, 움직임 없고 곧은 자세로 다른 어떤 곳도 두리번거리지 않은 채 자신의 코끝을 바라본다. 차분히 자신을 가라앉히고 두려움을 버릴 것이며, 금욕수행*의 서약을 단단히 하고 마음을 다스리며, 생각을 내게** 묶고 나를 가장 높은 곳에 둔 뒤 앉아야 하느니. 이와 같이 언제나 자아를 다잡고 항상 한 마음을 지닌 요긴은 내 안에 자리 잡고 있는 지고한 열반 너머의 평온에 이르느니.

아르주나여, 요가는 지나치게 먹는 자와 아예 먹지 않는 자, 너무 많

꾸샤 풀_ 잎의 양 끝이 모두 날카로운 거친 풀이다. 브라만 또는 수행자가 이 풀을 엮어 방석을 만들거나 옷을 해 입음으로써 스스로 안주하지 않겠다는 다짐을 보여주는 수행과 계급의 상징적 풀이라고 할 수 있다.

금욕수행_ '브라흐마짜르야brahmacārya'를 옮긴 것으로, 브라흐마짜린brahmacārin과의 관계 속에서 뜻을 살피는 것이 중요하다. 브라흐마짜린은 브라만이 거치는 인생의 네 단계 중 첫 번째 단계에 해당되며, 『베다』를 공부하는 학생들이 스승과 함께 지내는 시기이다. 그들은 성스러운 꾸샤 풀로 만든 띠를 두르고 정성을 다해 스승을 섬기며 『베다』를 배우고 기본적으로 금욕적인 생활을 한다. 그로부터 브라흐마짜린 자체에 금욕수행이라는 뜻이 생기게 되었고, 브라흐마짜르야는 그들이 하는 행위, 즉 브라흐마짜린과 마찬가지의 금욕수행이라는 뜻을 지닌다. 금욕수행의 서약은 수행자들이 하는 맹세를 말한다.

생각을 내게_ 여기서 '나'는 일반적으로 뒤의 문맥과 연결해 성스러운 화자인 끄르슈나로 해석되지만 받아들이기에 따라 '나 자신'으로 해석해도 될 듯하다.

이 자는 자와 한없이 깨어만 있는 자의 것이 아니다. 고통을 몰아내는 요가는 식(食)과 쉼을 다잡아 하고, 행위에서 움직임을 다잡으며, 잠과 깸을 다잡은 자의 것이 되리라. 잘 다스려진 마음을 오직 자아에 두고 온갖 욕망에서 오는 갈망이 사라진 자, 그를 일컬어 '다잡은 자'라고 한다. '바람 잔 곳에 놓인 등불은 깜박임이 없듯', 이것이 마음을 다스리고 자아를 요가에 묶어둔 요긴에게 드는 비유이니.

요가를 열심히 행함으로써 생각이 멈추고, 다만 자아가 자아를 들여다보며 자아에 대해 만족해할 때, 오직 이해로써만 붙잡을 수 있는 감각 너머의 한없는 평온을 알 때, 그것을 알아차리고 진실로 흔들림 없이 거기에 단단히 서 있을 때, 그것을 얻고 나서는 더 이상은 다른 나은 것을 얻을 것이 없다고 여길 때, 그 위에 단단히 서서 아무리 무거운 고통에도 흔들리지 않을 때, 그때 그것이 고통의 족쇄를 푸는 요가라고 불리는 것임을 알아야 한다. 그리고 그런 요가는 단단히 동여매 낙담하지 않는 마음으로 굳건히 행해야 하느니.

의도에서 일어나는 모든 욕망을 남김없이 버리고, 감각을 에워싸고 있는 촌락을 오직 마음으로 다스린 뒤 서서히 멈추어야 한다. 단단히 틀어 쥔 이해로 마음이 자아에 머물게 한 뒤 그 무엇도 생각지 말아야 하느니. 요동치는 마음이 어디로 배회하든 그것을 멈춰 다스리고 오직 자아 안에 고삐를 매두어야 한다. 이처럼 격동이 그치고 마음이 고요해져 브라흐만이 된 흠결 없는 요긴에게는 위없는 평온이 찾아오느니. 이처럼 언제나 자아를 다잡아 더러움이 가신 요긴은 브라흐만을 접해 한없는 평온을 쉬이 얻는다.

자아를 요가로 다잡은 자는 삼라만상 안에서 자아를 보고 삼라만상을 자아 안에서 보느니. 그는 모든 것을 분별함이 없는 눈*으로 본다. 무엇에서든 나를 보는 자, 내 안에서 모든 것을 보는 자에게 나는 결코 사라지지 않으며 또한 그는 결코 내게서 사라지지 않느니. 삼라만상 안에 현재하는 나를 섬겨 나와 하나가 된 요긴은 어떤 일에 처해도 내 안에 머문다. 아르주나여, 안락하건 괴롭건 자기 자신에 비춤으로써 어느 것이나 평정하게 보는 자는 지고의 요긴으로 여겨지느니.'

아르주나가 말했다.

'마두를 죽인 분이시여, 저는 불안정하기에 당신이 설하신 이 평정함의 요긴를, 그것의 상고한 상태를 보지 못합니다. 끄르슈나여, 마음은 불안정하고 요동치며 드세고 완고한 것이기 때문입니다. 그것을 붙잡는 일은 바람을 잡는 것처럼 어려운 일이라고 여겨집니다.'

성스러운 이가 말했다.

'팔심 좋은 이여, 의심할 여지없이 마음은 붙들기 어렵고 흔들리는 것이다. 꾼띠의 아들이여, 그러나 그것은 배움으로써, 애착을 벗어버림으로써 붙들 수 있느니. 나는, 자신을 다잡지 못한 자가 요가를 이루기는 어렵다고 여긴다. 그러나 자신을 다스리는데 애쓰는 자는 마땅한 방법을 통해 이를 이룰 수 있느니.'

아르주나가 말했다.

'끄르슈나여, 신념은 있으나 요가에 흔들리는 마음 때문에 요가를 이루지 못한 자들은 어떤 길을 가는 것입니까? 팔심 좋은 분이시여, 그는

분별함이 없는 눈_ 에까뜨왐ekatvaṃ을 이렇게 옮긴 것이며, 하나인 상태, 한결같음, 하나됨, 평등함 등으로 옮길 수 있다.

혹시 두 가지* 모두에서 벗어나 조각난 구름처럼 브라흐만의 길에서 디딜 곳 없이 정신 잃고 흩어지는 것은 아닙니까? 끄르슈나여, 이런 제 의심을 남김없이 잘라주십시오. 당신 아닌 어느 누구도 이런 의심을 잘라낼 수가 없기 때문입니다.'

성스러운 이가 말했다.

'쁘르타의 아들이여, 이 세상에서도 저세상에서도 선한 행위를 하는 자, 그의 파멸은 없느니. 벗이여, 그는 결코 나쁜 길*을 가지 않기 때문이다. 꾸루의 기쁨이여, 요가에서 벗어난 자는 공덕 짓는 자들의 세계에 이르러 한없는 해를 거기 머문 뒤에야 맑고 영예로운 가문이나 또는 슬기로운 요긴 가문에 태어나느니. 그러나 그렇게 태어나는 것은 이 세상에서 더욱 얻기가 어렵다. 거기에서 그는 이전의 몸이 얻은 이해와 접하고 완성에 이르기 위해 더더욱 정진하느니. 이전의 배움으로 인해 자기도 모르게 그에 이끌리기 때문이다. 단지 요가를 알려고만 해도 브라흐만의 말*을 훌쩍 넘어서느니. 결연히 노력한 요긴은 더러움을 맑히고 세세생생 완성을 이루며 지고의 길로 간다. 요긴은 고행자보다 낫고, 앎이 있는 자보다도 낫다. 요긴은 또한 의례 행위를 하는 자보다도 낫다고 여겨지느니. 아르주나여, 그러니 요긴이 되어라. 신념을 갖고 내게 헌신하며 내적 자아로 내게 다가오는 자, 나는 그가 모든 요긴 중에서도 자신을 가장 잘 다잡은 자라고 여기느니.'

두 가지_ 여기서 두 가지는 행위의 길과 요가의 길을 뜻한다.
나쁜 길_ 'durgatim'을 옮긴 것으로, 잘못된 환생 또는 나쁜 환생의 길을 뜻한다.
브라흐만의 말_ 『베다』의 진언을 뜻한다.

29[*]

성스러운 이가 말했다.

'쁘르타의 아들이여, 마음을 내게 묶어두고, 내게 의지해 요가하는 법에 대해, 의심 없이 통째로 나를 알 수 있는 법에 대해 들어 보아라. 내가 지와 분별지에 대해서 하나도 빠짐없이 설할 테니, 그것을 알고 난 후엔 이 세상에서 더 알아야 할 것이 없게 되리라.

수천 명의 사람 중 어쩌면 한 명 정도나 완성을 위해 애쓸 것이며, 힘들여 완성을 이룬 사람 중에서조차도 진실로 나를 아는 자는 어쩌면 한 명이나 있을 것이다. 내 본연의 성질[*]은 여덟 가닥으로 나뉘어 있느니. 땅, 물, 불, 바람, 허공, 마음, 정신 그리고 자아의식[*]이 그것들이다. 그것은 나의 낮은 본질이요, 더 지고한 나의 다른 본질이 있음을 알아라. 팔심 좋은 이여, 생명의 본질[*]이 된 그것이 세상을 지탱한다. 삼라만상이 그것을 모태로 삼고 있음을 알아야 하느니. 나는 온 세상의 시작이요 끝이다.

다난자야여, 나를 뛰어넘는 것은 어디에도 없다. 보석의 다발이 줄에 꿰어있듯 이 모든 것은 내게 꿰어있느니. 꾼띠의 아들이여, 나는 물에서의 맛이며, 달과 해에서의 빛이다. 모든 『베다』에서의 성스러운 음절 '옴'

29_ '냐나 위즈냐나 요가jñāna-vijñāna yoga, 즉 지와 분별지의 요가'라는 부제가 붙어 있다. 독립된 『바가와드 기따』의 7장에 해당한다.
본연의 성질_ 쁘라끄르띠를 말한다.
자아의식_ 흔히 ego로 번역되는 '아항까라ahaṅkāra'를 옮긴 것으로, 나라는 생각 또는 내가 행위자라는 의식을 말한다.
생명의 본질_ 'jīva'를 옮긴 것이다. 생명력, 생명으로 옮길 수도 있다.

이며 허공에서의 소리요 인간들에게서의 인간다움이다. 나는 땅에서의 성스러운 향이요, 태양에서의 따가운 빛이다. 삼라만상에서의 생명이며 고행자에게서의 고행이다. 쁘르타의 아들이여, 나는 그치지 않고 이어지는 삼라만상의 씨앗임을 알아라. 나는 이성이 있는 자에게서의 이성이며, 빛나는 자에게서의 빛이다. 바라따의 황소여, 나는 힘 있는 자들에게서의 욕망과 탐착을 버린 힘이요, 존재들에게서의 다르마를 거스르지 않는 욕망이다.

사뜨와적 존재거나 라자스 또는 따마스*를 지닌 존재거나 성질은 모두 나로부터 나온 것임을 알아라. 그러나 내가 그것들 안에 있는 것이 아니라 그것들이 내게 담겨 있음이다. 이 세 가지 기질로 만들어진 것에 의해 여기 이 세상이 온통 미혹되어 있어서 그 너머의 불변하는 나를 알아차리지 못하느니. 기질로 이루어진 나의 이 신묘한 환영幻影을 넘어서기 어렵기 때문이다. 오직 내게 귀의한 자만이 나의 이 환영을 건널 수 있다. 악을 저지르고 아둔하며 미천한 자는 내게 귀의하지 않느니. 그들은 이 환영에 앎을 앗기고 아수라 상태*에 기대고 만다.

아르주나여, 선한 일을 하는 네 부류 사람이 나를 섬기느니. 바라따의 황소여, 고통에 신음하는 자, 배움을 구하는 자, 풍요를 찾는 자, 그리고 앎이 있는 자가 그들이다. 그중에서도 항상 다잡아져 있고, 한마음으로

사뜨와sattva, 라자스rajas, 따마스tamas_ 사물의 본질을 구성하는 세 가지 요소 또는 기질 guṇa로, 사뜨와는 선하고 맑고 참된 기질을, 라자스는 활동적이고 밝고 격동적인 기질을, 따마스는 어둡고 무겁고 탁한 기질을 말한다.

아수라_ (일반적으로 '신'으로 읽기는) 데와deva와 대비되는 개념으로 '악'이나 '악마적'이라기보다는 어둡고 참되지 못한 기질을 뜻한다.

나를 받드는 앎이 있는 자가 수승殊勝하다. 앎이 있는 자는 나를 극진히 사랑하고 나 또한 그를 소중히 여기느니. 그들은 모두가 고귀하다. 앎이 있는 자를 나는 나 자신으로 여기느니. 그는 다잡아진 자아로, 오로지 위 없는 경지의 내게 마음을 두기 때문이다.

여러 생의 끝에 '와아수데와*'가 '모든 것'임을 알고 내게 귀의해온 앎이 있는 자는 고결하며 참으로 찾아보기 어렵다. 이런저런 욕망에 앎을 앗긴 자들은 자기가 지닌 본연적 기질에 이끌려 이런저런 규범을 충실히 지키다 여타의 신에 귀의한다. 누가 무슨 신념으로 어떤 형상을 섬기고 싶어 하든 오직 내가 그들 각각의 그런 흔들림 없는 신념을 만들었느니. 그는 그 신념에 매여 그를 섬기는 데 열중하고, 그로 인해 애초에 내가 정해준 욕망을 취한다.

그러나 사려분별이 모자란 그들의 결실에는 끝이 있느니. 신을 섬기는 자는 신에게로 가고 나를 섬기는 자는 내게로 온다. 무지한 자는 은재하는 나를 현재하는 것으로 여기기에, 지고한 상태로 은재하는 항상하고 위없는 나를 알지 못한다. 나는 요가의 환영으로 에워 둘러 있기에 모두에게 드러나지 않느니. 태어남 없고 항상한 나를 이 미혹된 세계는 알지 못한다.

아르주나여, 나는 과거와 현재와 미래의 존재들을 안다. 그러나 누구도 나를 알지 못하는구나. 적을 태우는 바라따의 후손이여, 갈망과 미움에서 생긴 미혹된 상반의 사고로 인해 삼라만상은 태어날 때 미혹에 이른다. 그러나 서약이 굳건한 사람들은 죄악이 끝에 이르고 공덕을 지으며

와아수데와_ 와수데와의 아들인 끄르슈나를 지칭한다.

미혹된 상반의 사고를 벗어버리고 나를 받든다. 내게 귀의해 늙음과 죽음에서 놓여나려 애쓰는 자. 그는 자아 너머 자아*인 브라흐만을 모두 알고, 행위를 남김없이 안다. 내게 마음이 이어져 생이 끝날 때까지도 내가 '존재 너머의 존재'요 '신 너머의 신'이며 '제祭 너머의 제'임을 아는 자들은 진실로 나를 아느니.'

30*

아르주나가 말했다.

'위없는 분이시여, 브라흐만이 무엇이고 자아 너머 자아는 또 무엇입니까? 행위는 무엇이며, 무엇을 일러 존재 너머의 존재라고 하며, 무엇을 일컬어 신 너머의 신이라고 합니까? 마두를 처단한 분이시여, 여기 이 몸

자아 너머 자아_ '아드야뜨만' 또는 '아디야뜨만adhyātman(adhi+ātman)'을 옮긴 것이다. adhi는 동사 앞에 쓰이면 '~위', '~너머'라는 뜻이, 독립부사로 쓰이면 '위로' '너머로', 전치사로 쓰이면 목적격을 동반하며 '~앞', '~지나', '~너머', 형용사로 쓰이면 '~에 관해'라는 뜻이 된다. 여기서는 adhi를 전치사로 옮겼으며, 뒤에 나오는 '존재 너머의 존재 또는 최상의 존재', '신 너머의 신 또는 최고의 신' 등도 모두 adhi를 전치사로 보고 옮긴 것이다. 바우테년은 아디아뜨만을 개아individual self로, 아디부따adhibhūta를 요소element 등으로 옮겼으며, 길희성은 제너Zaehner의 견해에 따라 adhi를 브라만을 수식하는 형용사로 보고 '~와 관련된'으로 번역해 '브라만과 관련된', '존재들과 관련된' 등으로 옮겼다. 반면 함석헌은 adhi를 '속알'로 보고 '신적 존재의 속알', '희생의 속알' 등으로 옮겼다. 라다크리슈난은 '~을 다스리는'으로 보고 '물질과 신의 양상과 모든 희생제를 다스리는'으로 번역했다.

30_ 'akaṣra-brahmā yoga, 즉 불멸의 브라흐마 요가' 또는 단순히 '브라흐마 요가 brahmā yoga'라는 부제가 붙어 있다. 독립된 『바가와드 기따』의 8장에 해당한다.

에서 제 너머의 제라고 일컫는 것은 무엇이며 어째서 그러합니까? 그리고 자신을 다스리는 자들이 죽음의 마지막 순간에 당신을 어떻게 알아야 합니까?'

성스러운 이가 말했다.

'아니 멸함이, 지고함이 브라흐만이요, 자성自性*을 일러 자아 너머 자아라고 한다. 있음의 상태가 되도록 용솟음쳐 분출하는 것을 일컬어 행위라고 한다. 멸함의 상태가 되는 것을 일러 존재 너머의 존재라고 하며, 신 너머의 신이라고 일컫는 것은 뿌루샤*이다.

몸 가진 자들 중 가장 빼어난 이여, 제 너머의 제라고 일컫는 것은 바로 여기 이 몸에 있는 '나'이다. 몸을 버리고 떠나는 자가 죽음의 순간에 오직 나를 생각하면 그는 나의 실재實在*를 향해 온다. 거기에는 어떤 의심도 없느니. 꾼띠의 아들이여, 몸을 버리는 마지막 순간에 어떤 실재를 떠올리든 오직 그에 이를 뿐이니, 항상 그 실재로부터 실재가 비롯되기 때문이다.* 그러니 모든 순간에 나를 떠올리고, 싸워라. 마음과 이성을 오로지 내게 못박아둔다면 의심의 여지없이 그대는 내게로 오리라. 쁘르타

자성_ 'svabhāva'를 옮긴 것으로, 존재가 지닌 스스로의 성품으로, 본연적 기질인 쁘라끄르띠와 흡사한 의미로 보면 될 것이다.

뿌루샤_『베다』에서 제 몸을 희생해 세상을 만든 거인 또는 태초의 존재이다. 상키야철학에서 뿌루샤는 '정신'이라고 칭해지며, '본연의 성질 또는 본질'이라고 일컬어지는 쁘라끄르띠와 더불어 세상을 구성하는 두 실재reality로 인식된다. 후대 싼스끄리뜨에서 뿌루샤는 흔히 '사람' 또는 '남자'를 뜻한다. 여기서도 이후부터는 뿌루샤를 정신으로 옮긴다.

실재_ 'bhāva'를 옮긴 것이다. bhāva는 3장 '상키야 요가'에서 언급한 불교적 인식인 '연기적 흐름 속에서의 존재' 또는 '중도적 존재'로 이해해도 무방할 듯하다.

항상 ~_ 죽음의 순간에 떠올리는 연기적 흐름의 상태에 있는 존재로부터 새로운 존재의 상태가 부여된다는 뜻이다.

의 아들이여, 요가의 훈련으로 마음을 매어 두고, 다른 어떤 것에도 흐트러지지 않으며 지고하고 신성한 정신을 염한다면 그에 이르느니.

오래된 현자요 스승이며,
원자보다 작음에도 모든 것을 만든 이,
어둠 저 너머 태양 같은 빛을 지닌 이,
상상 못할 형상의 존재인 그를 떠올리는 자,

멸함의 시간에 흔들림 없는 마음으로,
다잡아진 헌신으로, 그리고 요가의 힘으로
양미간에 생명의 힘이 편안히 들게 하는 자,
그는 지고하고 신성한 정신에 이르느니.

『베다』를 아는 자들이 말하는 멸함 없는 경지,
애착을 버리고 자신을 다스리는 자들이 드는 경지,
금욕을 행하며 그들이 바라마지 않는 그 경지를,
내가 간략히 설파하리니.

모든 감각의 문을 다잡아 의식을 심장에 가두고, 숨을 머리에 둔 채 요가의 한결같음을 유지하게 해, '옴'이라는 한 음절 브라흐만을 읊고*,

---

옴이라는 ~ _ 브라흐만과 동일한 '옴' 한 음절이라는 뜻이다. '옴'과 브라흐만이 다르지 않다는 내용이다.

나를 염하며 몸을 버리고 떠나는 자는 지고의 경지에 이른다. 쁘르타의 아들이여, 다른 것에 마음을 두지 않고 언제나 한결같이 나를 염하는 요긴, 그런 다잡아진 요긴에게 나는 쉬이 얻어지느니. 내게 이르러 지고의 경지를 성취한 고결한 이는 고통의 집인 저 무상한 태어남을 다시는 얻지 않으리. 아르주나여, 브라흐마 세계에 이르기까지 모든 세상은 다시 돌아오게 되어 있다.* 그러나 꾼띠의 아들이여, 내게 이른 자는 다시 태어남이 없느니.*

천 번의 유가가 끝나야 브라흐마의 낮이 됨을, 또한 천 번의 유가가 끝나야 브라흐마의 밤이 됨을 아는 자는 낮과 밤을 아는 자이다.* 낮이 오면 은재하던 모든 것이 현재하게 되고, 밤이 오면 은재하던 바로 거기로 사라져간다. 쁘르타의 아들이여, 그러한 존재의 군상은 다만 이러하여 존재가 되고 또 되는 것이다. 밤이 오면 어쩔 수 없이 사라졌다가 낮이 되면 다시 나타난다. 그러나 그처럼 은재하는 것 너머에 은재하는 또 다른 영구한 존재가 있느니. 삼라만상이 멸할 때도 그는 멸하지 않는다.

이 은재하는 것은 멸함 없는 자*라고도 하며, 또한 지고의 경지라고도

브라흐마 세계 ~_ 여기서는 현상계를 뜻한다. 브라흐마 세계는 지고하나 여전히 현상계에 속해 있음을 나타낸다.

내게 이른 ~_ 끄르슈나는 현상적이고 한정적인 시간 속에 존재하는 브라흐마 세계마저 벗어난 영역에 있다는 것이다.

천 번의 유가가 ~_ 인간세세의 네 유가(사띠야, 뜨레따, 드와빠라, 깔리)는 432만 년이고, 그것이 천 번을 거듭해야 브라흐마의 낮이며, 그것이 다시 천 번을 거듭해야 브라흐마의 밤이다.

멸함 없는 자_ '악샤라akṣara'를 옮긴 것이다. 악샤라는 현상계에 속한 끄르슈나의 낮은 상태의 은재함avyakta(또는 원초적 씨앗 상태의 쁘라끄르띠)를 넘어서는 것으로, 뒤에 언급되는 높은 상태의 은재함 또는 지고의 정신, 즉 뿌루샤 빠라puruṣa para를 일컫는다.

비슈마의 죽음을 알리는 산자야

일컫는다. 거기 이른 뒤에는 다시 돌아오지 않느니. 거기가 바로 나의 거처이다. 쁘르타의 아들이여, 그 지고의 정신은 마음을 다해 섬겨야만 얻을 수 있구나. 존재들은 그 안에 담겨 있고, 모든 것은 그로 인해 퍼져 있느니.

바라따의 황소여, 생을 떠난 요긴이 다시 돌아오지 않는 때, 또한 떠났다가 다시 돌아오는 때에 대해 말하리라. 불, 빛, 낮, 상현, 북쪽으로 가는 여섯 달 동안의 태양, 그런 것들이 가는 길을 취해 가면 브라흐만을 아는 사람은 브라흐만에 이른다. 연기, 밤, 하현, 남쪽으로 가는 여섯 달 동안의 태양, 그런 것들이 가는 길을 취해 가는 요긴은 달의 빛을 얻어 다시 돌아오게 된다. 밝음과 어둠의 두 길인 그것은 세상을 위해 영원하다고 여겨지기 때문이다.* 하나를 취해 돌아오지 않을 것이요, 다른 하나를 취해 다시 돌아오느니. 쁘르타의 아들 아르주나여, 이 두 길을 아는 요긴은 어떤 경우에도 미혹되지 않는다. 그러니 언제라도 요가에 마음을 매두어라.

이것을 알아 요긴은

연기, 밤, ~_ 인도에서는 전통적으로 북쪽을 길한 방향으로, 남쪽을 길하지 않은 방향으로 인식한다. 아르주나가 전쟁을 주저한 원인이었던 비슈마는 스스로 죽음을 선택할 수 있었기에 태양이 상서로운 북쪽을 향해 가는 때를 기다려 죽음을 맞이했으며, 붓다는 열반을 위해 머리를 북쪽을 향하고 누웠다. 죽음의 신 야마가 머무는 곳도 남쪽이다. 태양이 북반구에 머무는 여섯 달을 데와야나devayāna, 즉 신들의 길이라고 하며, 남반구에 머무는 여섯 달을 삐뜨르야나pitṛyāna, 즉 조상의 길이라고 한다. 데와야나는 슈끌라 가띠 śukla gati, 즉 밝음의 길이며, 삐뜨르야나는 끄르슈나 가띠kṛṣṇa gati, 즉 어둠의 길이다. 고행과 명상을 하는 자들은 사후에 데와야나를, 단지 선업만 지어서는 사후에 삐뜨르야나를 얻는다고 전해진다.

『베다』에서, 제에서, 고행하고 베푸는 데서 얻은
모든 공덕의 결실을 초일超逸해
지고한 태초의 경지에 이르느니.'

                    31*

성스러운 이가 말했다.
'이제 나는 시샘 없는 그대에게 분별지를 동반하는 은밀하고도 은밀한 앎에 대해, 알고 난 뒤에는 혼탁한 것에서 놓여나게 될 앎에 대해 설파하리라. 이것은 최고의 앎이요 지대한 비밀이며 위없는 맑힘의 그릇이다. 눈앞에서 보듯 이해할 수 있고, 올곧으며, 항상한 데다 행하기도 쉽다. 적을 태우는 이여, 이 다르마를 믿지 않는 사람은 나에게 이르지 못하고 죽음과 윤회의 길에 들어선다.
이 모든 세상은 은재하는 내 형상으로 씌워져 있느니. 삼라만상은 내 안에 존재하나 나는 그들 안에 있지 않다.* 또한 존재들은 내 안에 머물지 않느니.* 보라, 내 요가*의 권능함을! 내 자아는 존재들을 지탱하고

31_ '라자위드야-라자구히야 요가rājavidyā-rājaguhya yoga, 즉 왕과 같은 (최고의) 지식, 왕과 같은 (최고의) 비밀의 요가'라는 부제가 붙어 있다. 독립된 『바가와드 기따』의 9장에 해당한다.
삼라만상은 ~ _ 이 문장은 앞 장에서 언급한 낮은 상태의 은재함 또는 원초적 씨앗 상태의 쁘라끄르띠에 대한 설명이다. 끄르슈나는 비록 이 낮은 상태의 은재함으로 인해 현상계에 머물지만 존재들이 그 안에 있을 뿐, 그는 존재들 안에 있지 않다는 것이다.
존재들은 내 안에 머물지 않느니_ 언뜻 보면 앞 문장과 대치되는 듯한 이 문장은 앞서 언급

존재들을 있게 하지만 존재들 안에 머물지는 않느니. 천지사방을 다니는 큰 바람이 언제나 허공에 머물듯 삼라만상은 내 안에 머무름을 새겨 알아라. 꾼띠의 아들이여, 한 겁이 소멸할 때 삼라만상은 내 본연의 성질로 돌아오고, 한 겁이 시작할 때 나는 다시 그것들을 세상에 내놓는다. 나는 무력하게 본연의 성질에 휘둘리는 이 존재의 무리를 내 자신의 본연의 성질*에 의지해 다시 또 다시 남김없이 내놓느니.

다난자여, 그리고 그러한 행위는 나를 속박하지 않으며, 나는 그러한 행위에 초탈하게 앉아 있을 뿐 집착하지 않는다. 꾼띠의 아들이여, 본연의 성질은 나의 살핌으로 인해 움직이는 것과 아니 움직이는 것을 태어나게 하느니. 그런 연유로 세상은 굴러가고 또 굴러가는 것이다.

아둔한 자들은 존재들의 대주인인 나의 지고한 경지를 알지 못하고, 육신에 깃들어 인간 형상을 취하고 있는 나를 경시하느니. 생각 없는 자들은 헛된 희망, 헛된 행위, 헛된 앎으로 락샤사와 아수라들의 미망한 본성에 기댄다. 쁘르타의 아들이여, 그러나 고결한 자들은 신성한 본성에 기대 존재의 시작이요 항상함인 나를 알아 다름없는 한마음으로 나를 섬

    한 '현상계에 머무는 낮은 상태의 쁘라끄르띠적 은재함'이 아니라 존재들을 완전히 벗어난 높은 상태의 은재함, 즉 존재 너머의 존재인 지고한 정신 뿌루샤 빠라로 머무는 것을 뜻한다.
내 요가_ 감히 예견할 수 없는 끄르슈나의 신성한 힘과 위력을 뜻한다. 신묘한 힘 또는 환영 幻影을 뜻하는 마야와 흡사해 보이나 기질들로 이루어진 마야는 끄르슈나에 귀의함으로써 건너갈 수 있는 반면(7장을 참조하라) 끄르슈나의 진정한 위력을 나타내는 요가는 피조물들로서는 넘어설 수 없기 때문에 앞의 마야와 요가가 같은 것이라고 할 수는 없다.
본연의 성질_ 끄르슈나의 낮은 본성인 쁘라끄르띠를 일컫는다. 4장 '즈냐나 까르마 산야사 jñāna karma sanyāsa yoga'의 논리를 좀 더 구체화시켜 반복적으로 말하고 있다.

기느니. 서약 굳은 이들은 항상 애써서 나를 명예롭게 하며, 내게 귀의해 헌신하고 항상 마음을 다잡아 나를 섬긴다. 또 다른 이들은 앎의 제로 제를 올리며 하나로, 따로, 또는 여럿으로 사방천지가 얼굴인 나를 섬기느니.

나는 제례이며 나는 또한 제이다. 나는 스와다*이며 또한 나는 약초이다. 나는 진언이요 또한 아즈야*이며, 나는 불이며 또한 불에 바치는 공물이다. 나는 이 세상의 아버지요 어머니이며, 유지자요 할아버지이다. 배워야 할 배움이며, 맑히는 그릇이다. 나는 '옴' 음절이요 『리그베다』, 『사마베다』, 『야주르베다』이다. 나는 가야할 곳이며 떠받치는 자이다. 주인이며 지켜보는 자이고, 집이며 피신처이자 벗이다. 나는 시작이요 또한 끝이며, 자리요 창고이며 영원한 씨앗이다. 아르주나여, 나는 세상을 뜨겁게 달구며, 비를 막고 또 내보낸다. 아르주나여, 나는 아므르따이자 죽음이다. 나는 존재하며 또한 아니 존재한다.

소마를 마시며 『베다』를 알아 죄를 맑힌 자들은
공물 바쳐 나를 염하며 하늘을 구하느니.
그들은 공덕 많은 인드라의 세계에 이르러
신성한 천상에서 신들의 영화를 누리는구나.

스와다svadhā_ 본성이나 본인의 의지를 뜻하기도 하고, 조상들께 제를 지내며 바치는 음식(또는 제를 지내며 내뱉는 감탄사)이기도 하다. 반면 스와하svāhā는 신들에게 바치는 공물인 동시에 공물을 바치며 내뱉는 감탄사이다.

아즈야ājya_ 녹은 버터 또는 맑은 버터이며, 넓은 의미로는 우유로 만든 기름인 기이 대신 쓰이는 우유나 기름을 말한다. 희생제를 지낼 때 진언과 함께 불에 뿌려 희생제와 희생제 주변을 정화하는, 희생제에 반드시 필요한 물품이다.

그들은 드넓은 하늘 세계를 누린 뒤
공덕이 다하면 죽음의 세계로 들어가느니.
그들은 이렇듯 세 『베다』의 다르마를 충실히 좇아
욕망을 탐하며 가고 또 오는구나.

언제나 마음을 다잡아 다름 아닌 나를 오로지 염하며 섬기는 사람들, 그들에게 나는 얻음과 지킴을 가져다주느니. 꾼띠의 아들이여, 신념을 갖고 마음 다해 다른 신들을 섬기는 자들도 의례에 맞추지는 아니하여도* 나를 섬기는 것이다. 나는 모든 제를 받아 챙기는 오롯한 주인이기 때문이다. 그러나 나의 본질을 알지 못하기에 그들은 추락하는 것이다.

신에게 서약한 자는 신에게 가고, 조상에게 서약한 자는 조상에게 간다. 귀신들*에게 서약한 자는 귀신들에게 가며, 내게 제 지내는 자는 내게로 오느니.

자신을 다잡은 자들이 마음 다해 바치는 것이면 무엇이든, 잎사귀든 꽃이든 열매든 물이든 나는 그렇게 바쳐진 그것을 취하며 즐긴다. 그대가 무엇을 하든, 무엇을 먹든, 무엇을 제 지내든, 무엇을 바치든, 꾼띠의 아들이여, 어떤 고행을 하든 그것을 내게 바치는 것으로 하여라. 그렇게 하면 그대는 업의 사슬로 인한 좋고 나쁜 결실에서 놓여나리라. 버림의 요가로 자신을 다잡아 해방되어 내게 이르리라.

의례에 ~ _ '끄르슈나에게 적절한 의례를 갖추어 귀의하지는 않더라도'라는 뜻이다.
귀신 _ 'bhūta'를 옮긴 것이다. 부따는 의례에 따른 적절한 장례를 치르지 않고 죽은 영령들이다.

나는 삼라만상에 분별없는 마음이니 내게는 꺼리는 자도 기꺼운 자도 없다. 마음 바쳐 나를 섬기는 자, 그는 내 안에 있고 나는 그 안에 있느니. 만약 극악한 짓을 한 자가 다름없이 나를 섬긴다면 그는 마땅히 해야 할 생각을 하는 바른 자라고 여겨지느니, 그가 옳은 결심을 한 까닭이다. 꾼띠의 아들이여, 그는 곧 고결한 자가 되어 영원한 평온을 얻으리라. 내게 마음을 바친 자는 멸하지 않음을 잘 알아두어라. 쁘르타의 아들이여, 죄 많은 태에서 태어난 자라 해도 내게 구원을 찾는다면 여인도, 와이샤도, 심지어 슈드라까지도 지고의 경지에 이르리라. 그러할진대 공덕 많은 브라만과 충심 있는 선인왕은 말해 무엇하랴? 무상하고 기쁨 없는 이 세상에 왔으니 나를 섬겨라. 마음을 내게 두고, 내게 마음을 바치며, 내게 제 지내고, 내게 귀의하여라. 그와 같이 스스로를 다잡고 내게 온 마음을 쏟는다면 반드시 내게 이르리니!'

32*

성스러운 이가 말했다.

'팔심 좋은 이여, 그대에게 흡족해마지 않기에, 또한 그대가 이롭기를 바라기에 하는 나의 지고한 말을 다시 한 번 들어라. 신들의 무리도, 대선인들도 나의 기원을 알지 못한다. 나는 모든 신들과 대선인들의 시작이기

32_ '위부띠 요가vibhūti yoga, 또는 존재(bhūti)를 넘어선(vi) 요가, 초월적 존재의 요가', 즉 초인적 위력을 드러냄의 요가'라는 부제가 붙어 있다. 독립된 『바가와드 기따』의 10장에 속한다.

때문이다. 태어남 없고 시작 없는 세상의 주인으로 나를 아는 자는 모든 죄악을 벗고 죽음 있는 자들 가운데서도 미혹됨이 없으리니.

이해, 앎, 미혹되지 않음, 인내, 진실, 절제, 평온함, 안락함, 불편함, 존재함, 아니 존재함, 두려움, 아니 두려움, 해치지 않음, 평정, 만족, 고행, 베풂, 명예, 불명예, 존재들 각각의 이런저런 형태는 오직 내게서 생겨나온 것이다. 이전에 있던 일곱의 대선인, 이 세상 피조물을 있게 한 네 번의 마누*도 나로 인해 생긴, 내 마음에서 태어난 자들이니. 그러한 나의 편재함과 나의 요가를 아는 자는 흔들리지 않는 요가로 다잡아질 것이니 거기에는 어떤 의혹도 없다.

일곱 대선인 ~_ 이들에 대해서는 텍스트에 따라 의견도 또 이름도 다양하고 분분하다. 『베다』에는 '일곱 선인sapta ṛṣi' 이름이 일일이 열거되어 있지 않으며, 『브라흐마나』, 『우빠니샤드』, 그리고 후대의 『뿌라나』에 각각 다르게 나타난다. 『뿌라나』에도 저마다 조금씩 다른 이름이 나열되어 있으며, 일곱 선인은 유가마다 바뀐다. 일반적으로는 마리찌, 아뜨리, 앙기라스, 뿔라스띠야, 뿔라하, 끄라뚜 그리고 와시슈타이며, 자마다그니나 브르구, 까샤빠 또는 바라드와자가 언급된 경우도 많다. 현세의 일곱 선인은 까샤빠, 아뜨리, 와시슈타, 위쉬와미뜨라, 가우따마, 자마다그니, 바라드와자이다.

유가와는 또 다른 시간개념에 겁kalpa이 있으며, 마누의 시간(만완따라manvantara)은 한 겁 동안 지속된다. 열네 번의 만완따라가 있고, 열네 겁에는 저마다 책임 마누가 있다. 따라서 마누는 열네 명이 존재하고 한 번의 만완따라가 끝나면 한 겁도 같이 끝난다. 열네 마누 이름은 스와얌부, 스와로찌샤, 웃따마, 따마사, 라이와따, 짝슈샤, 와이와스와따, 사와르니, 닥샤 사와르니, 브라흐마 사와르니, 다르마 사와르니, 루드라 사와르니, 데와 사와르니, 인드라 사와르니이다. 첫 번째인 스와얌부 마누는 생명의 어버이들인 쁘라자빠띠들과 일곱 대선인을 만들어낸 일종의 이차적 조물주로 『마누법전manu smṛti』에 명시된 바로 그 마누를 뜻한다. 일곱 번째의 만완따라인 현재의 인류를 책임지고 있는 마누는 대홍수 뒤에 위슈누가 물고기 형상으로 끈 배에 생명들을 실어 살려낸 태양의 후손 와이와스와따 마누이다. 여기서 언급된 네 마누는 네 유가를 책임졌던 마누들이며, 따라서 '네 명의 마누'보다는 '네 번의 마누'라고 옮기는 것이 적당할 듯하다.

성품을 갖춘 앎이 있는 자는 '나는 모든 것의 연원이며 모든 것은 나로부터 생성되었다'라고 여기며 나를 섬긴다. 마음을 내게 두고, 생명을 내게로 향하게 하며, 서로가 서로를 깨우치고, 언제나 나를 이야기하며 만족해하고 기뻐하느니. 항시 마음을 다잡아 기쁨으로 나를 섬기는 자에게 나는 깨침의 요가를 베풀고 그것으로 그들을 내 가까이 오게 한다. 나는 그들 자신의 실재 안에 머물며 무지에서 오는 어둠을 앎의 등불로 자비롭게 몰아내느니.'

아르주나가 말했다.

'당신은 지고의 브라흐만이요 최상의 서우서이며 최고의 밝힘 그릇입니다. 당신은 또한 영원한 정신이며, 신성한 맨 처음의 신이요 태어남 없고 편재하는 분입니다. 모든 선인이, 천상선인 나라다가, 아시따 데왈라*가, 위야사가 그렇게 말했고, 당신 자신도 제게 그리 말씀하셨습니다. 끄르슈나여, 제게 말씀하신 이 모든 것이 사실이라고 여겨집니다. 성스러운 이여, 신들도 다나와들도 당신의 현재함을 실로 알지 못합니다. 위없는 정신이시여, 만물을 키우는 만물의 주인이시여, 신들의 신이요 세상의 주인이신 분이여, 오직 당신 자신만이 자아로써 자아를 압니다. 온 세상에 널리 머무시는 당신 자신의 신성한 편재함을 당신은 낱낱이 말씀해주심이 마땅합니다.

요긴이시여, 당신을 늘 염하며 저는 어떻게 당신을 알아야 합니까? 성스러운 이여, 어떠어떠한 상태에서 제가 당신을 염해야 합니까? 끄르

아시따 데왈라_ 명확한 특성이 드러나 있지 않고 특정인과의 관계 또한 모호한 선인이다. 동일인물인지 명확하지는 않으나 초기불교 문헌에도 붓다를 섬기는 대선인으로 등장한다.

슈나여, 당신 자신의 요가와 편재함을 다시 한 번 자세히 말씀해주십시오. 저는 실로 아므르따 같은 당신 말씀을 듣는 것에 아직 갈증을 채우지 못했습니다.'

성스러운 이가 말했다.

'흐음, 그러면 훌륭한 꾸루여, 내 자신의 신성한 편재에 대해 주된 것만 그대에게 말하리라. 펼쳐놓자면 끝이 없기 때문이다. 아르주나여, 나는 삼라만상 안에 자리 잡은 자아며, 나는 존재의 처음이자 중간이며 끝이다. 나는 아디띠야* 중 위슈누며, 빛 가진 것 중 태양이다. 마루뜨* 중 마리찌*이며, 행성 중의 달이니. 『베다』중 『사마베다』*이며, 신 가운데서는 인드라이다.

감각기관 중 마음감각이며, 존재들의 생각이다. 루드라* 중 샹까라*이며, 약샤와 락샤사* 가운데의 풍요의 주인 꾸베라이다. 나는 와수* 중 빠

아디띠야_ 신들의 어머니라고 불리는 아디띠의 자손들이다. 『베다』에는 일곱(또는 여덟) 명이 언급되어 있고, 『뿌라나』에는 일반적으로 위슈누를 수장으로 한 열두 명이 알려져 있다. 매달 다른 이름으로 빛나는 태양신의 다른 이름들이기도 하다.

마루뜨_ 광폭한 폭풍의 신들이며, 루드라(후대의 쉬와)의 아들들이다. 적게는 스물일곱, 많게는 예순 명이 언급된다. 『베다』에서는 루드라들과 동일시되기도 한다.

마리찌_ 브라흐마가 마음으로 낳은 아들이며, 스스로 생명의 주인인 쁘라자빠띠이기도 하고 일곱 선인 중 하나이기도 하다.

『사마베다』_ 네 『베다』중 세 번째에 속하는 『베다』로, 운율이 아름다운 『리그베다』의 찬가, 또는 『리그베다』에 있는 밋밋한 찬가를 브라만 사제가 희생제를 지내기에 좋도록 편집한 『베다』이다.

루드라_ 열한 명의 루드라-쉬와의 아들들이며, 여기서는 샹까라가 수장인 것으로 등장하지만 까빨린이 수장이라고 언급되기도 한다. 샹까라와 까빨린 둘 다 쉬와의 별호이기도 하다.

샹까라_ 쉬와의 다른 이름이다.

와까*이며, 봉우리 가진 것 중 메루*이다. 쁘르타의 아들이여, 나를 사제의 수장 브르하스빠띠*라고 이해하여라. 나는 대군을 이끄는 자 중 스깐다*이며, 물 담은 것 중 바다일지니. 대선인 중 브르구*요, 음성 중 한 음절 '옴'이다. 제 중에서는 진언의 제이며, 아니 움직이는 것 중에서는 히말라야이니.

모든 나무 중 아쉬와타* 나무요 천상선인 중 나라다이며, 간다르와* 중 찌뜨라라타*이고, 완성을 이룬 자 중에서는 까삘라* 수행자이다. 말 중에서는 아므르따에서 솟아 나온 우짜이쉬라와스*로 나를 알아라. 코끼

약샤와 락샤사 _ 꾸베라의 시종들이며, 약샤는 흉포함이 덜한 반신, 락샤사는 좀 더 어둡고 광폭한 악마적 존재이다.
와수_ 하늘, 땅, 바람 등 자연을 나타내는 여덟 명의 신이며, '머무는 자'라는 뜻이다. 『마하바라따』의 큰 어른 비슈마도 와수 중 하나였다고 언급된다. 위에 언급된 아디띠아들, 루드라들, 와수들 그리고 쌍둥이 신 아쉬인들을 합해 흔히 '서른셋의 신'이라고 통칭한다.
빠와까_ (맑힘 혹은 정화의) 불을 뜻한다.
메루_ 수메루라고도 불린다. 힌두교와 불교, 자이나교 모두에서 신성한 산으로 섬기며, 세상 중심에 있다는 높고 상징적인 산이다. 불교에서는 흔히 수미산으로 번역된다.
브르하스빠띠_ 신들의 스승이다.
스깐다_ 『마하바라따』 3장에 장황하게 이야기되어 있는 꾸마라 또는 까르띠께야이며, 쉬와-빠르와띠의 씨로 태어나 여러 상황을 거쳐 여섯 명의 어머니를 갖게 되는 여섯 얼굴의 신군神軍의 대장이다.
브르구_ 브라흐마의 마음에서 태어난 아들이자 스스로 쁘라자빠띠이며, 일곱 대선인 중 한 명이다. 또한 자마다그니, 빠라슈라마 등을 후손으로 둔 대선인이며 인간들에게 불을 전해주었다고도 한다(문헌에 따라 앙기라스 선인이 전해주었다고도 한다).
아쉬와타_ 인도의 무화과나무로 영원히 존재한다고 믿어지는 성스러운 나무이다.
간다르와_ 음악과 춤의 반신들이다.
찌뜨라라타_ 『마하바라따』에 자주 등장하는 빼어난 간다르와로 아르주나와 친분이 두터운 사이이기도 하다.
까삘라_ 상키야철학의 창시자라고 전해진다.

리 중의 아이라와따*로, 사람 가운데서는 사람을 지키는 왕으로 알아라. 무기 중에서는 와즈라*요, 소 중에서는 까마두끄*이니. 나는 생산하는 자 깐다르빠*이며 뱀 중에서는 와수끼이다. 나가* 중 아난따*요, 물에 사는 생명 중 와루나*이다.

조상 중 아르야만*이며 길들이는 자 중에 야마이다. 다이띠야 중에서는 쁘라흘라다*요, 셈하는 것 중의 시간이며, 짐승 중에서는 짐승들의 왕 사자이고, 날개달린 것 중에서는 위나따의 아들*이니. 맑히는 것중 바람

우짜이쉬라와스_ 신과 아수라들이 불사주를 얻으려고 바다를 저을 때 불사주인 아므르따, 미의 여신 락쉬미, 신들의 의사 단완따리 등과 함께 바다에서 솟아나온 열네 가지 보물 중 하나이다. 눈처럼 흰 털을 지닌 말들의 왕이며, 또한 신들의 왕 인드라의 말이기도 하다. 그러나 『데위 바가와따 뿌라나』에는 태양신 수르야의 아들 레완따가 이 말을 타고 위슈누의 거처에 간 것으로 묘사되어 있기도 하다.

아이라와따_ 인드라의 흰 코끼리이다.

와즈라_ 신들의 왕 인드라의 벼락무기이다.

까마두끄_ 소들의 어머니 수라비를 일컬으며, 주인이 바라는 어떤 소망이든 모두 이루어주는 천상의 소이다. 일반적으로 까마데누로 불린다.

깐다르빠_ 사랑의 신 까마데와의 다른 이름으로, 누구에게나 kam 욕정을 불러일으키는 drpa 자라는 뜻이다.

나가_ 큰 뱀 또는 용(?)을 일컫는다.

와수끼~_아난따 성정이 곧은 뱀들의 왕으로 전해지며, 신과 아수라들이 바다를 휘저을 때 산을 휘감아 바다를 저을 수 있도록 했다. 여기서는 뱀들과 나가들을 구분해 아난따와 와수끼가 서로 다른 종족처럼 느껴지나 대개의 경우 이들은 까샤빠와 까드루 사이에서 태어난 뱀 또는 나가(큰 뱀 또는 용)의 형제들로 묘사된다. '쉐샤'라고도 불리는 아난따는 최초의 뱀이며, 세상이 흔들리지 않도록 땅 밑에서 단단하게 떠받치고 있다고 한다.

와루나_ 『베다』 이후의 신화에서 물의 신이다. 『베다』에서는 언급된 횟수가 압도적이지는 않으나 성경의 여호와와 흡사한 역할을 담당하여 세상의 이치와 질서를 다스린다.

아르야만_ 열두 아디띠야 중 하나로, 주로 혼례 등의 상서로운 일에 축원을 내려주는 역할을 한다.

쁘라흘라다_ 위슈누를 신봉한 덕 높은 아수라이다.

이며 무기 든 자 중의 라마*이다. 물짐승 중 상어이며, 흐르는 것 중에서는 자흐누의 딸*이다.

아르주나여, 나는 피조물 중의 시작이요 끝이며 중간이다. 앎 중에서는 자아에 관한 앎이며, 말하는 자 중에서의 말이니. 음절 중 '아'이며, 합성어 중 드완드와*이다. 나만이 불멸의 시간이며 사방에 얼굴을 지닌 조물주이다. 나는 모든 것을 앗아가는 죽음이요 존재할 것들의 기원이다.

여성의 자질을 가진 것 중에서의 명예요 영예이며, 말이요, 기억이며, 앎이요 올곧음이며 인내이다. 사만* 중 나는 브르하뜨* 사만이요 운율 중 가야뜨리 운율*이며, 달 중 마르가쉬라스 달*이요 계절 중 꽃피는 계절이니.

협잡꾼 중 나는 노름이며, 기운 찬 것 중에서는 기운이다. 나는 승리요 결의이며 진실한 자 중의 진실이다. 우르슈니 중 와아수데와이며 빤다

위나따의 아들_ 새들의 왕이자 위슈누의 수레인 가루다를 일컫는다.
라마_ 여기서는 자마다그니의 아들이자 스물 한 차례나 크샤뜨리야들을 몰살시킨 빠라슈라마를 일컫는다.
자흐누의 딸_ 강가 강을 일컫는다. 하늘세계를 흐르던 강가 강이 마지못해 땅으로 내려오던 중 자흐누 성자의 오두막을 휩쓸어버리려다 오히려 그에게 삼켜진 것을 신들의 간청으로 풀려나게 되어 붙여진 이름이다.
드완드와_ 결합된 두 단어가 동등한 힘을 가진 합성어로, '~과 ~' 또는 '~ 그리고 ~'으로 풀어낼 수 있다. 쌍스끄리뜨에서 가장 흔히 쓰이는 중요한 합성어라고 할 수 있다.
사만_ 『베다』의 찬가의 선율이나 『사마베다』의 시 또는 『사마베다』 자체를 뜻한다.
브르하뜨_ '크다', '위대하다'는 뜻으로 여기서는 『사마베다』의 대선율 또는 가장 주된 선율을 뜻한다.
가야뜨리 운율_ 스물 네 음절로 구성된 『베다』의 시이며, 다양하게 구성될 수 있으나 대개 8음절 세 개가 모여 이루어진다.
마르가쉬라스 달_ 힌두력의 아홉 번째 달로 11~12월 사이이며, 보름달이 그 행성이다.

와 중 아르주나요, 수행자 중 위야사며 현인 중에서는 우샤나스* 현인이다. 다스리는 자의 지팡이이며, 승리를 구하는 자의 정책이요, 비밀스런 것 중 침묵이며, 앎이 있는 자의 앎이다.

아르주나여, 삼라만상의 씨앗이 되는 것 또한 나이다. 살아 있거나 아니 살아 있는 어떤 존재도 나 없이는 존재하지 않느니. 적을 태우는 이여, 편재한 나의 신성함에는 끝이 없다. 그러나 내가 여기서 펼쳐 말한 나의 편재함은 그저 예시일 뿐이다. 편재함과 영예로움과 올곧음을 지닌 어떤 존재라도 내가 지닌 기운의 한 조각에서 나왔음을 알아라. 그렇다고 한들 아르주나여, 이 숱한 앎이 그대에게 무슨 소용이랴? 이 온 세상은 나의 한 조각으로 지탱되고 있는 것을!'

33*

아르주나가 말했다.

'저를 위해 은혜를 베푸시어 당신은 자아 너머 자아에 관한 이 지고의 비밀을 설하셨습니다. 그것으로 저의 미혹이 사라졌습니다. 연꽃 눈을 지닌 이여, 당신에게서 존재들의 생성과 소멸에 대해서도, 또한 멸함 없는 당신의 숭고함에 대해서도 상세히 들었기 때문입니다. 지고한 주인이시

우샤나스_ 아수라들의 스승이다. 지혜로는 신들의 스승인 브르하스빠띠보다 뛰어나다고 전해진다.
33_ '위쉬와루빠 다르샤나 viśvarūpa darśna, 즉 우주적(viśva) 형상(rūpa)을 펼쳐 보임' 이라는 부제가 붙어 있다. 독립된 『바가와드 기따』의 11장에 속한다.

여, 위없는 정신*이시여, 당신 자신이 스스로 말씀하신 당신의 숭엄하신 형상을 뵙고 싶습니다. 권능하신 요가의 주인이시여, 제가 그 형상을 볼 수 있는 자라고 여기신다면 당신의 항상한 자아를 제게 보여주십시오.'
성스러운 이가 말했다.

'쁘르타의 아들이여, 이제 수백, 수천 갈래로 나뉘지는 다양한 나의 형상을, 성스럽고 다채로운 내 모습을 보아라. 바라따의 후손이여, 아디띠야들을, 와수들을, 루드라들을, 아쉬윈들을, 마루뜨들을 보아라. 이전에는 결코 본 적이 없던 수많은 기적을 보아라. 아르주나여, 온 세상의 움직이고 아니 움직이는 것이, 그리고 또한 그내가 보고 싶어 하는 다른 것이 모두 하나 되어 여기 나의 이 한 몸에 담겨 있음을 보리라. 그러나 그냥 그대의 맨눈으로는 볼 수 없기에 그대에게 천상의 눈을 부여하리라. 나의 숭엄한 요가를 보아라.'

산자야가 말했다.
"왕이시여, 숭고한 요가의 주인 하리는 그렇게 말한 뒤 쁘르타의 아들을 위해 저 숭엄한 형상을 펼쳐보였습니다. 수많은 입과 눈, 놀랍기 그지없는 무수한 상, 헤아릴 수 없는 천상의 장신구, 무한한 천상의 무기를 치켜들었답니다. 천상의 화환과 옷가지를 두르고, 천상의 향유를 바르고 있었습니다. 모든 것은 무한의 얼굴을 만방으로 향한 신의 기적이었지요.

위없는 정신_ '쁘루쇼따마puruṣottama(puruṣa+uttama)'를 옮긴 말로, '더 없고 위없는 최고 최상의uttama 정신puruṣa을 의미한다. 여기서는 뿌루샤를 물질 또는 본연의 성질인 쁘라끄르띠와 대비되는 정신으로 옮겼으나 『바가와드 기따』를 제외한 부분에서는 대부분 '위없는 분'으로 옮겼다.

만약 하늘에 천 개의 태양이 한꺼번에 뜬다면 저 고결한 이의 빛과 흡사할 것입니다. 빤두의 아들은 여러 갈래로 나뉜 온 세상이 저 신들 중의 신의 몸에서 하나 되어 있음을 보았습니다. 그리하여 다난자야는 너무나 놀란 나머지 온몸의 털이 곤두섰답니다. 머리 조아려 신께 절을 올린 그가 두 손 모으고 말했습니다."

아르주나가 말했다.

'신이시여, 당신의 몸에서 저는 만신을 봅니다.
삼라만상의 무리를 봅니다.
연꽃 자리에 브라흐마가 앉아 있고, 그리고
모든 선인이, 천상의 뱀들이 있습니다.

당신의 무수한 팔과 배와 얼굴과 눈을,
만방으로 향한 무한한 형상을 봅니다.
세상의 주인이시여, 세상의 형상이시여,
끝도 없고 중간도 없고 시작도 없는 당신을 봅니다.

왕관, 철퇴, 바퀴, 그리고
사방에서 빛나는 빛의 더미와 함께 있는 당신을 봅니다.
사방으로 타오르는 가늠 못할 불과 태양의 빛을 지닌 당신을,
감히 바라볼 수조차 없는 당신을!

당신은 아니 멸하는 분이요, 알아야 할 지고한 분이며,
또한 당신은 온 세상 최고의 보물창고입니다.
나는 당신이 영원히 변치 않는 다르마의 수호자요,
대대로 이어져 내려온 정신이라 여깁니다.

시작도 중간도 끝도 없으며
무한한 위력과 무한한 팔을 지닌 당신을,
달과 태양의 눈을 지녔으며
타오르는 세물 삼키는 입을 지닌 당신을 봅니다.

하늘과 땅 사이에 존재하는 이곳,
사방이 모두 당신 하나로 퍼져 있습니다.
고결한 이여, 당신의 이 놀랍고도 무서운 형상을 보고
삼계가 덜덜 떨고 있습니다.

신들의 무리가 당신 안으로 들어옵니다.
어떤 이는 두려워하며 손을 모으고 당신을 찬미합니다.
대선인과 싣다* 무리는 스와스띠*를 읊조리며

싣다_ 기적을 행하는 데 가장 뛰어난 반신족이다.
스와스띠_ '모든 일이 잘 되리라'라는 축원의 읊조림이다. 여기서 파생한 스와스띠까는 다리를 꼬고 명상하는 자세를 표현하며, 길상을 상징하는 기호卐이다. 나치가 상징으로 이용하기도 한 이 스와스띠 기호는 불교의 만卍 자와 흡사하나 형태가 거꾸로 되어 있다. 간혹 만 자와 마찬가지로 왼쪽으로 열린 경우도 있다.

유려한 선율로 당신을 노래합니다.

루드라, 아디띠야, 사드야*,
위쉬와, 아쉬인, 마루뜨, 우슈마빠*,
간다르와, 약샤, 아수라, 싣다 무리들이
모두 놀라 당신을 바라봅니다.

팔심 좋은 이여, 당신의 거대한 형상,
수많은 입과 눈, 숱한 팔과 허벅지,
발, 무수한 배, 놀라운 엄니를 보고
세상사람들이 놀라고 제가 놀라 떨고 있습니다.

하늘을 찌르고 훨훨 타며 여러 색깔 지닌 당신이
입과 눈을 좌악 열어젖힌 것을 보고
제 내면의 자아는 놀라움에 떨고 있습니다.
위슈누시여, 저는 당당함도 고요함도 찾지 못하겠습니다.

엄니 가진 당신의 얼굴,
최후의 날에 타오르는 시간의 불과 같은 얼굴을 보니
방향을 알지 못하겠습니다. 고요함을 찾지 못하겠습니다.

사드야 sādhya_ 특별한 역할이 알려지지 않은 무리 신이며, 『위슈누 뿌라나』에는 닥샤 쁘라자빠띠의 손자들로 나온다.
우슈마빠 ūṣmapā_ 야마의 거처에 사는 망자들 또는 조상들이다.

신들의 신이시여, 세상의 집이시여, 굽어 살펴주소서!

지상의 왕들의 무리와 더불은
저 드르따라슈트라의 모든 아들이,
비슈마, 드로나, 마부의 아들 까르나가,
우리 병사의 수장들이 모두 함께

무서운 엄니 가진 당신의 입 속으로
횡횡하게 들어갑니다.
머리가 바스러진 채
엄니 사이에 끼어 있는 자들도 보입니다.

수없이 많은 물줄기 가진 강들이
다만 바다를 향해 내달리듯
저 인간세상의 영웅들이
훨훨 타는 당신의 입 속으로 들어갑니다.

부나비들이 파멸을 향해
타는 불길 속으로 온 힘을 다해 치달아가듯
그렇게 세상도 파멸을 위해
전력으로 당신의 입을 향해 들어갑니다.

위슈누시여, 당신은 사방을 핥고

훨훨 타는 입으로 세상을 집어 삼킵니다.
번쩍이는 열로 세상을 가득 채우고
찌르는 빛으로 태워버립니다.

말씀해주십시오. 그처럼 무서운 형상을 지닌 당신은 누구입니까?
빼어난 신이시여, 당신께 귀의합니다. 굽어 살피소서.
태초의 존재이신 당신을 알고자 합니다.
당신이 가시는 길을 제가 알지 못하여서입니다.'

성스러운 이가 말했다.

'나는 세상의 파멸을 위해 익은 시간이다.
온 세상을 여기에 모여들게 했느니.
반대편에 맞서 있는 용사 모두는
그대가 아니어도 없어지리라.

그러니 일어서라, 명예를 얻어라.
적을 이기고 풍요로운 왕국을 누려라.
왼손잡이 궁수여, 이들은 내게 이미 죽은 자들이다.
그대는 다만 상징이 될 뿐이구나.

드로나, 비슈마, 자야드라타, 까르나 그리고
다른 영웅적 병사들도 이미 내게 죽임을 당했다.

그러니 죽여라. 근심을 거두어라.
싸워라. 전투에서 적을 이기리니.'

산자야가 말했다.

"께샤와 끄르슈나의 이런 말을 듣고
왕관 쓴 아르주나*는 두 손 모아
떨며 귀의한 뒤 절을 올리고는
몹시 더듬거리며 다시 한 번 그에게 말했습니다."

아르주나가 말했다.

'끄르슈나여, 당신을 추앙함에
세상이 기뻐하고 즐거워하는 것은 마땅한 일입니다.
락샤사들은 두려워 사방으로 도망치고
싣다의 모든 무리는 당신께 귀의합니다.

고결한 이여, 브라흐마보다 중한
태초의 조물주인 당신께 어찌 귀의하지 않으리까?

왕관 쓴 아르주나_ 여타의 신들, 영웅들과 마찬가지로 아르주나 또한 수많은 별칭이 있다. '왕관 쓴 자'라는 뜻의 '끼리티kirīṭī'는 신들의 청으로 아르주나가 다이따야(또는 아수라)들과 전쟁할 때 친부인 신왕 인드라가 내려준 번쩍이는 왕관을 쓰고 싸웠기 때문에 붙여진 별칭이다.

무한한 이여, 신들의 주인이여, 세상의 집이여,
멸함 없는 당신은 존재하는 것과 아니 존재하는 것 너머에 있습니다.

당신은 태초의 신, 오래된 정신이며
당신은 이 세상 가장 높은 곳입니다.
당신은 이미 아는 이요, 당신은 또한 알아야 할 이입니다.
무한한 형상을 지닌 이여, 당신은 세상에 두루 퍼져 있습니다.

당신은 와유, 야마, 아그니, 와루나,
달, 쁘라자빠띠, 할아버지의 할아버지입니다.
당신께 수천 번 절하고 또 절하옵니다.
다시 또 다시 절하고 절하옵니다.

당신 앞에서 절하고 당신 뒤에서 절하옵니다.
당신을 사방으로 에워 돌아 절하옵니다.
당신의 위력은 무한하고 당신의 용맹은 가늠할 수 없습니다.
당신은 모든 것을 이루셨고, 그러기에 당신은 모든 것입니다.

벗이거니 여겨 저는 당신을
'끄르슈나여', '야다와여', '벗이여'라고 제멋대로 불렀습니다.
무심해 또는 사랑해 저는
당신의 고절함을 알지 못했습니다.

추락 없는 이여, 놀이 하며 걸으며 누워 있으며,
앉아 있으며 먹으며, 혼자서 그랬건 여럿이서 그랬건
웃자고 했던 무례한 짓이 무엇이건
가늠할 수 없는 당신께 용서를 구합니다.

당신은 움직이고 아니 움직이는 세상의 아버지입니다.
그들의 숭앙을 받아야 할 분이며 중하기 그지없는 스승입니다.
견줄 데 없는 위용을 갖추신 이여, 당신과 동등한 것은 없습니다.
다른 어떤 더 숭한 것이 삼계에 있으리까?

그러하니 찬미 받아 마땅한 주인인 당신이
굽어 살펴 주시기 바라며 몸을 엎드려 절을 올립니다.
신이시여, 아들에겐 아버지요 벗들에게 벗이며
연인에겐 연인인 듯 용서하소서.

이전에 본 적 없던 것을 저는 보았습니다.
제 마음은 두려움으로 휘몰아칩니다.
신이시여, 단지 제가 아는 그 형상만 보여주소서.
신들의 주인이시여, 세상의 집이시여, 굽어 살피소서.

왕관 쓰고, 철퇴 들고, 바퀴를 손에 든 당신을,
이전의 그 모습을 이제 뵈었으면 합니다.
수천의 팔을 지닌 온 세상의 화현이시여,

팔 넷인 그 형상을 다시 한 번 취해주소서.'

성스러운 이가 말했다.

'아르주나여, 나는 내 요가로 그대에게
나의 이 지고의 형상을 보여주었느니.
그것은 빛으로 꽉 찬, 무한하며 태초인 세계의 모습이며
그대 말고는 이전에 누구도 본 적 없는 형상이다.

『베다』로도, 제로도, 학문으로도, 보시로도,
그리고 혹독한 고행으로도 이런 내 모습을
꾸루의 영웅이여, 그대 말고는
사람 사는 세상에서 볼 수 없었느니.

그대가 본 이 무서운 형상에
동요하지도 또 미혹에 빠지지도 말라.
두려움도 희열도 내던져버리고
오직 이런 내 형상만 다시 보아라.'

산자야가 말했다.

"아르주나에게 그렇게 말한 뒤 와아수데와는
본래의 형상을 다시 보여주었습니다.

온화한 형상을 취한 고결한 이는
두려움에 떠는 아르주나를 다시 한 번 달랬습니다."

아르주나가 말했다.
'끄르슈나여, 당신의 이 온화한 인간의 모습을 뵈니 이제 정신을 되찾고 제 본래 상태로 돌아갈 수 있겠습니다.'
성스러운 이가 말했다.
'그대가 본 나의 이 형상은 참으로 보기 어렵다. 신들도 언제나 애타게 보고 싶어 하는 모습이구나. 『베다』로도 고행으로도 보시로도 제사로도 그대가 나를 본 것과 같은 이와 같은 모습은 볼 수가 없느니. 적을 태우는 아르주나여, 그러나 오로지 박띠*로서 이와 같은 나를 진실로 알고 볼 수 있으며 또한 내게 들어올 수 있다. 빤두의 아들이여, 나를 위한 행위를 하고, 나를 위해 지고한 마음을 바치며, 집착을 버리고 삼라만상에게 적개심을 버리는 이, 그는 내게로 오는 것이다.'

34*

아르주나가 말했다.

박띠_ 아래의 주를 보라.
34_ '박띠 요가'라는 부제가 붙어 있다. 박띠 요가는 우리말로 옮기지 않고 '박띠bhakti'라는 용어를 그대로 사용한다. 박띠가 품고 있는 뜻이 다양해서 흔히 옮겨지는 '신애信愛'나 '헌신'만으로는 개념이 제대로 표현되지 않기 때문이다. 'bhakti'의 어원은 대개 '바즈

'이처럼 언제나 당신께 마음을 매어 두고 박띠로 당신을 섬기는 사람, 그리고 당신의 불멸함과 은재함을 섬기는 사람 중에 누가 요가를 더 능히 안다고 할 수 있습니까?'

성스러운 이가 말했다.

'마음을 나에게 두고, 한결같이 마음을 다잡아 더할 나위 없는 신념으로 나를 섬기는 자들, 그들이 나는 마음이 가장 잘 다잡아진 자라고 여기느니.'

bhaj'로 본다. 'bhaj'에는 '~를 숭배하다', '~에 의지하다', '~로 가다, 투항하다' 이외에도 '~에 참여하다', '~와 나누다, 공유하다'라는 뜻이 있다. 따라서 '박띠bhakti'는 '사랑' '헌신' '신애' '동참' '공유' 등의 뜻으로 보면 될 것이다. 사랑이나 애정을 주된 뜻으로 놓고 보면 '박띠'는 '까마kāma'와 흡사한 면이 있지만 까마가 주로 감각적 사랑이나 정서적 교감을 뜻한다면 박띠는 정신적 사랑이나 종교적 원리에의 교감이라고 할 수 있을 것이다. 그리고 신앙이나

신념을 주된 뜻으로 놓고 보면 '박띠'는 '쉬란다śraddhā'(빠알리어의 산다saddhā)와 흡사한 면이 있지만 쉬란다가 종교적 믿음과 신앙이 강해 의례를 제대로 갖춰 제사를 지내고 신을 달래는 것까지 포함한다면 박띠는 신앙과 믿음이기는 하나 의례를 갖추어 신에게 바치는 헌신이라기보다는 내가 신이나 스승의 행위, 윤리 등에 적극적으로 동참하고 그들은 나의 참여를 소중히 여겨 그에 답하는 것으로 볼 수 있다. 따라서 박띠는 누군가를 향한 나의 일방적 헌신과 신앙 혹은 물물교환적 거래라기보다는 누군가와 나의 상호 헌신과 교감과 애정이 더 중점이 된다고 볼 수 있다. 신과 나의 교감과 상호관계는 『베다』 전반에 걸쳐 짙게 나타나고, 철학적 사유를 중시하는 『우빠니샤드』에서 사라졌다 다시 『기따』에 와서 절정에 이른다. 『베다』에서는 주로 쉬란다를 통해 제주祭主와 제사장이 어떤 요구를 하고, 신이 그에 물질로 응답하는 소위 '나의 필요에 의한 거래'가 형성된다. 따라서 『베다』는 제사를 필요로 하는 '쉬란다 박띠śraddhā bhakti'라고 할 수 있을 것이다(『기따』 17장 '쉬란다-뜨라야-위바가 요가'의 쉬란다는 제례의식과는 관련 없는 단순한 '신념'이라는 뜻이다). 『우빠니샤드』는 신을 향한 헌신보다는 철학적 사유와 그런 사유를 도와주는 스승에 대한 헌신이 더 중요시되기 때문에 스승을 향한 박띠, 즉 '구루 박띠guru bhakti'라고 할 수 있을 것이며, 『기따』는 제례의식을 뺀 『베다』의 '쉬란다식 박띠'에 『우빠니샤드』의 사유를 가미해 참여와 헌신과 사유를 모두 합한 철학

그러나 감각기관을 온전히 다스리고 어떤 경우에도 정신을 반듯이 해 삼라만상의 이로움을 위해 애쓰면서, 멸하지 아니하고* 설명되지 아니하

적 자기헌신의 박띠, 즉 '쁘랍쁘띠 박띠praptti bhakti'라고 할 수 있을 것이다. 이런 형태의 박띠는 『기따』 4장 11의 '사람들이 나를 숭앙하면 나는 그 방식 그대로 그들을 존중하고'라는 문구, 그리고 『기따』의 12장 전체에 걸쳐 잘 나타나 있다.
박띠 개념은 불교에도 나타난다. 박띠는 붕경朋敬 혹은 신경伸敬이나 애경愛敬, 경사심敬事心으로 불역佛譯되었다. 불교의 관점은 실상사의 상연스님의 미출간 자료와 논평이 상당한 도움이 될 것 같아 옮겨 적는다.

"바수반두Vasubandhu(世親, 316~396년)의 『아비달마꼬샤-바샤abhidharma makośa-bhāṣya』의 한역인 『아비달마구사론』에서 현장玄奘(602~664년)은 그것을 붕경과 신경으로 번역했다.
【玄】 "若言自在, 待餘因緣, 助發功能, 方成因者 但是朋敬, 自在天言."
"만약 자재(천)īśvara가 공능을 도와 일으키는 다른 인연을 기다려서 비로소 원인을 이룬다고 말한다면, 단지 자재천을 붕경하는 말bhaktivāda일 뿐이다."
— 『구사론』 7권(분별근품分別根品)
【玄】 "如是有德者雖已滅過去而追伸敬養福由自心生."
"이와 같이 덕 있는 자[부처님]가 비록 사라졌다 할지라도[죽어 없더라도] 신경bhakti을 따른 (공)양으로, 복은 스스로의 마음으로부터 태어난다."
— 『구사론』 18권(분별업품分別業品)

그에 반해 같은 작품을 『아비달마구사석론阿毘達磨俱舍釋論』이라는 제명으로 옮긴 진제眞諦(499~569년)는 박띠를 애경愛敬, 경사심敬事心으로 한역했다. 박띠bhakti는 흔히 일본에서 들어온 신애信愛라는 번역어로 통용되는데, 현장과 진제의 것과 달리 경敬이라는 뜻은 없다. 바수반두는 『아비다르마꼬샤-바샤』의 분별업품分別業品 18권에서 당시 붓다의 스뚜빠가 헌신적 예경의 대상이었음을 말하면서 붓다 수뚜파에 대한 공물의 봉헌과 예경을 포함한 박띠bhakti는 행위자의 내면에 선한 마음을 길러 복을 낳는다고 전한다. 그것은 에고의 점진적 약화라는 측면에서 수행의 방향이며, 경敬이라는 글자가 담고 있는 수양修養이라는 중국적 의미 맥락과도 무관하지 않은 듯하다. 어쩌면 중국의 역경가들은 박띠bhakti의 다양한 함의 안에서 이 점을 적극적으로 드러내려 했는지도 모른다."
멸하지 아니하고_ '악샤라akṣara'를 옮긴 것이다.

며*, 은재하고 또 편재하는 것*, 사유되지 아니한 것*, 봉우리에 우뚝 서 있으며* 흔들리지 아니하고* 단단한 것*을 섬기는 자들 또한 오로지 내게 이른다.

은재하는 것에 마음이 매인 자, 그들의 번뇌는 더 클 것이니, 몸 가진 자들이 은재하는 것을 목표로 삼기는 어렵기 때문이다. 그러나 모든 행위를 내게 내려놓고 나를 가장 높은 곳에 두어 다름 아닌 요가*로 나를 염하고 섬기는 자들, 쁘르타의 아들이여, 내게 마음을 단단히 매어 둔 그런 자들을 나는 머지않아 죽음과 윤회의 바다에서 건져 올려주리라.

마음을 오로지 내게 두어라. 생각을 내게 들여보내라. 그리하면 반드시 내 안에 머물게 되리라. 다난자야여, 그대가 만약 꾸준히 내게 마음을 둘 수 없다면 요가를 학습함으로써 나를 얻기를 바라여라. 학습하는 것조

설명되지 아니하며_ '아니르데샤anirdeśa'를 옮긴 말로, 눈앞에 놓은 듯 지적할 수 없는 것, 말로 표현할 수 없고 설명할 수 없는 것을 말한다.

편재하는 것_ '사르와뜨라-가sarvatra-ga'를 옮긴 말로, 사방sarvatra을 가는 것ga, 두루 존재하는 이를 뜻한다.

사유되지 아니한 것_ '아쩬띠야acintya'를 옮긴 것으로, 생각할 수 없는 것, 생각 너머에 있는 것을 뜻한다.

봉우리에 우뚝 서 있으며_ 'kūṭastha'를 옮긴 것이다. 대개 은유적 표현으로 보아 불변 또는 항구함으로 번역하나 뒤에 오는 단어와 연결 지어 이 단어 자체가 주는 의미 즉 '꼭대기 kūṭa에 머무는 것stha'을 그대로 옮겨도 무방해보인다.

흔들리지 아니하고_ '아짤라acala'를 옮긴 말로, acala는 '산'을 뜻하기도 한다. 앞의 kūṭastha와 연결해 살피는 것이 적절해보인다.

단단한 것_ '드루와dhruva'를 옮긴 말로, 확고부동하며 단단히 박혀 있는 것을 의미한다. 앞의 두 단어 kūṭastha와 acala와 연결 지어 '우뚝한 봉우리에 서서도 흔들리지 않고 단단한 것'이라고 옮겨도 좋을 듯하다.

다름 아닌 요가_ 여기서 말하는 요가는 물론 '박띠 요가'이다.

차 할 수 없거든 나를 위한 일을 그대의 가장 위에 놓아 두어라.

나를 위한 일을 하는 것만으로도 완성에 이를 수 있으리니. 혹 그것마저 할 수 없다면 모든 행위의 결실을 내려놓고 내 요가에 기대 자아를 다스려라. 배움보다 앎이 나은 것이요, 앎보다 사려함이 우선하며, 사려하는 것보다는 행위의 결실을 버리는 것이 더 낫다. 버림으로써 이내 평온이 찾아드느니.

삼라만상을 미워하지 않고 다정하며, 자비롭고 내 것이라는 생각 없으며, 내가 했다는 생각 없이 기쁨과 괴로움을 같이 대하며 인내하는 자, 항상 만족할 줄 알고 요가를 알며 자신을 다스리는 자, 결심이 단단하고 마음과 정신이 언제나 나를 향해 있으며 박띠로 나를 대하는 자, 그는 내게 소중한 자이다.

세상이 그로 인해 동요하지 않고 그가 세상으로 인해 동요되지 않으며 기쁨과 참지 못함과 두려움과 조바심에서 벗어난 자, 그는 내게 소중한 자이다.

치우침 없고 순수하며 영리하고 중심 있는 자, 근심 없고 만사를 내려놓고 박띠로 나를 대하는 자, 그는 내게 소중한 자이다.

들뜨지 않고 미워하지 않으며 슬퍼하지 않고 애태우지 않는 자, 깨끗하고 더러운 것을 내려놓고 다름 아닌 박띠로 나를 대하는 자, 그는 내게 소중하느니.

적과 벗을 같이 대하며 우러르는 자와 내려 보는 자 없고, 추위와 더위와 기쁨과 괴로움에 늘 같은 마음이며 집착을 버린 자, 비난과 칭송에 평정을 지키고, 말을 삼가며 어떤 것에도 만족하고, 머무는 곳 없으며 한결 같이 박띠로 나를 대하는 자, 그는 내게 소중한 자이다.

바르고, 아므르따 같은 내가 한 이 말을 신봉하는 자, 지극한 신념으로 나를 가장 높은 곳에 놓고 마음을 바치는 자, 그들 모두가 내게 더할 나위 없이 소중한 자이다.'

들뜨지 않고 미워하지 않으며 슬퍼하지 않고 애태우지 않는 자, 깨끗하고 더러운 것을 내려놓고 다름 아닌 내게 마음을 바치는 자, 그는 내게 소중하느니.

적과 벗을 같이 대하며 우러르는 자와 내려 보는 자 없고, 추위와 더위와 기쁨과 괴로움에 늘 같은 마음이며 집착을 버린 자, 비난과 칭송에 평정을 지키고, 말을 삼가며 어떤 것에도 만족하고, 머무는 곳 없으며 한결 같은 마음으로 내게 마음을 바치는 자, 그는 내게 소중한 자이다.

바르고 아므르따 같은 내가 한 이 말을 신봉하는 자, 지극한 신념으로 나를 가장 높은 곳에 놓고 마음을 바치는 자, 그들 모두가 내게 더할 나위 없이 소중한 자이다.'

35[*]

성스러운 이가 말했다.

'꾼띠의 아들이여, 이 몸은 "밭"이라고 불리느니, 그것을 아는 자를 "밭을 아는 자"라고 현자들은 말한다. 바라따의 후손이여, 나 또한 "밭을

35_ '크쉐뜨라-크쉐뜨라즈냐 요가kṣetra-kṣetrajña yoga, 즉 밭과 밭을 아는 자의 요가' 라는 부제가 붙어 있다. 독립된 『바가와드 기따』의 13장에 속한다.

아는 자"이나 나는 모든 밭을 안다고 알아야 한다. 밭과 밭을 아는 자에 대한 앎이 참된 앎이라고 나는 여긴다. 무엇이 밭인지, 무엇이 그와 같은지, 변화된 형태는 무엇인지, 어디에서 유래한 것인지, 그것을 아는 자는 누구인지, 그 힘은 어떤 것인지 내게서 간략하게 들어보아라.

선인들은 이를 여러 가지 방식으로, 다채로운 찬가*로 하나하나 노래했으며, 이유타당하고 단호한『브라흐마 수뜨라』*의 구절들도 이를 노래했다.

대원소*, 아만*, 이해*, 은재하는 것, 열 개의 감각기관*과 하나*, 그리고 감각기관의 다섯 대상*, 바라는 마음, 미움, 즐거움, 괴로움, 모여 있는 것*, 의식*, 단단한 마음, 이것들이 간략하게 밭과 그 변형된 형태라고 한

찬가_ '찬다스chandas'를 옮긴 것이다. 찬다스는 대체로 운율이 섞인『베다』의 찬가를 가리킨다.
『브라흐마 수뜨라Branmasūtra』_ 바다라야나Bādarāyaṇa가 지은 것으로 알려져 있으며, 베단따학파가 바탕으로 삼고 있는 경이기도 하다.『우빠니샤드』의 정수를 잘 정리해 담고 있는 경이나 여기서『우빠니샤드』를 언급한 것인지는 모호하다.
대원소mahābhūta_ 물질세계를 구성하는 다섯 가지 기본이 되는 원소인 지수화풍공地水火風空, 즉 땅, 물, 불, 바람, 허공을 가리킨다.
아만_ '나라는 생각' 또는 '내가 했다는 생각'인 '아항까라ahaṃkāra'를 옮긴 것이다.
이해_ 여기서는 '붓디buddhi'를 옮긴 것이다.
열 개의 감각기관_ 다섯 가지 감각기관인 안이비설신眼耳鼻舌身, 즉 눈, 귀, 코, 혀, 몸, 그리고 그것들이 바깥 영역을 인식하는 뿌리인 안근眼根, 이근耳根, 비근鼻根, 설근舌根, 신근身根의 오근五根을 말한다.
하나_ 여기서 하나는 오근에 하나를 더한 마음 또는 마음의 뿌리인 의근意根을 뜻한다.
다섯 가지 감각대상_ 오근의 대상이자 감각의 영역인 색성향미촉色聲香味觸, 즉 빛, 소리, 냄새, 맛, 느낌의 오경五境을 일컫는다.
모여 있는 것_ '상가따saṅghāta'를 옮긴 것이며, 여기서는 몸, 즉 신체身體를 뜻한다.
의식_ '쩨따나cetana'를 옮긴 것이며, 마음이라고도 할 수 있다.

다.

오만하지 않음, 허세 부리지 않음, 해치지 않음, 인내, 올곧음, 스승을 섬김, 순수함, 항상함, 자제, 감각대상에 대한 염오(厭惡) 그리고 아만에 빠지지 않음, 태어남, 죽음, 늙음, 병듦, 고통의 나쁜 점을 꿰뚫어 봄, 집착하지 않음, 자식과 아내와 집 등에 대한 지나친 애착을 갖지 않음, 바라는 것과 바라지 않는 것이 생길 때 언제나 평정심을 가짐, 한결 같은 요가를 통한 나에 대한 흔들림 없는 헌신, 한적한 곳을 찾고 사람들이 모이는 곳을 싫어함, 자아 너머 자아에 대한 항상한 앎, 참된 앎의 의미를 직시함, 이 모두를 앎이라고 하며 그것이 아닌 것을 무지라고 하느니.

이제 그대에게 알아야 하는 것을 일러주리니, 그것을 알고 나면 아므르따를 얻는 것이다.

시작 없는 지고의 브라흐마, 그것은 존재도 비존재도 아니라고 일컬어진다. 그것은 사방에 손과 발이 있고, 사방에 눈과 머리와 입이 있으며, 세상천지에 귀가 있으니 세상을 온통 휘감고 있다. 모든 감각기관의 기질을 지닌 것으로 보이나 어떤 감각기관도 없으며, 집착이 없으되 삼라만상을 지탱한다. 기질이 없으되 기질을 누리는 것이다.

존재들의 밖에도 안에도 존재하며, 아니 움직이나 또 움직인다. 오묘해 알기 어려운 그것은 멀리 있으나 또 가까이에 있느니. 나뉘어 있지 않으나 존재들 안에서 나뉘어 있는 듯하다. 존재를 키우고 삼키며 지탱하는 그것을 알아야 하느니. 빛들 중 빛이라고 불리는 그것은 어둠 너머에 있다. 그것은 앎이며, 알아야 할 것이고, 앎의 목적이며, 모두의 가슴에 자리하느니.

이와 같이 나는 밭에 대해, 앎에 대해, 알아야 할 것에 대해 간략하게 설하였다. 이를 알아 내게 마음을 바치는 자는 나의 경지에 이르게 되느니.

본연의 성질과 정신*, 둘 다 시작이 없음을 알 것이며, 변화와 기질은 본연의 성질에서 기인함을 알아라. 본연의 성질은 해야 할 일, 일의 동기, 그리고 행위자*에서의 바탕이라고 일컬으며, 정신은 기쁨과 괴로움을 겪는 경험자에서의 바탕이라고 일컫느니. 본연의 성질 안에 머무는 정신은 본연의 성질에서 발생한 기질*을 경험하기 때문이다. 기질에 대한 집착은 좋고 나쁜 태에 태어나는 원인이다. 대 주인이자 지고의 자아이며 관망하는 자요 동의하는 자며, 지탱하는 자이자 경험하는 자인 이것을 일컬어 이 몸에 있는 지고의 정신이라고 한다.

이와 같이 정신과 본연의 성질을 기질과 함께 아는 자는 어떤 일을 겪더라도 다시 태어나지 않느니. 혹자는 자아 안에서 자아를 선정으로 보고, 혹자는 자아를 자아로 보며, 혹자는 자아를 헤아림의 요가로, 또 다른 이는 행위의 요가로 본다. 그러나 다른 어떤 이들은 이와 같이 알지 못하고 타인에게서 듣고 자아를 섬긴다. 그들 또한 들은 것을 지고한 것으로 알기에 죽음을 건넌다.

바라따의 황소여, 어떤 존재가 태어나든, 움직이는 것이든 아니 움직이는 것이든 그것은 밭과 밭을 아는 자의 결합 때문임을 알아라. 모든 존재에 공평히 머물며 그들이 멸해도 아니 멸하는 지고의 주인을 보는 자, 그가 보는 자이니. 주인이 어디에나 공평히 머무는 것을 보기에 그는 스

본연의 성질과 정신_ '쁘라끄르띠prakṛti 뿌루샤puruṣa'를 옮긴 것이다.
해야 할 일, 일의 동기, 행위자_ 'kārya-kāraṇa-kartṛ'를 옮긴 것으로, 목적과 수단과 행위자로 옮겨도 무방하다.
기질_ '구나guṇa'를 옮긴 것이다.

스로 자아를 해하지 않고 지고의 경지에 이른다. 오직 본연의 성질만이 모든 행위를 주재하고 있음을, 자아는 결코 어느 것도 주재하지 않음을 보는 자, 그가 보는 자이다. 존재 각각이 하나에서 비롯됨을 볼 때, 그리고 다만 거기에서 퍼져 감을 볼 때, 그는 브라흐만에 이른다.

꾼띠의 아들이여, 시작이 없기에, 기질이 없기에 이 자아는 항상하다. 비록 몸 안에 머무나 행위 하지 않고 젖어들지 않느니. 허공은 어디든 있으나 미세하다 해 더럽혀지지 않듯, 어디에나 머무는 자아는 몸에 있다고 해 더럽혀지지 않는다. 바라따의 후손이여, 태양이 혼자서도 온 세상을 비추듯 밭을 가진 자는 온 밭을 다 비춘다. 앎의 눈으로 밭과 밭을 아는 자의 차이를 이와 같이 아는 자, 또한 본연의 성질로부터 존재들의 해방을 아는 자는 지고의 것에 이르느니.'

36[*]

성스러운 이가 말했다.

'앎 중에서도 위없는 지고의 앎에 대해 다시 한 번 설하리라. 그것을 안 뒤에 수행자들은 이승을 떠나 모두 지고의 완성을 이루었다. 이 앎에 기대 나의 경지에 이르렀고, 세상의 생성에도 태어나지 않았으며, 세상의 소멸에도 애태우지 않았느니.

36_ '구나뜨라야위바가 요가guṇatrayavibāga-yoga, 즉 세traya 기질guṇa을 구별하는vibā-ga 요가'라는 부제가 붙어 있다. 독립된 『바가와드 기따』의 14장에 속한다.

흔들림 없는 헌신의 요가로 나를 섬기는 자는 이 요소들을 넘어 브라흐만이 되기에 알맞다. 나는 죽음 없고 변함없는 브라흐만의 바탕이며, 영구한 다르마와 온전한 행복의 바탕이기 때문이다.'

37[*]

성스러운 이가 말했다.
'뿌리는 위를 향해, 가지는 아래를 향해 뻗은 아쉬와타 나무는 영원하다고들 말한다. 『베다』의 선율을 잎으로 가진 그 나무를 아는 자, 그가 바로 『베다』를 아는 자이다.

위로 아래로 가지를 뻗고
기질로 자라 감각대상을 싹틔우느니.
행위로 얽힌 인간세상에서
뿌리들이 아래로 뻗어 있구나.

그 형체, 이 세상에서 알아차릴 수 없으며
끝없고, 시작 없고, 바탕 없느니.
굳게 뿌리 내린 이 아쉬와타를

37_ '뿌루샤-웃따마 요가puruṣottama-yoga, 즉 위없는(웃따마uttama) 사람 또는 정신(뿌루샤puruṣa)의 요가'라는 부제가 붙어 있다. '뿌루샤-웃따마 요가'는 연음법칙에 따라 '뿌루숏따마 요가'로 발음하기도 한다. 독립된 『바가와드 기따』의 15장에 속한다.

무착이라는 단단한 무기로 잘라내고

"나는 태초의 정신에 귀의하느니
그에게서 이 태고의 활동이 비롯되었구나"라며
가서는 다시 돌아오지 않을
경지를 구해야 한다.

자만과 미혹을 떨쳐내고 집착의 허물을 이겨내며
언제나 자아 너머 자아를 들여다보고 모든 욕망을 홀홀 털어
고락이라는 상반된 이원의 사고를 벗어던진 미혹 없는 자,
그는 지고한 불멸의 경지에 이르느니.

태양도 달도 불도 빛내지 못하는 곳, 가서는 다시 돌아오지 않는 곳,
그곳이 내 지고의 거처이다. 나의 일부는* 생명 있는 세상에서 그치지 않
는 생명이 되어, 본연의 성질에 바탕을 두고 마음을 여섯 번째로 한 감각
기관을 끌어당긴다. 주인이 몸을 얻을 때, 그리고 몸을 떠날 때는 그 감각

나의 일부aṃśa_ 상까라는 이것을 '물에 비친 태양' 또는 '항아리 속의 허공'과 같은 것이라
고 설명한다. 물에 비친 태양은 태양의 일부이나 물이 없어지면 물속의 태양도 사라져
원래의 태양으로 돌아가는 것처럼, 또는 항아리 속의 허공은 허공의 일부이나 항아리가
깨지면 원래의 허공으로 돌아가는 것처럼 나(끄르슈나)의 일부도 생명 있는 세상에서
각자의 생명jīva으로 나타나지만 몸이 다하면 그것을 구성하는 요소들과 함께 끄르슈나
에게 돌아간다. 물과 항아리가 있는 한 태양과 허공이 비추어 존재하는 것처럼, 몸이 있
는 한 나의 일부도 몸에 비추어 존재하며, 그것은 또한 태양과 허공이 존재하듯 생명
있는 세상에서 그치지 않고 영구히sanātana 존재한다.

기관을 취해 같이 떠나가느니. 마치 바람이 본디 있던 곳으로부터 향을 취해 가듯이.

　청각, 시각, 촉각, 미각, 후각 그리고 또한 마음의 뿌리에 의지해 그는 대상을 좇는다. 떠날 때도, 있을 때도, 기질에 따라 경험할 때도 어리석은 자는 보지 못하나 앎의 눈이 있는 자는 그를 보느니. 매진하는 요인은 자신 안에 머무는 그를 본다. 그러나 자신을 완성하지 못한 마음 어두운 자는 아무리 애써도 그를 보지 못하느니.

　태양에 있는 빛이 온 세상을 비출 때, 또한 달이, 불이 빛을 비출 때 그 빛은 나의 것임을 알아라. 나는 땅으로 들어가 내 기운으로 생명을 지탱하고, 물기 품은 달이 되어 모든 약초를 키우느니. 나는 생명 있는 것들의 몸에 깃들어 소화의 불이 되어 들숨, 날숨과 더불어 네 종류의 음식을 소화시킨다.

　나는 모든 이의 가슴에 머무느니.
　기억도 앎도 손상도 나로 인함이다.
　나는 모든 『베다』를 통해 알아져야 한다. 또한
　나는 『베다』의 가지를 만든 자이고, 『베다』를 아는 자이니!

　세상에는 두 가지 정신이 있느니. 멸하는 것과 아니 멸하는 것이 그것이다. 멸하는 것은 삼라만상이요, 우뚝한 곳에 있는 자*는 아니 멸하는

---

* **우뚝한 곳에 있는 자**_ '꾸타스타kūṭastha'를 원문 그대로 옮긴 것이다. 순수한 아뜨만의 자질이라고 알려진 이 용어는 그러나 충분한 설명이 되어 있지는 않다. 주석가들은 텍스트에 근거해 이 용어를 '(바람 거센 높은 봉우리에서도) 움직이지 않고 꼿꼿이 서 있는

것이다. 그러나 위없는 지고의 자아라고 불리는 또 다른 정신이 있느니. 그는 삼계에 들어가 그것들을 지탱하는 멸함 없는 주인이다. 멸함을 건너고, 아니 멸함보다도 위에 있기에 나는 세상에서 그리고『베다』에서 위없는 정신으로 불리느니. 바라따의 후손이여, 미혹되지 않고 나를 이렇듯 위없는 정신으로 아는 자는 모든 것을 알아 마음을 다해 나를 섬긴다. 바라따의 무구한 후손이여, 이렇듯 나는 은밀하고도 은밀한 이 가르침을 그대에게 설하였느니, 이것을 알면 해야 할 일을 모두 마친 현자가 되리라.'

38*

성스러운 이가 말했다.

'두려워 않음, 맑은 기질, 앎의 요가에 굳건함, 베풂, 자제, 희생제, 배움, 고행, 올곧음, 해치지 않음, 진실함, 화내지 않음, 버림, 고요함, 비방하지 않음, 생명에의 자비, 탐욕 없음, 온화함, 겸양함, 변덕 없음, 곧은 기상, 인내, 당당함, 순수함, 혐오 않음, 자만 않음, 바라따의 후손이여, 이것들은 신적인 기질로 태어난 자가 지닌 것이며, 쁘르타의 아들이여, 과시, 오만, 자만, 분노, 모짊, 무지는 아수라적 기질로 태어난 자가 지닌 양태이다. 쁘르타의 아들이여, 신적 양태는 해방을 위한 것이요, 아수라

바위 같은 존재'라고 설명한다. 12장 '박띠 요가'에서도 흡사한 개념이 나타난 바 있다.
38_ '다이와수라 삼빠드위바가 요가daivāsura saṃpadvibhāga-yoga, 즉 신적인 것(daiva)과 아수라 적인 것(āsura)의 양상(saṃpad)을 구별하는(vibhāga) 요가'라는 제목이 붙어 있다.

적 양태는 옭아매기 위한 것이라 여긴다. 슬퍼 말라. 그대는 신적 기질을 갖고 태어났느니.

쁘르타의 아들이여, 이 세상에는 두 종류의 존재가 있으니, 신적인 자들과 아수라적인 자들이다. 신적인 자들에 대해서는 상세히 설하였고, 이제 아수라적인 자들에 대해 들어라.

아수라적인 자들은 나아가고 거두어들임*을 알지 못한다. 순수함도 선행도 진실도 그들에게서는 찾아볼 수 없느니. 그들은 이 세계가 진실 없고, 바탕 없으며, 신도 없고, 상호 연관됨 없이 발생되는 것이라고, 또 "욕망 이외에 다른 어떤 원인이 있으랴?"라고 말한다. 그러한 견해를 지니고 자아가 망가진 자들, 이해가 부족하고 사나운 짓을 하는 자들은 세상에 파멸을 부르는 무익한 자들이다. 그들은 과시와 자만에 도취되어 채우기 어려운 욕망에 자신을 맡기느니. 미혹으로 인해 선하지 않은 견해를 움켜쥐고, 맑지 않은 서원을 세워 움직인다. 육신이 멸할 때까지 헤아릴 수 없는 근심에 마음을 쓰고 욕망의 충족이 더 없이 좋은 것이라고 알아 "그것이 모든 것"이라고 단정한다.

희망이라는 수백의 사슬에 매여 욕망과 분노에 자신을 내맡기고, 호사를 누리려는 욕심 때문에 옳지 않은 수단으로 부를 쌓느니. '오늘 나는 이것을 얻었구나', '마음에 있는 이것을 이루리라', '내게 이것이 있구나', '이 재물 또한 내 것이 되리라', '내가 적을 죽였구나', '다른 놈들도 죽이리라', '나는 호사를 누리는 주인이다', '나는 이루었고, 힘 있으며, 행복

나아가고 거두어들임_ '쁘라우르띠pravṛtti'와 'nivṛtti'를 옮긴 말로, pravṛtti는 행위vṛtti를 계속해 진행pra하는 것을, nivṛtti는 행위를 그치고 거두어들이는ni 것을 의미한다. 할 것과 하지 말아야 할 것으로 옮겨도 무방하다.

하다', '나는 부유하고 태생 좋으니 나와 같은 자 뉘 있으랴?', '나는 제를 올리고 베풀며 즐길 것이다'라며 앎이 부족하고 미혹된 자들은 이렇게 생각하느니.

온갖 생각에 혼돈되고 미혹의 그물에 덮인 그들은 욕망과 호사에 빠져 더러운 지옥에 떨어진다. 자신을 추어올리고, 완고하며, 재물에 우쭐하고 도취되어 있는 자들, 그들은 단지 이름뿐인 제를 올리고 눈가림으로 의례를 행하느니. 아만, 힘, 오만, 욕망, 분노에 의지한 자들, 그들은 자신과 타인의 몸에 있는 나를 미워하고 질시하는 자들이다. 나는 미워하고 분노하는 미천하디 미천한 그런 자들을 이 윤회하는 세상에서 더러운 아수라의 태에다 끊임없이 내던지느니.

꾼띠의 아들이여, 세세생생 아수라의 태에 들어간 어리석은 자들은 나를 얻지 못하고, 그리하여 가장 비천한 지경에 이르고 만다. 지옥의 문인 이 세 가지, '욕망, 분노, 탐욕'은 자신을 파멸에 이르게 하느니. 꾼띠의 아들이여, 이 세 가지 어둠의 문에서 벗어난 자, 그리하여 자신의 영예를 위해 거동하는 자는 지고의 경지에 이른다. 경전의 규범을 내던지고 욕망에 따라 움직이는 자, 그는 완성을 이루지 못하고 행복을 얻지 못하며 지고의 경지를 얻지 못한다. 그러하니 경전의 권위에 따라 해야 할 일과 아니 해야 할 일에 굳건해야 하느니. 경전의 규범이 말하는 것을 알아 이 세상에서 행동함이 마땅하리라.'

39*

아르주나가 말했다.

'끄르슈나여, 경전의 규범을 내던지고 제를 지내면서도 여전히 신념을 갖춘 자들의 위치는 어디입니까? 사뜨와입니까? 아니면 라자스나 따마스입니까?'

성스러운 이가 말했다.

'몸에 깃든 자에게는 각자의 기질에서 비롯된 세 가지 신념이 있느니, 사뜨와 기질, 라자스 기질 그리고 따마스 기질이다. 그것들에 대해 들어라. 바라따의 후손이여, 모든 이의 신념은 각자의 본래 기질을 닮아 있다. 사람은 신념으로 이루어져 있느니, 어떤 신념을 가졌느냐가 바로 그 사람인 것이다.

사뜨와 기질을 지닌 자는 신에게 제를 올리고, 라자스 기질을 지닌 자는 약샤와 락샤샤에게, 그 외 따마스 기질의 자는 귀신과 악귀 무리에 제를 지낸다. 완고함과 아만에 가득차고 욕망과 애착의 힘에 휘둘려 경전의 규범에도 없는 무서운 고행을 하며 자신을 괴롭히는 사람, 몸에 있는 온갖 요소를 생각 없이 괴롭히고, 몸 안에 있는 나를 괴롭히는 자는 아수라의 결의를 가진 자로 알아라.

각자가 좋아하는 음식 또한 세 가지이며, 제사와 고행 그리고 베풂 또한 그러하다. 그들을 구분하면 이러하니 들어라. 수명과 기력과 힘과 강

39_ '쉬랃다뜨라야위바가 요가śraddhātrayavibhāga-yoga, 즉 세 가지(traya) 신념(śraddhā)을 구별하는(vibhāga) 요가'라는 제목이 붙어 있다.

건함과 편안함과 기쁨을 키워주는 음식, 맛좋고 기름지며 단단하고 마음이 차는 음식은 사뜨와 기질의 사람이 좋아한다. 쓰고 시고 짜고 지나치게 맵고, 자극적이고 거칠고 타는 듯한 음식은 라자스 기질의 사람이 즐겨 찾으며 고통과 근심과 질병을 일으킨다. 지나치게 익히고 맛이 달아났으며, 상하거나 밤을 넘긴 음식, 먹다 남긴 맑지 않은 음식은 따마스 기질의 사람이 즐긴다.

결실을 바라지 않고 의례에 제시된 대로 제를 지내며, 제를 지내야 한다는 것에만 마음을 모으는 것은 사뜨와 기질의 제이다. 바라따의 훌륭한 후손이여, 결실을 바라고 허세로 제를 지내면 그것은 라자스 기질의 제로 알아야 한다. 의례가 빠지고, 음식을 나누지 않으며, 진언이 빠지고, 사례가 없으며, 신념을 버린 제는 따마스 기질의 제라고 하느니.

신과 브라만과 스승과 현자를 섬기며, 순수하고 올곧으며 금욕하고, 아니 해치는 것을 몸에 대한 고행*이라고 한다. 자극하지 않으며 진실하고, 사랑스러우며 이로운 말을 하고, 『베다』를 공부하는 것을 말에 대한 고행이라고 이른다. 마음이 고요하고 온화하며 말을 아끼고, 자신을 다스리며 기질이 맑은 것을 가리켜 마음의 고행이라고 이른다. 지고의 신념을 가진 사람이 결실을 바라지 않고 이 세 가지 고행을 할 때 이를 사뜨와 기질의 고행이라고 한다. 떠받듦과 우러름과 공경을 얻으려 허세로 하는 고행, 이를 일컬어 흔들리고 불안정한 라자스 기질의 고행이라고 한다. 어리석음에 붙들려 자신을 괴롭히면서 하는 고행, 또는 타인을 뒤엎기 위

고행_ '따빠스tapas'를 옮긴 것으로 '고행' 또는 '태움'이라는 뜻을 갖고 있지만 문맥이나 어감상 올바른 고행 또는 수행 정도의 뜻이 옳을 듯하다.

해 하는 수행을 일컬어 따마스 기질의 것이라고 한다.

'베풀어야 한다'라는 생각으로 되갚지 못할 사람에게 베푸는 것, 때와 장소에 맞게 베푸는 것, 그릇이 되는 자에게 베푸는 것은 사뜨와 기질의 베풂이라고 전해진다. 갚을 수 있는 사람에게 베푸는 것, 결실을 바라거나 마지못해 베푸는 것은 라자스 기질의 베풂이라고 기억되어져온다. 때와 장소에도 맞지 않고, 받을 그릇도 되지 아니한 자에게 베푸는 베풂, 진실한 마음이 없고 제대로 된 앎도 없이 베푸는 베풂을 따마스 기질의 것이라고 부른다.

'옴', '따뜨', '사뜨'*, 이것이 브라흐만의 세 가지 칭호로 전해져온다. 오래 전 브라만과 『베다』와 제가 그것으로 만들어졌느니. 그러기에 브라흐만을 말하는 자는 언제나 '옴'이라고 읊조리며 의례에 정해진 바에 따라 제와 베풂과 고행의 행위를 시작한다. 해탈을 바라는 자는 여러 가지 제를 지내고 '따뜨'라 읊조리며 결실을 겨냥하지 않고 고행과 제와 베풂의 행위를 한다. 쁘르타의 아들이여, '사뜨'는 참된 기질, 좋은 기질이라는 뜻과 연관이 있다. '사뜨'라는 단어는 또한 칭송받을 만한 행위와도 연관된 것이다. 제에서, 고행에서, 베풂에서 굳건함을 '사뜨'라고 부르느니. 또한 그러한 목적을 지닌 행위도 '사뜨'라고 칭한다. 쁘르타의 아들이여, 신념 없이 제를 지내고, 베풂을 행하고, 고행하는 것은 '아사뜨'**라

---

* '옴', '따뜨', '사뜨'_ 태초의 음절이라고 전해지는 신성한 소리 '옴'은 브라흐마의 창조성을, '따뜨tat'는 이것이나 저것이 아닌 바로 '그것'이라는 뜻으로 이쪽(신들)도 저쪽(아수라)도 아닌 창조주 브라흐마의 공평성을, '사뜨sat'는 '진실' 또는 '있음'이라는 뜻으로 브라흐마의 진실성을 나타낸다.

** 아사뜨asat_ '사뜨sat가 아닌', 즉 '참되지 않은'이라는 뜻이다.

고 한다. 그것은 이승에서건 저승에서건 아무 의미도 없느니.'

40*

아르주나가 말했다.

'팔심 좋은 이여, 버림의 본질이 무엇인지 알고 싶습니다. 께쉰을 누른 이*여, 내려놓음*은 또 무엇인지 각각 알았으면 합니다.'

성스러운 이가 말했다.

'욕망에서 기인한 행위*를 내다 버릴 때 시인*들은 이를 '버림'이라고 한다. 행위의 모든 결실*을 내려놓을 때 혜안 있는 이들*은 이를 내려놓음이라고 하느니. 마음 맑은 어떤 이*들은 행위는 모두 허물이 있기에 내

40_ 독립된 『바가와드 기따』의 마지막인 18장에 해당하는 이 장에는 'mokṣa-saṃyāsa-yo-ga, 즉 해탈과 버림의 요가' 또는 '해탈을 위한 버림의 요가'라는 부제가 붙어 있다.

께쉰을 누른 이 keśiniṣūdana_ 끄르슈나가 께쉰이라는 아수라를 죽이고 얻은 별칭이다.

버림의 본질이 ~_ 버림은 '산야사saṃyāsa'를, '내려놓음'은 '띠야가tyāga'를 옮긴 것이다. 두 단어는 흡사한 뜻이나 사전적으로 산야사는 '모든 것을 포기하고 버리는 것'을, 띠야가는 '자기가 가진 것을 자비로 버리고 베푸는 것'을 뜻한다.

욕망에서 기인한 행위_ '까미야 의례kāmya-karman'를 뜻한다. 까미야 의례는 '어떤 특정한 대상을 염두에 두고 결실을 바라며 행하는' 의례의식이다.

시인_ '까위kavi'를 옮긴 것이며, 시인이라는 뜻 외에 짓는 자, 지혜로운 자, 성자, 예지자 등의 뜻이 있다. 굳이 시인으로 옮긴 까닭은 너무나 많은 쌍스끄리뜨 단어들이 지혜로운 사람이라는 뜻이 있어서이다. 뒤의 단어들도 각자가 본래 뜻하는 바대로 옮긴다.

행위의 모든 결실_ '정해진 의식을 하면 그에 상응하는 것을 얻는' 의례를 뜻한다.

혜안 있는 이들_ '위짝샤나vicakṣaṇa'를 옮긴 것으로 '두루vi 보는 눈을 지닌 자cakṣaṇa'이다.

마음 맑은 자_ '마니쉰maniṣin'을 옮긴 것이며 '마음manas을 지닌' 자라는 뜻이다.

려놓아야 마땅하다고 하고, 또 다른 이들은 제와 베풂과 고행의 행위는 내려놓으면 안 된다고 한다.

바라따의 훌륭한 후손이여, 범 같은 사내여, 어떤 것이 내려놓음인지에 대한 나의 결정에 대해 들어라. 내려놓음에는 세 종류*가 있다고 말해져왔다. 제와 베풂과 고행의 행위는 내려놓아서는 안 된다. 그것들은 반드시 행해야 하느니. 제와 베풂과 고행만이 마음 맑은 이들을 맑히는 것이기 때문이다. 쁘르타의 아들이여, 그러나 그런 행위들마저 집착과 결실을 내려놓은 뒤에 행해야 한다. 이것이 내가 내리는 더없는 결정이다.

해야 하는 행위를 버리는 것은 적절치 않다. 미혹으로 인해 그것을 내려놓는 것을 나는 따마스 기질이라고 천명하느니. 괴롭다고 여겨, 육신의 고통에 대한 두려움 때문에 그러한 행위를 내려놓는다면 그는 라자스 기질의 내려놓음을 행했기에 내려놓음의 결실을 얻지 못한다. 아르주나여, 해야 하는 일이라고 여겨 집착과 결실을 내려놓고 늘 하는 일을 하면 나는 그런 내려놓음이 사뜨와 기질의 것이라고 여기느니. 잘 정돈된 사뜨와 기질로 내려놓는 자, 의심을 끊은 사려 깊은 자는 마음에 맞지 않은 행위를 꺼리지 않고, 마음에 맞는 행위에 매달리지 않는다. 몸을 가진 자가 행위를 모조리 내려놓을 수는 없기에, 다만 행위의 결실을 내려놓는 자, 그를 일컬어 '내려놓는 자'라고 한다.

행위의 세 가지 결실, 즉 마음에 맞는 것, 마음에 맞지 않는 것, 그리고 이 둘이 섞인 것. 그것들은 내려놓지 못한 자가 몸을 떠난 뒤 얻는 것이다. 그러나 버리는 자에게는 결코 그런 결실이 생기지 않느니.

세 가지 종류_ 아래 언급되는 사뜨와, 라자스, 따마스 세 종류의 내려놓음이다.

팔심 좋은 이여, 모든 행위의 완성을 이루기 위해 상키야*의 교의에서 말하는 다섯 가지 원인을 내게 배우라. 대상의 바탕*, 행위자, 각종 수단, 온갖 다양한 움직임, 그리고 다섯 번째인 운명이 그것들이다. 사람이 몸과 말과 마음으로 하는 행위가 무엇이건, 올바른 것이건 그와 상반되는 것이건 이들 다섯이 원인이다. 이러한즉 이해가 충분치 못해 오직 자기 자신만이 행위자라고 보는 자는 마음이 어두워 제대로 보지 못하는 자이다. 아만적 성품이 없고 이해가 물들지 않은 자*는 죽이더라도 죽이는 것이 아니며 행위에 매이지도 않는다. 앎, 알아야 하는 것*, 아는 자*는 행위하도록 자극하는 세 가지이다. 행위의 도구와 행위와 행위자는 행위를 구성하는 세 가지이다.

기질을 다루는 상키야에서는 앎, 행위, 행위자가 기질을 구분하는 세 가지라고 말한다. 그에 대해 있는 그대로를 들어라. 모든 존재 중에서 멸하지 않는 하나를 보고, 나뉜 것 중에서 나뉘지 않은 것을 본다면 그런 앎을 사뜨와 기질의 것으로 알아라. 그러나 삼라만상 중에서 각각의 성질에 따라 각각의 다양한 성품을 보는 것은 라자스 기질의 앎임을 알아라. 그리고 근거 없이 하나의 대상에 매달려 실상이 아닌 사소한 것을 전부인 양 하는 것은 따마스 기질의 것이라고 알아라.

상키야_ 수론數論 또는 헤아림의 이론이라고 옮겨 쓰기도 한다.
대상의 바탕_ '아디슈타남adhiṣṭhanaṃ'을 옮긴 것이며, 기초, 토대라는 뜻으로 여기서는 몸, 또는 육신을 뜻한다.
이해가 물들지 않은_ 'buddhir-lipyate'를 옮긴 것으로, 이성 또는 지성이나 이해력이 더러움에 물들지 않은 자, 즉 이성이 더럽혀지지 않은 자를 뜻한다.
알아야 하는 것_ '즈네야ñeya'를 옮긴 것으로, 알아야 할 것, 즉 앎의 대상으로 이해된다.
아는 자_ '빠리즈냐따parijñātā'로, 앎의 주체로 이해된다.

결실을 탐하지 않는 자가 정해진 일을 집착 없이, 애착과 미움 없이 하는 것을 사뜨와 기질이라고 하느니. 그러나 아만으로 가득한 자가 욕망을 좇으며 숱한 노력을 기울여 하는 행위, 그것은 라자스 기질의 것이라고 일컫는다. 뒤따르는 결과, 손실, 해, 역량을 살피지 않고 미혹으로 인해 시작한 일, 그것은 따마스적인 것이라고 한다.

집착에서 벗어나 '나'를 고집하지 않으며 당당함과 힘을 지니고, 성공과 실패를 개의치 않는 행위자, 그를 일컬어 사뜨와 기질을 지닌 자라고 한다. 애착이 있으며 행위의 결실을 구하는 탐심 있는 자, 자신을 해하고, 맑지 않으며, 기쁨과 슬픔에 휘둘리는 행위자, 그를 일컬어 라자스 기질을 지닌 자라고 한다. 제멋대로이고 저속하며 완강하고 협잡하며 방만하고 게으른 데다 기죽어 있고 느려 터진 행위자를 일러 따마스 기질을 가진 자라고 한다.

다난자야여, 이해와 당당함*에 관한 세 가지 구분에 대해 기질에 따라 하나하나 빠짐없이 설할 테니 들어보아라. 쁘르타의 아들이여, 활동할 때와 하지 않을 때, 일 해야 할 때와 하지 말아야 할 때, 두려워하고 아니 두려워 할 때, 묶을 때와 풀어놓을 때를 아는 이해가 사뜨와 기질이다. 쁘르타의 아들이여, 다르마와 아다르마, 그리고 해야 할 일과 아니 해야 할 일을 제멋대로 해석하는 이해, 그것은 라자스 기질이다. 쁘르타의 아들이여, 어둠에 덮여 아다르마를 다르마라고 여기고, 모든 것을 거꾸로 여기는 이해, 그것은 따마스 기질이라고 한다.

쁘르타의 아들이여, 흔들림 없는 요가로 마음과 호흡과 감각기관이

당당함_ 'dhṛti'를 옮긴 것으로, 의연함, 단호함, 굳건함 등이라는 뜻이다.

하는 일을 지탱하는 당당함은 사뜨와 기질의 것이다. 아르주나여, 다르마, 까마, 아르타*를 집착으로 꽉 지탱하며 결실을 바라는 당당함은 라자스 기질의 것이다. 분별없는 자가 잠, 두려움, 슬픔, 낙담, 도취를 벗어버리지 않는 당당함은 따마스 기질의 것이니.

바라따의 황소여, 이제 내게서 세 가지 행복에 대해 들어라. 그것은 즐거움을 배우고 고통을 끝에 이르게 하느니. 처음엔 독과 같으나 끝은 아므르따 같은 것, 그런 행복을 사뜨와 기질의 것이라고 한다. 그것은 자신의 이해를 차분하게 하는 데서 비롯되느니. 감각이 대상과 접촉함으로써 오는 행복, 처음엔 아므르따 같지만 결국 독과 같은 행복은 라자스 기질의 것으로 전해진다. 잠과 게으름과 나태함에서 비롯된 행복, 처음도 또 이어지는 결과에서도 자신을 미혹시키는 그런 행복은 따마스 기질의 것이라고 일컫는다. 지상에도 천상에도 또한 신들 중에서도 본연의 성질에서 기인한 이 세 기질을 벗어나는 존재는 없느니.

적을 태우는 이여, 브라만, 크샤뜨리야, 와이샤, 슈드라의 행위는 자성에 바탕을 둔 기질에 따라 구분된다. 평온, 자제, 고행, 수수함, 인내, 꿋꿋함, 앎, 분별지, 믿음은 자성에 바탕을 둔 브라만의 행위이다. 용맹, 기력, 당당함, 전투에 능함, 움츠리지 않음, 베풂, 주인으로서의 기질은 자성에 바탕을 둔 크샤뜨리야의 행위이다. 농사, 목축, 사고 팜은 자성에 바탕을 둔 와이샤의 행위이다. 또한 섬기는 것은 자성에 바탕을 둔 슈드라의 행위이니. 각자의 행위에 마음을 다하는 사람은 완성을 이룬다. 제일에 전념한 자가 어떻게 완성을 이루는지에 관해 들어라.

다르마, 까마, 아르타_ 차례로 법과 도리, 세욕世欲과 욕정, 부와 재물을 뜻한다.

존재들의 거동이 그로부터 기인하며, 이 모든 것이 그로 인해 퍼져 있는 이, 그런 이를 자신의 행위로 숭앙하는 사람은 완성을 이룬다. 좀 부족한 자신의 율법이 잘 행해진 타인의 율법보다 낫느니. 각자의 자성에 따라 정해진 행위를 하면 곤경에 처하지 않는다. 꾼띠의 아들이여, 비록 허물이 있더라도 본디 갖고 태어난 행위를 버려서는 안 된다. 불이 연기에 싸이듯 시작한 모든 일은 허물이 있기 때문이다. 어떤 것에도 매이지 않는 이해를 갖춘 사람, 자신을 다스리며 갈망이 사라진 사람은 버림으로써 지고한 무위의 완성에 이른다.

꾼띠의 아들이여, 사람이 어떻게 완성에 이르러 지고하고 완전한 앎인 브라흐만을 얻는지 내게서 간략하게 들어라.

잘 붙들어 둔 맑은 이해로 자신을 단단히 다스리고, 소리 등의 감각 대상을 버린 뒤, 애착과 미움을 떠나 인적 드문 곳에 찾아들어 가볍게 먹고, 말과 몸과 마음을 다스리며, 항상 선정의 요가에 집중해 애욕을 벗어나는 데 마음을 쏟는 자, 아만, 힘, 오만, 욕망, 분노, 취착을 버리고 '내 것'이라는 생각에서 벗어난 고요한 자, 그가 브라흐만 되기에 적합하느니. 그는 브라흐만이 되어 고요한 마음으로 슬퍼하지 않으며 갈망하지 않는다. 삼라만상에 공평하고 내게 마음을 바치며 지고의 것을 얻는다. 마음을 바침으로써 내가 실로 어느 정도이며 누구인지 알게 되느니. 있는 그대로 나를 안 뒤에 그는 곧 내게 들어온다.

내게 모든 행위를 마음으로 내려놓고, 나를 최고로 여기며, 이해의 요가에 기대어 마음을 한결같이 내게 두어라. 마음을 내게 둠으로써 그대는 나의 은총으로 모든 역경을 건너리라. 그러나 만약 아만으로 인해 이 말을 듣지 않는다면 파멸에 이르리니. 아만에 사로잡혀 '싸우지 않으리라'라고 생각한다면 그 확신은 거짓된 것이다. 그대의 본연의 성질이 그대에게 명하리니. 꾼띠의 아들이여, 그대는 자성에서 일어난 자신의 행위에 매여 있기에 미혹으로 인해 그대가 하기를 원치 않아도 어쩔 수 없이 하게 될 것이다. 아르주나여, 만물의 주인*은 삼라만상의 심장 안에 있느니. 그는 기구 위에 올라타 있는 삼라만상을 신묘한 힘으로 움직이게 한다. 바라따의 후손이여, 그대의 존재 전부로 오직 그에게 귀의하라. 그의 은총으로 더없이 평온한 영원의 거처에 이르리라.

　이처럼 나는 오묘한 것보다도 더 오묘한 앎을 설했다. 이를 빠짐없이 되뇌어보고 그대가 하고자 하는 것을 해라. 모든 것 중 가장 오묘한 내 지고의 말을 더 들어라. 그대는 내게 소중하기에 그대에게 이로운 말을 하는 것이니. 마음을 내게 두고 내게 마음을 바치며, 내게 제를 올리고, 나를 경배해라. 그대는 진실로 오로지 내게 오리니. 다짐해 말하거니와 그대는 내게 소중하구나. 모든 다르마를 버리고 오직 내게만 귀의해라. 내가 그대를 모든 죄악에서 벗어나게 하리라. 슬퍼 말라. 이것은 고행하지 않는 자에게는, 마음을 바치지 않는 자에게는, 듣지 않으려는 자에게는, 나를 시기하는 자에게는 어떤 경우에도 말하지 않아야 하느니. 나에게 지고한 헌신을 바치며, 나에 대한 헌신으로 이 지고한 비밀을 말하는 자, 그런 자는 한 치의 의심도 없이 내게 올 것이다. 그러므로 인간세상에서는 어떤 자도 내게 그보다 더 소중한 일을 하지는 못할 것이며, 따라서 이 땅에서 내게 그보다 더 소중한 다른 어떤 자도 없으리라.

만물의 주인_ '이쉬와라 iśvara'를 옮긴 것으로, 보통 모든 것을 지배하는 주인 또는 신을 뜻한다.

우리의 이 법다운 이야기를 배우는 자에게서 나는 앎의 제로 공양 받은 것이라고 여기느니. 신념 있고 질시 없는 사람은 그것을 듣는 것만으로도 해방될 것이며 공덕지은 자들이 가는 순수한 세상을 얻으리라.

쁘르타의 아들이여, 그대는 마음을 한곳에 모으고 이 말을 잘 들었는가? 다난자야여, 미혹에서 비롯된 그대의 무지는 사라졌는가?'

아르주나가 말했다.

'추락 없는 이여, 미혹은 사라졌습니다. 당신의 은총으로 기억을 얻었습니다. 의심을 끊고 저는 단단합니다. 당신의 말씀을 행하겠습니다.'

산자야가 말했다.

"소인은 와수데와의 아들과 고결한 쁘르타 아들 간의 털을 곤두서게 하는 이와 같은 놀라운 이야기를 들었습니다. 위야사의 은총으로 소인은 오묘하기 그지없는 이 이야기를 들었습니다. 요가의 주인 끄르슈나가 눈앞에서 몸소 하신 말씀이었습니다. 왕이시여, 끄르슈나와 아르주나의 성스럽고 경이로운 이 이야기를 기억하고 기억할 때마다 소인은 기쁘고 또 기쁩니다. 왕이시여, 또한 하리*의 경이로운 형상을 기억하고 기억할 때마다 너무나도 놀라워 기쁘고 또 기쁩니다. 요가의 주인 끄르슈나가 있는 곳, 활잡이 쁘르타의 아들이 있는 곳에 영예와 승리와 번성과 명료한 통치가 있다고 소인은 생각하나이다."*

하리hari_ 인드라, 브라흐마, 쉬와, 야마 등 여러 신의 별호이나 주로 위슈누와 그의 화신인 라마, 끄르슈나 등에게 쓰인다. 황갈색 또는 황록색이라는 뜻과 더불어 '(마음을) 끄는 hara 자'라는 뜻도 있다.

~생각하나이다._ 여기까지가 일반적으로 통용되는 『바가와드 기따』의 끝으로 받아들여진다.

유디슈티라, 어른들께 축원을 청하다

41

산자야가 말했다.

"한편, 다난자야가 간디와 활과 화살을 든 것을 보고 대전사들은 다시 한 번 함성을 질렀습니다. 빤다와들, 소마까들*, 그리고 그들을 따르는 영웅들이 환호하며 바다에서 가져온 소라고둥을 불었지요. 그에 따라 작은 북, 손에 든 북, 마주 치는 북, 소뿔 등이 한꺼번에 울려 세찬 소리를 뿜어댔답니다. 인간들의 왕이시여, 그러자 신들과 간다르와들, 조상들, 싣다들, 짜라나* 무리들이 그 모습을 보려고 모여들었지요. 백 번의 희생제를 지낸 인드라를 위시해 희생제에서 큰 몫을 받는 선인들도 대살육을 지켜보기 위해 모여든 것입니다.

한편 왕이시여, 유디슈티라는 전투를 위해 모여드는 바다 같은 양쪽

소마까들_ 빤다와 측에서 싸우는 빤짤라들과 동일시되기도 하고 그들의 소족으로 구분되기도 한다.

짜라나cāraṇa_ 방랑무희나 배우 또는 가수 또는 가무를 즐기는 천신을 지칭한다.

군대를 거듭 바라보더니 갑옷을 풀고 빼어난 무기들을 내려놓았습니다. 서둘러 전차에서 내린 영웅은 두 발을 땅에 딛고 서서 두 손을 모았지요. 할아버지를 본 다르마의 왕 유디슈티라는 적군이 있는 동쪽을 향해 말없이 걸었습니다. 그가 걷는 것을 본 꾼띠의 아들 다난자야도 황망히 전차에서 내려 형제들과 함께 뒤따라갔지요. 성스러운 와아수데와도 뒤를 따랐고, 그 뒤를 왕들이 차례차례 기꺼이 따라갔습니다."

이어지는 산자야의 이야기는 이러하다.

아르주나가 말했다.
'왕이시여, 무슨 생각을 품고 우리를 둔 채 걸어서 적진을 향해 동쪽으로 가시나요?'
비마세나가 말했다.
'인드라 같은 왕이시여, 갑옷도 무기도 내려놓고 어디를 가십니까? 왕이시여, 적군은 이빨을 드러내고 있는데 형제들을 두고 말입니다.'
나꿀라가 말했다.
'바라따의 후예시여, 맏형인 당신의 이러하심이 제 심장을 두려움에 떨게 합니다. 말씀해주십시오. 대체 어디를 가시나요?'
사하데와가 말했다.
'왕이시여, 싸워야 하는 이때, 엄청난 위험이 도사리는 이 혼잡한 전장에서 적에게 얼굴을 향하고 당신은 어디로 가시나요?'

산자야가 말했다.

"꾸루의 기쁨이시여, 유디슈티라는 형제들에게서 이런 말을 들으면서도 아무 말 없이 그저 걸어갈 뿐이었습니다. 고결한 대지혜인 와아수데와가 웃음을 띠며 그들에게 말했습니다.

'그가 무엇을 하려는지 나는 알고 있느니. 비슈마, 드로나, 가우따마, 샬리야, 그리고 어른들 모두에게 허락을 받고나서 적과 싸우려는 것이지. 공공연한 전투에서 어른들의 허락을 받지 않고 싸우는 자는 윗사람들에게서 멸시 당한다는 것이 오래전부터 들려오는 말이니! 가르침에 따라 허락받은 뒤 윗사람들과 싸우는 자는 반드시 전투에서 승리를 거두리라고 나는 생각하느니.'

끄르슈나가 다르따라슈트라 진영을 향해 가며 이렇게 말하는 와중에 한쪽에서는 아이고, 아이고 탄식하는 큰 소리가 터져 나왔고, 다른 쪽에서는 아무 말도 나오지 않았답니다. 유디슈티라가 오는 것을 멀리서 본 다르따라슈트라 병사들은 서로 서로, '망했네. 그가 가문을 망친 자가 된 게야. 유디슈티라는 분명 두려워 비슈마 대장께 오는 게지. 형제들과 함께 자비를 구하려는 게야. 다난자야 빤다와가 있고, 늑대 배, 나꿀라, 사하데와가 지키는데 유디슈티라 빤다와는 어찌 두려워 오는 것일까? 전장에서 벌벌 떠는 쪼그라든 심장을 가졌다면 그는 필시 세상에 이름을 떨친 크샤뜨리야 가문에서 태어난 것이 아닌 게지'라며 말을 섞었답니다.

이제 그들 크샤뜨리야들은 기쁨에 가슴이 차올라 모두 까우라와를 칭송하며 각자의 천을 흔들어댔습니다. 백성을 지키는 분이시여, 그리하여 전사들은 모두 유디슈티라와 형제들, 끄르슈나를 함께 묶어 비아냥거렸답니다. 백성을 지키는 분이시여, 그러나 유디슈티라를 비난하던 까우라와 병사들은 이내 입을 다물었습니다. '왕이 무슨 말을 할까?', '비슈마는 뭐라 답할까?', '전투에 칭송 자자한 비마는 뭐라 말할까?', '끄르슈나와 아르주나는 또?', '그는 무엇을 마음에 품고 있을까?'
왕이시여, 유디슈티라를 향해 이런저런 엄청난 의혹이 양쪽 진영에 일었으나 형제들에게 에워싸인 유디슈티라는 말없이 화살과 무기가 뒤엉킨 적진 깊숙한 곳, 비슈마를 향해 갔습니다. 빤다와 왕은 그런 뒤 두 손으로 발을 꾹 누르고는 전투를 위해 출격하려는 샨따누의 아들 비슈마에게 말했지요."

이어지는 산자야의 이야기는 이러하다.

유디슈티라가 말했다.
'범접할 수 없는 이여, 당신과 전투할 수 있도록 허락해주십시오. 다정하신 할아버지여, 제게 허락을 내리시고 축복을 주십시오.'
비슈마가 말했다.
'이 땅을 지키는 바라따의 후손이여, 그대가 만약 전투를 위해 이렇게 내게 오지 않았으면, 대왕이여, 나는 그대가 완전한 패배에 이르도록 저주를 내렸을 것이오. 친애하는 왕이여, 기쁘오. 빤두의 후손이여, 싸우시오. 승리를 얻으시오. 이 전장에서 그대가 구하는 것은 무엇이건 얻게 되리니. 쁘르타의 아들이여, 소원을 말해 보시오. 내게서 무엇을 바라는가? 대왕이여, 이리 되었으니 그대에게 패배는 없으리. 대왕이여, 사람은 재물의 종이지만 재물은 사람의 종이 아니라는 것이 진리요. 나는 까우라와들에게 재물로 묶여 있소. 꾸루의 기쁨이여, 그러기에 나는 단지 내시처럼 말할 뿐이오. 꾸루의 후손이여, 나는 재물에 붙들려 있소. 전투에 관한

것 말고 달리 바라는 것은 또 무엇이오?'

유디슈티라가 말했다.

'크고 큰 지혜를 지니신 이여, 제게 조언해주십시오. 당신은 항상 제 이로움을 바라십니다. 꾸루의 후손들*을 위해 싸워주십시오. 그것이 제가 항상 바라는 소원입니다.'

비슈마가 말했다.

'왕이여, 꾸루의 기쁨이여, 내가 그대에게 무엇을 도울 수 있겠는가? 나는 그대의 적들을 위해 싸우려 하거늘! 무엇을 말하고자 하는가? 말하시오.'

유디슈티라가 말했다.

'어찌하면 전투에서 당신을 물리칠 수 있습니까? 제가 잘되기를 바라신다면 제게 이로운 말씀을 해주십시오.'

비슈마가 말했다.

'꾼띠의 아들이여, 전장에서 나에 대적해 이기는 자를 나는 누구도 보지 못했느니. 백 번의 희생제를 지낸 인드라가 현신한다 해도 그러하거늘 사람이야 일러 무엇하리?'

유디슈티라가 말했다.

'아아, 할아버지시여, 그러기에 당신께 여쭙는 것입니다. 당신께 절하옵니다. 적들이 전장에서 당신을 무슨 수를 써야 이길 수 있을지 말씀해주십시오.'

꾸루의 후손들_ 여기서 유디슈티라가 말하는 후손들, 즉 까우라와들은 빤두의 아들들과 드르따라슈트라의 아들들 모두를 뜻한다.

비슈마가 말했다.

'왕이여, 나는 전장에서 나를 이길만한 어떤 적도 보지 못했소. 내 죽음의 시간이 아직 이르지 아니하였느니. 이제 돌아가시오.'

산자야가 말했다.

"꾸루의 기쁨이시여, 그리하여 유디슈티라는 머리 숙여 비슈마의 말을 받아들였습니다. 다시 한 번 절을 올린 뒤, 팔심 좋은 그는 아우들과 함께 전군이 지켜보는 가운데 스승의 전차를 향해 갔답니다. 범접키 어려운 드로나에게 절한 뒤 오른쪽으로 돌아 예를 표한 그는 자신의 이로움을 위해 말했습니다. '성스러운 분이여, 고통 없이 싸울 수 있도록 당신의 허락을 구합니다. 브라만이시여, 당신의 허락으로 적에게 승리하려 합니다.'"

이어지는 산자야의 이야기는 이러하다.

드로나가 말했다.

'싸울 결심을 하고서도 그대가 만약 내게 오지 않았다면, 대왕이여, 나는 어떻게든 그대가 패배하도록 저주했을 것이오. 무구한 유디슈티라여, 나는 그대가 예를 갖추어 흡족하오. 허락하오. 싸우시오. 승리를 거두시오. 그대가 원하는 것을 하리다. 내게 바라는 것을 말하시오, 대왕이여, 전투 이외에 달리 바라는 것이 무엇이오? 대왕이여, 사람은 재물의 종이나 재물은 사람의 종이 아니라는 것이 진리요. 나는 까우라와들에게 재물로 묶여 있소. 꾸루의 기쁨이여, 그러기에 나는 단지 내시처럼 말할 뿐이오. 전투 이외에 달리 바라는 것이 무엇이오? 나는 까우라와들을 위해 싸울 것이오. 그러나 나는 그대의 승리를 바라오.'

유디슈티라가 말했다.

'브라만이시여, 승리를 축원해주십시오. 제 이로움을 말씀해주십시오. 꾸루의 후손들을 위해 싸워주십시오. 그것이 제가 바라는 소원입니다.'

드로나가 말했다.

'왕이여, 끄르슈나가 그대의 조언자이니 그대의 승리는 확실하오. 나는 그대가 전장에서 적을 물리치리라는 것을 알겠소. 다르마가 있는 곳에 끄르슈나가 있고, 끄르슈나가 있는 곳에 승리가 있소. 꾼띠의 아들이여, 가서 싸우시오. 내게 물으시오. 내가 그대에게 무슨 말을 하리까?'

유디슈티라가 말했다.

'당신께 묻습니다. 훌륭하신 브라만이여, 제가 말씀드리고자 하는 바를 들으려 합니다. 불패이신 당신을 전장에서 어찌 이길 수 있습니까?'

드로나가 말했다.

'내가 전장에서 싸우는 한 그대의 승리는 없으리. 왕이여, 그대의 아우들과 함께 나를 빨리 죽이려 애써야 할 것이오.'

유디슈티라가 말했다.

'아아, 그러하니 팔심 좋은 이여, 우리가 당신을 죽일 방법을 말씀해주십시오. 스승이시여, 발아래 엎드려 당신께 묻습니다. 당신께 귀의합니다.'

드로나가 말했다.

'친애하는 왕이여, 나는 전장에 서 있는 나를, 엄청난 화살비를 퍼부으며 맹렬하게 싸우는 나를 죽일만한 어떤 적도 보지 못했소. 왕이여, 내가 죽으려고 하지 않는 한, 무기를 내려놓지 않는 한, 정신을 놓고 있지 않는 한 전사들은 전장에서 나를 죽일 수 없을 것이오. 나는 그대에게 진실을 말하고 있소. 언제나 진실만 말하는 사람에게서 너무나도 좋지 않은 소식을 들은 뒤에는 내가 전장에서 무기를 버리게 될 것이오. 그대에게 나는 진실을 말하는 것이오.'"

산자야가 말했다.

"대왕이시여, 사려 깊은 바라드와자 아들의 이 같은 말을 들은 뒤, 유디슈티라는 스승을 떠나 고따마의 아들을 향해 갔지요. 끄르빠에게 절을 올리고 오른쪽으로 돌아 예를 표한 뒤, 능변의 왕은 너무나도 범접키 어려운 그에게 이렇게 말했습니다. '스승이시여, 흠결 없는 당신의 승낙을 얻어 싸우고자 합니다. 무구하신 이여, 당신의 허락으로 적들을 모두 이기고자 합니다.'"

이어지는 산자야의 이야기는 이러하다.

끄르빠가 말했다.

'싸울 결심을 하고서도 그대가 만약 내게 오지 않았다면, 대왕이여, 나는 어떻게든 그대가 패배하도록 저주했을 것이오. 대왕이여, 사람은 재

나는 진실을 ~ _ 후대에 편집된 것으로 보이는 드로나의 이 말에는 후에 그의 죽음이 어떠하리라는 암시가 깔려 있다.

물의 종이나 재물은 사람의 종이 아니라는 것이 진리요. 나는 까우라와들에게 재물로 묶여 있소. 대왕이여, 그들을 위해 싸워야 한다고 나는 생각한다오. 그러기에 나는 단지 내시처럼 말할 뿐이오. 전투 이외에 달리 바라는 것이 무엇이오?'

유디슈티라가 말했다.

'아아, 그러기에 당신께 묻습니다. 스승이시여, 제 말을 들어주소서.'

산자야가 말했다.

"이만큼 말한 뒤 왕은 고통으로 정신을 놓고 말을 잇지 못했습니다. 고따마의 아들은 그가 하고자 하던 말을 알아차리고는 이렇게 답했답니다.

'대지를 지키는 이여, 나는 죽지 않는 사람이오. 싸우시오. 승리를 거두시오. 백성을 지키는 왕이여, 그대가 와서 기쁘기 그지없소. 일어날 때마다 그대의 승리를 기원하겠소. 내 말은 진실이오.'

대왕이시여, 고따마 아들 끄르빠의 말을 들은 뒤, 유디슈티라 왕은 그에게 작별을 고하고는 마드라의 왕 샬리야를 향해 갔습니다. 샬리야에게 절한 뒤 그의 오른쪽으로 돌아 예를 표한 왕은 자신의 이로움을 위해 범접키 어려운 그에게 말했답니다.

'흠결 없는 어른이시여, 당신과 싸울 수 있도록 허락해주십시오. 대왕이시여, 당신의 허락으로 적들을 물리치게 해주십시오.'"

이어지는 산자야의 이야기는 이러하다.

샬리야가 말했다.

'싸울 결심을 하고서도 그대가 만약 내게 오지 않았다면, 대왕이여, 나는 어떻게든 그대가 패배하도록 저주했을 것이오. 그대가 원하는 것이 이루어지기를! 그대가 예를 갖추어 흡족하오. 허락하오. 싸우시오. 승리를 거두시오. 영웅이여, 더 말해보시오. 무엇이 필요하시오? 내가 그대에게 무엇을 드리리까? 대왕이여, 내 마음은 이와 같거늘 전투 이외에 달리 바라는 것이 무엇이오? 대왕이여, 사람은 재물의 종이나 재물은 사람의 종이 아니라는 것이 진리요. 대왕이여, 나는 까우라와들에게 재물로 묶여 있소. 누이의 아들이여, 나는 그대가 바라는 것을 할 것이오. 나는 단지 내시처럼 말할 뿐이오. 전투 이외에 달리 바라는 것이 무엇이오?'

유디슈티라가 말했다.

'대왕이시여, 언제나 내게 더없이 이로운 말을 해주십시오. 적을 위해 마음껏 싸우십시오. 그것이 내가 바라는 소원입니다.'

샬리야가 말했다.

'훌륭한 왕이여, 그대에게 어떤 도움을 줄 수 있을지 말해보시오. 그 일을 하리다. 나는 그대의 적을 위해 힘껏 싸울 것이오. 나는 까우라와들에게 재물로 인해 선택되었기 때문이오.'

유디슈티라가 말했다.

'분투할 때* 당신이 약조하셨던 그것만이 진실로 내가 바라는 것입니다. 전장에서 마부 아들의 기를 죽이는 일을 해주십시오.'

샬리야가 말했다.

분투할 때_ 빤다와들과 다르따라슈트라들이 전쟁을 위해 편을 모으려 애쓰는 과정에서 샬리야는 본의 아니게 두료다나 편에 서게 되었으나 결정적 순간이 오면 빤다와들에게 유리한 일을 하겠다는 약조인 셈이다.

'꾼띠의 아들이여, 그대가 바라는 소망은 이루어질 것이오. 가시오. 자신감을 갖고 싸우시오. 그대의 승리를 기원하리다.'

산자야가 말했다.
"외숙부인 마드라 왕의 허락을 얻은 꾼띠의 아들은 아우들과 함께 저 대군으로부터 물러갔답니다. 그러나 와수데와의 아들이요 가다의 형인 끄르슈나는 전장에서 라다의 아들 까르나에게 다가가 빤다와들을 위해 말했습니다.
'까르나여, 비슈마에 대한 미움 때문에 그대는 싸우지 않는다고 들었소. 라다의 아들이여, 비슈마가 죽임을 당하지 않는 동안에는 우리를 택하시오. 라다의 아들이여, 비슈마가 전장에서 죽거든 다시 돌아가시오. 그래서 드르따라슈트라 아들의 동지가 되시오. 그대가 만약 양쪽을 동등하게 본다면 말이오.'
까르나는 이렇게 답했지요.
'끄르슈나여, 나는 드르따라슈트라 아들에게 이롭지 않은 짓은 하지 않겠습니다. 목숨을 놓을 때까지 나는 두료다나의 이로움을 바라는 벗임을 아십시오.'"

이어지는 산자야의 이야기는 이러하다.

그 말을 들은 끄르슈나는 돌아가서 유디슈티라를 위시한 빤다와들과 합류했다. 빤다와들의 맏형은 이제 까우라와 병사들 한가운데 서서 말했다.

'우리를 택하는 자를 동지로 삼겠다!'

그러자 기쁨으로 벅찬 유유뜨수*가 저 다르마의 왕, 꾼띠의 아들 유디슈티라를 바라보며 말했다.

'무구한 대왕이시여, 만일 당신이 저를 택하신다면 저는 당신을 위해 이 전장에서 다르따라슈트라들에 맞서 싸우겠습니다.'

유디슈티라가 말했다.

'오라! 오라! 우리는 모두 함께 지혜 어둔 그대의 형제들에 맞서 싸우리! 유유뜨수여, 와아수데와 그리고 우리 모두 말하느니, 팔심 좋은 이여, 우리가 그대를 택하노라! 그대에게서 드르따라슈타의 제삿밥과 그를 잇는 후손이 보이느니. 빛이 넘치는 왕의 아들이여, 그대를 지지하는 우리를 지지하라! 지혜 어둡고 분심 가득한 다르따라슈트라들은 이제 없어지리라!'

산자야가 말했다.

"이리하여 유유뜨수 까우라와는 당신의 아들을 버리고 북치는 소리를 들으며 빤두 아들들의 군으로 갔습니다. 이제, 흡족해진 유디슈티라 왕은 아우들과 함께 다시 황금빛으로 빛나는 갑옷을 들었답니다. 저들 황소 같은 사람들 모두가 각자의 전차에 올라 이전과 같은 진을 쳤지요. 저들 황소 같은 자들이 수백의 북과 나팔을 울리며 사자의 포효로 들썩였습니다. 전차에 오른 범 같은 빤두의 아들들을 보고 드르슈타듐나를 위시

유유뜨수_ 드르따라슈트라가 간다리에게서 얻은 백 명의 아들이 아니라 와이샤 여인에게서 얻은 아들이다.

한 왕들은 다시 한 번 기쁨에 전율했답니다. 우러러 마땅한 이들을 지극히 우러른 저 빤두의 아들들을 본 이 땅의 왕들은 더욱 더 그들을 떠받들었지요. 왕들은 고결한 유디슈티라의 때에 알맞은 동지애와 자비에 대해, 친지를 향한 지극한 정성에 대해 이야기를 나누었습니다. 사방에서 선하고 선하다는 칭송이 치솟았고, 마음과 가슴을 기쁘게 하는 저 영예로운 자들의 덕담이 퍼졌답니다. 빤두 아들들의 행적을 지켜본 그곳의 모두가, 믈레차건 아르얀이건 모두가 눈물을 흘렸지요. 그리고 마음 일어난 전사들이 수백의 큰북을 두드리고, 종을 흔들어 환호하며, 소젖처럼 새하얀 소라고둥을 불었습니다."

전투가 시작되다

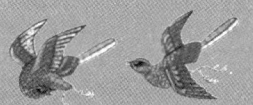

첫째 날

42

드르따라슈트라가 말했다.

"이편과 저편이 그처럼 전투의 진을 펼친 뒤에는 누가 먼저 공격했더냐? 까우라와들이더냐 아니면 빤다와들이더냐?"

산자야가 말했다.

"왕이시여, 비슈마를 앞세운 당신의 아들 두료다나가 형제들과 함께 군사를 이끌고 공격했습니다. 빤다와들 또한 그런 식으로 비마세나를 선봉 삼아 기꺼이 비슈마와의 전투를 바라며 출격했지요. 포효하는 소리, 왁자지껄한 소리, 뿔과 고둥소리*, 큰 북, 작은 북, 징, 말, 코끼리들의 소리가 양쪽 진영에서 넘쳐났습니다. 왕이시여, 그리고 거대한 함성과 함께 저들이 우리에게 짓쳐들어왔고, 우리는 저들을 향해 맞함성으로 답했습

---

* 뿔과 고둥소리_ 원문은 끄라까짜krakaca와 고위샤니까goviṣaṇika로 단순히 전쟁에 쓰이는 악기류의 뜻인데 편의상 이렇게 옮겼다.

니다. 거대한 소용돌이였지요.

저 엄청난 전투에서 맞닥뜨린
다르따라슈트라와 빤다와의 대군은
바람에 숲이 흔들리듯
소라고둥, 북소리에 요동치더이다.

저 흉흉한 시간에 그곳에 모여든
왕과 코끼리와 말과 전차들로 혼잡한
군대가 뒤엉키는 소리는
사나운 바람에 치솟는 바다 같더이다.

털이 곤두서는 뒤엉킨 소리가 일자 괴력의 비마세나는 황소처럼 울부짖었지요. 소라고둥과 북소리, 코끼리들의 세찬 코나팔소리, 병사들의 함성이 비마의 포효에 잦아들었습니다. 비마의 포효는 전장에 일던 수천의 말울음 소리를 모두 다 눌러버렸답니다. 그의 포효는 구름을 뚫고 나온 인드라의 우레 같았고, 그 소리를 들은 당신의 아들의 군대는 무서워 벌벌 떨었지요. 저 영웅의 소리에 탈 것* 모두가 사자 소리에 놀란 사슴처럼 똥오줌을 지렸답니다. 자신이 거대한 비구름이라도 된 듯 고함치는 무서운 형상에 당신의 아들과 당신의 군대는 두려움에 넋이 나가고 말았지요.

탈 것_ 여기서는 말, 코끼리 등 전장에서 병사를 태우는 것들을 뜻한다..

왕이시여, 당신의 아들들, 두료다나, 두르무카, 두사하, 살라, 빼어난 전사 두샤사나, 두르마르샤나, 위윙샤띠, 찌뜨라세나, 대전사 위까르나, 뿌루미뜨라, 자야, 보자, 그리고 영웅 소마닷따의 아들은 짓쳐들어오는 저 대궁수를 에워싸고 마치 태양을 가리는 구름처럼 화살비로 그를 뒤덮었습니다. 번개 담은 구름 같은 거대한 활은 독뱀 같은 쇠화살을 쏘아댔지요.

그러자 드라우빠디의 아들들, 대전사 수바드라의 아들, 나꿀라, 사하데와, 쁘르샤따의 손자 드르슈타듐나가 다르따라슈트라의 군대를 향해 내달려오며 날카로운 화살로 그들을 꿈쩍 못하게 해버렸습니다. 마치 산봉우리가 엄청난 힘으로 내리꽂는 번개에 맞은 것 같았지요. 무시무시한 화살 튕기는 소리와 손바닥 마주치는 소리가 난무하는 첫 번째 전투에서 당신의 전사와 적병 누구도 얼굴을 돌리는 이가 없었습니다.

황소 같은 바라따시여, 소인은 드로나 제자들의 가뿟한 몸놀림을 보았습니다. 왕이시여, 그들은 무수한 화살을 쏘아댔고 어김없이 과녁을 맞혔답니다. 활 튕기는 소리는 멈추지 않았고, 불타는 화살은 하늘에서 떨어져 내리는 운석처럼 창공을 가로질렀지요. 바라따시여, 여타의 모든 왕은 구경꾼 같았고, 눈부시고도 끔찍한 친척 간의 싸움을 그저 지켜볼 뿐이었답니다. 왕이시여, 이제 혼돈을 불러일으킨 저 대전사들은 서로를 공격하고, 서로가 서로를 치고받으려 애를 썼습니다. 코끼리, 말, 전차로 가득 메워진 저 꾸루와 빤다와 군대는 그림판 위의 그림처럼 전장에서 아름답게 빛났답니다.

이제, 당신의 아들의 명으로 모든 왕이 활을 집어 들고 병사들과 함께 전진했습니다. 그리고 유디슈티라의 하명에 따라 빤다와들은 당신의 아들의 진영을 향해 수천이 떼 지어 짓쳐들어왔지요. 양쪽 진영 병사들은 매섭게 공격을 퍼부었고 태양빛은 병사들이 일으킨 먼지에 뒤덮여 가려지고 말았습니다. 그들이 싸우고 부수고 후퇴하는 동안에는 누가 아군인지 적군인지 제대로 구별할 수조차 없었지요. 엄청난 공포를 몰고 오는 저 혼잡한 전투에서 당신의 아버지는 모든 병사를 압도하며 빛났답니다."

43

산자야가 말했다.
"백성의 주인이시여, 고성이 울리던 저 끔찍한 전투가 있던 날의 오전에 수많은 왕이 다쳤습니다. 전장에서 이기려 안간힘 쓰던 꾸루와 빤다와들의 사자 같은 포효가 하늘과 땅을 울렸답니다. 손뼉 치는 소리, 고둥 소리가 뒤섞여 시끌시끌하던 전장에 사자 같은 영웅들의 포효가 치솟았지요. 황소 같은 바라따시여, 손바닥으로 쳐서 내는 활의 울림, 보병들의 발소리, 말들의 고성, 몰이막대와 꼬챙이 떨어지는 소리, 무기 부딪치는 소리, 서로를 향해 치달으며 내는 코끼리들의 종소리, 혼돈 속에서 털을 곤두서게 하며 치솟는 그 소리들 속에서 울리는 덜컹대는 전차소리는 세찬 빗소리 같았습니다. 저들은 비장한 마음으로 목숨을 버릴 각오를 다진 뒤 모두들 깃발을 치켜들고 빤다와들을 향해 내달렸지요.

왕이시여, 그리고는 산따누의 아들 비슈마가 직접 전장에서 시간의 지팡이*와도 같은 무시무시한 활을 집어 들더니 다난자야를 향해 짓쳐 달렸습니다. 기세등등한 전장의 우두머리 아르주나도 명성 자자한 간디와 활을 집어 들고 비슈마를 향해 내달렸답니다. 저 범 같은 꾸루의 두 사내는 서로를 해치려고 했습니다. 왕이시여, 그러나 강가의 아들 비슈마는 전장에서 쁘르타의 아들을 상처 입혔음에도 그를 떨게 하지도 무기력하게 하지도 못했고, 마찬가지로 아르주나 또한 전장에서 비슈마를 떨게 하지 못했답니다.

대궁수 사띠야끼도 끄르따와르만을 향해 짓쳐 달렸고, 혼돈의 전장에서 격전을 벌이는 둘의 싸움은 털을 곤두서게 했습니다. 사띠야끼는 끄르따와르만에게, 끄르따와르만은 사띠야끼에게 날카로운 화살을 소나기처럼 퍼부으며 서로가 서로에게 상처를 입혔답니다. 온몸이 화살에 찔린 저 두 용사의 몸뚱이는 봄날에 알록달록 꽃을 피운 두 송이의 낑슈까 꽃 같았답니다.

백성의 주인이시여, 수바드라의 아들, 저 대궁수 아비만유는 브르하드발라를 향해 짓쳐 들어갔지요. 그러자 꼬살라 왕인 그는 전장에서 아비만유의 깃발과 마부를 끊어내렸습니다. 범 같은 대왕이시여, 전차와 마부의 추락에 분통 터진 수바드라의 아들은 브르하드발라를 향해 아홉 개의 화살을 쏘아 날렸답니다. 저 적을 길들이는 이는 이어 초승달 모양의 날카로운 화살 두 발을 쏘아 한 발로는 깃발을 찢고, 다른 한 발로는 후미의 마부를 베어버렸지요. 왕이시여, 성난 두 전사는 서로가 서로에게 날카로운 화살을 쏘며 맞싸웠답니다.

또한 비마세나는 전장에서 당당한 당신의 아들 두료다나, 분심 많고

시간의 지팡이_ 시간 또는 죽음kāla의 지팡이daṇḍa를 말한다.

적개심 가득한 저 대전사를 향해 짓쳐 들어갔습니다. 범처럼 힘이 넘치는 저 꾸루의 두 수장은 전장에서 서로에게 화살비를 퍼부었지요. 바라따의 후손이시여, 기개 넘치고 할 일 다 하며 놀라운 전사인 저들을 보고 만물이 놀라움을 금치 못했답니다.

두샤사나는 대전사 나꿀라를 공격했고, 날카로운 무수한 화살로 그에게 치명적 상처를 입혔지요. 바라따의 후손이시여, 그러자 마드리의 아들 나꿀라는 날선 화살들로 두샤사나의 깃발과 함께 화살이 든 화살통을 비웃듯 찢어발겼고, 스물다섯 발의 사나운 화살을 쏘아 그에게 상처를 입혔습니다. 그러나 누구도 당해낼 수 없는 당신의 아들은 저 대전투에서 화살을 쏘아 나꿀라의 말들의 멍에를 부수고 깃발을 찢어버렸지요.

대전투에서 두르무카는 힘이 넘치는 사하데와를 대적해 힘껏 싸웠고 화살비를 날려 그를 꿰뚫어 맞혔답니다. 그러자 영웅 사하데와는 대전투에서 더없이 날카로운 화살로 두르무카의 마부를 떨어뜨려버렸습니다. 전장에서 서로를 공격하며 싸우는 그들은 둘 다 무적이었고, 전투하는 내내 공포의 화살을 쉼 없이 쏘고 맞쏘아대며 서로를 위협했지요.

유디슈티라 왕 자신은 마드라 왕을 향해 짓쳐 들어갔습니다. 나의 왕이시여, 그리고 마드라의 군주는 그의 활을 두 동강으로 부러뜨려버렸답니다. 그러자 꾼띠의 아들 유디슈티라는 자기의 부러진 활을 치워버리고 단단한 다른 활을 집어든 뒤 빠르고 힘 있는 화살을 날렸습니다. 그리고 왕은 성난 소리로 '서라!' '서라!'라고 외치며 매듭이 휘어진 화살들을 쏘아 마드라의 군주를 뒤덮어버렸지요.

바라따의 후손이시여, 그리고 드르슈타듐나는 드로나를 향해 짓쳐 들어갔습니다. 화가 머리끝까지 치솟은 드로나는 전투에서 적의 목숨을 빼앗는 단단한 그의 활을 세 조각으로 부셔버렸답니다. 전장에서 또 하나의 죽음의 지팡이 같은 그 무섭고도 무서운 화살은 그의 몸을 꿰뚫었습니다. 그러자 드루빠다의 아들 드르슈타듐나는 전투 중에 열네 개의 다른 화살을 집어 들고 드로나를 향해 되쏘았지요. 서로에게 성이 날대로 난 둘은 격렬한 전투를 이어갔습니다.

대왕이시여, 샹카는 맹렬한 기세로 전장에서 '서라!', '서라!'라고 외치며 사나운 소마닷따의 아들을 공격해 몰아세웠답니다. 그리하여 영웅은 전투 중에 상대의 오른 팔을 꿰뚫었고, 소마닷따는 샹카의 빗장뼈에 상처를 냈지요. 백성의 주인이시여, 그리하여 전장에서 날쌔기 그지없는 저 둘은 마치 예전의 우르뜨라와 인드라처럼 무시무시한 형상으로 싸웠답니다.

백성의 주인이시여, 가늠하기 어려운 힘을 지닌 대전사 드르슈따께뚜는 성난 모습으로 잔뜩 성나 있는 바흘리까를 향해 짓쳐 들어갔습니다. 왕이시여, 그러자 전투에 나선 바흘리까도 사자의 포효를 하며 분을 참지 못하는 드르슈따께뚜에게 무수한 화살들을 쏘아 맞혔답니다.

성난 쩨디 왕은 날쌔고 취한 코끼리처럼 전장에서 아홉 발의 화살로 바흘리까를 맞혔지요. 성난 저 둘은 몹시 성난 화성과 목성처럼 전장에서 소리를 지르고 또 질렀습니다.

잔혹한 행적의 가토트까짜는 인드라가 발리를 맞아 싸우듯 잔혹하게 구는 락샤사 알람부사와 싸웠지요. 바라따의 후예시여, 그리고 성난 가토트까짜가 괴력의 락샤사를 아흔 발의 날카로운 화살로 꿰뚫어버렸답니다. 그러나 알람부사 또한 격전 중에 여러 발의 굽은 촉화살을 쏘아 괴력의 비마세나 아들에게 상처를 입혔지요. 격전 중에 화살들에 꿰인 두 대전사는 마치 신과 아수라들의 전장에서 격전을 벌인 발라와 인드라처럼 빛나 보였습니다.

왕이시여, 격전의 장에서 장사 쉬칸딘은 드로나의 아들을 공격했지요. 그러자 성난 드로나의 아들 아쉬와타만은 몹시 날카로운 쇠촉화살을 내리 꽂으며 앞에 있던 쉬칸딘을 흔들어놓았습니다. 왕이시여, 그러자 쉬칸딘 또한 잘 갈린 날카로운 청동화살을 쏘아 드로나의 아들에게 상처를 입혔지요. 그렇게 둘은 격전 중에 갖가지 화살로 서로를 공격해댔답니다.

왕이시여, 전투가 이어지는 전장에서 부대의 대장 위라타는 바가닷따를 잽싸게 공격했습니다. 화살비를 맞고 너무나 성난 위라타는 산에 비를 퍼붓는 구름처럼 그에게 화살을 퍼부었답니다. 그러자 전장에서 구름이라도 된 듯 바가닷따는 떠오르는 태양 같은 땅의 주인 위라타를 화살로 잽싸게 뒤덮어버렸지요.

바라따의 후예시여, 께까야의 주인 브르하뜨 크샤뜨라를 공격한 샤라드와뜨의 아들 끄르빠는 그리하여 화살비로 그를 덮어버렸답니다. 성난 께까야의 주인은 고따마의 후손 끄르빠를 화살비로 덮어버렸지요. 그렇게 그들은 서로가 서로의 말을 죽였고 서로가 서로의 활을 무용지물로 만들었답니다. 분심을 이기지 못한 두 전사는 서로의 전차를 없앤 뒤엔 칼로 싸웠습니다. 무시무시하고 섬뜩한 전투가 저 둘 사이에 벌어진 것이지요.

적을 태우는 분이시여, 잔뜩 신명난 드루빠다는 신명나 있는 신두 왕 자야드라타를 공격했지요. 신두 왕이 전투 중 세 발의 화살로 드루빠다에게 상처를 입혔고, 상대는 또 그를 되받아쳤답니다. 무섭고 섬뜩한 공격이 둘 사이에 일었으나 마치 금성과 화성이 부딪친 듯 몹시 아름다워 보이기도 했지요.

당신의 아들 위까르나는 날쌘 말들로 괴력의 수따소마를 몰아갔고 그들간에 격전이 벌어졌습니다. 위까르나는 수따소마를 화살로 꿰뚫었으나 그를 흔들리게 할 수는 없었고, 수따소마 또한 위까르나를 흔들지 못했습니다. 참으로 놀랄만한 광경이었지요.

불같은 기질의 대전사, 용맹스럽기 그지없는 쩨끼따나는 빤다와들을 위해 범 같은 사내 슈사르만을 향해 짓쳐 들어갔습니다. 대왕이시여, 격전 중에 슈사르만은 엄청난 화살비를 퍼부으며 대전사 쩨끼따나를 막아냈지요. 격분한 쩨끼따나 또한 대격전을 벌이며 거대한 구름이 산 위에 비를 뿌리듯 수샤르만을 화살비로 뒤덮어버렸답니다.

인드라 같은 왕이시여, 용맹스런 샤꾸니는 취한 코끼리가 코끼리를 공격하듯 용맹스럽기 그지없는 쁘라띠윈드야를 향해 짓쳐 들어갔습니다. 그러나 성난 유디슈티라의 아들 쁘라띠윈드야는 마치 인드라가 다나와들을 해치우듯 격전 중에 날카로운 화살로 수발라의 아들 샤꾸니에게 상처를 입혔지요.

인드라 같은 왕이시여, 슈루따까르만은 전장에서 깜보자들의 용맹스런 대전사 수닥쉬나를 향해 짓쳐 들어갔습니다. 수닥쉬나가 공격 중 대전사 사하데와의 아들 슈루따까르만에게 상처를 입혔으나 마이나까 산처럼 꿈쩍 않던 성난 슈루따까르만이 오히려 깜보자의 대전사에게 무수한 화살을 쏘아날려 그의 온몸을 찢어발기듯 했답니다.

한편 전장에서 분투하던 성난 이라와뜨는 온힘을 다해 싸우는 분심 많은 슈루따유스를 공격했습니다. 대전사 아르주나의 아들 이라와뜨가 격전 중에 슈루따유스의 말들을 죽이고 내지른 엄청난 함성이 적의 진영에 울려 퍼졌지요. 그러자 성난 슈루따유스는 다시 싸움을 벌여 아르주나의 아들의 말들을 철퇴 끝으로 내리치며 싸움을 이어갔답니다.

아완띠의 윈다와 아누윈다 형제는 전투 중 아들들과 함께 군의 선봉에 선 영웅이자 대전사인 꾼띠보자를 향해 짓쳐 들어갔습니다. 아완띠의 용맹스런 두 형제가 적의 대군과 당당히 맞서 싸우는 광경은 참으로 놀라울 따름이었답니다. 그리고 아누윈다가 꾼띠보자를 향해 철퇴를 내리쳤으나 꾼띠보자는 잽싸게 화살비로 그를 휘감아버렸지요. 꾼띠보자의 아들이 여러 개의 화살로 윈다를 꿰뚫었으나 그는 놀랍게도 꾼띠보자의 아들에게 그대로 되갚아줬답니다.

나의 왕이시여, 전장에서 병사들과 함께한 께까야 다섯 형제는 병사들과 함께 있는 간다라의 다섯 왕자를 맞아 싸웠습니다. 당신의 아들 위라바후는 빼어난 전사 위라타의 아들 웃따라를 맞아 싸우며 매서운 화살을 날려 그에게 상처를 입혔지요. 웃따라 또한 날카로운 화살로 용맹스런 위라바후를 공격해 상처를 입혔답니다.

왕이시여, 격전을 벌이던 쩨디 왕은 울루까를 향해 짓쳐 들어갔습니다. 울루까 또한 여러 개의 날카로운 깃 화살을 날렸지요. 백성의 주인이시여, 그들 간에 무시무시한 전투가 벌어졌고, 둘 다 무적이던 그들은 서로가 서로에게 분심을 일으키며 내쳐싸웠지요.

전장에서는 이와 같이 당신과 적군의 수천의 빼어난 전차병, 코끼리병, 기병, 그리고 보병 간에 일대일 격전이 혼잡스레 벌어졌답니다. 왕이시여, 격전은 일순간 아름다워 보이는 듯하더니, 이내 미쳐간 듯했고, 급기야는 아무것도 분간할 수 없게 되어 버렸지요. 격전장에서 코끼리는 코끼리와, 전차는 전차와, 말은 말과 그리고 보병은 보병과 맞서 싸웠습니다. 그리하여 전장에는 영웅들이 서로가 서로를 맞아 싸우는 혼전이 벌어졌지요. 신과 아수라들 간의 전쟁을 방불케 하는 그 무서운 전투를 보려는 천상선인, 싣다*, 짜라나들이 격전장으로 모여들었습니다.

친애하는 왕이시여, 수천의 코끼리와 전차가, 말과 병사 무리가 적진을 향해 내쳐 달렸습니다. 범 같은 왕이시여, 가는 곳마다 전차와 코끼리와 보병이, 병사들이 매순간 격전을 벌이고 있었답니다."

44

산자야가 말했다.

"바라따의 후손이시여, 왕이시여, 소인은 가는 곳마다, 어느 때건 경계를 모르고 격전을 벌이는 수백수천의 병사에 관해 말하려 합니다. 아들은 아비를 몰라보고 아비는 아들을 알아보지 못했습니다. 형제는 형제를 알아보지 못했고, 삼촌은 조카를, 조카는 삼촌을 몰라봤으며, 벗은 벗을 알아보지 못했답니다. 범 같은 분이시여, 바라따들의 황소시여, 빤다와들과 꾸루들은 악귀에 씐 듯 싸웠고, 어떤 전사는 적의 전차로 적의 전차부대를 공격했으며, 멍에를 멍에로 들이받았지요. 전차의 손잡이는 전차의 손잡이로, 멍에의 기둥은 멍에의 기둥으로 받아쳤습니다. 어떤 병사는 한데 모여 죽이려는 마음으로 다른 곳에 모인 적진의 병사들을 향해 돌진했답니다. 어떤 전차는 적의 전차에 부서져 더 이상 움직이지 못했고, 욕

---

* 싣다_ 기적을 일으키는 데 능한 반신들을 가리킨다.

정에 이마 터진 거대한 코끼리들이 무기와 깃발을 등에 달고 다른 코끼리들을 짓밟으며 광분해 서로를 엄니로 들이받았습니다. 대왕이시여, 쏜살같이 짓쳐들어오는 거대한 코끼리들의 엄니에 받친 코끼리들은 너무나도 고통스러워 울부짖었지요. 이마 터진 코끼리들은 창과 몰이막대에 내몰린 훈련된 코끼리들과도, 이마에서 엄청난 즙이 흘러내리는 코끼리들과도 이마에 이마를 맞대고 싸웠습니다. 이마 터진 코끼리들과 맞싸워 짓밟힌 몇몇 거대한 코끼리는 도요새처럼 울부짖으며 정신없이 도망치기도 했지요. 터진 이마에서 즙이 흘러내리는 제대로 훈련받은 코끼리들, 더할 나위 없이 빼어난 코끼리들이 칼과 창과 화살에 꿰어 있었고, 급소를 찔린 몇몇 코끼리는 목숨을 잃고 쓰러졌으며, 두려움에 울부짖으며 사방으로 날뛰어 내빼는 코끼리들도 있었습니다. 대왕이시여, 그리고 창, 화살, 번쩍이는 전투용 도끼, 전곤, 무쇠공이, 소형 투석기, 투창, 철퇴, 티끌 하나 없이 번쩍이는 날선 검 따위로 무장한 코끼리 다리를 지키는 보병들은 언제든 칠 준비를 하고 서로의 목숨을 앗기 위해 뒤죽박죽이 된 전장을 이리저리 내달리는 모습들이 보였답니다."

인간의 피로 뒤범벅된 검을 빼든 용사들이 서로를 겨냥하며 내달리는 모습이 여기저기 눈에 띠었습니다. 검을 쥔 영웅들이 적의 급소를 노리고 덤벼들며 휘두르고 후려칠 때면 휘몰아치는 소리가 일었지요. 전곤과 무쇠공이와 훌륭한 검들에 짓뭉개지고, 코끼리 엄니에 짓밟혀 짓이겨진 병사들이 여기저기서 서로를 부르며 울부짖었습니다. 저승길로 보내진 사람들이 잔혹한 말을 듣고 울부짖는 듯했지요.

이어지는 산자야의 이야기는 이러하다.

백조 같은 말에 탄 기병들이 야크 털 부채와 화환을 늘어뜨리고 쏜살같이 내달리며 서로를 공격했다. 그들은 황금으로 장식된 거대한 장창을 던졌다. 잽싸고 번쩍이며 뱀처럼 움직이는 날카로운 창이었다. 날쌘 말에 뛰어올라 거대한 전차를 공격해 마부 머리를 베어버리는 영웅적 기병들도 있었다. 전차병은 화살을 쏠 만한 시야에 기병이 들어오면 곧게 나는 초승달 촉화살로 무수히 죽이기도 했다. 산더미만한 구름처럼 거대하고, 황금 덮개를 쓴 발정 난 코끼리들이 말들을 발로 걷어차고 짓밟았다. 장창에 찔려 이마와 옆구리가 찢긴 코끼리들은 너무 심한 고통에 울부짖기도 했다. 그 끔찍한 혼란의 와중에 갈피를 잡지 못하고 말과 기병을 한꺼번에 내동댕이친 기세 좋은 코끼리들도 있었다. 엄니로 말과 기병을 싸잡아 동댕이친 코끼리들이 깃발 단 전차부대를 짓밟으며 날뛰어 다녔고, 수컷의 기운이 뻗쳐 날뛰는 코끼리들이 긴 코와 다리로 말과 기병을 죽이기도 했다. 코끼리들은 긴 코로 말과 전차를 동댕이치며 사방천지를 날뛰어 다녔고 온갖 괴성을 내질러댔다.
  빠르고 번쩍이며 뱀처럼 움직이는 날카로운 삼지창들, 거대한 운석처럼 섬뜩하며 타는 듯 번쩍이는 삼지창들이 영웅들의 팔에서 쏟아져 나와 여기저기서 사람과 말의 몸뚱이를, 철갑옷을 찢어발겼다. 표범과 호랑이 가죽 칼집에서 번쩍이는 검을 꺼내든 전사들이 전장에서 적을 공격했다. 전사들은 검으로, 칼집으로, 도끼로 덤벼들고 포효하다 때로는 측면을 가르는 움직임을 펼쳐 보이며 서로를 공격했다. 삼지창에 찔리고 도끼에 찍힌 병사들도, 코끼리들에 짓뭉개지고 말에 짓밟힌 병사들도, 전차바퀴에 짓이겨지거나 날선 화살에 꿰인 병사들도 있었다. 그들은 저마다 친지들을 고함쳐 불러댔다.

　친지들과 더불어 누구는 아들을, 누구는 아비를 울부짖으며 불렀다. 삼촌이나 조카 또는 심지어 전장에 있는 적을 부른 이도 있었다. 무수한 병사의 창자가 터져 흩뿌려졌다. 허벅지가 부서지거나 팔과 손이 베어져 나가고 옆구리가 찢긴 병사들도 있었다. 목숨을 부지하기 위해 애타게 울부짖는 병사 모습은 어디서나 볼 수 있었다. 숨이 겨우 붙어있는 자들은 타는 갈증으로 물을 구하러 전장의 바닥을 굴렀다. 폭포처럼 쏟아지는 피와 고통에 괴로워하며 병사들은 자신과 드르따라슈트라의 아들들과의 만남을 저주했다. 서로에 대한 적개심을 풀지 않은 또 다른 크샤뜨리야 용사들은 무기를 버리지도, 울부짖지도 않으며 각자의 자리에서 기꺼이 서로를 위협했다. 격앙된 그들은 이로 제 입술을 잘근잘근 씹고, 이마를 찡그리며 서로를 노려봤다. 힘 좋고 정신 단단한 또 다른 병사들은 화살에 맞거나 상처에 괴로워하면서도 말없이 제자리를 지키기도 했다. 전장에서 제 전차를 앗기고 다른 이의 전차에 태워주기를 청한 용사들이 다시 떨어져내려 거대한 코끼리들에게 짓밟히는 경우도 있었다. 그들은 꽃이 만개한 낑슈까 나무처럼 아름다웠다. 너무나도 끔찍한 그곳에서 겁에 질린 수많은 소리가 전장에 울렸고, 영웅들이 스러져갔다.

　전장에서는 아비가 아들을, 아들이 아비를 죽였다. 조카가 삼촌을, 삼촌이 조카를 죽였으며, 벗이 벗을 죽이고 친지가 친지를 죽였다. 이런 것들이 꾸루들과 빤다와들이 벌인 전투였다. 선을 넘은 그 대전투에서는 두려움이 일었고, 비슈마 가까이 온 빤다와 군대는 흔들리기 시작했다. 다섯 개의 별과 딸라 나무가 그려진 높다란 깃발을 단 저 팔심 좋은 비슈마의 거대한 전차는 메루 산 위에 뜬 달처럼 빛나고 있었다.

45

산자야가 말했다.

'대영웅들이 스러져간 저 끔찍한 날의 아침나절이 지나자 당신의 아들 두료다나는 두르무카, 끄르따와르만, 끄르빠, 샬리야, 위윙샤띠더러 비슈마 곁을 지키도록 채근했지요. 바라따의 황소시여, 일당백의 이들 다섯 전사가 지키는 대전사 비슈마는 빤다와 진영을 헤치고 나아갔습니다. 바라따의 후손이시여, 비슈마의 딸라 나무 깃발은 여러 겹이라도 되는 듯 쩨디들에게도, 까쉬들에게도, 까루샤들에게도, 빤짤라들에게도 보였답니다. 비슈마는 곧게 나는 쏜살같은 초승달 촉 깃털화살과 여러 무기로 적의 머리와 팔을 베었습니다. 바라따의 황소시여, 비슈마는 전차 길에서 춤을 추는 듯했고, 급소를 맞은 코끼리들은 고통으로 울부짖기도 했답니다.

성난 아비만유가 황갈색 명마를 맨 전차에 타고 비슈마의 전차를 향해 내달렸습니다. 아름다운 황금장식에 까르니까 나무를 상징으로 삼은 깃발을 꽂은 그가 비슈마와 비슈마를 지키는 빼어난 전차병들을 향해 짓쳐 달렸지요. 날카로운 깃털화살로 비슈마의 딸라 나무 깃발을 쏘아 맞힌 영웅 아비만유는 비슈마와 그를 지키는 병사들과 전투를 벌였답니다. 화살 한 발로 끄르따와르만을, 다섯 발의 쇠화살로 샬리야를 꿰뚫어 맞힌 그는 아홉 발의 뾰족 끝 화살로 할아버지를 상처 입혔지요. 팽팽히 시위를 당겨 제대로 겨눠 쏜 화살 한 발로 황금 장식된 비슈마의 깃발을 베었고, 어떤 장애도 뚫고나가는 곧게 나는 초승달 촉 깃털화살로는 두르무카의 마부의 머리를 베었습니다. 날카롭게 벼린 초승달 촉화살들로는 끄르빠의 황금장식 활을, 뾰족 끝 화살들로는 비슈마를 지키는 병사들을 베었답니다. 격분한 대전사 아비만유는 춤을 추듯 그들을 베었고, 그의 가벼운 몸놀림을 지켜본 신들은 흡족해할 지경이었지요."

이어지는 산자야의 이야기는 이러하다.

과녁을 맞히는 끄르슈나의 조카의 능력에 비슈마를 위시한 모든 전사는 그가 다난자야와 다르지 않다고 여겼다. 팽팽하게 당긴 활시위를 놓아 과녁을 맞히는 그의 솜씨는 횃불을 빙빙 돌리는 듯했고, 그의 활이 내뿜는 소리는 간디와 활처럼 사방을 울렸다. 적의 영웅을 처단하는 비슈마는 전장에서 쏜살같이 반격해 아홉 발의 빠른 화살로 아르주나의 아들을 맞혔다. 서약을 지키는 저 기력 넘치는 비슈마는 초승달 촉화살 세 발로 그의 깃발을 찢고, 세 발의 화살을 더 쏘아 그의 마부를 죽였다. 끄르따와르만, 끄르빠, 샬리야 등도 끄르슈나의 조카를 쏘았으나 마이나까 산 같은 그를 흔들리게 할 수는 없었다. 다르따라슈트라군의 대전사들에게 에워싸인 용사 아비만유는 저 다섯 전사를 향해 화살비를 퍼부었다. 화살비에 저들의 대날탄은 위축되었고, 끄르슈나의 힘 좋은 조카 아비만유는 비슈마에게 화살을 쏘며 포효했다. 공들여 쏜 화살로 전장에서 비슈마를 맞히며 그는 어마어마한 팔심을 펼쳐보였다. 비슈마 또한 용맹스런 그를 향해 화살을 날렸으나 그는 비슈마의 활에서 쏟아져나온 화살을 모두 쳐내버렸다. 그리고는 저 백발백중의 활잡이 영웅이 아홉 발의 화살로 전장에서 비슈마의 깃발을 찢어내자 사람들이 울부짖었다. 높게 치솟은 은빛 깃발, 저 황금 장식된 딸라 나무 깃발이 수바드라의 아들의 날카로운 화살에 찢겨 땅으로 곤두박질쳐 내렸다. 수바드라의 아들의 화살에 찢겨 곤두박질쳐 내리는 비슈마의 깃발을 본 비마가 아비마유를 들뜨게 하는 기쁨의 함성을 질렀다.

대장사 비슈마가 그때, 대단하고도 섬뜩하기 그지없는 천상의 날탄을 수없이 날려 보냈다. 저 가늠키 어려운 영혼을 지닌 비슈마 할아버지는 수백수천의 곧게 나는 화살로 수바드라의 아들을 뒤덮어버렸다. 그러자 위라타와 그의 아들, 쁘르샤따의 후손 드르슈타듐나, 비마, 다섯 께까야 형제, 사띠야끼 등 빤다와 대전사요 대궁수인 저들 열 명이 수바드라의 아들을 보호하기 위해 전차로 황망히 짓쳐 달렸다. 전장에서 그들이 전력으로 달려들자 샨따누의 아들 비슈마는 세 발의 화살로 빤짤라의 왕자 드르슈타듐나를, 날선 여러 발의 화살로는 사띠야끼를 쏘아 맞혔다. 활을 팽팽히 당긴 그는 칼날처럼 날선 깃털화살을 쏘아 비마세나의 깃발을 베었다. 사자가 그려진 비마세나의 아름다운 황금 깃발이 비슈마가 쏜 화살에 맞아 전차에서 떨어져 내렸다. 비마세나는 세 발의 화살로 샨따누의 아들 비슈마를 쏘아 맞혔고, 한 발로 끄르빠를, 여덟 발로 끄르따와르만을 꿰뚫었다.

위라타의 아들 웃따라는 코를 높이 쳐들어 올린 코끼리를 타고 마드라 왕 샬리야를 공격했다. 전차에 탄 샬리야는 자신을 향해 냅다 달려드는 코끼리 왕의 비할 데 없이 재빠른 공격을 막아냈다. 성난 코끼리 왕은 샬리야의 전차 기둥에 발을 들어 올려 그의 거대한 명마 네 마리를 죽였다. 마드라 왕은 말들이 죽고 없는 전차에 서서 웃따라를 끝장내기 위해 뱀처럼 움직이는 쇠 삼지창을 던졌다. 삼지창에 갑옷이 찢긴 웃따라는 혼미한 어둠 속으로 빨려 들어갔고, 코끼리 어깨에서 떨어져 내렸다. 쥐고 있던 몰이막대와 투창이 스르르 빠져나갔다. 칼을 거머쥔 샬리야는 저 빼어난 전차에서 뛰어 내려 코끼리 제왕의 거대한 코를 베었다. 수백의 화살에 급소가 찢기고 코가 잘린 코끼리는 끔찍한 고통에 울부짖다 쓰러져 그대로 숨을 거두었다. 그 같은 일을 해낸 마드라의 대전사 왕은 지체 없이 끄르따와르만의 빛나는 전차에 올라탔다.

제 형제 웃따라가 죽은 것을, 샬리야가 끄르따와르만과 전차에 함께 탄 것을 본 위라타의 아들 샹카는 기이를 뿌려 타오르는 희생제의 불길처럼 분노가 치솟았다. 황금 장식된 거대한 활을 쫙 펼쳐든 장사 샹카는 마드라 왕 샬리야를 죽이려는 일념으로 내달렸다. 대전차부대에 에워싸인 그는 화살비를 뿌리며 샬리야의 전차에 공격을 퍼부었다. 취한 코끼리의 위력으로 덮쳐 오는 그를 본 다르따라슈트라의 일곱 전사가 마드라 왕을 죽음의 아귀에서 구하기 위해 샹키야를 빙 둘러쌌다.

46

산자야가 말했다.

"바라따의 황소시여, 비슈마가 전투를 그렇게 뒤흔들어놓은 첫째 날, 병사들이 돌아오자 두료다나는 환호했고, 다르마의 왕은 형제들과 왕들을 모두 대동하고 황망히 끄르슈나에게 갔답니다. 왕이시여, 비슈마의 용맹을 지켜본 터라 패배를 염려하지 않을 수 없던 유디슈티라는 지극히

침통한 마음으로 우르슈니의 수장 끄르슈나에게 이렇게 말했지요."

유디슈티라가 말했다.
'끄르슈나여, 그지없이 용맹스런 저 무서운 대궁수 비슈마를 보십시오. 여름날 마른 풀을 집어삼키는 불처럼 그는 화살로 내 병사들을 태워 버립니다. 기이를 뿌린 불처럼 내 병사들을 훑고 지나가는 저 고결한 이를 어찌해야 쳐다볼 수라도 있을까요? 범 같은 사내요 팔심 좋은 저 궁수를 본 내 병사들은 전장에서 도망치기에 급급합니다. 성난 야마, 벼락을 손에 든 인드라, 올가미 쥔 와루나, 그리고 철퇴 든 꾸베라를 전장에서 이길 수 있을지 몰라도 저 기세등등한 대장사 비슈마에게 승리를 거둘 수는 없겠습니다. 이와 같기에 나는 저 깊고 깊은 바다에 배 한척 없이 가라앉는 중입니다. 소몰이꾼 끄르슈나여, 우리의 앎이 미약해 비슈마에 맞서고 있지만 차라리 숲에 들어가 그곳에 사는 게 낫겠습니다. 끄르슈나여, 이 땅을 지키는 왕들을 비슈마 한 사람 때문에 죽음으로 내몰 수는 없습니다. 저 대단한 무기들을 어떻게 쓰는지 너무나 잘 알기에 비슈마는 내 병사들을 절멸시키고 말 것입니다. 부나비가 활활 타오르는 불 속에 뛰어드는 것처럼 내 병사들도 그렇게 파멸에 이르겠지요. 우르슈니의 후손이시여, 나는 왕국이라는 명목으로 용맹을 펼치다 그들을 파멸로 이끌고 있습니다. 내 영웅 형제들이 화살에 맞아 고통스럽게 신음합니다. 나를 향한 우애 때문에 저들은 왕국도 행복도 망가뜨리고 있습니다. 삶은 내게 너무나 중한데 지금 삶을 일궈내기가 너무나 힘에 겹습니다. 남은 내 삶 동안 힘든 고행으로 나를 태우려 합니다. 끄르슈나여, 나는 동지들을 전장에서 죽게 버려둘 수 없습니다. 괴력의 비슈마는 천상의 무기들을 써 전투에 능하고 능한 수천수만의 내 전차병을 끊임없이 죽일 것입니다. 마두의 후손이여, 대체 무엇을 어떻게 해야 할지 어서 말해주십시오. 내 눈엔 왼손잡이 아르주나가 이 전장에서 이도저도 아닌 중간에 서 있는 것처럼 보입니다. 팔심 좋은 비마 홀로 온힘으로 싸우고 있습니다. 그만이 크샤뜨리야 의 다르마를 기억하며, 넘쳐나는 팔심으로 싸웁니다. 고결한 비마는 영웅들을 처단하는 철퇴를 쓰며 코끼리병, 기병, 전차병, 보병을 상대로 온힘을 쏟아 적의 목숨을 앗는 일을 하고 있지요. 친애하는 이여, 그러나 저 영웅이 백년을 내내 싸우더라도 적군을 파멸시키지는 못할 것입니다. 당신의 벗*만이 오직 무기 다루는 법을 압니다. 그럼에도 그는 우리가 저 고결한 비슈마와 드로나에게 당하거나 말거나 관심조차 없어 보입니다. 고결한 비슈마와 드로나의 천상의 무기들이 모든 크샤뜨리야들을 태우고 또 태우겠지요. 끄르슈나여, 비슈마는 다른 모든 왕과 함께 전장을 휘젓고 다니며 필시 우리 모두를 궤멸시킬 것입니다. 그의 용맹이 그러합니다. 요가의 주인이시여, 대궁수요 대전사인 아르주나를 당신이 좀 봐 주세요. 비구름이 불타는 숲을 끄듯 그는 전장에서 비슈마를 잠잠하게 할 수 있습니다. 고원다여, 당신 덕에 빤다와들은 적을 물리치고 자기 것인 왕국을 되찾아 친지들과 함께 행복할 것입니다.'

이어지는 산자야의 말은 이러하다.

이렇게 말한 뒤 쁘르타의 고결한 아들 유디슈티라는 깊은 생각에 빠

당신의 벗_ 끄르슈나의 벗은 여기서 아르주나를 일컫는다.

져들었다. 마음을 내면으로 접고 밀려드는 슬픔에 오래도록 잠겨 있었다. 괴로움에 마음이 다치고 슬픔에 괴로워하는 것을 안 고원다는 빤다와 모두의 기분을 일으키고자 이렇게 말했다.

'바라따의 훌륭한 후손이여, 슬퍼하지 마세요. 당신은 슬픔과는 어울리지 않은 사람입니다. 당신의 아우들은 세상이 다 알아주는 활잡이요, 영웅입니다. 왕이여, 내가 당신을 돕고, 대전사 사띠아끼, 경험 많은 위라따와 드루빠다 그리고 드루빠다의 아들 드르슈타듐나가 당신 곁에 있습니다. 훌륭한 왕이여, 또한 군대를 이끌고온 숱한 왕이 있습니다. 당신의 은종을 바라는 이들 모두 당신을 위해 여기 있습니다. 백성의 주인이시여, 당신에게 온 마음을 바치고 있는 것입니다. 이 쁘리샤따의 후손, 팔심 좋은 드르슈타듐나는 당신의 군대의 부름으로 군사대장이 되었고 언제나 당신이 잘 되기만 바라며 당신이 기뻐할 만한 일을 합니다. 팔심 좋은 이여, 쉬칸딘은 비슈마를 죽일 자라고들 하지요.'

이런 말을 들은 유디슈티라 왕은 와아수데와가 듣는 가운데 회합에서 대전사 드르슈타듐나에게 말했다.

'친애하는 드르슈타듐나여, 내가 하는 말을 잘 들으세요. 내가 하는 말을 흘려들어서는 안 됩니다. 당신은 끄르슈나가 인정하는 우리의 군사대장입니다. 황소 같은 이여, 예전에 까르띠께야가 항상 신들의 대장이었듯 당신 또한 빤다와들의 군사대장입니다. 범 같은 사내여, 용맹스럽게 나아가 까우라와들을 처단하세요. 나도 비마도 끄르슈나도 마드리의 쌍둥이아들과 갑옷 입은 드라우빠디의 아들들도, 황소 같은 사내여, 그리고 땅을 지키는 빼어난 왕들도 모두 당신을 따를 것입니다.'

그러자 드르슈타듐나는 모두의 마음을 일으켜 세우며 말했다.

'쁘르타의 아들이여, 나는 이미 오래전에 쉬와 신에 의해 드로나를 끝장내는 자로 정해졌지요. 땅을 지키는 이여, 나는 이제 전장에서 비슈마, 드로나, 끄르빠, 샬리야, 자야드라타, 그리고 의기양양한 다른 모든 이를 맞아 싸우려합니다.'

이렇듯 인드라 같은 왕이요 적을 짓누르는 쁘르샤타의 후손 드르슈타듐나가 준비되었음을 알리자 싸움에서 누구도 당해낼 자 없는 빤다와 대궁수들은 함성을 질렀다. 쁘르타의 아들 유디슈타라가 군사대장 쁘르샤타의 후손에게 말했다.

'적을 절멸시키는 끄라운짜 루나, 즉 마도요의 새벽이라는 군진, 신들과 아수라들의 전쟁에서 브르하스빠띠가 인드라를 위해 알려준, 적을 파멸에 이르게 할 저 본적 없는 군진을 펼쳐 우리 왕들과 꾸루들이 볼 수 있게 해주세요.'

산자야가 말했다.

"위슈누가 벼락 쥔 인드라에게 들은 듯 신 같은 왕에게서 그런 말을 들은 드르슈타듐나는 날이 밝자 다난자야를 전군의 선봉에 서게 했지요. 태양이 가는 길*에서 펄럭이는 다난자야의 깃발은 놀라우리만치 아름다웠답니다. 두루 이로운 신 인드라의 명으로 위쉬와까르만이 빚어놓은 듯 했답니다. 나의 왕이시여, 그 깃발은 인드라의 활* 빛깔로 단장되었고, 하늘 나는 새처럼 하늘을 날았으며, 전차 가는 길에서 간다르와, 나가들이

태양이 가는 길_ 즉 창공 또는 하늘을 가리킨다.
인드라의 활_ 무지개를 일컫는다.

춤추듯 했답니다. 보석으로 꾸며진 그 깃발은 저 높이 솟은 태양이 스스로 태어난 이를* 빛내듯 간디와 활로 무장한 쁘르타의 아들을 빛냈습니다. 대병력에 에워싸인 두르빠다 왕이 군의 머리였고, 꾼띠보자와 쩨디 왕이 눈이었지요. 바라따의 황소시여, 다샤르나까들, 쁘라야가들, 다쉐라까 무리와 함께 아누라까와 끼라따들은 목이었답니다. 왕이시여, 유디슈티라는 빠타짜라, 훈다, 빠우라와까, 그리고 니샤다들과 함께 등이 되었습니다. 비마세나, 쁘르샤타의 후손 드르슈타듐나, 드라우빠디의 아들들, 아비만유, 그리고 대전사 사띠야끼는 양 날개였지요. 바라따의 왕이시여, 뻬샤짜들, 다라다들, 뿐드라들, 꾼디위샤들, 마루따들, 다누위샤들, 땅가나들, 외곽 지역의 땅가나들, 바흘리까들, 띳띠라들, 쫄라들, 빤디야들, 이들 지역에서 온 병사들이 오른쪽날개였답니다. 바라따의 후손이시여, 아그니웨샤들, 자가뜨들, 훈다들, 빨라다샤들, 샤바라와 뚬부빠들, 와뜨사들과 나아꿀라들 그리고 나꿀라와 사하데와가 왼쪽날개를 맡았지요. 만 명의 전차병이 양쪽날개에, 십만 명의 병사가 머리 쪽에, 수백만의 병사가 등 부분에, 그리고 십칠만 명의 병사가 목에 배치되었습니다. 왕이시여, 날개를 잇는 부분과 양 날개, 그리고 날개의 끝자락은 코끼리들이 에워싼 채 어슬렁거리고 다녀 마치 산이 움직이는 것 같았답니다. 위라타는 께까야들과 함께 후방을 지켰고, 까쉬 왕과 쉬비의 군주 또한 삼만 병사와 함께 후방을 지켰습니다. 바라따의 후손이시여, 이런 식으로 대군진을 펼친 빤다와들은 갑옷을 입고 전투태세를 갖추고는 태양이 떠오르기

---

* 여기서 스스로 태어난 이_ 즉 스와얌부는 생명의 주인 쁘라자빠띠 또는 조물주 브라흐마를 가리킨다.

를 기다렸답니다. 태양빛을 닮은 그들의 밝고 거대한 흰빛 양산이 코끼리들과 전차들 위에서 빛나고 있었습니다."

47

산자야가 말했다.

"나의 왕이시여, 바라따의 후손이시여, 기세등등한 쁘르타의 아들들이 쳐놓은 너무나도 무섭고 도저히 깨뜨릴 수 없는 마도요 대군진을 본 당신의 아들은 드로나 스승, 끄르빠, 샬리야, 소마닷따의 아들, 위까르나, 아쉬와타만, 두샤사나를 위시한 모든 아우, 그리고 전투를 위해 모여든 다른 모든 팔심 좋은 용사에게 다가갔습니다. 그리고 그들에게 당신의 아들은 시기적절하고 마음을 일으키는 말을 했답니다."

이어지는 산자야의 말은 이러하다.

두료다나가 말했다.

'당신들 모두 갖가지 무기로 무장했고, 무기를 다루는 온갖 지식을 가졌소. 위대한 전사들이여, 당신들 각자가 빤두의 아들과 그들의 군대를 처단할 힘이 있소. 모두 함께라면 더 말해 무엇 하리까? 비슈마가 지키는 우리 군대는 힘이 끝없지만, 비마가 지키는 저들의 군대의 힘은 끝을 알 수 있지요. 상스타나들, 슈라세나들, 웨니까들, 꾸꾸라들, 아레와까들, 뜨리가르따들, 마드라까들, 그리고 야와나들, 샤뜨룬자야와 함께한 자들,

두샤사나와 함께한 용사 위까르나, 난다와 우빠난다까들과 함께한 자들, 찌뜨라세나 그리고 빠니바드라까들과 함께한 자들이 부디 병사를 앞세워 비슈마를 지키게 해주시오.'

그런 뒤 드로나, 비슈마, 드르따라슈트라의 아들 두료다나는 빤다와에 대항할 강한 군진을 펼쳤다. 거대한 병력을 에워 두른 비슈마는 대군의 선봉에서 신들의 제왕처럼 행군했다. 기세등등한 바라드와자의 아들 대궁수 드로나가 각자의 병력을 이끄는 꾼딸라들, 다샤르나들, 마가다들, 위다르바들, 메칼라들, 까르나들*, 쁘라와르나들과 함께 전장을 빛내는 비슈마 뒤를 따랐다. 그리고 샤꾸니는 제 군대를 이끌고 간다라들, 신두들, 사우위라들, 쉬비들, 와샤띠들과 함께 바라드와자의 아들 드로나를 호위했다. 그리고 두료다나 왕이 흡족해하며 모든 동복아우, 아쉬와따까와 위까르나, 샤르밀라들, 꼬살라들, 다라다들, 쭈쭈빠들, 슈드라까들, 말라와들과 함께 수발라의 아들의 군대를 호위했다. 또한 부리쉬라와스, 샬라, 샬리야, 바가닷따, 아완띠의 윈디야와 아누윈디야가 왼쪽날개를, 소마닷따, 수샤르마, 깜보자, 수닥쉬나, 샤따유, 슈루따유스가 오른쪽날개를 호위했다. 그리고 아쉬와타만, 끄르마, 끄르따와르만, 사뜨와따는 대군과 더불어 군의 후방에 자리 잡았다. 후방을 지키는 병력 중에는 께뚜마뜨, 와수다나, 까쉬 왕의 아들 아비부와 여러 나라에서 온 왕들이 있었다.

까르나들_ 여기서 '까르나들'은 『마하바라따』의 비운의 영웅 까르나가 아니라 종족 이름으로 보인다. 까르나는 비슈마와의 갈등으로 인해 비슈마가 살아 있는 동안에는 전쟁에 나서지 않는다.

산자야가 말했다.

"나의 왕이시여, 이제 당신의 병력 모두가 흔쾌히 전투에 나서며 사자의 포효를 내지르고 소라고둥을 불었습니다. 그들의 환호를 들은 꾸루의 어른이자 할아버지께서는 사자의 포효로 답하시며 기세등등하게 소라고둥을 불었지요. 고둥들과 작은 북들, 그리고 다른 여러 북과 징이 뒤섞여내는 소리로 전장은 매우 혼잡스러웠답니다.

이제, 흰 말을 맨 거대한 전차에 선 두 영웅이 금은보화로 장식된 저 빼어난 두 개의 고둥을 불었습니다. 끄르슈나는 빤자잔야를, 다난자야는 데와닷따를 불었지요. 무시무시한 행적의 늑대 배 비마는 거대한 고둥 빠운드라를 불었고, 꾼띠의 아들 유디슈티라 왕은 아난따 위자야 고둥을, 나꿀라는 수고샤를, 사하데와는 마니 뿌슈빠까 고둥을 불었답니다. 까쉬왕도, 사이비야도, 대용사 쉬칸딘도, 드르슈타듐나도, 위라타도, 빤짤라의 대영웅 사띠야끼도, 빤짤라의 대궁수도, 드라우빠디의 다섯 아들도 모두 저마다의 거대한 고둥을 불며 사자처럼 포효했지요. 영웅들이 불어대는 커다랗고 요란 벅적한 소리들이 하늘과 땅을 뒤흔들었습니다. 대왕이시여, 그처럼 꾸루와 빤다와들은 환호하며 다시 한 번 서로가 서로를 괴롭힐 전투태세를 갖추었답니다."

둘째 날

48

드르따라슈트라가 말했다.

"아군과 적군이 그렇듯 진을 쳤을 때, 저 빼어나고 빼어난 전사 비슈마는 전투를 어찌 시작했던가?"

산자야가 말했다.

"병력이 적절히 진을 치고 아름다운 깃발이 치솟아 오르자 군은 마치 끝없는 바다처럼 보였지요. 그들 한가운데 서서 당신의 아들 두료다나 왕은 '갑옷 입은 그대들 모두 무장했느니! 싸워라!'라고 말했답니다. 그들의 마음은 사나워졌고, 모두 목숨 버릴 각오로 깃발을 높이 치켜들고 빤다와들을 향해 짓쳐 달렸습니다. 그리하여 당신의 군대와 적군 간의 털이 거꾸로 솟는 듯한 혼전이 시작되었고, 전차와 코끼리가 마구 뒤섞였답니다. 전차병들이 쏜 아름다운 깃털 달린 뾰족 촉화살들이 코끼리와 말 위로 쏟아져 내렸습니다. 그렇게 시작된 전장에서 갑옷을 갖춰 입은, 무서우리만치 용맹하고 팔심 좋은 비슈마가 활을 들고 저들을 향해 화살을 쏟아냈지요. 꾸루의 나이 든 할아버지 비슈마는 수바드라의 아들 아비만유, 비마세나, 쉬니의 대전사 아들 사띠야끼, 께까야, 위라따, 쁘르샤따의 후손 드르슈타듐나와 같은 영웅 말고도 쩨디와 맛쓰야 병사들을 향해서도 화살비를 퍼부었습니다. 그런 용맹스런 행위가 적의 대군진을 뒤흔들었고, 적의 병력을 통째로 대혼란에 빠뜨렸지요. 기병과 깃발과 코끼리들이 쓰러졌고, 빼어난 말들이 죽어나갔으며 빤다와 기병대는 흩어져 도망쳤습니다. 대전사 비슈마를 본 범 같은 사내 아르주나는 분통이 터져 우르슈니의 후손 끄르슈나에게 말했습니다.

'할아버지 있는 곳으로 가주세요. 우르슈니의 후손이시여, 격분한 비슈마가 두료다나를 위해 틀림없이 아군을 절멸시키고야 말겠습니다. 저 강궁 비슈마의 비호 하에 드로나, 끄르빠, 샬리야, 위까르나가 두료다나를 앞세운 다르따라슈트라들과 함께 빤짤라들을 모두 죽이겠습니다. 끄르슈나여, 그러니 제가 아군을 지키러 비슈마에게 가야겠습니다.'

그 말에 와아수데와가 답했지요.

'영웅 아르주나여, 꽉 잡아라. 할아버지 전차를 향해 그대를 데려 가리니!'

이렇게 말한 뒤 슈라의 손자 끄르슈나는 비슈마의 전차를 향해 세상에 명성 자자한 저 전차를 몰아갔습니다. 그리하여 빤두의 아들 아르주나는 까우라와군대와 슈라세나를 무너뜨리기 위해 수많은 깃발이 휘날리고 흰 두루미 빛깔의 말들이 매인 전차를 향해, 그 전차에 높게 치솟은 기를 향해, 그 기 위에서 험상궂게 포효하는 원숭이*를 향해, 비담은 구름

포효하는 원숭이_ 아르주나의 기에 앉아 있는 원숭이 왕(혹은 원숭이 신) 하누만을 일컫는다.

소리에 태양 빛을 닮은 저 거대한 전차를 향해 내달렸답니다. 그는 이내 동지들의 마음을 일으키고 그들을 안심시켰습니다. 아르주나가 전장에서 이마 터진 코끼리처럼 전력으로 짓쳐들어오며 화살로 용사들을 위협하자 샨따누의 아들 비슈마는 신두 왕을 위시한 동쪽의 사우위라들과 께까아들의 엄호 하에 지체 없이 그를 향해 짓쳐 내달렸지요. 꾸루의 할아버지와 드로나와 위까르따나의 아들 말고 어떤 전사가 과연 간디와 활을 든 아르주나를 대적할 수 있겠나이까?"

이어지는 산자야의 말은 이러하다.

한편 꾸루들의 할아버지 비슈마는 일흔일곱 발, 드로나는 스물다섯 발, 끄르빠는 쉰 발, 두료다나는 예순네 발, 샬리야는 아홉 발, 신두 왕은 아홉 발, 그리고 샤꾸니는 다섯 발의 화살을 쏘아 아르주나를 맞혔다. 위까르나는 열 발의 넓적화살을 쏘아 빤두의 아들에게 상처를 입혔다. 온몸이 화살에 꿰뚫려 상처를 입었음에도 팔심 좋은 대궁수 아르주나는 마치 산이 공격당한 듯 흔들림이 없었다. 한편 저 범 같은 사내는 스물다섯 발의 화살로 비슈마를, 아홉 발로 끄르빠를, 예순 발의 화살로 드로나를, 그리고 세 발의 화살을 쏘아 위까르나를 맞혔다. 마음의 깊이를 가늠하기 어려운 저 왕관 쓴 아르주나는 세 발의 화살로 샬리야를, 다섯 발의 화살로 두료다나 왕에게 상처를 입혔다. 샤띠야끼, 위라타, 쁘르샤따의 후손 드르슈타듐나, 드라우빠디의 아들들과 아비만유가 아르주나를 에워쌌다. 그리고 빤짤라의 왕자 드르슈타듐나는 소마까들과 함께 강가의 아들을 도우려던 드로나에게 화살비를 퍼부었다. 그러나 전차 모는 이중 가장 빼어난 비슈마는 여든 발의 날카로운 화살을 쏘아 빤두의 아들에게 상처를 입혔다. 두료다나 쪽 병사들이 환호했다. 그러나 기세등등한 사자 같은 전사는 기쁨에 찬 그들의 환성을 듣고 적진 가운데로 파고들었다. 그들 가운데로 들어선 다난자야는 사자 같은 대전사들을 과녁삼아 활 놀이를 시작했다. 그러자 제 병사들이 전장에서 아르주나에게 짓눌리는 것을 본 인간의 군주 두료다나 왕이 비슈마에게 말했다.

'할아버지시여, 끄르슈나를 대동한 저 힘 좋은 빤두의 아들이 강가의 아들인 당신 그리고 빼어나고 빼어난 전사 드로나가 살아 있음에도 온힘으로 싸우는 우리 병력을 뿌리째 모조리 도려내고 있습니다. 내가 잘되기만 한결같이 바라는 대전사 까르나마저 할아버지 때문에 전장에서 무기를 내려놓고 빤두의 아들과 싸우지 않습니다. 강가의 아들이시여, 그러니 당신이 아르주나를 죽일만한 뭔가를 해주세요.'

산자야가 말했다.

"드르따라슈트라 왕이시여, 서약 굳은 당신의 아버지는 이 말을 듣고, '몹쓸 놈의 크샤뜨리야 율법이로고!'라고 탄식한 뒤 아르주나의 전차를 향해 갔지요. 바라따의 왕이시여, 두 마리의 흰말이 뒤섞이는 것을 본 왕들은 사자의 포효를 하고 소라고둥을 불었답니다. 왕이시여, 드로나의 아들 아쉬와따만, 두료다나, 그리고 당신의 아들 위까르나가 전장에서 비슈마를 에워싸며 전투에 나섰습니다. 빤다와들도 모두 다난자야를 에워싸고 대전투에 나서 싸울 준비를 마쳤지요. 그리고 전투가 시작되었습니다. 강가의 아들은 전장에서 아홉 발의 화살로 아르주나를 쏘아 맞혔고, 아르주나는 급소를 꿰뚫는 열 발의 화살을 되쏘아 그에게 상처를 입혔습니다.

솜씨 좋은 빤두의 아들 아르주나는 능숙하게 천 발의 화살을 쏘아 비슈마의 주위를 온통 화살로 뒤덮어버렸지요. 꾸루의 후손이시여, 그러나 샨따누의 아들 비슈마는 제 화살 망으로 아르주나의 화살 망을 치워버렸답니다. 둘 다 너무나 기세등등했고, 둘 다 전투를 즐긴 데다, 공격은 공격으로 되받아쳤기에 싸움에서 누가 누구를 특별히 압도하지는 못했습니다. 우리는 비슈마의 활에서 쏟아져나온 화살 망이 어떻게 아르주나의 화살에 부서져 나가는지, 또 아르주나가 쏘아 날린 화살 망이 강가의 아들이 쏜 화살에 의해 어떻게 바닥으로 굴러 떨어져 쓸모없어지는지를 보았습니다. 아르주나는 스물다섯 발의 날카로운 화살로 비슈마를 맞혔고, 비슈마 또한 전장에서 서른 발의 화살로 아르주나를 꿰뚫었지요. 적을 길들이는 저 팔심 좋은 두 용사는 서로가 서로의 말에게 상처를 입히고, 깃발을 찢고, 전차의 바퀴를 부수며 기뻐했답니다.

대왕이시여, 그리고 싸움꾼 중의 싸움꾼, 격분한 비슈마가 와아수데와에게 세 발의 화살을 쏘았고, 그의 가슴팍 한가운데를 맞혔습니다. 왕이시여, 마두를 처단한 끄르슈나는 비슈마의 활에서 쏟아져나온 화살에 꿰뚫려 전장에 핀 낑슈까 꽃인 듯 빛났답니다. 끄르슈나가 화살에 맞은 것을 본 아르주나는 분을 이기지 못하고 전장을 내달리며 세 발의 화살로 비슈마의 마부를 꿰뚫어버렸습니다. 저 두 영웅은 전장에서 서로를 죽이려 갖은 애를 쓰며 공격했으나 모두가 다 허사였습니다. 이리저리 왔다 갔다 하며 전차를 모는 저들의 놀라운 솜씨와 가뿟한 동작으로 인해 아름다운 원이 생겨날 정도였지요. 왕이시여, 행여 상대를 내리칠 기회를 얻었다고 생각하면 저들은 언제고 자세를 바꾸어 서로를 겨누었고, 사자의 포효와 함께 고둥을 불었답니다. 두 대전사가 튕기는 활줄 소리와 전차바퀴 소리, 고등소리 때문에 땅이 갈라지고 요동쳤습니다. 바라따의 황소시여, 힘 좋은 저 두 용사 간에는 전장에서 어느 누구도 어떤 차이도 찾을 수 없었답니다. 둘이 너무나 비슷했지요. 까우라와들은 단지 깃발만으로 비슈마를 알아봤고, 빤두의 아들 또한 깃발만으로 아르주나를 구별했답니다. 바라따의 왕이시여, 전장에서 저 두 빼어난 사내의 그와 같은 용맹을 보고 만물이 놀랐지요. 바라따의 후손이시여, 누구도 다르마에 굳건한 사람에게서 흠을 찾지 못하듯 전장에서는 누구도 저들의 결함을 보지 못했답니다. 둘 다 화살 망으로 몸을 가렸다가 이내 다시 전장에 모습을 드러내곤 했습니다. 간다르와, 짜라나, 선인들과 함께 신들이 그곳에 와서 저들의 용맹을 보고 서로서로 말했지요.

'신들과 아수라들과 간다르와들을 합친 온 세상이 다와도 저 대용사들을 전장에서 이길 수는 없겠소. 이 놀라운 전투는 이 세상에서 대단한 기적과도 같소. 이런 전투는 다시는 없을 것이오. 아무리 영리한 아르주나라 해도 전장에서 활을 들고 전차에 서서 화살을 뿌려대는 비슈마를 이길 수는 없소. 또한 아무리 비슈마라고 해도 전투에 나서면 신도 범접키 어려운 활을 든 빤두의 아들을 전장에서 이기지는 못하지요.'

백성의 주인이시여, 전투가 벌어지는 중에 우리는 강가의 아들과 아르주나에 대해 이렇게 칭송하는 말들을 들었답니다. 바라따의 후손이시여, 이처럼 당신의 용사들과 빤두의 용사들은 전장에서 용기를 뽐내며 서로가 서로를 죽였습니다. 양쪽 진영 영웅들이 날선 칼과 번쩍이는 도끼, 화살과 다른 여러 무기로 서로를 베었지요. 왕이시여, 저 무섭고도 끔찍한 전쟁에서는 드로나와 빤짤라의 왕자 드르슈타듐나 간의 격투도 벌어졌습니다."

49

드르따라슈트라가 말했다.

"대궁수 드로나와 빤짤라의 왕자 드르슈타듐나는 전장에서 어찌 싸웠더냐? 산자야여, 내게 그 이야기를 해다오. 산자야여, 샨따누의 아들 비슈마가 전장에서 빤두의 아들에게서 벗어나지 못했다면, 나는 운명이 인간의 일보다 앞선다는 생각이 드는구나. 전장에서 비슈마가 화내면 움직이고 아니 움직이는 것들을 다 담은 이 세상마저 파괴할 수 있거늘, 그처럼 기력 넘치는 그가 어찌 빤두의 아들과의 싸움에서 벗어나지 못했더냐?"

산자야가 말했다.

"왕이시여, 마음을 단단히 하고 저 잔인한 전투에 대해 들으소서. 빤두의 아들은 인드라가 이끄는 신들이 와도 이길 수가 없었답니다. 그러나 드로나는 날카로운 화살들로 드르슈타듐나에게 상처를 입혔고, 또한 넓적화살촉을 쏘아 그의 마부를 전차에서 떨어뜨렸지요. 나의 왕이시여, 그는 격노해 네 발의 빼어난 화살을 쏘아 드르슈타듐나의 네 마리 말에게도 상처를 입혔습니다. 한편 영웅 드르슈타듐나는 아흔 발의 날카로운 화살을 쏘아 드로나를 맞혔고, 웃으며, '서라! 서라!'라고 외쳐댔지요. 그러자 마음의 깊이를 가늠할 수 없고 기가 충만한 바라드와자의 아들 드로나는 분을 이기지 못하는 드르슈타듐나를 다시 한 번 화살들로 휘감아버렸습니다. 그는 쁘르샤따의 아들을 죽이기 위해 인드라의 벼락과도 같은 무서운 화살을 활에 먹였습니다. 그것은 마치 죽음의 신의 지팡이 같았답니다. 바라따의 후손이시여, 바라드와자의 아들이 전장에서 활에 화살을 먹이는 것을 보고 전군이, '아이! 이럴 수가!'라고 탄식했지요. 그때 우리는 참으로 믿기 어려운 드르슈타듐나의 용맹을 봤습니다. 제 죽음을 암시하는 듯한 불타는 무서운 화살이 달려들고, 바라드와자의 아들이 화살비를 그토록 쏟아냈음에도 저 영웅은 마치 움직이지 않는 산처럼 홀로 당당히 전장에 서 있었답니다. 그러자 있을 수 없는 드르슈타듐나의 행적을 본 모든 빤짤라와 빤다와가 승리의 함성을 질렀습니다.

이제, 드로나의 죽음을 바라는 저 호기로운 용사는 온힘을 쏟아 황금과 청금석으로 장식된 창을 던졌습니다. 그러나 바라드와자의 아들은 비웃기라도 하듯 전장에서 자신을 향해 힘차게 날아드는 황금장식 창을 세 갈래로 쪼개버렸지요. 인간들의 주인이시여, 기개 높은 드르슈나듐나는 자기가 던진 창이 쪼개지는 것을 보고 드로나를 향해 화살비를 퍼부었습니다. 그러는 동안 명예로운 드로나는 그 화살비를 막고, 드루빠다의 아들의 활을 쪼개버렸답니다. 전장에서 제 활이 쪼개지자 명예롭고 기세 좋은 드르슈타듐나는 드로나를 향해 바위처럼 단단하고 무거운 철퇴를 휘둘렀지요. 철퇴는 드로나를 죽이기 위해 온힘으로 던져졌고, 거기서 우리는 바라드와자의 아들 드로나의 용맹을 보았답니다. 그는 황금 장식된 철퇴를 가볍게 막더니 그것을 내동댕이쳐버리고는 쁘르샤따의 후손을 향해 황금깃털에 날이 잘 갈린 넓적 끝 청동화살을 무수히 쏘아 날렸습니다. 화살들은 전장에서 그의 갑옷을 찢어발기고 그의 피를 들이마셨지요. 전투에서 용맹을 펼쳐 보인 고결한 드르슈타듐나는 다른 활을 집어 다섯 발의 화살을 쏘아 드로나에게 상처를 입혔습니다. 왕이시여, 피에 젖은 저 황소 같은 두 사내는 마치 봄날에 꽃이 만개한 두 그루의 낑슈까 나무 같았답니다. 왕이시여, 노기충천한 드로나는 군의 선봉에서 용맹을 펼쳐 보이며 다시 한 번 드루빠다의 아들의 활을 쪼개버렸지요. 이제, 영혼의 깊이를 가늠할 수 없는 드로나는 구름이 움직임 없는 산에 비를 퍼붓듯 활이 동강나버린 드르슈타듐나에게 화살비를 쏟아 부었답니다. 넓적 끝 화살들로 적의 마부를 전차에서 끌어내렸고, 네 발의 날카로운 화살로 적의 네 마리 말을 맞혔지요. 그는 사자의 포효와 함께 또 다른 넓적 끝 화살 하나를 쏘아 적의 손에서 활을 떨어뜨렸답니다.

활이 부서진 데다 말들과 마부마저 죽은 드르슈타듐나는 엄청난 용기로 손에 철퇴를 집어 들더니 전차에서 뛰어내렸습니다. 이제 전차마저 없는 것이지요. 바라따의 후손이시여, 그러나 그가 전차에서 내려오자마자 드로나는 재빨리 날카로운 화살들로 그의 철퇴를 부숴버렸답니다. 참으로 경이로운 광경이었지요. 이제, 팔심 좋은 드르슈타듐나는 백 개의 달이 빛나는 거대한 방패와 거대한 천상의 칼을 집어 들었습니다. 그리고는 드로나의 죽음을 바라며 전력으로 짓쳐 달렸지요. 배고픈 숲속 사자가 취한 코끼리를 공격하는 것 같았답니다. 바라따의 후손이시여, 거기서 우리는 다시 바라드와자의 아들의 용맹과 날쌤과 무기 다루는 솜씨와 팔심을 보았습니다. 참으로 놀라운 따름이었답니다. 쁘르샤따의 후손을 화살비로 막아버리자 제아무리 전투에 강한 그일지라도 더 이상 나아갈 수가 없었지요. 거기서 우리는 대전사 드르슈타듐나가 솜씨 좋게 화살의 물결을 방패로 막아내는 것을 보았습니다.

그때, 팔심 좋은 장사 비마가 느닷없이 전장에서 고결한 쁘르샤따 아들을 돕기 위해 달려왔지요. 왕이시여, 그는 일곱 발의 날카로운 화살을 쏘아 드로나를 상처 입히고 제 전차에 재빨리 쁘르샤따의 아들을 태웠답니다. 그러자 두료다나 왕이 깔링가에게 대군을 이끌고 바라드와자의 아들 드로나를 지키라는 명을 내렸습니다. 인간들의 군주시여, 그리하여 당신의 아들의 명을 받은 깔링가의 대병력이 잽싸게 비마에게로 짓쳐 달려갔답니다. 전사 중에서도 가장 빼어난 전사 드로나는 드르슈타듐나를 내버려두고 나이 든 두 노병 위라타와 드루빠다와 싸우기 위해 진군했습니다. 드르슈타듐나 또한 다르마의 왕 유디슈티라를 돕기 위해 그쪽 전장으로 내쳐 달렸답니다. 그리고 전장에서는 깔링가들과 고결한 비마 간의 털이 거꾸로 서는 혼전이 벌어졌지요. 세상을 파괴하는 무섭고도 두려운 전투였지요."

50

드르따라슈트라가 말했다.

"싸우라는 내 아들의 명을 받은 군대의 주인 깔링가는 저렇듯 경이로운 행적을 보이는 괴력의 비마세나와 어찌 싸웠더냐? 지팡이 쥔 죽음의 신처럼 철퇴를 휘두르는 저 영웅을 대적해 깔링가의 군주와 그의 병사들은 어떻게 싸웠더냐?"

산자야가 말했다.

"인드라 같은 왕이시여, 당신의 아들의 명을 받은 팔심 좋은 깔링가의 군주 슈루따유스는 대병력에 에워싸여 비마의 전차를 향해 내달렸답니다. 비마세나는 쩨디들과 함께 깔링가의 대병력을 세차게 밀어붙였습니다. 엄청난 무기로 무장한 깔링가 병력은 전차, 코끼리, 말로 가득했지요. 바라따의 후손이시여, 비마는 니샤다의 군주 께뚜마뜨와도 맞서 싸웠습니다. 쩨디들이 군진을 펼치자 성난 슈루따유스 왕은 께뚜마뜨를 도와 비마와의 전투에 나섰지요. 왕이시여, 께뚜마뜨는 수천의 전차를 몰고 온 깔링가들의 왕, 그리고 만 마리의 코끼리를 대동한 니샤다들과 함께 비마세나를 사방에서 에워쌌답니다. 비마세나를 선봉으로 쩨디들, 맛쓰아들, 까루샤들이 여러 왕과 함께 니샤다들의 공격에 나섰지요. 그리고는 끔찍하고도 무서운 전투가 벌어졌습니다.. 물불 가리지 않고 서로를 죽이고자 하던 용사들은 피아를 구별하지 못할 지경이었지요. 대왕이시여, 적과 내 적해 싸우는 비마세나의 기세는 아수라 대군을 맞아 싸우는 인드라처럼 무시무시했답니다. 바라따의 후손이시여, 병사들이 전장에서 싸울 때 나는 소리는 바다의 포효처럼 거칠고 거셌습니다. 백성의 주인이시여, 전사들의 싸움은 대지를 온통 토끼의 피처럼 붉은 화장터로 만들어버렸답니다. 서로가 서로를 죽이려는 욕심 때문에 아군도 적군도 알아보지 못해 적을 물리칠 수 없던 용사들은 자기편을 죽이기도 했습니다. 백성의 주인이시여, 쩨디의 소병력이 깔링가와 니샤다의 대병력에 맞서 소름 돋는 전투를 벌였지요. 힘 좋은 쩨디의 용사들은 힘닿는 데까지 용맹을 펼쳐 보이고는 비마를 떠나 병력을 물렸습니다. 쩨디들이 뒤로 물러선 뒤에도 빤두의 아들 비마는 끝끝내 물러서지 않고 오로지 자기 팔심에 의지해 모든 깔링가와 맞서 싸웠지요. 팔심 좋은 비마세나는 전차에 꿈쩍 않고 서서 깔링가 대병력을 날카로운 화살로 휘감아버렸습니다. 그러나 대궁수인 깔링가의 군주와 샤끄라데와라고 불리는 그의 대전사 아들은 화살을 쏘아대며 빤두의 아들을 공격했습니다. 팔심 좋은 비마는 번쩍이는 활을

전투가 시작되다: 둘째 날 **249**

흔들며 오로지 팔심만으로 깔링가들에 맞서 싸웠고, 샤끄라데와는 전장에서 무수한 화살을 쏘아 날렸습니다. 끝 여름에 비담은 구름처럼 전장에서 화살비를 쏟아 부은 그는 화살들로 결국 비마세나의 말들을 죽였답니다.

무서운 팔심을 지닌 비마세나는 말이 죽고서도 전차에 그대로 서서 온힘으로 샤끄라데와를 향해 철퇴를 던졌습니다. 왕이시여, 그가 던진 철퇴에 깔링가 왕의 아들이 깃발을 들고 전차에서 굴러 떨어지더니 땅바닥에 그대로 쓰러져 죽었답니다. 마부도 그와 함께 목숨을 잃었지요. 아들이 죽는 것을 본 깔링가의 군주는 수천의 전차를 이끌고 비마를 사방에서 에워쌌습니다. 왕이시여, 인간들의 황소시여, 팔심 좋은 비마는 무겁고 거대한 철퇴를 버리고는 끔찍한 일을 벌이려는 듯 칼을 들고, 금빛 별들과 초승달이 새겨진 더없이 빼어난 소가죽 방패를 들었답니다. 그러자 노기충천한 깔링가 왕은 활줄을 문지르고 뱀독과 같은 무서운 화살 하나를 집어 들더니 오로지 비마세나를 죽이려는 일념으로 그를 향해 화살을 날렸지요. 비마세나는 저를 향해 엄청난 속도로 날아든 날카로운 화살을 거대한 칼을 들어 둘로 갈라버렸습니다. 그는 기뻐 날뛰듯 목청껏 포효하며 적군을 두려움에 떨게 했지요. 그러나 분기탱천한 깔링가는 전장에서 열네 개의 돌촉 투창을 비마세나를 향해 잽싸게 던졌습니다. 왕이시여, 팔심 좋은 빤두의 아들은 그것들이 미처 자기에게 이르기도 전, 허공에 있을 때 저 빼어난 칼로 거침없이 베어버렸답니다. 열네 개의 투창을 전장에서 베어버린 황소 같은 사내 비마는 이제 바누마뜨가 눈에 띄자 그를 향해 내달렸습니다. 바누마뜨는 그렇게 짓쳐 달려오는 비마를 화살비로 뒤덮으며 하늘이 뒤흔들릴만한 엄청난 함성을 울렸지요. 대전투에서 그 같은 사자의 포효를 참을 수 없던 비마는 쩌렁쩌렁한 제 목소리로 목청껏 포효했습니다. 바라따의 황소시여, 그 소리에 너무나 놀란 깔링가들은 전투에 나선 비마는 사람이 아니라고 생각하게 되었답니다.

나의 대왕이시여, 그처럼 벼락같은 소리를 내지른 비마는 칼을 집어 들고 바누마뜨의 빼어난 코끼리에게 날쌔게 튀어가더니 상아를 발판삼아 코끼리 대왕의 등에 올라탔지요. 그리고 등 위에서 거대한 칼을 휘둘러 바누마뜨를 베어버렸답니다. 적을 길들이는 비마는 왕의 아들을 죽인 뒤 무겁고 거대한 칼을 코끼리의 목에 내리꽂았습니다. 목이 잘린 코끼리 대장은 강의 거센 물살에 쓸려나간 산봉우리처럼 긴 울음과 함께 바닥으로 고꾸라졌답니다. 바라따의 후손이시여, 기가 꺾인 적 없는 바라따의 후손 비마는 손에 칼을 들고, 몸에 갑옷을 입은 채 고꾸라진 코끼리에게서 풀쩍 뛰어내려 땅에 우뚝 섰습니다. 그리고는 걸림 없이 불의 바퀴가 굴러다니듯 전장을 마구 휘젓고 다니며 코끼리들을 무수히 쓰러뜨렸답니다. 거침없는 비마는 기병, 코끼리병, 전차병, 보병 무리 사이사이를 헤집고 절멸시키며 피에 흠뻑 젖었습니다. 힘이 치솟은 전장에서의 비마는 마치 저 위에서 적을 내리 쪼는 독수리 같았답니다. 재빠르기 그지없는 그는 전장에서 날선 칼로 코끼리병들의 몸뚱이에서 머리를 베어버렸지요. 분기탱천한 비마는 발로 전장을 누비며 세상을 끝내는 시간*인 듯 적들을 혼돈케 하고 그들의 두려움을 키웠답니다. 아둔한 자들만 함성을 지르며 날선 칼을 휘두르고 대전장을 휘젓는 그에 맞서 공격을 했지요. 전투가 벌어지는 동안 적을 길들이는 장사 비마는 전차 손잡이와 굴레와

세상을 끝내는 시간_ 또는 세상을 끝내는 야마.

기둥을 무너뜨리고 전차병들마저 죽여 버렸답니다. 우리는 비마세나가 수많은 길을 활보하고 다니는 것을 보았습니다. 빤두의 아들은 사방을 휘저으며 돌아다녔고, 날뛰어 다녔고, 뛰어 올랐고, 뛰쳐 내렸으며 짓쳐 달렸지요. 고결한 빤두의 아들이 휘두르는 칼에 어떤 이는 잘려나가고, 어떤 이는 치명상을 입고, 어떤 이는 죽어 넘어졌습니다. 바라따의 후손이시여, 엄니와 코가 잘려나간 코끼리들이 있는가 하면, 이마가 찢기고 제 전사를 잃고 제 군대를 짓밟다 고통으로 울부짖으며 바닥으로 고꾸라진 코끼리들도 있었지요. 왕이시여, 우리는 부서진 투창, 코끼리병의 머리, 코끼리 몸통을 두르는 아름다운 황금빛 덮개, 코끼리 사슬, 창, 깃발, 쇠몽둥이, 활통, 온갖 종류의 기구, 활, 빛나는 불 항아리, 쇠꼬챙이, 창살, 갖가지 종, 금으로 새긴 칼자루 등이 떨어져 있거나 그것을 썼던 사람들과 함께 떨어져 내리는 것을 보았답니다. 땅에는 사지가 잘리고 코와 몸통만 남은 채 죽어 넘어진 코끼리들이 이리저리 흩어져 있었습니다. 마치 바윗덩이가 굴러 넘어져 있는 것 같았지요.

바라따의 후손이시여, 저 황소 같은 사내 비마세나는 거대한 코끼리들을 죽인 뒤 말들을 후려치고, 빼어난 기병들 또한 쓰러뜨렸습니다. 비마와 그들의 싸움은 끔찍하기 그지없었답니다. 대격전장에서 우리는 칼자루, 마구, 황금빛으로 빛나는 안장, 덮개, 창, 값비싼 칼, 갑옷과 방패와 아름다운 장신구들이 전장 여기저기 흩어져 있는 것을 보았지요. 그는 창들과 여러 기구와 번쩍이는 무기들을 땅바닥에 흩뿌렸습니다. 온갖 꽃이 흩뿌려져 있는 것 같았답니다."

이어지는 산자야의 이야기는 이러하다.

팔심 좋은 빤두의 아들은 풀쩍 뛰어올라 전차병들을 끌어내려 깃발과 함께 칼로 베었다. 명성 자자한 그가 거듭 튀어 올랐다가 이리저리 누벼 달리며 전장에 길을 내는 것을 본 사람들은 그저 놀랄 수밖에 없었다. 어떤 이들은 발로 죽였고, 어떤 이들은 내던지거나 땅바닥에 동댕이쳐 죽였으며, 어떤 이들은 칼로 죽였고, 또 어떤 이들은 고함을 질러 공포에 질리게 했다. 어떤 이들은 허벅지 힘으로 땅바닥에 내리꽂기도 했다. 그의 모습을 보는 것만으로도 공포에 질려 다섯 원소로 돌아가는* 자들도 있었다.

이런 식으로 비슈마를 에워싼 저 무수한 깔링가의 위력적인 병사들이 전장에서 비마세나를 공격했다.* 한편 비마세나는 깔링가 군의 선봉에 있던 슈루따유스를 발견하고는 그쪽으로 내달려갔다. 깊이를 가늠할 수 없는 깔링가 왕은 비마세나가 공격해오는 것을 보고 아홉 개의 화살로 그의 가슴팍을 꿰뚫었다. 몰이막대에 맞은 코끼리처럼 깔링가 왕의 화살에 맞고 상처를 입은 비마세나는 땔감을 얹어놓은 불처럼 분노로 이글거렸다. 비마의 마부 아쇼까는 금으로 장식된 전차를 비마에게 가져왔다. 적을 짓누르는 꾼띠의 아들 비마는 그가 가져온 전차에 지체 없이 올라타 깔링가 왕을 향해 짓쳐 들어가며 소리쳤다. '서라! 게 섯거라!' 그러자 힘 좋은 슈루따유스가 격분해 가뿟한 손놀림을 펼쳐 보이며 비마를 향해

다섯 원소로 돌아가는_ 다섯 원소는 땅, 물, 불, 바람, 허공이며, 다섯 원소로 돌아갔다 함은 죽었다는 뜻이다.
비마세나를 ~ _ 여기서 '이런 식으로 비마세나를 공격했다'라고 표현하고 있으나 문맥상 '~ 이런 식으로 비마세나에게 공격당했다'가 더 맞을 듯하다.

날카로운 화살들을 날렸다. 명성 자자한 비마는 깔링가 왕의 화살에 상처 입고 막대기에 얻어맞은 뱀처럼 독이 오를 대로 올랐다. 그리하여 장사 중의 장사, 분기탱천한 비마는 활을 한껏 잡아당겨 쏜 일곱 발의 쇠화살로 깔링가 왕을 죽였고, 그의 전차바퀴를 지키는 위력 넘치는 두 사내 사띠야데와와 사띠야에게는 칼날처럼 날카로운 두 대의 화살을 쏘아 야마의 거처로 보냈다. 그런 뒤, 도저히 마음을 가늠할 수 없는 사내 비마는 다시 날카로운 화살 세 대로 전장에서 께뚜마뜨마저 야마의 거처로 보내 버렸다.

이쯤 되자 갑옷으로 무장한 깔링가 크샤뜨리야들이 분기탱천해 수천을 헤아리는 전사와 함께 날뛰는 비마세나를 막아섰다. 깔링가들은 창, 철퇴, 칼, 전곤, 투창, 도끼 등을 들고 비마세나를 빙 둘러쌌다. 그러나 그렇듯 무섭게 쏟아지는 화살비를 치워버린 팔심 좋은 비마는 철퇴를 집어 들더니 잽싸게 전차에서 뛰어내려 칠백 명에 이르는 영웅을 야마의 거처로 보내고 말았다. 그러고도 적을 짓누르는 그는 다시 이천 명에 이르는 깔링가 전사를 야마의 거처로 보냈으니 참으로 경탄할 만한 일이었다. 이런 식으로 전장에서 저 영웅은 한편으로는 서약 굳은 비슈마를 지켜보며 또 한편으로는 깔링가 전사들을 부수고 또 부쉈다. 고결한 빤두의 아들에게 전사를 앗긴 코끼리들은 그의 화살에 맞아 상처 입고 바람에 내몰리는 구름처럼 전장을 미친 듯 날뛰며 휘저어 다녔다. 그들은 화살 맞은 고통에 울부짖으며 전장을 사정없이 짓밟았다.

이제, 팔심 좋은 장사 비마는 고둥을 불어 깔링가 전군의 마음을 뒤흔들었다. 혼돈이 깔링가들의 마음속을 파고들었고, 병사와 짐승 모두 벌벌 떨었다. 코끼리 왕인 듯 비마는 전장에 사방으로 뻗어 있는 길을 이리저리 휘젓고 내달리며 뛰쳐 올라 전장을 쑥대밭으로 만들었다. 악어 때문에 소용돌이치는 커다란 연못처럼 비마세나로 인해 공포에 떠는 병사들은 몹시 흔들렸다. 비마의 경탄할 만한 행적에 깔링가의 영웅들은 두려움에 떨었고, 무리지어 이리저리 내빼기 급급했다.

빤다와 군의 대장이자 쁘르샤따의 후손 드르슈타듐나는 모든 깔링가 병사 사이에서 '싸워라!'라고 고함쳤다. 군사대장 말을 듣고 쉬칸딘을 선봉으로 한 전사들이 무수히 많은 출중한 전차병과 함께 비마를 돕기 위해 달려왔다. 다르마의 왕 유디슈티라가 구름떼 같은 거대한 코끼리들을 이끌고 그들 모두를 후미에서 도왔다.

이처럼 빼어난 병력에 에워싸인 쁘르샤따의 후손은 전군을 통솔하며 스스로 비마세나의 후방을 지켰다. 빤짤라의 왕자 드르슈타듐나에게 비마와 사띠야끼 이외에는 이 세상 무엇도 자기 목숨보다 더 중하지 않았다. 적의 영웅을 처단하는 쁘르샤따의 후손 드르슈타듐나는 깔링가들 사이에서 적을 짓누르는 팔심 좋은 비마세나를 발견했다. 적을 괴롭히는 그는 격앙되어 곧장 엄청난 사자의 포효로 함성을 지르며 고둥을 불었다. 흰 말 매인 드르슈타듐나의 황금장식전차와 흑단 나무 깃발을 본 비마세나는 더욱 기운이 솟았다. 깊이를 가늠할 수 없는 드르슈타듐나는 깔링가들에게 공격당하고 있던 비마를 보고는 그를 구하러 내쳐 달려갔다.

멀리 사띠야끼도 있음을 본 기세등등한 두 영웅 드르슈타듐나와 늑대배는 전장에서 깔링가들을 덮쳤다. 황소 같은 사내요 승리자 중의 승리자인 쉬니의 손자 사띠야끼 또한 꾼띠의 아들과 쁘르샤따의 후손에게 가서 그들의 날개를 지켰다. 그는 그곳에 혼란을 일으킨 뒤 활을 쥐었다. 스스로 무서운 형상을 만든 그는 전장에서 적들을 죽이기 시작했다. 비마는 그곳에 깔링가들의 살과 피가 뒤범벅된 붉은 피의 강이 흐르게 했다. 팔심 좋은 비마는 깔링가들과 빤다와들 사이에 놓인, 도저히 건널 수 없는 그 강을 건너갔다. 그런 비마세나를 본 적군은 '그는 야마다. 비마의 형상으로 깔링가들과 싸우고 있는 것이다!'라며 울부짖었다.

그러자 전장에서 그런 울부짖음을 들은 산따뉴 아들 비슈마는 병사들에게 사방을 에워싸인 채 황급히 비마를 향해 짓쳐 달렸다. 사띠야끼와 비마세나 그리고 쁘르샤따의 후손 드르슈타듐나도 비슈마의 황금장식전차를 향해 짓쳐 달렸다. 그리고 그들 모두 전장에서 강가의 아들 비슈마를 빙 둘러쌌다. 기세등등한 그들은 각자 세 개씩의 잔혹한 화살을 쏘아 비슈마에게 상처를 입혔다. 드르따라슈트라의 아버지, 저 서약 굳은 비슈마 또한 곧게 나는 세 대의 화살을 쏘아 지칠 줄 모르는 세 명의 대궁수를 맞혔다. 그리고는 수천 개의 화살을 쏘아 대전사들을 막아낸 그는 다시 활에 화살을 먹여 황금 덮개 두른 비마의 말들을 죽였다. 기세등등한 비마세나는 말 잃은 전차에 우뚝 서서 강가의 아들의 전차를 향해 세차게 창을 던졌다. 드르따라슈트라의 아버지 비슈마는 창이 미처 이르기도 전에 세 갈래로 쪼개버렸다. 창은 전장의 땅바닥에 조각조각 흩어졌다.

그러자 비마세나는 단단한 쇠로 만든 무겁고 힘 좋은 철퇴를 들더니 재빨리 전차에서 뛰어내렸다. 사띠야끼 또한 비마세나의 기운을 북돋기 위해 재빨리 화살을 날려 꾸루의 어른 비슈마의 마부를 쓰러뜨렸다. 전사 중의 전사 비슈마는 마부가 죽자 바람처럼 달리는 말들에 의해 전장을 끌려 다녔다. 서약 굳은 비슈마가 그렇듯 끌려 다니자 비마세나는 마른풀을 삼키는 불처럼 타오르며 깔링가들을 모두 죽인 뒤 군대 한가운데 우뚝 섰다. 누구도 감히 그와 대적할 수 없었다. 전사 중의 전사 드르슈타듐나는 전차에 저 명예로운 영웅을 태우더니 전군이 보는 가운데 유유히 떠났다. 빤짤라들과 맛쓰야들의 칭송을 받은 비마는 드르슈타듐나를 껴안은 뒤 사띠야끼에게 갔다. 진정한 용맹을 지닌 범 같은 전사 사띠야끼는 드르슈타듐나가 보는 가운데 비마세나에게 기분 좋게 말했다.

'깔링가 왕과 깔링가의 왕자 께뚜마뜨, 샤끄라데와 그리고 여러 다른 깔링가가 전장에서 죽어 다행이오. 오로지 당신 자신의 팔심과 용맹으로 저 무수히 많은 코끼리와 말과 전차를 대동한 깔링가 대병력을 처단한 것이오.'

이렇게 말한 뒤 적을 다스리는 긴 팔의 쉬니의 손자는 전차에서 내려 빤두의 아들을 껴안았다. 그리고 성난 대전사 사띠야끼는 다시 전차에 올라 드르따라슈트라의 군대를 궤멸시키며 비마에게 힘을 보탰다.

51

산자야가 말했다.

"바라따의 후손이시여, 하루의 절반이 거의 지나고, 전차와 코끼리와 보병과 기병을 궤멸시키던 와중에 빤짤라의 왕자는 드로나의 아들 아쉬와타만, 샬리야, 고결한 끄르빠, 이 세 명의 대전사를 마주하게 되었지요. 빤짤라 왕의 팔심 좋은 후손 드르슈타듐나는 빠르고 날카로운 열 발의 화살을 쏘아 온 세상에 명성 자자한 드로나의 아들의 말들을 죽였습니다. 그러자 말들을 잃은 드로나의 아들은 지체 없이 샬리야의 전차에 타고 빤짤라의 왕자에게 화살비를 뿌렸답니다. 바라따의 후손이시여, 수바드라의 아들 아비만유는 드르슈타듐나가 드로나의 아들과 싸우는 것을 보고 재빨리 날카로운 화살을 뿌리며 공격을 퍼부었습니다. 황소 같은 분이시여, 그는 다섯 발의 화살로 샬리야를, 아홉 발의 화살로 끄르빠를, 그리고 여덟 발의 화살로 아쉬와타만을 꿰뚫어 상처를 입혔답니다. 그러나 드로나의 아들은 한 발의 깃털화살로, 샬리야는 열두 발의 화살로, 끄르빠 또한 세 발의 날카로운 화살로 아르주나의 아들을 쏘아 맞혔습니다.

그러자 당신의 손자 락쉬마나는 고무되어 자기 앞에 있던 당신의 손자*를 향해 짓쳐 들어갔고 둘의 격전이 벌어졌지요. 왕이시여, 성난 두료다나의 아들이 참으로 놀랍게도 전장에서 아홉 발의 화살로 수바드라의 아들을 맞혔답니다. 바라따의 황소 같은 왕이시여, 그러나 손이 날랜 아비만유는 격분하며 쉰 발의 화살을 쏘아 형제*에게 상처를 입혔지요. 대왕이시여, 락쉬마나도 깃털화살로 그의 활을 손잡이 부분에서 부러뜨렸고, 그러자 거대한 함성이 일었습니다. 적의 영웅을 괴롭히는 수바드라의 아들은 부러진 활을 버리고, 몹시 힘 좋고 아름다운 다른 활을 집어 들었지요. 황소 같은 두 사내는 흥분해 하나가 공격하면 다른 하나가 맞받아치며 날카롭고 거센 화살로 전장에서 서로가 서로에게 상처를 입혔답니다.

두료다나 왕은 대전사인 제 아들이 당신의 손자 아비만유에게 당하는 것을 보고 그곳으로 내달렸습니다. 백성을 지키는 당신의 아들이 그곳을 향해 가자 모든 왕이 전차부대를 대동하고 아르주나의 아들을 에워쌌지

당신의 손자_ 아르주나가 드르따라슈트라를 아버지로 부르기 때문에 그의 아들인 아비만유 또한 드르따라슈트라의 손자가 된다.
형제_ 두료다나의 아들인 락쉬마나를 가리킨다.

요, 왕이시여, 그러나 저 용사, 끄르슈나만큼 용맹스런 아비만유는 싸워 이기기 어려운 용사들에게 에워싸였음에도 흔들리지 않았답니다. 아비만유가 그런 상황에서 싸우는 것을 본 다난자야는 격분하며 제 아들을 구하려는 일념으로 짓쳐 달려갔지요. 그러자 비슈마와 드로나를 선봉으로 한 왕들이 전차와 코끼리와 말을 대동하고 왼손잡이 아르주나를 공격했답니다. 느닷없이 코끼리, 말, 전차가 땅에서 일으킨 짙은 먼지가 하늘 길에 치솟아 오르는 것이 보였습니다. 수천의 코끼리와 땅을 지키는 수백 명의 왕은 아르주나의 화살 길에 이르자 더 이상 공격할 수가 없었답니다. 만물이 울부짖고, 사방이 캄캄해졌지요. 꾸루들의 불운이 참으로 드세고 잔혹해 보였답니다. 훌륭하신 바라따의 후손이시여, 왕관 쓴 아르주나가 쏘아 날린 화살의 물결로 인해 허공도, 방향도, 땅도, 태양도 구분할 수 없었답니다. 무수한 전차와 깃발과 코끼리가 무너졌고, 수없는 전차병이 말을 잃었지요. 전차를 지키는 몇몇 전차병이 전차를 버리는 것도 보였답니다. 우리는 전차를 잃은 또 다른 전차병들이 무기를 들고 갑옷을 입은 채 사방으로 도망 다니는 것을 보았습니다. 왕이시여, 아르주나가 두려워 기병들은 말, 코끼리병들은 코끼리를 버리고 사방으로 도망치기 급급했지요. 우리는 아르주나에게 당한 왕들이 전차에서, 코끼리에서, 말에서 떨어지는 것을 보았습니다. 백성의 주인이시여, 무서운 형상을 취한 아르주나는 매서운 화살을 쏘아 철퇴를 들고, 칼을 쥐고, 창을 들고, 화살집을 들고, 화살을 들고, 창과 몰이막대와 깃발을 든 왕들의 치켜든 팔을 부러뜨렸답니다. 친애하는 바라따의 후손이시여, 번쩍이는 철퇴, 망치, 창, 전곤, 칼이 전장에 널렸고, 날카로운 도끼, 삼지창, 버려진 황금갑옷이 바닥에 떨어졌으며, 깃발, 방패, 부채, 황금 자루로 만든 해 가리개,

멍에와 채찍 등의 무더기가 전장 여기저기에 흩어진 광경이 보였습니다. 바라따의 후손이시여, 당신의 군대의 병사 어느 누구도 감히 저 용감무쌍한 아르주나를 전장에서 대적할 자가 없었답니다. 백성의 주인이시여, 전장에서 자신과 대적하는 자가 누구든 쁘르타의 아들은 매서운 화살을 쏘아 저세상으로 보내버렸지요. 당신의 병사들이 사방으로 도망치자 아르주나와 끄르슈나는 빼어난 고둥을 불었습니다. 병력이 무너지는 것을 본 서약 군은 당신의 아버지 비슈마가 전장에서 드로나의 용사에게 허망하게 웃으며 말했지요.

'끄르슈나가 돕는 저 영웅, 빤두의 힘센 아들 다난자야가 우리 병력을 상대로 오직 그만이 할 수 있는 일을 하고 있소. 무슨 수를 써도 오늘 전장에서 저 녀석은 이길 수가 없겠소. 마치 세상을 끝내는 시간의 모습을 하고 있지 않소? 우리 병력은 이제 한데 모일 수조차 없느니. 저것 보시오. 병사들은 서로를 바라보며 그저 내빼기 급급하오. 온 세상의 아름다움을 모두 오그라들게 하려는 듯 태양이 산 중의 산 아스따에 이른 것이오. 황소 같은 사내여, 아무래도 내 생각에 우리 병력을 거두어들일 때가 된 것 같소. 병사들이 피로한데다 공포에 질려 있어 도저히 싸울 수가 없을 것이오.'

훌륭한 드로나 스승에게 이렇게 말한 뒤 대전사 비슈마는 당신의 군대를 거두어들였지요. 바라따의 후손이시여, 그리하여 당신의 병사들은 되돌아갔고, 태양이 지고 황혼이 내려앉았답니다."

셋째 날

52

산자야가 말했다.

"바라따의 후손이시여, 밤이 지나고 날이 밝아오자 샨따누의 아들 비슈마는 군에 전투준비령을 내렸습니다. 당신의 아들의 승리를 염원하는 꾸루의 할아버지, 샨따누의 아들 비슈마는 '가루다'라고 알려진 대군진을 펼쳤지요. 가루다의 부리에는 당신의 아버지 비슈마 자신이, 가루다의 눈에는 드로나와 사뜨와따 왕 끄르따와르만이 자리했습니다. 명예로운 아쉬와타만과 끄르빠는 전장에서 뜨리가르따들, 께까야들, 와타다나들과 함께 가루다의 머리 부분을 이루었지요. 친애하는 왕이시여, 부리쉬라와스, 샬라, 샬리야, 바가닷따, 마드라까들, 신두들, 사우위라들과 빤짜나다들은 자야드라타와 함께 가루다의 목에 자리 잡았답니다. 등에는 형제들과 병사들에게 에워싸인 두료다나 왕이 있었지요. 왕이시여, 아완띠의 왕자들인 윈다와 아누윈다, 깜보자들, 샤까들, 슈라세나들이 모두 꼬리를 차지했습니다. 마가다들, 다쉐라까 무리와 깔링가들은 갑옷을 입고 군진의 오른쪽날개에 자리 잡았답니다. 까나나들, 위꾼자들, 묵따들, 뿐드라위샤들은 브르하드발라와 함께 왼쪽날개에 가서 섰습니다."

이어지는 산자야의 이야기는 이러하다.

적을 괴롭히는 왼손잡이 아르주나는 이와 같은 군진을 보고 드르슈타듐나와 함께 그에 상대할 진을 전장에 펼쳤다. 너무나도 무서운 진, 바로 반달진이었다. 군진의 오른쪽 끝에는 무수히 많은 온갖 무기로 무장한 여러 나라 왕에게 에워싸인 비마가 빛을 뿜으며 자리 잡았다. 비마 뒤로는 대전사 위라타와 드루빠다가, 그들에 이어서는 무장한 닐라가, 그리고 닐라 뒤에는 쩨디들, 까쉬들, 까루샤들, 빠우라와들에 둘러싸인 대전사 드르슈타께뚜가 자리 잡았다. 드르슈타듐나와 쉬칸딘, 빨짤라들, 쁘라바드라까들은 전투를 위해 쳐놓은 대군진 한가운데 섰다. 코끼리병들에게 에워싸인 다르마의 왕 유디슈티라도, 사띠야끼도, 드라우빠디의 다섯 아들도 거기 있었다. 아비만유와 이라와뜨도 재빨리 그들 뒤에 섰고, 비마의 아들과 께까야 대전사들이 뒤를 이어왔다. 그들의 왼쪽날개 뒤로는 온 세상을 지키는 끄르슈나와 함께 최고의 사내 아르주나가 자리했다.

빤다와들이 드르따라슈트라의 아들들과 그들 편에 선 자들을 처단하기 위해 펼친 진은 그런 식이었다.

그리고 까우라와들과 빤다와들 간의 전투가 시작되었다. 전차와 코끼리들이 뒤섞였고, 까우라와들과 빤다와들은 서로가 서로를 죽이려 들었다. 여기저기에 말의 물결, 전차의 물결이 흘러 다니며 서로가 서로에게 덤벼들고 죽이는 것이 보였다. 내달리는 전차의 물결이 따로 움직이는 병사들을 죽였고, 그 소리가 북소리와 뒤섞여 대혼잡을 이루었다. 그처럼 혼란스런 전투에서 인간의 영웅들이 서로를 죽이는 소리가 하늘까지 닿았다.

53

산자야가 말했다.

"바라따의 후손이시여, 당신의 군대와 적의 군대가 진을 펼친 뒤 다난자야는 당신 전차부대를 무너뜨리기 시작했지요. 저 일당백의 전사는 화살을 쏘아 전차부대를 이끄는 수장을 죽였습니다. 유가를 끝내는 시간처럼 쁘르타의 아들 아르주나는 그들을 처단했지요. 타는 듯 빛나고, 전장에서 명예를 갈구하는 드르따라슈트라의 아들들은 빤두의 아들에 맞서 싸우려고 애썼고, 죽음만이 그들을 거둬들일 수 있다고 생각했습니다. 왕이시여, 그들은 오로지 한곳에 마음을 모으고 빤두의 아들의 군대를 여러 전투에서 물리치기도 했고, 그들 자신이 무너지기도 했지요. 무너져 허둥지둥 내달리거나 이리저리 도망쳐 다니는 병사들은 누가 빤다와인지 누가 또 까우라와인지 도저히 알아볼 수 없었답니다. 땅에서 치솟은 먼지가 하늘을 가렸고, 사방팔방 아무것도 도무지 구분할 수가 없었지요. 백성의 주인이시여, 병사들은 그래도 짐작과 군호와 이름과 가문의 이름을 표식으로 삼아 전장 여기저기에서 전투를 벌였습니다."

이어지는 산자야의 이야기는 이러하다.

까우라와들의 군진은 진실의 서약을 지키는 지혜로운 드로나가 지키고 있어 어떤 수를 써도 깨트려지지 않았다. 왼손잡이 아르주나가 지키고, 비마가 철저히 비호하는 빤다와들의 대군진도 마찬가지로 깨트려지지 않았다. 앞에 선 병사들이 전투에 끼어들었고, 양군의 전차와 코끼리들이 뒤섞였다. 대전투에서 기병은 상대 기병을 날카롭고 번쩍이는 창칼로 전장에 쓰러뜨렸다. 너무나도 무서운 전투가 벌어지는 전장에서 전차병은 황금화살로 다른 전차병을 쓰러뜨렸고, 이쪽과 저쪽의 코끼리병은 쇠화살과 창으로 상대를 넘어뜨렸다. 전장에 있던 흥분한 보병 무리는 짤막한 화살과 도끼 따위로 다른 보병을 찍어 내리며 서로가 서로를 죽였다. 전투에서 양군 보병은 전차병을, 전차병은 수많은 보병을 날카로운 무기로 베었다. 코끼리병이 기병을 쓰러뜨렸고, 기병이 코끼리 등에 탄 병사를 넘어뜨렸으니, 참으로 기막힌 광경이었다. 빼어난 코끼리병에게 보병이 쓰러졌고, 또 보병에 의해 코끼리병이 쓰러지는 것이 여기저기 눈에 띄었다. 보병 무리가 기병에게, 기병이 보병에게 쓰러진 모습이 수백 수천씩 발견되었다. 부러진 깃발과 활과 창과 창살과 철퇴와 전곤과 요동치는 활대가 전장 곳곳에 흩어져 있었고, 온갖 삼지창, 갑옷, 꼬챙이, 번쩍이는 칼, 금촉화살, 코끼리장신구, 채색된 옷, 값진 덮개가 마치 화환이라도 되는 듯 아름답게 빛나고 있었다.

대전장에서 죽어 넘어진 사람들의 몸뚱이, 말, 코끼리로 인해 살과 피와 진흙이 뒤섞인 땅은 도저히 가까이 갈 수 없어 보였다. 병사들 피에 젖어 땅의 먼지가 잦아들었고, 온 사방의 시야가 트였다. 저 끔찍하고도 무서운 전투가 벌어지는 동안 전차병들이 사방으로 내달리는 것이 보였고, 셀 수 없는 몸통이 쌓여 세상만물의 종말을 말하고 있었다.

한편 드로나, 비슈마, 신두 왕 자야드라타, 뿌루미뜨라, 위까르나, 수발라 왕 샤꾸니, 사자처럼 용맹하고 감히 범접할 수 없는 이들 용사들이 빤다와 군을 깨뜨리고 또 깨뜨렸다. 마찬가지로 비마세나, 그의 락샤사 아들 가토트까차, 사띠아끼, 쩨끼따나, 드라우빠디의 아들들이 모든 왕과 함께 두료다나의 군대와 다르따라슈트라들을 하염없이 무너뜨렸다. 신들이 마치 아수라들을 도망치게 하는 것 같은 광경이었다. 황소 같은 크샤뜨리야들은 전투에서 서로가 서로를 죽였고, 피에 젖은 그들의 무서운 형상은 마치 다나와처럼 번쩍거렸다. 양쪽 진영의 영웅이 적을 죽이는 광경은 마치 하늘에 거대한 행성들이 떠다니는 것 같았다.

한편 드르따라슈트라의 아들 두료다나는 전투에서 수천 대의 전차를 이끌고 빤다와들과 락샤사 가토트까짜를 향해 짓쳐 들어갔다. 마찬가지로 전장에 있던 모든 빤다와가 대병력과 힘을 합쳐 적을 길들이는 두 용사 드로나와 비슈마에게 대적하기 위해 내달렸다. 왕관 쓴 아르주나도 분심에 차 더 없이 힘 좋은 왕들을 공격했고, 아르주나의 아들과 사띠아끼 또한 힘 좋은 수발라 왕을 향해 짓쳐 달렸다. 그리하여 전장에서는 서로를 이기기 위해 안간힘 쓰는 빤다와들과 다르따라슈트라들 간에 다시 한 번 털이 곤두서는 전투가 벌어졌다.

54

산자야가 말했다.

"전장에서 아르주나를 본 왕들은 분기탱천해 수천 대의 전차를 몰고 와 사방에서 에워쌌습니다. 바라따의 후손이시여, 그를 전차의 둘레 안으로 몰아넣은 왕들은 사방에서 수천수만의 화살을 쏘며 그를 감싸버렸답니다. 격앙된 왕들은 번쩍이는 창, 날카로운 철퇴, 전곤, 삼지창, 도끼, 망치, 공이 등을 아르주나의 전차를 향해 날렸습니다. 그러나 쁘르타의 아들은 자기를 에둘러 메뚜기 떼처럼 쏟아져오는 무기들을 황금 장식된 화살들로 모두 쳐내버렸지요. 인드라 같은 왕이시여, 인간을 넘어서는 아르주나의 그런 가뿟한 몸놀림을 보고 신, 다나와, 간다르와, 삐샤짜, 우라가, 락샤사들은 '잘한다! 참으로 잘한다!'라고 외치며 경의를 표했답니다."

이어지는 산자야의 이야기는 이러하다.

간다라의 용사들은 대군을 이끄는 수발라의 아들 샤꾸니와 함께 전장에서 사띠야끼, 아비만유를 공격했다. 분기탱천한 샤꾸니의 병사들은 온갖 무기를 써서 우르슈니의 후손*과 싸워 그의 빼어난 전차를 부숴버렸다. 적을 태우는 사띠야끼는 제 전차를 버리고 위험천만한가운데 아비만유의 전차로 잽싸게 올라섰다. 하나의 전차를 같이 쓰게 된 둘은 날카로운 넓적화살들을 쏘며 수발라의 진영을 휘저었다. 드로나와 비슈마는 날카로운 왜가리 깃털화살로 전장에서 다르마의 왕의 군대를 파괴하는데 온힘을 쏟았다. 그러자 전 병력이 지켜보는 가운데 다르마의 아들 유디슈

우르슈니의 후손_ 대부분은 끄르슈나를 뜻하나 여기서는 사띠야끼를 지칭한다.

티라 왕, 그리고 마드리의 두 아들 나꿀라와 사하데와가 드로나의 대군을 향해 짓쳐 들어갔다. 그리하여 신들과 아수라들 간에 있던 예전의 저 끔찍한 전투를 떠올리게 하는 혼잡하고 털이 곤두서는 대격전이 벌어졌다.

비마세나와 가토트까짜가 무서운 행적을 펼쳐보였고, 그런 그들을 향해 두료다나가 짓쳐 들어갔다. 히딤바아의 아들 가토트까짜는 전투에서 아버지 비마를 앞섰으니 그저 놀라울 따름이었다. 분기탱천한 빤두의 아들 비마세나는 껄껄 웃으며 분을 이기지 못한 두료다나의 가슴팍을 화살로 꿰어 맞혔다. 그러자 일격에 혼미해진 두료다나 왕은 전차에 주저앉아 정신을 잃었다. 그가 정신을 잃었음을 눈치 챈 마부가 정신없이 그를 몰고 전장으로부터 먼 곳으로 달렸다. 그러자 까우라와군대는 혼비백산해 도망쳤고 비마는 날카로운 화살을 퍼부으며 그들을 뒤쫓아 산산이 부숴 버렸다.

더 없이 빼어난 전사 드르슈타듐나와 다르마의 아들 유디슈티라는 드로나 그리고 강가의 아들이 지켜보는 가운데 적군을 파괴하는 뾰족하고 날카로운 화살로 그들의 군대를 망가뜨렸다. 대전사 드로나와 비슈마는 전장에서 두료다나의 병력이 내빼는 것을 막을 수가 없었다. 비슈마와 드로나가 막아보려 했으나 병사들은 비슈마와 드로나 눈앞에서 달아나고 말았다. 전장에서 수천의 전차병이 뿔뿔이 흩어져 도망치는 중 수바드라의 아들 아비만유와 쉬니의 손자 사띠야끼는 한 전차에 탄 채 수발라의 아들의 병사들을 사방에서 도륙했다. 저 두 전사, 쉬니의 손자와 꾸루의 황소 아비만유는 마치 새달의 창공에 달과 태양이 한꺼번에 걸려 있는 듯 빛났다.

한편 성난 아르주나는 비구름이 비를 쏟아내듯 두료다나의 군대에 화살비를 뿌려댔다. 전장에서 아르주나의 화살에 궤멸된 꾸루들은 괴로움과 두려움에 떨며 내빼기 급급했다. 두료다나의 승리를 염원하는 대전사 드로나와 비슈마는 도망치는 병사들을 보며 막아보려 했다. 두료다나 왕은 다시 정신을 차리고 뿔뿔이 도망치는 병사들을 붙잡았다. 두료다나가 보이는 곳마다 크샤뜨리야 대전사들은 되돌아왔고, 그들이 되돌아오는 것을 본 다른 병사들도 부끄러운 마음에, 또 당당히 싸워보려는 생각에 도망을 멈췄다. 되돌아온 그들의 기세는 달이 떠오르는 바다처럼 부풀었다. 되돌아온 병사들을 본 수요다나 왕은 지체 없이 샨따누의 아들 비슈마에게 가서 말했다.

'바라따의 후손이시여, 내 말을 들어보십시오. 꾸루의 후예시여, 당신과 무기 든 자들 중 최고인 드로나가, 그리고 그의 아들과 동지들과 대궁수 끄르빠가 살아 있는 한 도망이란 있을 수 없습니다. 왕이시여, 빤두의 아들은 어떻게 해도 당신과 드로나와 그의 아들과 끄르빠의 적수가 되지 못합니다. 영웅이시여, 할아버지께서는 어쨌든 빤두의 아들에게 호의적이었고, 그랬기에 저들의 이 엄청난 파괴를 눈감았습니다. 왕이시여, 당신은 빤두의 아들, 쁘르샤따의 후손, 사띠야끼와는 싸우지 않겠노라고 이 전투가 있기 전에 내게 말씀하셨어야 합니다. 할아버지와 스승님과 끄르빠의 그런 말씀을 들었더라면 나는 내가 생각한 바를 까르나와 함께 결정했겠지요. 황소 같은 분들이시여, 이 전장에서 당신들이 나를 버리는 것이 아니라면 힘을 다해 싸우심이 마땅할 것입니다.'

두료다나의 이와 같은 말을 들은 비슈마는 허탈하게 웃고 또 웃으며, 그리고 눈알을 부라리고 진노하며 두료다나에게 말했다.

'왕이여, 나는 무엇이 적절하고 좋은지를 말하고 또 말했소. 인드라가 이끄는 신들이라고 해도 전장에서 빤다와들은 물리칠 수 없소. 훌륭한 왕이여, 그럼에도 이 늙은 나는 오늘 내 힘이 허락하는 데까지 애써 볼 참이오. 그러니 친지들과 함께 지켜보시오. 온 세상이 지켜보는 가운데 나는 오늘 빤두의 모든 아들과 그들의 군대와 친지들을 막을 것이오.'

비슈마에게 그런 말을 듣고 한층 고무된 두료다나는 고둥을 불고 북을 치게 했다. 그 세찬 소리를 들은 빤다와들 또한 고둥을 불고 북을 울리고 징을 쳤다.

55

드르따라슈트라가 말했다.

"내 아들이 그리 울분을 토한 뒤 비슈마는 저 잔혹한 전투에서 서약을 했구나. 산자야여, 그리고 나서 비슈마는 빤두의 아들에게 어떻게 했느냐? 산자야여, 그리고 빤짤라들은 그때 할아버지께 어찌 했느냐? 산자야여, 말해다오."

산자야가 말했다.

"바라따의 후손이시여, 그날의 아침나절이 가고, 승리를 쟁취한 고결한 빤다와들이 한껏 고무되었을 때, 다르마에 관한 모든 것을 낱낱이 아는 당신의 서약 굳은 아버지는 당신의 아들과 대병력에 빙 둘러싸여 날쌘 말을 타고 빤다와 군대를 향해 짓쳐 들어갔지요. 그리고는 다르따라슈트라의 군대와 빤다와 군대 간에 털이 곤두서는 혼란스런 전투가 벌어졌습니다. 산이 갈라지는 듯 활을 튕기고 손뼉을 쳐대는 요란한 고성이 일었지요. 바라따의 후손이시여, 모두가 당신의 비뚤어진 책략 탓에 벌어진 일입니다."

이어지는 산자야의 이야기는 이러하다.

'서라!', '나 여기 있다!', '저놈을 찔러라!'
'후퇴해라!', '자리를 지켜라!', '여기 섰다!', '쳐라!'
이런 따위의 소리가 사방에서 들렸다. 황금갑옷과 왕관과 깃발들이 부딪치는 소리가 마치 돌바닥에 바위 떨어지듯 요란했다. 아름답게 치장한 수백수천의 머리와 사지가 떨어져나가 땅바닥 여기저기에 굴러다녔다. 강건했던 사내들은 머리와 사지가 찢겼어도 여전히 손에 활을 치켜들거나 무기를 쥐고 있기도 했다. 코끼리 몸통을 바위 삼고, 살과 피를 흙으로 삼은 끔찍한 붉은 피의 강이 세찬 기세로 흘렀다. 명마와 사람과 코끼리 몸뚱이들이 강의 시원이었고, 저세상의 바다가 강어귀였으니 독수리와 코끼리와 자칼들이 기뻐 날뛰었다.

다르따라슈트라들과 빤다와들 간의 그런 전투는 보지도 듣지도 못한 것이었다. 싸우다 쓰러진 병사와 코끼리들 시체로 인해 전차 길은 무너진 검푸른 산에 숨겨져 있는 듯 전장에서 찾아볼 수가 없었다. 흩뿌려진 갑옷, 다채로운 깃발, 햇빛가리개 따위가 전장을 가을하늘처럼 빛내고 있었다. 화살에 꿰어 창자가 찢어지는 고통을 당하면서도 두려움 없이 전장에서 당당하게 적을 향해 짓쳐 들어가는 병사들이 있는가 하면 전장에 쓰러져 '아버지!', '형!', '벗이여!', '친지여!', '삼촌!', '나를 버리지 마세요!'라고 울부짖거나 '와라! 가지 마라! 무엇을 두려워하는가? 어디 가는가? 나는 여기 전장에 있느니! 두려워 말라!'라고 외치는 병사들도 있었다.

그런 곳에서 비슈마는 한결같이 활을 둥글게 휘어잡고 독뱀 같은 불촉화살을 날렸다. 빤다와의 병사들을 호령하며 활을 겨누고, 쉼 없이 화살의 물결을 쏟아내 사방을 한 뭉텅이로 만들어버린 저 서약 굳은 이는 전차 위에서 춤추듯 가뿟한 손놀림을 펼쳐보였다. 마치 불의 고리라도 되는 듯 그가 보이지 않는 곳이 없었다. 그가 얼마나 가볍게 움직였던지 빤다와들과 스른자야들에게는 전장에 오로지 그 용사 하나만이 수백수천으로 나뉘어 보이는 듯 했다. 동에 번쩍, 서에 번쩍 나타나는 비슈마를 본 사람들은 그가 환술을 부린다고 생각했다. 북쪽에서 보이는가 싶으면 이내 그는 남쪽에 모습을 드러냈다.

저 빛나는 영웅 강가의 아들은 그런 식으로 전장에 나타났다. 빤다와들 누구도 감히 그를 쳐다볼 수조차 없었다. 그들은 단지 비슈마의 활에서 쏟아져 나오는 무수한 화살들만 볼 수 있을 뿐이었다. 그가 그런 행적을 보이며 군대를 궤멸시키자 숱한 영웅이 전장에서 울부짖었다. 도저히 인간 형상을 지니고 할 수 있는 일이 아니었다. 파멸을 향해 등이 떠밀린 수천의 영웅이 비슈마의 성난 불길에 마치 나방들처럼 스러졌다. 비슈마가 전장에서 쏜 화살은 허투루 날아간 것이라곤 없었다. 저 가뿟한 파괴자의 화살들이 사람과 코끼리와 말의 몸뚱이들에 박혔다. 드르따라슈트라의 아버지 비슈마는 단단히 무장된 코끼리를 잘 겨눈 깃털화살 한 발로 벼락 맞은 산처럼 찢어발겼고, 몹시 날카로운 쇠화살 한 발로 갑옷 입은 코끼리병 두셋을 상처 입혔다. 비슈마에게 싸우러 달려들었다가는 제 아무리 범 같은 병사라도 눈 깜짝할 새에 땅바닥에 굴러 떨어지기 일쑤였다.

다르마의 왕의 대군은 비견할 수 없는 영웅 비슈마에게 그렇듯 수천 가닥으로 찢어발겨졌다. 대병력이 화살비에 고통스러워하며 와아수데와와 고결한 아르주나가 보는 눈앞에서 뿔뿔이 흩어져갔다. 영웅들이 아무리 애를 써도 비슈마의 화살의 고통으로부터 도망치는 전사들을 막을 수 없었다. 빤다와의 대군은 대인드라의 위력을 지닌 그에게 너무나 처참히 부서져 두 명이 편을 지어 도망치지도 못했다. 병사, 코끼리, 말들이 찢어발겨졌고, 깃발과 깃대들은 산산 조각났다. 빤두의 아들의 군대는 넋을 놓고 '아아! 아아!'를 외칠 뿐이었다. 몹쓸 운명에 내몰려 아비가 아들을, 아들이 아비를 죽였고, 벗이 좋아하는 벗을 찔렀다. 갑옷을 벗어던지고 머리를 산발한 채 도망치는 빤두의 아들의 병사들이 보이기도 했다. 전차 수호병과 빤두의 아들의 군대는 고통에 신음하며 소떼처럼 어지러이 헤매고 다녔다. 그렇듯 흩어져 헤매는 군을 보고 데와끼의 후손 끄르슈나가 저 빼어난 전차를 멈추고 쁘르타의 아들 아르주나에게 말했다.

'범 같은 사내 아르주나여, 그대가 기다리던 때가 되었느니. 혼란스러움으로 미혹되지 않았다면 이제 그를 치시게. 영웅이여, 예전에 그대는 왕들 앞에서, 그대와 싸우려는 비슈마와 드로나를 위시한 다르따라슈트라의 군대 모두와 친척 모두를 다 죽이겠다고 말했지. 그러니 적을 다스리는 꾼띠의 아들이여, 그 말이 진실이 되게 하게. 아르주나여, 뿔뿔이 흩어져 도망치는 아군 병사를 보게. 아가리 쫙 벌린 죽음 같은 비슈마를 보고 유디슈티라의 군대에 있는 모든 왕이 내빼고 있네. 미약한 짐승이 사자를 만난 듯 저들은 공포에 질려 도망치는 것이네.'

와아수데와의 이 같은 말을 듣고 다난자야가 말했다.

'말을 몰아 적군의 바다로 들어가세요. 비슈마가 있는 곳으로 가세요.'
그리하여 마두의 후손 끄르슈나는 비슈마의 전차가 있는 곳으로 은빛으로 빛나는 말을 몰고 갔다. 햇빛인 듯 눈부신 그의 전차는 쳐다보기도 어려웠다. 팔심 좋은 아르주나가 이렇듯 비슈마와 싸우러 전장에 나서는 것을 본 유디슈티라의 대병력은 다시 한 번 힘을 내어 모여들었다. 그리자 꾸루 최고의 전사 비슈마는 거듭 사자의 포효를 내지르며 다난자야의 전차를 향해 잽싸게 화살비를 퍼부었다. 아르주나의 전차와 마부는 엄청난 화살비에 가려 순식간에 시야에서 사라져버렸다. 그러나 진실의 힘을 지닌 와아수데와는 비슈마의 화살에 상처 입어 비틀거리는 말들을 흔들림 없이 굳건히 몰아갔다. 쁘르타의 아들은 비구름 소리 내는 천상의 활을 들어 세 발의 화살로 비슈마의 활을 부러뜨렸다. 활이 부러진 꾸루의 후예는 다시 눈 깜짝할 사이에 또 다른 거대한 활을 들었다. 드라따라슈타라의 아버지 비슈마는 양손을 써서 비구름 소리 내는 그 활에 화살을 먹였으나 성난 아르주나는 그것마저 부러뜨렸다. 그의 가뿟한 몸놀림에 샨따누의 아들 비슈마가 경의를 표하며 말했다.

'팔심 좋은 쁘르타의 아들이여, 좋구나, 빤두의 기쁨이여, 대단하다! 다난자야여, 이 대단한 행적이야말로 네게 어울리는 것이니! 참으로 기쁘다. 마음 단단히 하고 나와 싸워라!'

전장에서 아르주나를 그렇게 칭송한 뒤 영웅은 거대한 활을 들어 아르주나의 전차를 향해 화살을 날렸다.

이제 와아수데와는 최고의 말몰이로서의 진수를 보여주었다. 그는 가뿟하게 빙빙 돌아가며 전차를 몰아 비슈마의 화살들을 아무 쓸모없이 만들어버렸다. 그럼에도 비슈마는 흔들림 없이 날카로운 화살들을 쏘았고,

와아수데와와 다난자야의 온몸에 상처를 입혔다. 비슈마의 화살들에 꿰인 범 같은 두 사내는 온 몸이 뿔에 긁혀 포효하는 두 마리 황소 같았다. 분기탱천한 비슈마는 다시 한 번 전장의 사방에 넓적화살을 쏘며 두 끄르슈나*를 공격했다. 성난 비슈마는 껄껄 웃으며 쉼 없이 공격을 퍼부었다. 그는 결국 날카로운 화살들로 우르슈니의 후손 끄르슈나를 비틀거리게 했다.

팔심 좋은 끄르슈나는 전장에서 비슈마의 용맹을 보았고, 싸우는데 너무나도 무른 아르주나를 보았다. 훨훨 타는 태양처럼 양군 가운데서 끊임없이 화살비를 쏟아 붓는 비슈마를, 빤두의 아들의 최고의 병사들을 죽이며 유디슈티라 군에 유가의 끝을 만들려는 듯한 비슈마를 보았다. 적의 영웅을 처단하는 성스러운 끄르슈나는 견디기가 힘들어졌다. 영혼의 깊이를 가늠할 수 없는 그가 생각했다.

'유디슈티라의 군대가 없어지겠구나. 비슈마는 전장에서 하루 안에 신과 다나와들을 절멸시킬 수 있는 자이다. 빤두의 아들과 병사들과 그들을 따르는 자들을 전투에서 몰살시키는 것 따위는 아무것도 아니리라. 빤다와의 대군은 도망쳤다. 소마까들이 무너지는 것을 본 까우라와들이 할아버지에게 환호하며 금세 전장으로 돌아왔구나. 오늘 내가 빤다와들을 위해 무장하고 비슈마를 죽여야겠구나. 고결한 빤다와들의 짐을 내가 내려줘야겠구나. 아르주나는 전장에서 날선 화살에 상처를 입고도 비슈마를 존중하는 마음 때문에 어찌 해야 할지를 모른다.'

그가 그렇게 생각하는 동안 성난 할아버지는 빤두의 아들을 향해 또

두 끄르슈나_ 종종 끄르슈나와 아르주나를 '두 끄르슈나'로 표현하기도 한다.

다시 화살을 쏘았다.

많고 많은 화살이
사방천지를 가렸기에
하늘도 방향도 땅도
빛줄기 가득한 태양도 보이지 않았네.
연기를 동반한 뒤틀린 바람이 불었고
사방천지가 뒤흔들렸네.

드로나, 위까르나, 자야드라타,
부리쉬라와스, 끄르따와르만, 끄르빠,
쉬리따유스, 암바스타의 군주,
윈다와 아누윈다, 그리고 수닥쉬나

동쪽사람들, 사우위라의 병사들,
와사띠들, 슈드라까들, 말라와들,
그들 모두 샨따누의 아들의 명에 따라
지체 없이 아르주나를 치고 들어왔네.

기병 보병 전차병의 물결이,
수백수천, 수도 없는 코끼리 떼가
아르주나 주변을 에워 두르는 것을
쉬니의 손자 사띠야끼가 보았네.

아르주나와 와아수데와가,
무기 가진 자들 중 가장 빼어난 저 둘이,
보병과 코끼리와 말과 전차들에 에워싸인 것을 본
쉬니의 빼어난 영웅이 황망히 저들을 향해 내달렸네.

저 빼어난 쉬니의 대궁수는
지체 없이 적의 병력으로 쳐들어갔다네.
위슈누가 우르뜨라 죽인 인드라에게 가듯
그렇게 그는 아르주나를 구하러 갔다네.

비슈마에게 놀라 흩어져버린
코끼리, 말, 전차, 깃발의 물결,
도망치는 유디슈티라의 전 병력을 본
쉬니의 영웅이 말했네.

'크샤뜨리야들이여, 어디로 가는가?
옛 성현들이 말씀하신 율법이 아니지 않은가?
영웅들이여, 맹세를 저버리지 말라.
영웅의 율법을 지켜야 하느니!'

인드라의 아우*가 그의 말을 들었네.
빼어나고 빼어난 왕들이 사방으로 내빼는 것을 보고,

싸움에 무르디 무른 아르주나를 보고,
전장에서 호령하는 비슈마를 보고

더는 견딜 수 없던 저 고결한 이,
다샤르나 모두를 짊어진 끄르슈나가,
사방에서 밀려드는 꾸루들을 보고
명예로운 쉬니의 손자를 칭송하며 말했네.

'쉬니의 영웅이여, 갈 사람은 가게 하라.
사띠야끼여, 머무는 자들 또한 가게 하라.
내가 오늘 비슈마를 전차에서 떨어뜨리고
드로나 또한 병사들과 함께 전장에서 물러나게 하리니.

사띠야끼여, 꾸루의 전차병 중
나의 분노에서 벗어날 자 아무도 없으리니.
그러니 나는 이제 무서운 원반을 들어
저 서약 굳은자'의 목숨을 거두어들이리라.

쉬니의 후손이여, 비슈마와 병사들을 무너뜨리고
전사들의 영웅 드로나를 죽인 뒤

인드라의 아우_ 인도신화에서 인드라와 위슈누는 아디띠야의 아들들이다. 위슈누는 여기서
  끄르슈나를 뜻한다.
저 서약 굳은자_ 비슈마를 가리킨다.

다난자야를 기쁘게 하리라.

왕과 비마와 쌍둥이를 기쁘게 하리라.

드르따라슈트라의 아들들을 모두 처단하고
그들 편에 선 빼어난 왕들을 처단해
나는 오늘 적 없이 태어난 왕*에게
기쁜 마음으로 왕국을 바치리라.'

그리고는 저 와수데와 아들 끄르슈나,
말고삐 풀고 전차에서 뛰어내려
태양처럼 빛나고 벼락처럼 기세 좋으며
칼끝인 듯 날카로운 원반을 손에 들고 날려 보내

발아래 대지를 떨게 만든 저 고결한 이가
세차게 비슈마를 공격했네.
당당하고 도도한 사자가
욕정에 눈먼 코끼리 왕을 죽이려는 듯했다네.

성난 인드라의 아우, 더 없이 용맹한 그가
병사들 한가운데 있는 비슈마에게 짓쳐 들어갔다네.
창공에 나부끼는 샛노란 그의 옷자락은

태어난 왕_ 아자따샤뜨루ajataśatru, '적을 갖지 않고 또는 적 없이 태어난 자'라는 뜻으로 유디슈티라를 일컫는다.

하늘에서 번개 내뿜는 구름과 같았다네.

연꽃 같은 그의 수다르샤나가
끄르슈나의 아름다운 팔을 줄기 삼아
나라야나의 배꼽에서 나온 연꽃*인 듯
떠오르는 태양의 빛으로 빛났네.

끄르슈나의 분노의 여명으로 깨어나
칼끝처럼 날카로운 잎이 달린 그 연꽃은
그의 육신이라는 거대한 연못에서 자라
나라야나의 팔이라는 줄기 위에 환히 빛났다.

인드라의 성난 아우가
포효하며 날려 보낸 저 원반을 보고
만물이 너무나 두려워 신음했네.
꾸루의 파멸이 왔다고 생각했다네.

원반 쥔 저 와아수데와,
생명 있는 세상을 끝내려는 듯했네.
세상의 스승인 그가

나라야나의 배꼽에서 나온 연꽃_ 물위에 누운 위슈누는 나라야라고 부른다. 나라야는 물위에 누워 배꼽으로 연꽃을 피우고, 그 연못에서 창조의 신 브라흐마가 태어난다. 창조의 연꽃인 셈이다.

만물을 태우는 시간의 불인 듯했네.

원반을 들고 공격해오는 그를 보고,
두 발 가진 자들 중 가장 빼어난 저 신을 보고,
활과 화살을 양손에 든 샨따누의 아들이
흔들림 없이 당당히 전차에 서서 말했네.

'오시오, 신들의 왕이여, 세상을 거처로 삼은이여, 오시오!
샤르앙가 활을, 수다르샤나 원반을 든 이여, 당신께 절을 올리니,
세상을 지키는 이여, 만물의 피난처여, 전장에서
내 최고의 전차로부터 나를 무력으로 떨어뜨리시오.

끄르슈나여, 오늘 내가 당신 손에 죽는다면
이 세상에서도 저세상에서도 나는 행운인 것이오.
안다까, 우르슈니의 수호자여, 영웅이여,
당신의 공격으로 나는 삼계에서 우러름 받을 것이오.'

그때 아르주나가 전차에서 황망히 뛰어내려
야두의 영웅 끄르슈나를 향해 달려갔네.
단단하고 긴 팔 지닌 그가
더없이 우람하고 긴 끄르슈나의 팔을 붙잡았네.

팔이 붙잡힌 태초의 신,

요긴이라 일컬어진 그가 버럭 화를 냈다네.
지슈누*를 세차게 붙잡은 위슈누,
한 그루 나무에 부는 큰바람처럼 그를 끌고 갔다네.

그러나 저 쁘르타의 아들, 왕관을 머리에 두른 그는
두 발로 버티고 서서 황망히, 힘을 다해
비슈마에게로 짓쳐 들어가는 그를 붙잡았네.
그리하여 열 걸음 째에 어찌어찌 그를 멈춰 세웠네.

아름다운 황금화관을 두른 아르주나가 기뻐하며
끄르슈나를 향해 큰 절 올린 뒤 말했네.
'께샤와여, 분노를 거두세요.
당신은 빤다와들이 이르고자 하는 목적지입니다.

끄르슈나여, 저는 제가 지켜야 할 다르마를 결코
저버리지 않겠노라고 아들들과 형제들의 이름으로 맹세했습니다.
인드라의 아우시여, 당신의 명을 받들어
꾸루들의 끝은 제가 만들겠습니다.

시기적절한 그의 서약을 듣고
끄르슈나는 기뻐했네.

지슈누_ 아르주나를 가리킨다.

최고의 꾸루*를 총애하는 마음으로
그는 다시 원반을 들고 전차에 올랐다네.

적을 처단하는 끄르슈나는 다시
고삐를 잡고 고둥을 들었네.
그리고는 빤짜잔야 고둥을 불어
그 소리로 사방을 채웠다네.

목걸이와 팔찌와 귀걸이가 흔들리고
연꽃 눈이, 새하얀 이가 먼지로 얼룩지며
고둥을 부는 끄르슈나를 보고
꾸루의 영웅들이 신음했네.

징, 북, 종소리들이 울렸고
바퀴소리, 작은북소리들이
사자 같은 포효와 뒤섞여
온 꾸루 진영에 울려 퍼졌네.

아르주나의 벼락같은 간디와 활소리가
하늘을 채우고 사방을 채웠네.
빤두의 아들의 활에서 쏟아져 나온

최고의 꾸루_ 아르주나를 가리킨다.

밝고 번쩍이는 화살들이 온 사방으로 퍼져갔다네.

비슈마와 부리쉬라와스가 합세한
꾸루의 군주가 군대를 거느리고
연기를 깃발 삼은 이*가 마른풀을 태우려는 듯
손에 활을 들고 그에게 짓쳐 들어갔다네.

부리쉬라와스가 아르주나를 향해
일곱 발의 황금 촉 넓적화살을 쏘았네.
두료다나는 세차게 날아가는 창을 날렸고
샬리야는 철퇴를, 비슈누는 장창을 던졌다네.

부리쉬라와스가 일곱 개의 화살대에
쏘아 날린 일곱 개의 빼어난 화살을,
두료다나가 팔을 휘둘러 날려 보낸 창을
아르주나는 날카로운 칼로 쳐내버렸네.

그리고 영웅은 두 개의 화살로
샨따누의 아들 비슈마가 날려 보낸
번개처럼 빛나는 장창과,
마드라의 군주 샬리야가 휘두른 철퇴를 부쉈네.

연기를 깃발 삼은 이_ 불 또는 불의 신 아그니를 가리킨다.

그리고는 저 비견할 수 없는 간디바 활을
엄청난 힘을 쏟아 두 팔로 꺼내 들고
대인드라의 놀랍고도 무시무시한 날탄을
진언으로 불러 허공에 드러냈다네.

더 이상 좋을 수 없는 그 날탄으로
왕관 쓴 쁘르타의 아들, 저 고결한 대궁수는
밝은 불길 같은 화살의 물결로, 화살의 망으로
꾸루의 전군을 막아버렸네.

아르주나의 활에서 쏟아져 나온 화살들이
전차와 깃발의 꼭대기와 활과 팔들을 베고
적들의 몸뚱이를 꿰뚫고
인간의 왕과 코끼리 왕과 말들을 꿰뚫었네.

저 쁘르타의 아들, 왕관 쓴 아르주나는
흐름 좋고 날카로운 화살들로
사방과 시방과 천지를 채운 뒤
간디바 소리로 꾸루들의 마음에 공포를 심었다.

너무나도 무서운 전투가 시작되자
소라고둥소리도, 북소리도

사나운 전장의 소리도 모두
간디와 소리에 묻혀버렸네.

간디와 소리를 알아보고
위라타 왕을 위시한 영웅 같은 왕들이,
영웅 빤짤라 왕 드루빠다가,
기세도 등등한 이들이 그곳으로 달려왔다.

꾸루의 모든 병사는
간디와 소리가 날 때마다
두려움에 떨며 움츠러들었네.
아무리 기세 좋은 자도 그와 맞서려 하지 않았네.

왕들이 벌이는 그 무섭고 끔찍한 전투에서
영웅들이 죽고 전차들이 망가지고 마부들이 죽었네.
쏟아지는 화살들에 당해 코끼리들이 죽고
거대한 깃발들이 무너지고 황금 덮개들이 떨어져 내렸네.

왕관 쓴 아르주나 때문에
갑옷과 몸뚱이 부서진 이들이 한순간에 목숨 잃어 쓰러졌고,
매섭게 몰아붙여 사나운 기세로 날아가는 그의 깃털화살과
날선 곰 화살과 뾰쪽 화살들 때문에

기구들이 망가지고 바위들이 무너졌네.
선봉에 선 기수들의 거대한 깃발이 쓰러졌네.
전장에 있던 보병 무리와 전차와,
말과 코끼리들이 다난자야 때문에 무너져 내렸다네.

병사들은 화살에 맞아 이내 목숨을 잃거나
쏟아지는 화살에 꿰어 사지가 마비되었고
인드라의 아들이 대전투에서 불러온 무서운 날탄에
갑옷과 몸뚱이가 부서지거나 했다.

아르주나가 쏜 날카로운 화살의 물결은
전장에 너무나도 끔찍한 강이 흐르게 했네.
무기에 베인 인간의 몸뚱이에서 흐르는 피는 강물이요,
인간의 살덩이는 파도가 되었네.

강은 세찬 물살로 드넓게 펼쳐져
더 없이 무서운 형상으로 흘러갔고
코끼리와 말들의 시체의 물결이 강둑을,
병사들의 골수와 살덩이가 습지를 이루었다네.

락샤사 무리들, 부따들*이 모여들었고

*부따들_ 일종의 귀신들이다.

잘린 머리에서 흩어져 나온 머리카락이 물풀이 되었네.
시체더미 나르는 수천의 강줄기가 생기고
흩어진 온갖 가지 갑옷의 물결이 일었네.

사람과 말과 코끼리의 뼈가 자갈이 되었고,
파멸과 두려움을 나르는 빠딸라 세계의 주인들*이,
깡까말라 악기 소리가, 독수리 떼 울부짖는 소리가,
생고기 먹는 무리들이, 하이에나들이 강을 에워쌌네.

사방이 그렇게 득시글거리는 것을 보고
사람들은 잔혹한 와이따라니 큰 강을 떠올렸다네.
아르주나가 쏜 화살더미 때문에 생긴,
골수와 살덩이와 피로 흐르는 강은 너무나도 끔찍했다네.

쩨디, 빤짤라, 까루샤, 맛쓰야들이
빤다와 모든 형제와 함께 함성을 질렀네.
사자가 미약한 짐승 떼 놀래키듯
적군의 기를 들고 적군 이끄는 자들을 떨게 했네.
간디와 활의 주인과 자나르다나가
더없이 기뻐하며 함께 포효했네.

빠딸라 세계의 주인들_ 빠딸라는 지하세계이며 그곳 주인은 락샤사 등의 어둠의 세력이다.

이제, 태양이 빛의 그물을 거두어들이고,
저 견딜 수 없이 무서운 인드라의 아들의 날탄이
유가의 끝을 보여주려는 듯
한 없이 펼쳐지는 것을 본

꾸루들이 비슈마, 드로나, 두료다나,
바흘리까와 함께 병사들을 물렸네.
황혼이 오고 태양이 핏빛으로 변하며
밤이 찾아드는 것을 보고

적에게 승리를 거두어
세상의 명성과 명예를 얻은 다난자야도
그날의 일을 마치고 인드라 같은 왕들,
형제들과 함께 밤을 지내러 막사로 돌아갔다네.

밤의 어귀, 꾸루들 사이에
왁자지껄 혼란스런 소리들이 일었네.
'수만의 전사가 전장에서 죽었구나.
칠백에 이르는 코끼리를 아르주나가 죽였느니.

동쪽사람들, 사우위라의 모든 병사,
슈드라까들과 말라와들이 쓰러졌다.
다난자야가 저 무서운 행적을 보였구나.

어느 누구도 그런 일을 해내지 못하리!

제 팔의 위력으로 세상에 자자한 명성 얻은
저 왕관 쓴 자에게 슈루따유스도,
암바슈타의 군주도, 두르마르샤나와 찌뜨라세나도,
드로나, 끄르빠, 사인다와, 바흘리까도,
부리쉬라와스, 샬리야와 샬라도
그리고 비슈마도 모두 정복당했구나!'

이런 말들을 하며
병사들은 모두 막사로 돌아갔다네.
왕관 쓴 아르주나에 놀란
꾸루 병사들은 하나 같이
수천의 횃불을 만들고
등을 훤히 켜서 막사를 밝혔다네.

넷째 날

56

산자야가 말했다.

"바라따의 후손이시여, 밤이 지나고
다시 분노를 깨운 고결한 비슈마는
군의 선봉에서 전군에 빙 둘러싸여
적진으로 진군해 갔습니다.

드로나, 두료다나, 바흘리까,
두르마르샤나, 찌뜨라세나, 대전사 자야드라타,
다른 여러 왕이 이룬 병력의 물결이
그를 빙 둘러싸고 행군했답니다.

위없는 왕이시여,

저 대단하고 대단한 전사들, 기세등등한 영웅들,
왕들의 우두머리들에 에워싸인 그는 마치
신들에 에워싸인 벼락 든 인드라처럼 빛났지요.

병력의 선봉에 선 거대한 코끼리 등에는
선연히 붉고, 샛노랗고,
칠흑처럼 검고, 새하얀 빛깔을 띤
거대한 깃발들이 펄럭이며 빛을 더했습니다.

산따누의 아들이 지키는 병력은
대전사들, 코끼리들, 말들과 함께 더욱 빛났답니다.
떼구름에 뒤덮인 우기의 하늘이
번개를 뿜어대는 것 같았지요."

이어지는 산자야의 이야기는 이러하다.

그리하여 산따누의 아들의 비호 하에
꾸루의 군대는 전장으로 진격했다.
무서운 강의 물살인 듯 아르주나를 향해
사납고 거침없이 흘러갔다.

매서운 본모습을 각양각색으로 숨기고
코끼리, 말, 보병, 전차병의 물결을 날개 삼은

거대한 구름 같은 저 군진을
원숭이 왕 깃발을 든 고결한 이*가 멀리서 보았다.

저 황소 같은 사내, 고결한 영웅은
적의 젊은 용사들을 모두 죽이리라 다짐하고
갑옷으로 무장한 뒤, 군의 선봉에서
흰 말이 이끄는 깃발 단 전차를 몰고 진격했다.

전차와 그에 따른 장비 꼼꼼히 갖추고
야두의 황소*가 전장에서 이끄는
저 원숭이 깃발 아르주나를 보고
까우라와들도 두료다나도 기가 꺾였다.

왕관 쓴 세상 최고의 전사가
무기를 높이 들어 비호하고
사천 마리 코끼리가 네 구석에 흩어져 지키는
저 군진의 왕을 이제 까우라와의 군대가 보았다.

군진은 오전에 다르마의 왕이요,
꾸루의 기쁨 유디슈티라가 만들라고 했던 대로였다.

원숭이 왕 깃발을 든 고결한 이_ 원숭이 왕 하누만을 깃발에 넣은(혹은 깃대 위에 하누만이
  깃발 역할을 하며 앉아있다고도 하는) 아르주나를 가리킨다.
야두의 황소_ 끄르슈나를 가리킨다.

빤짤라의 수장들과 쩨디의 수장들이
하명에 따라 앞에 자리 잡았다.

그리고 수천의 북소리가
세차게, 드높게, 거세게 울렸고
고둥소리가, 악기 소리가,
사자의 포효가 온 전장을 메웠다.

영웅들이 튕기는 활과 활줄의 고성이
전장 가득 흩어지고 메워졌다.
벼락소리 같은 고둥이 울리자
북소리가 한순간에 잦아들었다.

창공은 고둥소리로 채워졌고
땅에서 인 먼지의 망으로 덧씌워졌다.
영웅들은 힘을 추스르고
비어 있는 곳을 보며 세차게 달려갔다.

전차병이 적의 전차병에 당해
마부와 말과 전차와 깃발과 함께 쓰러졌다.
코끼리병이 코끼리병에 당해 넘어졌고
보병이 보병에 당해 쓰러졌다.

기병 무리가 기병 무리에게
화살에 맞고 창에 찔리고 칼에 베어
고통스러워 날뛰다 쓰러지는
참으로 기막힌 광경이었다.

황금 별 무리로 단장한 방패가
영웅들의 화살에 꿰뚫리고
철퇴에 산산이 부서졌다.
창과 칼에 찢겨 떨어져 내렸다.

빼어난 코끼리의 코와 엄니에 짓이겨져
마부와 함께 쓰러진 전차병들도,
황소 같은 전차병들이 쏜 화살에 맞아
땅에 쓰러 넘어진 빼어난 코끼리들도 있었다.

코끼리들의 거세고 드센 물살에 짓이겨져
땅으로 꺼져가는 소리를 사람들은 들었다.
코끼리의 코와 무거운 몸통에 짓뭉개져
기병과 보병들이 내는 신음소리를 들었다.

코끼리와 말들이 이리저리 날뛰기 시작하자
기병과 보병 간에 대소동이 벌어졌다.
대전사들에게 에워싸인 비슈마가

원숭이 왕 깃발 단 아르주나를 보았다.

다섯 대추야자 새겨진 대추야자 깃발을 치켜세운
산따누의 아들은 명마가 끄는 빠르고 단단한 전차로
번개의 위용을 내뿜는 왕관 쓴 아르주나,
빼어난 날탄과 화살을 지닌 그를 향해 짓쳐 들어갔다.

드로나를 선봉 삼은 끄르빠와 샬리야도,
위윙샤띠와 두료다나도, 그리고 소마닷따도
인드라의 기세 갖춘
저 인드라의 아들을 향해 짓쳐 들어갔다.

그러자 아르주나의 아들 아비만유가,
아름다운 황금갑옷 입고 모든 날탄에 능한
저 용사가, 전차병들을 선두 삼은
모든 전사를 향해 기세 좋게 짓쳐 들어갔다.

불가능한 일을 해내는 저 끄르슈나의 조카가
저들 대전사들의 무서운 날탄을 무너뜨렸다.
대진언으로 맑혀진 제물 위에 불꽃 화환을 걸고
제단에서 타는 성스러운 아그니처럼 그는 빛났다.

한편 적의 피를 거품 삼아 강의 물살을 만든 이,

무엇에도 기죽지 않는 저 비슈마가
수바드라의 아들 아비만유를 지나쳐
쁘르타의 아들인 대전사 아르주나를 향해 갔다.

그러자 왕관 쓴 아르주나가 웃었다.
그러더니 저 놀라운 위용으로,
간디와 활에서 쏟아지는 거대한 소리로,
큰 깃털화살의 망으로 대날탄의 망을 부쉈다.

원숭이 깃발 단 아르주나,
집착 없는 거동의 고결한 영웅이
지체 없이 비슈마에게, 저 위없는 궁수 중의 궁수에게
눈부신 넓적화살 물결의 망을 퍼부었다.

꾸루들과 스른자야들과 온 세상이
위없는 두 사내 비슈마와 다난자야의
이와 같이 호기로운 일대일 격투를,
섬뜩한 활들의 소리를 지켜보았다.

57

산자야가 말했다.

"친애하는 왕이시여, 드로나의 아들, 부리쉬라와스, 샬리야, 찌뜨라세나, 산야마니의 아들이 뭉쳐 수바드라의 아들 아비만유를 공격했습니다. 사람들은 어린 사자가 다섯 코끼리와 싸우듯 그가 홀로, 저 기가 넘치는 다섯과 싸우는 것을 보았지요. 어느 누구도 끄르슈나의 조카만큼 정확히 표적을 맞히지 못했고, 어느 누구도 그만큼 용기 있거나 용맹스럽지 못했습니다. 날탄을 사용하는 것도, 날쌘 동작도 그만한 자가 없었답니다. 아르주나는 제 아들이 전투에서 그처럼 용맹스럽게 적을 다스리는 것을 보고 사자의 포효를 질렀습니다. 백성의 주인이시여, 인드라 같은 왕이시여, 당신의 손자가 당신의 군대를 그처럼 짓누르는 것을 보고 당신의 병사들이 사방에서 그를 빙 둘러쌌답니다. 수바드라의 기죽지 않는 아들은 기세로, 힘으로 다르따라슈트라의 병사들을 몰아붙이며 기를 죽였지요. 적들은 그가 가볍게 길을 내며 전장에서 싸울 때 태양 빛 닮은 그의 거대한 활을 볼 수 있었답니다. 아비만유는 드로나의 아들을 화살 하나로, 샬리야를 화살 다섯 발로 상처 입히고, 여덟 발의 화살을 쏘아 산야마니의 깃발을 찢었습니다. 뱀처럼 휘어가는 한 발의 날카로운 깃털화살로 그는 소마닷따의 아들이 던진 황금 자루의 큰 철퇴를 주저앉혔지요. 아르주나의 아들은 또한 샬리야가 쏜 무시무시한 백여 개의 화살을 쳐내고 전장에서 그의 말들을 죽였답니다. 부리쉬라와스, 샬리야, 드로나의 아들, 산야마니, 그리고 샬리야는 끄르슈나의 조카의 팔심을 당해내지 못하자 몹시 당황했습니다.

 인드라 같은 왕이시여, 그러자 당신의 아들이 이만 오천에 이르는 뜨리가르따, 마드라, 께까야의 등을 떠밀었습니다. 모두 궁술에 능하고, 적과의 전투에서 진 적 없는 빼어난 병사였지요. 그들이 왕관 쓴 아르주나와 그의 아들을 에워싸고 죽이려 들었습니다. 왕이시여, 적을 물리치는 군사대장 빤짤라의 아들이 포위된 아비와 아들, 저 두 황소 같은 전사를 보았답니다. 수천수만의 코끼리와 말의 물결과, 수백수천의 기병과 보병에 에워싸인 그가 격분하며 활을 펼쳐들었습니다. 적을 태우는 그가 병사들을 채근해 께까야와 마드라 진영을 향해 내달렸지요. 저 명성 자자한 강궁이 지키고, 물불 가리지 않고 싸우는 전차병과 코끼리병과 기병이 엄호하는 빤다와의 군대는 빛이 형형했답니다.

꾸루의 기쁨이시여, 아르주나를 향해 내달리던 빤짤라의 아들은 세 발의 화살로 샤라드와뜨의 아들의 어깨뼈에 상처를 입혔지요. 열 발의 화살로 열 명의 마드라의 병사를 죽이고, 한 발의 넓적화살로는 끄르따와르만의 말을 죽여 환호했습니다. 적을 태우는 그는 그 뒤, 번쩍이는 뾰족 끝 쇠화살을 쏘아 고결한 빠우라와와 그의 아들 다마나를 죽였지요. 그러자 산야마니의 아들이 서른 발의 화살을 쏘아 무적의 빤짤라 왕을 맞혔고, 열 발의 화살로는 그의 마부를 상처 입혔답니다.

크게 상처 입은 대궁수는 혀로 입 꼬리를 핥더니 날이 선 넓적화살로 적의 활을 베어버렸습니다. 왕이시여, 빤짤라 왕은 재빨리 스물다섯 발의 화살로 적을 제압했고, 그의 말과 마부를 죽였답니다. 바라따의 황소시여, 산야마니의 아들은 말이 죽고 없는 전차에 서서 고결한 드루빠다의 아들을 바라봤지요. 그는 단단한 쇠로 만든 무시무시한 칼을 집어 들더니 그대로 걸어가 전차에 서 있는 드루빠다의 아들을 재빨리 공격했습니다. 창과 방패를 휘두르며 달려드는 그는 허공에서 떨어져 내리는 뱀 같았고, 거센 물살 같았고, 시간이 보낸 죽음 같았습니다. 태양처럼 빛나고 취한 코끼리처럼 용맹스럽게 공격해오는 그를 빤다와들과 쁘르샤따의 후손 드르슈타듐나가 보았지요. 성난 군사대장 드르슈타듐나는 날카로운 칼과 방패를 손에 쥐고 달려드는 적이 화살을 쏠만한 거리에 있지 않음을 알고 전차에서 그대로 철퇴를 날려 그의 머리를 박살내버렸답니다.

왕이시여, 그가 죽어 넘어지사 번쩍이는 칼과 방패가 그의 손에서 빠져나와 세차게 땅바닥으로 굴러 떨어졌지요. 명예롭고 명예로운 빤짤라 왕의 고결한 아들, 무서우리만치 용맹스런 그가 철퇴 끝으로 그를 죽인 것이지요. 나의 왕이시여, 왕의 아들이요 대전사요 대궁수인 그가 죽자 당신의 아들의 진영에서는 '아이고, 아이고'하는 고성이 흘러나왔습니다. 제 아들의 죽음을 본 산야마니는 격분하며 빤짤라의 아들과 일대일로 싸우기 위해 쏜살같이 짓쳐 들어갔지요. 그곳 전장에서 전차를 다루는 가장 빼어난 두 영웅이 싸우는 것을 빤다와들도 까우라와들도 또 다른 모든 왕도 지켜보았답니다. 적의 영웅을 처단하는 분기탱천한 산야마니가 쇠꼬챙이로 거대한 코끼리를 치듯 세 발의 화살로 쁘르샤따의 후손을 내리쳤습니다. 마찬가지로 회합을 빛내는 샬리야 또한 격분하며 용맹스런 쁘르샤따의 후손의 가슴9에 상처를 입혔답니다. 그런 식으로 전투가 계속되었습니다."

58

드르따라슈트라가 말했다.

"산자야여, 내 아들의 군대가 빤다와 군대에 당하는 것을 보면 그것은 필시 인간의 일이라기보다는 신들이 지어놓은 일이라는 게 맞는 듯하다. 벗이여, 그대는 늘 내 아들들이 당하는 것만, 그리고 빤다와들이 우세하고 환호하는 것만 말하는구나. 산자야여, 오늘 그대는 나의 군사들이 사내다움이 부족하여 쓰러 넘어지고 베이고 패망한 것만 말한다. 저들은 힘을 다해 싸웠고 이기려 안간힘을 썼느니. 그럼에도 그대는 빤다와들은 이기는 것만, 내 병사들은 지는 것만 말하는구나. 벗이여, 나는 끊임없이 두료다나가 저지른 사납고 고통스런 짓들에 대해 듣게 되느니, 참으로 견디기가 어렵다. 산자야여, 나는 빤다와들이 패퇴할만한 어떤 방도도, 내 아들들이 전쟁에서 승리를 거둘만한 어떤 방법도 보질 못하겠구나."

산자야가 말했다.

"왕이시여, 마음 단단히 하고 인간의 육신이 멸하는 것에 대해, 코끼리와 말과 전차가 부서지는 것에 대해 들으소서. 당신의 잘못된 정책이 너무나 크답니다."

이어지는 산자야의 이야기는 이러하다.

드르슈타듐나는 샬리야가 쏜 아홉 발의 화살에 상처를 입었다. 분기탱천한 그가 쇠화살을 쏘아 마드라의 군주 샬리야에게 상처를 입혔다. 거기서 사람들은 쁘르샤따의 후손의 놀라운 용맹을 보았다. 회합을 빛내는 샬리야를 그가 한순간에 쳐내는 것을 보았다. 전장에서 싸우는 둘은 차이가 없어보였고, 잠깐 동안 둘의 격전은 똑같아 보였다. 그렇게 싸우던 중 샬리야가 노랗고 날선 넓적 끝 화살로 드르슈타듐나의 활을 쪼갰다. 우기 때 비구름이 산위에 비를 쏟아 붓듯 그는 화살비로 적을 뒤덮어버렸다.

한편 드르슈타듐나가 그렇게 당하자 아비만유는 분개하며 마드라 왕을 향해 전력으로 돌진해갔다. 영혼의 깊이를 가늠할 수 없는 끄르슈나의 조카는 너무나 분개해 마드라 왕 샬리야의 전차 가까이 가서 날카로운 세 발의 화살로 그를 꿰뚫었다. 그러자 마드라 왕의 전차를 에워싸고 있던 두료다나군이 아르주나의 아들과 전장에서 싸우려 들었다. 두료다나, 위까르나, 두샤사나, 위윙샤띠, 두르마르샤나, 두샤하, 찌뜨라세나, 두르무카, 사띠야우라따, 뿌루미뜨라 등이 전장에서 마드라 왕의 전차를 호위했다.

성난 비마세나, 쁘르샤따의 후손 드르슈타듐나, 드라우빠디의 아들들, 아비만유, 마드리의 두 빤다와 아들이 여러 가지 무기를 휘두르며 그들을 공격했다. 흥분한 그들은 드르따라슈트라의 잘못된 책략으로 인해 싸움터에서 서로를 죽이려 달려들었다. 양쪽 각 열 명의 전사가 공포를 일으키며 싸우는 전장에서 다르따라슈트라와 빤다와 진영의 전차병들은 그저 구경꾼이었다. 대전사들은 온갖 무기를 휘둘렀고, 고함을 질렀고, 몸싸움을 벌였다. 분을 참지 못한 그들 모두가 대날탄을 내보내며 서로가 서로를 밀어내고 서로가 서로를 죽이려고 안달했다.

한편 성난 두료다나는 격전장에서 순식간에 날카로운 네 발의 화살을 쏘아 드르슈타듐나를 크게 상처 입혔다. 두르마르샤나는 스무 발, 찌뜨라세나는 다섯 발, 두르무카는 아홉 발, 두샤하는 일곱 발, 위윙샤띠는 다섯 발, 두샤사나는 세 발의 화살을 그에게 쏘았다. 그러나 적을 괴롭히는 쁘르샤따의 후손 드르슈타듐나는 그들 각각에게 스물다섯 발의 화살을 쏘아 반격하며 손이 얼마나 날랜지를 보여주었다. 아비만유는 그 격전에서 사띠야우라따와 뿌루미뜨라에게 각각 열 발씩의 화살을 쏘아 맞혔다. 어미의 기쁨인 마드리의 두 아들은 그 전장에서 제 어미의 동생 샬리야를 날카로운 화살비로 뒤덮어버렸다. 놀랍기 그지없는 광경이었다. 샬리야는 저에게 맞서 싸우는 누이의 두 아들, 전사 중 전사인 그들을 수많은 화살로 뒤덮었다. 화살에 뒤덮였음에도 마드리의 아들들은 전혀 흔들림이 없었다.

한편 빤두의 대장사 아들 비마세나는 두료다나를 보고 전쟁을 끝내려는 심사로 철퇴를 집어 들었다. 까일라사 산봉우리 같은 대장사 비마가 짓쳐들어오는 것을 본 드르따라슈트라의 아들들은 두려워하며 도망쳐버렸다.

그러나 두료다나는 분기탱천해 만 마리의 기세 좋은 코끼리를 이끄는 마가다군을 채근했다. 마가다들을 앞세운 그는 비마세나를 향해 짓쳐 들어갔다. 철퇴를 손에 든 늑대 배 비마세나는 덤벼드는 코끼리군단을 보고 전차에서 뛰어내려 사자처럼 포효했다. 단단한 것들의 진수를 뽑아 만든 무겁고 거대한 철퇴를 쥔 그는 자신이 스스로 죽음이라도 되는 듯 입을 쩍 벌리고 코끼리군단을 향해 짓쳐 들어갔다. 대장사 비마세나, 저 힘센 이는 벼락 쥔 인드라처럼 철퇴로 코끼리들을 짓뭉개며 전장을 누볐다. 마음과 심장을 떨게 만드는 비마의 우렁찬 포효에 놀란 코끼리들은 함께 옹성이며 꿈쩍도 하지 못했다.

한편 비마 뒤를 지키던 드라우빠디의 아들들, 대전사 수바드라의 아들, 나꿀라, 사하데와, 쁘르샤따의 후손 드르슈타듐나는 구름이 산에 비를 뿌리듯 화살비를 뿌리며 코끼리들을 공격했다. 칼끝으로, 칼날로, 샛노란 넓적화살로, 그리고 평범한 보통 화살로 빤다와들은 코끼리병들의 머리를 베었다. 떨어져나간 수많은 머리와 단장한 팔, 몰이막대를 쥔 손들이 무너진 돌덩이처럼 보였다. 머리가 잘린 채 코끼리 등에 타고 있는 코끼리병들은 가지 잘린 나무들이 산위에 서 있는 것 같았다. 여타의 거대한 코끼리들 또한 저 고결한 쁘르샤따의 후손 드르슈타듐나에게 목숨을 잃고 무너졌거나 무너져 내리는 것이 보이기도 했다.

한편 마다다 왕은 전장에서 아이라와뜨* 같은 코끼리를 수바드라의 아들의 전차를 향해 내보냈다. 마가다 왕의 빼어난 코끼리가 덤벼드는 것을 본 적의 영웅을 처단하는 영웅 수바드라의 아들은 그것을 한 발의 화살로 죽여 버렸다. 적의 도시를 쟁취한 끄르슈나의 조카 아비만유는 은촉 넓적화살을 쏘아 아직 코끼리에게서 벗어나지 못한 마가다 왕의 머리를 베었다.

빤두의 아들 비마세나도 코끼리군단 속으로 뛰어들어 인드라가 산을 무너뜨리듯 코끼리들을 무너뜨리며 전장을 누비고 다녔다. 사람들은 벼락에 산이 무너지듯 비마세나의 한주먹에 전장에서 코끼리들이 죽어나가는 것을 보았다. 상아가 부러지고, 코가 부러지고, 뼈가 부서지고, 등이 무너지고, 이마가 깨진, 산처럼 거대한 수많은 코끼리가 죽어 넘어졌다. 신음하며 전장에 주저앉거나, 전장에서 도망치거나, 전장을 헤매고 돌아다니는 코끼리들도, 똥을 묻힌 채 나뒹구는 코끼리들도 있었다. 비마세나가 가는 길에는 산처럼 거대한 코끼리들이 목숨을 잃었거나, 입에 거품을 물고 쓰러져 있기도 했다. 이마가 깨져 피를 흘리거나 휘청거리다 땅바닥에 바위처럼 쓰러진 거대한 코끼리들도 있었다. 사지는 살점과 피로 번들거리고, 몸통은 골수에 젖은 채 전장을 누비고 다니는 비마는 지팡이를

아이라와뜨_ 인드라의 코끼리이다.

손에 든 죽음의 신 같은 모습이었다. 코끼리 피에 젖어 철퇴를 들고 다니는 늑대 배 비마는 너무도 섬뜩하고 무섭게 보여 삐나까*를 휘두르는 쉬와처럼 보이기도 했다. 분노한 비마세나에게 상처 입은 코끼리들은 고통에 몸부림치다 느닷없이 다르따라슈트라의 군대를 짓밟기도 했다. 수바드라의 아들을 선봉으로 삼은 대궁수 전사들이 저 영웅 비마세나를 엄호하며 싸웠다. 신들이 인드라를 지키는 듯했다.

    코끼리 피에 젖어 피범벅 된 철퇴를 휘두르는 비마세나는 세상을 파괴하는 루드라 쉬와의 현신인 듯했다. 철퇴를 휘두르며 춤을 추듯 사방을 누비는 비마는 춤추는 쉬와*와 다름없어 보였다. 사람들은 야마의 지팡이를 닮고, 인드라의 벼락 소리를 닮고, 루드라 쉬와의 죽음의 지팡이를 닮은 철퇴를 보았다. 그것은 분노하여 생명들을 처단하는 루드라 쉬와의 털과 골수와 피로 범벅된 삐나까 같았다. 소몰이꾼이 채찍으로 소를 몰듯 비마는 철퇴로 코끼리군을 몰아갔다. 사방 가는 길목마다 철퇴로 죽음에 내몰린 코끼리들은 자기 군대를 짓밟았다. 세찬 바람이 구름을 내몰듯 코끼리들을 내몬 비마는 삼지창 든 쉬와가 화장터에 머물 듯 잠시 혼돈의 한가운데에 머물렀다.

삐나까_ 쉬와 신의 활 또는 삼지창이다.
쉬와_ 세상을 끝내기 위해 무서운 춤을 추는 나트라자 쉬와를 가리킨다.

59

산자야가 말했다.

"코끼리군단이 궤멸되자 당신의 아들 두료다나는 비마를 죽이라며 전군을 채근했지요. 당신의 아들의 명을 받든 모든 병사가 엄청난 함성을 지르며 비마를 향해 짓쳐 들어갔습니다. 신들도 견뎌내지 못할만큼 끝없는 병사의 물결이 마치 물때 바뀐 바다*가 넘기 어려운 경계를 넘으려는 듯 비마에게 덤벼들었지요. 비마세나는 제 스스로 하나의 경계라도 되는 듯 전차, 코끼리, 말이 끝도 없고 한도 없이 와글거리고, 고둥과 북소리 따위로 축축해진 연못 같고 끝없는 바다 같은 저 흔들림 없는 병력의 바다를 막아섰습니다. 왕이시여, 아무리 믿어도 기적이라고밖에 할 수 없는, 인간을 벗어난 듯한 비마세나의 경이로운 행적을 우리는 전장에서 보았답니다. 흔들림 없는 비마세나는 말과 전차와 코끼리를 담은 온 땅을 철퇴로 뒤흔들었습니다. 빼어나고 빼어난 전사 비마는 병사들의 물결을 철퇴로 쫓아버리고는 그 혼돈 속에서 꿈쩍 않는 메루 산처럼 서 있었답니다. 더없이 끔찍하고 섬뜩한 그 엄청난 혼돈의 시간 속에서 그는 형제들과 아들들과 쁘르샤따의 후손 드르슈따듐나와 함께 있었습니다. 드라우빠디의 아들들도, 아비만유도, 대전사 쉬칸딘 어느 누구도, 두려움이 일 때조차도 대장사 비마를 떠나지 않았답니다.

물때 바뀐 바다_ 여기서 '물때 바뀐'이라고 옮긴 원문의 단어는 '빠르완parvan'으로 새날 또는 보름 등을 뜻하기도 하지만 달의 변환 지점이 되는 날, 즉 달이 넷으로 나뉘는 날, 여드레, 열나흘, 보름, 그리고 초승달이 뜨는 날을 이른다. 이날은 바다의 움직임이 드세지만 결코 경계를 넘지는 못한다는 의미가 함축되어 있다.

비마는 단단한 쇠로 만든 무겁고 거대한 철퇴를 쥐고 마치 지팡이 쥔 죽음처럼 당신의 병사들을 공격했습니다. 기세등등해진 비마는 전차병, 기병을 짓뭉개고 유가 끝의 불처럼 전장을 누볐지요. 전장에서 모두를 궤멸시킨 그는 유가의 끝에 모든 것을 파괴하는 시간 같았습니다. 그물처럼 펼쳐진 전차들을 허벅지 힘으로 끌어당긴 빤두의 아들은 이내 코끼리가 갈대밭을 짓뭉개듯 당신의 군대를 완전히 짓밟아버렸답니다. 전차에서 전차병을, 코끼리에게서 코끼리병을, 말의 등에서 기병을, 땅에서 보병을 잡아채 던졌습니다. 전장은 이르는 곳마다 죽은 병사와 코끼리와 말이 널려 있어 마치 죽음의 세계에 있는 것 같았답니다. 사람들은 살아 있는 것을 죽이는 성난 루드라의 삐나까*처럼, 야마의 지팡이처럼, 인드라의 벼락처럼 무시무시한 소리를 내며 산목숨을 빼앗는 비마세나의 무섭고도 끔찍한 철퇴를 보았습니다. 꾼띠의 고결한 아들 비마세나가 철퇴를 휘두르는 모습은 유가를 끝낼 때의 시간처럼 너무나도 무서웠답니다. 거대한 병력을 파괴하고 또 파괴하며 죽음인 듯 내달리는 그를 보고 모든 병사가 기가 꺾이고 말았지요. 바라따의 후손이시여, 빤두의 아들이 철퇴를 향하는 곳마다 병사들은 뿔뿔이 흩어져버렸답니다.”

이어지는 산자야의 이야기는 이러하다.

거대한 철퇴를 휘두르며 그토록 무서운 행적을 보이는 늑배 배를 보고 비슈마는 세차게 반격해갔다. 엄청난 비구름 소리를 내는 태양빛 전차

루드라의 삐나까_ 쉬와 신의 활이다. 삐나까를 든 쉬와를 삐나긴이라고 칭한다.

를 몰고 간 비슈마는 비를 퍼붓는 빠르잔야* 처럼 화살비로 적을 뒤덮었다. 입을 쩍 벌리고 달려드는 죽음처럼 짓쳐들어오는 비슈마를 본 대장사 비마는 분을 이기지 못하고 벌떡 일어섰다.

그때 사띠야끼, 서약에 충직한
저 쉬니의 영웅이 할아버지를 공격했다.
강궁으로 적을 짓이기며
다르따라슈트라군을 떨게 했다.

은빛 말을 타고 달리며
강궁으로 끝없는 화살 뿌리는 그를
다르따라슈트라의 병사들 누구도
막아낼 수 없었다.

그러자 날카롭고 매서운 화살들로
알람부사가 그를 맞혀 상처 입혔고
쉬니의 영웅은 전차로 밀고 들어가
네 발의 화살을 그에게 되쏘아 맞혔다.

적군을 한가운데서 휘젓고 다니는
저 빼어난 우르슈니의 후손을,

빠르잔야_ 비의 신으로 가끔 인드라와 동일시되기도 한다.

황소 같은 꾸루들을 도망치게 하고는
포효하고 함성 울리는 그를,

한낮에 활활 타는 태양 같은
저 빼어난 전사를 도저히 막아낼 수 없었다.
소마닷따의 아들들을 빼고는 거기서
기죽지 않는 자 어느 누구도 없었다.

기가 꺾이지 않은 소마닷따의 아들
부리쉬라와스가 활을 들었다.
전차를 돌려 내빼는 제 병사들을 보고
싸우려 안달하는 사띠야끼에게 덤벼들었다.

60

산자야가 말했다.
"왕이시여, 한편 너무나 화가 난 부리쉬라와스는 거대한 코끼리를 쇠꼬챙이로 두들기듯 아홉 발의 화살을 사띠야끼에게 쏘아 맞혔답니다. 그러나 영혼의 깊이를 잴 수 없는 사띠야끼는 죽 곧은 화살로 온 세상이 보는 앞에서 까우라와를 쳐냈지요. 그러자 형제들에게 에워싸인 두료다나 왕이 전장에 뛰어들며 소마닷따의 아들을 에둘러 쌌습니다. 그와 마찬가지로 모든 빤다와도 사띠야끼를 단단히 에워싸고 기세등등하게 전투에 나설 채비를 갖추며 적을 막아섰지요. 바라따의 후손이시여, 격분한 비마세나는 철퇴를 휘두르며 두료다나를 선두로 한 당신의 모든 아들을 쫓아버렸답니다. 그러나 당신의 아들 난다까는 분해서 펄펄 뛰며 수천 전차병의 도움을 받아 왜가리 깃털이 달린 날카로운 돌촉화살 여섯 발을 대장사 비마세나에게 쏘아 맞혔습니다. 성난 두료다나도 전장에서 날카로운 세 발의 화살로 대장사 비마세나의 가슴을 쏘아 맞혔답니다."

이어지는 산자야의 말은 이러하다.

그러자 팔심 넘치는 대장사 비마가 빼어난 제 전차에 올라타며 마부 위쇼까에게 말했다.
'대전사요 대장사인 다르따라슈트라의 용사들이 분해 펄펄 뛰며 전장에서 나를 죽이려고 덤벼드는구나. 나는 오늘 그대 앞에서 이들을 모두 죽이리라! 의심치 말라. 위쇼까여, 전장으로 나갈 때 내 말들의 고삐를 단단히 붙들어라.'
이렇게 말한 뒤 쁘르타의 아들 비마세나는 드르따라슈트라의 아들 두료다나에게 황금 장식된 열 발의 날카로운 화살을 쏘아 맞혔고, 그 사이에 난다까에게도 세 발의 화살을 쏘아 날렸다. 그러나 두료다나 또한 대장사 비마에게 예순 발의 화살을 쏘았고, 다른 세 발의 날카로운 화살로는 마부 위쇼까에게 상처를 입혔다. 그 격전에서 두료다나는 마치 비웃는 듯이 날카로운 화살 세 개로 비마의 빛나는 활자루를 쪼개버렸다. 두료다나가 쏜 뾰족하고 날카로운 화살에 마부 위쇼까가 상처 입고 괴로워하는 것을 본 비마는 분을 참지 못하고 펄펄 뛰며 천상의 활을 집어 들었다.

격분한 비마는 칼처럼 날선 깃털화살을 들어 두료다나 왕의 더없이 훌륭한 활을 베어버렸다.

분노가 불처럼 치솟은 두료다나는 갈라져버린 활을 동댕이치고 재빨리 다른 활을 집었다. 격분한 그는 죽음과 시간의 빛을 지닌 무시무시한 화살을 비마세나의 가슴팍에 겨누었다. 전차에 타고 있던 비마가 깊게 상처 입고 고통에 몸부림치다 전차 바닥에 주저앉아 정신을 잃었다. 고통스러워하는 비마를 본 아비만유를 위시한 대궁수들, 빤다와 대전사들은 견딜 수 없었다. 그러나 그들은 흔들림 없이 드르따라슈트라의 아들의 머리 위에 사납디 사나운 화살비를 어지러이 쏟아 부었다. 때마침 팔심 좋은 비마가 정신을 되찾았고 두료다나에게 세 발의 화살을 맞힌 뒤 다시 다섯 발을 더 쏘아 맞혔다. 그리고 이 빤두의 아들은 스물다섯 발의 황금촉화살로 샬리야를 꿰뚫어 맞혀 도망치게 했다.

그러자 세나빠띠, 수쉐나, 잘라산다, 술로짜나, 우그라, 비마라타, 비마, 위라바후, 알롤루빠, 두르무카, 두슈빠라다르샤, 위위뜨수, 위까타 그리고 사마, 이렇게 열네 명의 드르따라슈트라의 아들이 비마에게 반격했다. 분노로 눈이 붉어진 그들이 비마세나를 향해 엄청난 화살을 쏘아대며 덤벼들었다. 비마가 다시 심하게 상처 입었다. 그러나 팔심 좋은 영웅 비마는 다르따라슈트라들을 보더니 먹잇감을 앞에 둔 늑대처럼 입 꼬리를 핥았다. 그리고는 칼날 같은 화살로 드르따라슈트라의 아들 세나빠띠를 베었다. 잘라산다를 잘라 야마의 거처로 보냈고, 수쉐나를 죽여 죽음에게 던졌다. 귀걸이로 치장한 지상의 달 같은 우르라의 투구 쓴 머리를 넓적 화살로 베어 동댕이쳤다. 그리고 비마는 비마바후를 말과 깃발과 마부와 함께 싸잡아 저세상으로 보내버렸다. 비마세나는 웃으며 두 형제 비마와 비마라타를 전장에서 야마의 거처로 옮겨놓았다. 그런 뒤 비마는 저 끔찍한 전투에서 전군이 지켜보는 가운데 술로짜나를 칼날 같은 화살을 쏘아 야마의 거처로 인도했다. 드르따라슈트라의 나머지 아들들은 성성한 비마에게 다른 형제들이 죽임을 당하고 있음에도 비마세나의 용맹을 보고는 두려움에 벌벌 떨며 사방으로 도망쳐버렸다.

이쯤 되자 샨따누의 아들 비슈마가 모든 대전사에게 말했다.

'전장에서 격앙되어 날뛰는 비마가 가장 사납고 가장 빼어나며 가장 전투적인 다르따라슈트라의 대전사들을 사나운 활로 쓰러뜨리고 있느니. 왕들이여, 서둘러 그를 잡으라!'

그의 말에 다르따라슈트라의 전 병력이 성난 대장사 비마세나에게 짓쳐 들어갔다. 바가닷따가 지체 없이 이마 터진 코끼리를 타고 비마가 버티고 있는 곳으로 돌진해갔다. 전장을 가로질러 간 그는 전장에서 돌촉화살들로 구름이 태양을 가리듯 비마를 뒤덮어버렸다. 제 팔심에 의지해 싸우는 아비만유를 위시한 대전사들은 전장에서 비마세나가 가려지자 분을 참지 못했다. 그들은 사방에서 화살비를 뿌려 그를 막았고, 화살비를 퍼부어 그의 코끼리를 꿰뚫었다. 온갖 표식을 지닌 기세등등한 전사들의 화살비를 두 배로 맞은 쁘라그조띠샤 왕 바가닷따의 코끼리는 정신없이 내달렸다. 피를 흘리며 내달리는 바가닷따의 상처 입은 코끼리는 거대한 구름이 태양빛과 함께 빛나듯 아름다워 보였다. 바가닷따에게 내몰린 취한 코끼리는 시간이 보낸 죽음처럼 모든 전사를 몰고 두 배의 속도로 내달리며 발아래 땅을 뒤흔들었다. 대적할 수 없으리라고 생각한 거대한 몸집을 바라본 전사들은 모두 낙담했다. 그러자 바가닷따 왕이 분기탱천해 곧게 나는 화살을 쏘아 비마세나의 가슴팍을 맞혀 상처를 입혔다. 대전사요 대궁수인 비마세나는 왕이 쏜 화살에 심하게 상처입고 혼미해져 깃대를 붙잡아 몸을 기댔다. 비마세나가 정신을 잃고, 적들이 두려워하는 것을 본 장사 바가닷따는 기세등등해져서 포효했다.

그러자 비마가 그런 상태인 것을 보고 저 무서운 락샤사 가토뜨까짜가 격분하며 문득 그곳에 나타났다. 그는 공포를 일으키는 두렵고도 끔찍한 형상의 마야를 장전한 뒤 눈 깜짝할 사이에 다시 무서운 모습을 취하고 나타났다. 마야를 써 제 스스로 만들어낸 아이라와뜨 코끼리에 탄 채였는데, 방위를 지키는 다른 세 큰 코끼리, 안자나, 와마나, 빛이 형형한 마하빠드마도 락샤사와 함께 왔다. 기세와 기력과 힘을 갖춘 거대한 몸집의 코끼리들에게서는 그들을 몹시 취하게 하는 세 가닥 즙이 이마에서 흘러내렸고, 넘치는 힘과 더없는 용맹을 지녔다. 가토뜨까짜가 제 코끼리를 내몰았다. 적을 태우는 그는 바가닷따를 코끼리와 함께 죽이려 들었다. 힘이 넘쳐흐르는 락샤샤들*에게 내몰린 엄니 넷 달린 다른 코끼리들이 흥분해 사방에서 바가닷따의 코끼리를 엄니로 들이받았다. 코끼리들에게 당하고 화살에 상처 입은 코끼리는 고통으로 몸부림치며 인드라의 벼락과도 같은 엄청난 고함을 질렀다. 그처럼 끔찍하고 무서운 소리를 내지르는 것을 듣고 비슈마가 드로나와 두료다나 왕에게 말했다.

'저 고약한 히딤바이의 아들과 싸우다 대궁수 바가닷따가 전장에서 곤경에 처했소. 락샤사는 대단한 마법을 쓰고, 왕은 너무나도 화가 나 있소. 전투에서 마주한 저 두 명의 대영웅은 마치 시간과 죽음 같구려. 빤다

락샤샤들_ 여기서 복수로 쓰인 락샤사들은 가토뜨까짜와 동반해서 온 다른 락샤사들 또는 가토뜨까짜가 마야로 만든 네 마리의 코끼리인 듯하다.

와들이 환호하며 내지르는 환호성과 코끼리들이 두려워 내지르는 고막을 찢을 듯한 소리가 들리지 않소. 우리가 그곳으로 가서 왕들을 지키는 것이 좋겠소. 그를 지켜주지 않는다면 이 전투에서 곧 목숨을 잃을 것이오. 대영웅들이여, 서두르시오. 늑장부려 좋을 일이 어디 있겠소? 어서 진군합시다. 털이 곤두서는 끔찍한 대전투가 벌어지고 있소. 태생 좋은 부대의 대장 바가닷따는 헌신적인 용사요. 우리가 그를 구하는 것이 마땅하오.'

비슈마의 이 같은 말을 듣고 드로나를 위시한 모든 왕이 바가닷따를 구하고자 했다. 그리하여 그가 있는 곳을 향해 선력으로 달려갔다. 그들이 달려가는 것을 보고 유디슈티라를 선두로 한 빤짤라들과 빤다와들이 적의 뒤를 바짝 쫓았다. 그들 군대를 본 인드라 같은 락샤사, 저 위용 넘치는 가토뜨까짜가 인드라의 벼락과 같은 엄청난 고함을 질렀다. 그의 소리를 듣고 코끼리들이 놀라는 것을 본 샨따누의 아들 비슈마가 다시 한 번 드로나에게 말했다.

'저 고약한 히딤바아의 아들을 전장에서 보지 않으면 좋겠소. 힘과 기력을 타고난 저자가 동지들의 도움까지 얻고 있소. 벼락 든 인드라가 직접 와도 저자와 싸워 이기지는 못할 것이오. 저자는 과녁을 정확하게 맞히고, 우리 짐승들은 지쳤소. 온종일 빤짤라들, 빤다와들과 싸우느라 우리도 녹초가 되었소. 그러니 지금은 승리에 취한 빤다와들과 싸우고 싶지 않소. 오늘은 군대를 물리고 내일 다시 적과 싸웁시다.'

가토뜨까짜가 두려워 벌벌 떨던 까우라와들은 할아버지 말을 듣고 이치에 맞다 여기고 그렇게 했다. 까우라와들이 퇴군하자 빤다와들은 승리에 취해 거센 사자의 포효를 지르고 고둥소리를 울렸다.

산자야가 말했다.

"바라따의 황소시여, 가토뜨까짜를 내세운 빤다와들과 꾸루들의 그 날의 전투는 이러했답니다. 왕이시여, 그리하여 밤이 되자 빤다와들에게 패퇴한 까우라와들은 제 막사로 돌아갔습니다. 빤두의 대전사 아들들은 전투하다 화살에 맞은 몸이 부서지는 듯했으나 마음은 흡족해져 막사로 돌아갔지요. 대왕이시여, 비마세나와 가토뜨까짜를 앞세운 그들은 서로서로 경의를 표했고, 더할 나위 없이 기뻐했답니다. 그들은 악기소리가 뒤섞인 온갖 소리를 냈고, 고둥소리와 섞인 사자의 포효를 질러댔습니다. 나의 왕이시여, 적을 태우는 고결한 그들은 밤이 되어 막사로 돌아와 땅이 흔들리도록 함성을 지르며 당신의 아들의 속을 긁어놓았답니다. 그러나 아우들의 죽음에 마음이 무너진 두료다나 왕은 잠시 생각에 잠겼고, 슬픔이 덮쳐와 눈물을 흘렸습니다. 그런 뒤 막사에 돌아와 해야 할 모든 의례를 정해진 대로 행하고는 아우들을 잃은 괴로움으로 타는 듯한 슬픔에 빠져들었답니다."

비슈마의 죽음

전투가 시작되다

61

드르따라슈트라가 말했다.

"산자야여, 신들도 보여주기 어려운 빤두의 아들들의 행적을 들으니 너무나도 두렵고 놀랍구나. 나의 마부 산자야여, 내 아들들이 완전히 패퇴한 것을 들으니 '어찌 될꼬?' 하는 걱정이 크고도 크다. 위두라의 말이 필히 내 심장을 태우리니, 산자야여, 모든 것은 운명이 정해둔 대로 일어날 듯하구나. 비슈마가 이끄는 무기 잘 다루는 최고의 용사들을 상대로 빤다와 진영의 전사들이 싸운다. 저 고결한 대장사 빤두의 아들들이 누구에게 죽임을 당하겠느냐? 나의 벗이여, 저들이 누구에게 축원 받았고, 또 어떤 앎을 알고 있더냐? 저들은 하늘의 별처럼 누구도 떨어뜨릴 수 없으리니. 나의 군대가 빤다와들에게 죽임을 당하고 또 당하는 것을 견딜 수 없구나. 너무나도 잔혹한 운명의 벌이 내게만 내려졌느니. 빤두의 아들들은 멀쩡하고 내 아들들만 죽임을 당하는구나. 산자야여, 이 모든 것을 사실 그대로 다 말해다오. 무슨 수를 써봐도 이 고통의 저편을 볼 수 없구

나. 나는 저 거대한 바다를 두 팔만으로 건너려는 사람 같다. 필시 너무나도 끔찍한 재앙이 내 아들들에게 덮쳤다고 여겨지느니. 비마가 내 아들들 모두를 죽일 것이 자명하구나. 전장에서 내 아들들을 지켜줄 어떤 영웅도 찾을 수 없느니. 산자야여, 내 아들들은 필시 전장에서 무너지리라. 그러니 마부여, 그대는 오늘 내가 묻는 것, 특히 그 연유에 관련된 것을 사실대로 모두 답하는 게 마땅하다. 제 편이 전장에서 등 돌리고 도망가는 것을 지켜본 두료다나에 관해서도, 비슈마, 드로나, ㄲ르빠, 수발라의 아들, 자야드라타, 드로나의 대궁수 아들, 대장사 위까르나가 보여준 행적도 모두 말해다오. 지혜롭고 지혜로운 산자야여, 내 아들들이 등 돌리고 도망칠 때 저 고결한 이들은 어떤 결정을 내렸더냐?"

산자야가 말했다.

"왕이시여, 들어보소서. 그리고 들은 뒤 잘 새겨 보소서. 빤다와들은 어떤 진언도 쓰지 않았고 술법 또한 부리지 않았습니다. 왕이시여, 저들은 두려움을 주는 다른 어떤 방책 또한 쓰지 않았답니다. 저들은 정당한 방법으로 싸웠고, 전장에서 힘이 넘쳤습니다. 바라따의 후손이시여, 언제나 큰 명예를 구하는 쁘르타의 아들들은 모든 행위를 다르마에 따라 행했답니다. 다르마를 갖춘 대장사들은 더없이 영예로웠고 전장에서 물러나는 법이 없었습니다. 다르마가 있는 곳에 승리가 있는 법이지요. 이 땅의 군주시여, 그래서 쁘르타의 아들들이 전장에서 죽임을 당하지 않는 것이며, 그래서 전장에서 승리하는 것이랍니다. 그러나 당신의 아들들은 마음 씀이 고약하고 항상 악에 마음을 두기에 행위가 거칠고 미천하며 전장에서 지는 것입니다. 인간들의 주인이시여, 당신의 아들들은 비천한 사람이나 저지를만한 잔혹한 짓을 빤두의 아들들에게 수도 없이 저질렀습니다. 빤두의 형이요 백성의 주인인 왕이시여, 당신의 아들들은 하나 같이 고결하지 못하고 사납습니다. 그럼에도 빤다와들은 한결같이 관대했지요. 당신의 아들들을 지나치게 귀히 여기지 마소서. 한없이 사악했던 행위의 끔찍하디 끔찍한 열매가 익었습니다. 대왕이시여, 이제 그 결실을 아들들, 동지들과 함께 거두어들이는 깃입니다. 왕이시여, 당신은 당신이 잘되기를 바라는 이들 말에 귀 기울이지 않았지요. 위두라의 말도, 비슈마의 말도, 고결한 드로나의 말도 흘려들었습니다. 소인 또한 옳지 못한 짓이라고 했으나 듣지 않으셨습니다. 죽음을 앞둔 자가 적절한 약을 취하지 않듯 이롭고 바른 말을 멀리하고 아들들 생각에 기대 빤다와들을 이겼다고 여기셨지요.

훌륭한 바라따시여, 빤다와들의 승리의 원인이 대체 무엇인지 제게 하문했으니 사실 그대로 더 들어 보소서. 적을 다스리는 분이시여, 소인이 들은 바 그대로 말씀드리겠나이다. 너무나도 뛰어난 대전사 아우들이 모두 전장에서 패하는 것을 보고 두료다나도 할아버지께 같은 것을 물었답니다. 저녁이 되자 꾸루의 후손은 슬픔에 가슴이 메여 지혜롭고 지혜로운 할아버지께 가만히 다가갔습니다. 인간들의 주인이시여, 당신의 아들이 어떤 말을 했는지 들어보소서."

이어지는 산자야의 이야기는 이러하다.

두료다나가 말했다.
'할아버지, 드로나, 샬리야, 끄르빠, 아쉬와타만, 끄르따와르만, 하르디끼야, 깜보자 왕 수닥쉬나, 부리쉬라와스, 위까르나 그리고 영웅적인 바가닷따 모두 혈통 좋은 가문에다 목숨을 내놓을 줄 아는 대전사라고 알려져 있지요. 삼계도 정복할 수 있다고 여겨지건만 당신들은 빤다와들의 공격에 맞서지 못했습니다. 그러기에 의혹이 생깁니다. 내 의문에 답해주십시오. 꾼띠의 아들들이 무엇에 의지하고 있기에 가는 길마다 승리가 따르는 것입니까?'

비슈마가 말했다.

'꾸루 왕이여, 내가 하는 말을 들으시오. 나는 수도 없이 말했으나 그대가 내 말을 듣지 않았던 것이오. 훌륭한 바라따의 후손이여, 빤다와들과 화평을 맺으시오. 위용 넘치는 이여, 그리하는 것이 이 땅에도 또 그대에게도 이로울 것이라 여겨지오. 왕이여, 형제들과 함께 마음껏 세상을 누리시오. 마음 나쁜 자들을 괴롭게 하고 친지들 모두를 기쁘게 하시오. 나의 왕이여, 나는 예전에도 간원했으나 그대는 듣지 않았소. 빤두의 아들들을 가벼이 여겨 그런 일이 벌어진 것이오.

일에 지치지 않는 저들이 어찌해 죽임을 당하지 않는지 연유를 말해주리다. 위용 넘치는 왕이여, 내가 하는 말을 들으시오, 샤르앙가 활 가진 이가 지키는 빤다와들을 전장에서 이길 자는 삼계에 없었고, 없고, 없을 것이오. 다르마를 아는 나의 왕이여, 자기 일을 성취한 수행자들이 내게 들려준 옛 노래를 있는 그대로 들려줄 터이니 들어보시오.

먼 옛날, 신들과 선인들이 모두 함께 간다마다나 산에서 세상의 할아버지 브라흐마 주위에 둘러앉았소. 그들 한가운데 앉아 있던 세상의 주인 브라흐마는 타는 듯 밝은 위마나*가 빛을 뿜으며 허공에 떠 있는 것을 보

위마나_ 허공을 가로질러 하늘을 나는 천상의 수레이다.

았지요.'

이어지는 비슈마의 이야기는 이러하다.

브라흐마는 명상으로 그것이 무엇인지 알았고 기쁜 마음으로 두 손 모아 위없는 지고의 신께 경배 올렸다. 브라흐마가 두 손 모으고 일어서는 너무나도 놀라운 광경을 선인들과 신들 모두가 보았다. 적절한 경배를 올린 브라흐마가, 브라흐만을 아는 자 중 가장 빼어난 이이자 세상을 만들었고 지고한 다르마를 아는 그가 찬탄했다.

세상의 복됨이자 세상의 현현이며 세상의 주인이신 분,
사방시방 두루 살피시며 세상의 일을 다스리는 분,
당신은 세상의 지고하신 주인 와아수데와이시니
요가의 혼이자 신성한 신이신 당신께 귀의합니다.

스스로 세상이신 큰 신께 승리 있으리. 세상의 이로움 위해 애쓰시는 분께 승리 있으리! 두루 존재하시는 요가의 주인께 승리 있으리! 요가의 이전이며 이후이신 분께 승리 있으리! 연꽃을 태에 지닌 눈 큰 세상의 주인께 승리 있으리! 과거와 현재와 미래를 지키는 이, 온화함의 혼에서 태어난 자손이신 분께 승리 있으리! 헤아릴 수 없는 덕을 지닌 분께 승리 있으리! 모두를 건네게 하시는 분께 승리 있으리! 깊이를 잴 수 없는 나라야나, 저 샤르앙가 활을 지닌 분께 승리 있으리! 모든 비밀스런 덕을 지닌 분, 질병에서 자유로운 세상의 현현이요 세상을 더없이 이롭게 하는 팔이 긴 세상의 주인께 승리 있으리! 위대한 뱀이요 태초의 멧돼지*며 힘센 사자 갈기 주인께 승리 있으리! 금빛 옷 입고 두루 존재하시는 주인이요 온 세상이 거처이신, 가늠할 수 없고 멸함 없으신 분, 한없는 거처에서 현재하고 은재하시는 분, 감각이 있으나 그것을 다스리시는 분, 헤아릴 수 없는 영혼의 실재를 아시는 분, 소원 들어주는 깊고 깊은 분께 승리 있으리! 한없는 지혜로 널리 알려진 항상하신 분, 만물이 있게 하셨으며 해야 할 일을 모두 마치신 분, 지혜를 완성하고 다르마를 아시는 승리자께 승리 있으리! 비밀스런 혼이며 만중생의 혼이자 태어난 모든 것의 근원이신 분, 중생의 의미이며 실재이신 세상의 주인, 중생을 있게 하신 분께 승리 있으리! 자기 자신을 태로 삼은 다복하신 분, 세상의 파괴를 마음에 품고 계신 분, 마음에 이는 모든 것을 일게 하신 분, 브라흐만을 아는 이들을 어여삐 여기시는 분께 승리 있으리! 생성과 파괴를 늘 마음에 품고 계신 욕망의 주인, 지고한 신이며 아므르따의 근원이자 진정한 실재이신 분, 유가의 시작에 계셨던 승리를 주시는 분께 승리 있으리! 생명의 주인의 주인이시며 연꽃 배꼽을 지닌 위력 넘치는 신, 스스로 존재하시는 크고 크신 분, 스스로 일하시며 일을 주시는 분께 승리 있으리!

대지의 여신은 당신의 발이며 방위는 당신의 팔이고 하늘은 당신의 머리시니, 브라흐마는 당신의 화현이고 신들은 당신의 몸이며 달과 해는 당신의 두 눈입니다. 고행이 힘이며 진실이 다르마이신 분, 욕망의 혼이 있게 하신 용맹 넘치는 주인, 기는 불이요 숨은 바람이니 당신의 땀에서 만물이 나왔나이다. 아쉬인들은 언제나 당신의 두 귀요, 사라스와띠 여신

태초의 멧돼지_ 멧돼지 화신으로 물에 빠진 세상을 건져 올리는 위슈누의 화신을 일컫는다.

은 당신의 혀입니다. 베다는 당신의 앎이요, 세상은 당신에 기대 머뭅니다. 요가와 요기의 주인이시여, 우리는 당신의 너비도 당신의 크기도 당신의 빛도 당신의 용맹도 당신의 힘도 또 당신의 근원도 알지 못합니다. 신이시여, 당신을 섬김에 마음을 다하고, 서약을 지켜 당신을 따름으로써 우리는 지고한 신이요 크고 크신 위슈누인 당신을 언제나 숭앙하나이다.

선인들과 신들과 간다르와들, 약샤와 락샤사와 뱀들, 삐샤짜들과 인간들과 짐승들과 새들과 기어 다니는 것들을 당신의 은총으로 내가 지상에 창조했음이니, 연꽃 배꼽* 지닌 이여, 고통을 없애주는 눈 큰 끄르슈나여, 당신은 만물이 가고자 하는 길이며 인도자며 또한 당신은 세상의 문이랍니다. 신들의 신이시여, 당신의 은총으로 신들은 언제나 안락합니다. 신이시여, 당신의 은총으로 지상은 언제나 두려움이 없나이다. 그러하니 눈 큰 신이시여, 야두의 가문을 일으키는 이가 되어 주소서. 위용 넘치는 이여, 다이띠야들을 처단하고 다르마를 굳건히 세우기 위해, 세상을 지탱하기 위해 나의 청을 들어주소서. 널리 존재하시는 와이수데와여, 당신의 은총으로 나는 그지없이 비밀스럽고 내밀한 찬가를 있는 그대로 부릅니다. 끄르슈나여, 당신 자신에게서 당신 스스로를 성스런 샹까르샤나*로 만들어내시고, 당신 스스로 당신의 몸을 통해 쁘라듐나를 낳으셨지요. 쁘라듐나를 통해 불멸의 위슈누로 알려진 아니룻다를 만드셨고, 아니룻다는 세상을 지탱하는 나 브라흐마를 만들었습니다. 그렇게 나는 당신에 의

연꽃 배꼽_ 물 위에 누워 요가니드라를 취하는 위슈누의 배꼽에서 연꽃이 솟아 브라흐마가 나오고, 이 브라흐마에서 세상이 창조된다.
샹까르샤나_ 위슈누의 또 다른 화신이자 끄르슈나의 형인 발라라마 또는 발라데와의 다른 이름이다.

해 당신 자신을 여러 갈래로 나누어 만든 와아수데와의 정수로 빚어졌지요. 그러니 주인이시여, 인간세상에 몸을 나투소서. 그곳에서 아수라들을 처단하고 온 세상의 안위를 위해 다르마를 단단히 세우고 명예를 얻으소서. 진정한 요가를 이루소서. 가늠할 수 없는 용맹을 지닌 이여, 이 세상의 브라흐마 선인들과 신들이 지고한 당신의 명호를 읊어 찬탄하나이다.

팔이 아름다운 이여, 만 중생이 당신 안에 머물고
소원 들어주는 당신을 의지해 살아갑니다.
세상의 브라만들은 당신을 가리켜 세상의 다리라고,
시작도 중간도 끝도, 또한 경계도 없는 요가라고 찬탄합니다.

62

이어지는 비슈마의 이야기는 이러하다.

그러자 성스런 신, 저 지고한 세상의 주인이 깊고 그윽한 목소리로 정을 담아 브라흐마에게 답했다.
'다정한 이여, 나는 요가를 통해 당신들이 바라는 바가 이러함을 모두 알고 있었소. 그렇게 합시다.'
그렇게 말하고 그는 사라져버렸다. 신들과 선인들과 간다르와들은 너무나 놀랐고, 호기심이 가득해진 모두가 세상의 할아버지 브라흐마께 물었다.

'주인이시여, 저이가 대체 누구이기에 당신께서 몸 낮추어 절을 올리고, 가리고 가린 온갖 말로 찬탄하는 것인지요? 우리는 그가 누구인지 참으로 듣고 싶습니다.'

그런 그들 말에 성스런 할아버지가 신들과 브라흐마 선인들과 간다르와들 모두에게 다정한 목소리로 답했다.

'저분은 '그'라는 지고한 분이며, 있고 있어야 할 지고한 분이지요. 생명 있는 것들의 혼이자 주인이며, 브라흐마이고 도달해야 할 지고한 경지라오. 뚝심 좋은 신들이여, 나는 그 은혜로운 분과 이야기를 나눈 것이며, 세상의 주인이신 그분께 나는 세상에 은총을 내려주십사고 청했다오. 와수데와의 아들이라고 알려진 이가 되어 인간세상에 몸을 나투어 주십사, 아수라들을 처단하기 위해 지상에 태어나 주십사 청했던 것이오. 전장에서 처단된 흉폭한 형상의 팔심 좋은 다이띠야, 다나와, 락샤사들이 인간세상에 태어났소. 그들을 처단하기 위해 저 성스런 주인께서는 나라와 함께 인간의 태안에 들어 지상을 누빌 것이오. 한없는 빛을 지닌 빼어난 옛 선인이신 나라와 나라야나 두 분은 인간세상에 함께 태어날 것이오. 신들이 모두 함께 힘을 합해도 전장에서 저 둘을 이길 수는 없지요. 그러나 어리석은 자들은 나라와 나아야나 선인을 알아보지 못한다오. 온 세상의 주인인 나 브라흐마가 그의 자손이며, 와아수데와는 온 세상의 대주인이니 마땅히 숭앙해야 하지요. 훌륭한 신들이여, 그러니 그가 그저 고둥을 지니고 원반을 날리며 철퇴를 휘두르는 대단히 위력적인 '인간'이구나라고 생각해 소홀히 대해서는 절대 아니 될 것이오. 그는 더할 나위 없이 신묘하며, 그이는 더할 나위 없는 경지이고, 더할 나위 없는 브라흐마이며, 더할 나위 없는 명예라오. 그는 불멸이며, 은재하고, 영구한 힘이요,

뿌루샤로 인지되어 찬미되나 또한 알려진 바는 없다오. 그는 더할 나위 없는 기요, 더할 나위 없는 행복이며, 위쉬와까르만이 말했듯이, 더할 나위 없는 진리라오. 그러기에 인드라를 위시한 천신들은 가늠할 수 없는 용맹을 지닌 와아수데와가 '인간'이라고 여겨 소홀히 대해서는 아니 될 것이오. '다만 인간일 뿐'이라고 흐르쉬께샤를 칭해 부르는 자는 너무나도 아둔한 생각을 지닌 자요 너무나도 비천한 인간인 것이오. 인간의 육신을 취한 저 고결한 요기 와아수데와를 소홀히 대하는 자를 일컬어 어둠에 휩싸인 자라고들 하지요. 움직이고 아니 움직이는 것들의 혼이요 쉬리와뜨사*를 가슴에 지닌 빛나고 빛나는 신이자 연꽃 배꼽 지닌 신을 알지 못하는 자를 일컬어 현자들은 어둠에 휩싸인 자라고 하지요. 왕관을 쓰고 까우스뚜바*를 지닌 채 동지들에게 안위를 주는 저 고결한 이를 알아보지 못하는 자는 무서운 어둠에 빠져들게 된다오. 훌륭한 신들이여, 진실이 이러함을 알아 세상 사람들은 이 세상 주인 중의 주인 와아수데와를 숭앙해야 할 것이오.'

비슈마가 말했다.

쉬리와뜨사_ 위슈누 가슴에 돋은 곱슬곱슬한 털을 일컫는다. 쉬리Śri는 풍요와 미의 여신이자 위슈누의 아내인 락슈미의 다른 이름이며, 와뜨사vatsa는 송아지라는 뜻으로 좋아하거나 총애하는 것을 가리킨다. 따라서 '락슈미의 사랑' 또는 '락슈미가 사랑하는 이, 즉 위슈누'라는 뜻을 지닌다. 위슈누의 열 번째 화신이자 말세에 나타나는 화신 깔끼Kalki는 가슴에 곱슬곱슬한 털을 지니고 나타날 것이며, 가슴에는 락슈미가 들어 있다고 한다.

까우스뚜바_ 신과 아수라들이 영생을 위해 바다를 저을 때 나온 열네 개의 보물 중 하나로 위슈누가 몸에 지니고 있으며 쉬와를 제외한 어떤 신도 그 기운을 감당하기 어렵다고 한다. 세상에서 가장 가치 있는 보석으로 알려져 있다.

'옛적, 온 세상의 혼이요 성스런 브라흐마는 그렇게 말한 뒤, 천신들을 모두 보내고 자기 거처로 돌아갔다오. 신, 간다르와, 무니, 그리고 압싸라쓰들 모두는 브라흐마가 전하는 노래를 듣고 기쁜 마음으로 천상으로 돌아갔지요. 나의 왕이여, 나는 예전에 자신을 완성한 선인들이 와아수데와에 대해 하던 이야기를 들었소. 뚝심 좋은 이여, 나는 자마다그니에게서, 라마에게서, 사려 깊은 마르깐데야에게서, 그리고 위야사와 나라다에게서 이 이야기를 들었던 것이오. 멸함 없이 두루 존재하는 고결한 와아수데와가 세상의 주인들의 주인임을 듣고 그것이 또한 사실임을 안다면, 또한 온 세상의 아버지인 브라흐마를 아들로 두었음을 안다면 사람들이 어찌 와아수데와를 숭앙하고 공경하지 않겠소? 나의 왕이여, 베다에 달통한 성자들은 예전에 영리한 와아수데와와 전쟁을 벌이지 말라고, 빤다와들과 전쟁을 벌이지 말라고 경고했었지요. 그대가 어리석어 알아차리지 못한 것이오. 내 눈엔 그대가 잔혹한 락샤사처럼 온통 어둠에 휘감겨 있는 것처럼 보인다오. 그래서 끄르슈나도 빤두의 아들 다난자야도 미워하는 것이오. 그렇지 않고서야 대체 어떤 사람이 나라와 나라야나 두 신을 미워할 수 있단 말이오?

왕이여, 그러기에 나는 그대에게 그가 영구하며 멸하지 않는 이라고 말하는 것이오. 그가 온 세상을 이루는 항상한 이라고, 세상을 통치하며 이 땅을 탄탄히 떠받치는 이라고 말하는 것이오. 그는 삼계를 떠받치는 주인이요, 움직이고 아니 움직이는 것들의 스승이며, 전사요 승리자며 승리를 쟁취한 자이자 모든 근원의 주인이라오. 왕이여, 그는 진실한 것만으로 이루어져 있고 어둠과 욕망에서 벗어나 있다오. 끄르슈나가 있는 곳에 다르마가 머물고, 다르마가 머무는 곳에 승리가 있는 법이오. 빤두의 아들들은 그의 고결한 요가로, 또 그의 혼의 요가로 살아가고 있소. 왕이여, 승리는 그들의 것이 될 것이오. 영예로 이어지는 빤다와들의 지혜를 한결같이 지탱해주는 이도, 전장에서 한결같은 힘을 주고 두려움에서 구해주는 이도 바로 그라오. 그는 영구하며, 모든 곳에 감추어져 있는 상서로운 신 와아수데와로 알려져 있소. 바라따의 후손이여, 그대가 내게 물은 바로 그라오. 브라만, 크샤뜨리야, 와이샤, 슈드라들이 제각각 가진 표식으로 그분을 숭앙하고, 언제나 각자의 의무로 섬긴다오. 다르마의 다리가 두 개인 드와빠라 유가의 끝에, 그리고 유가가 끝나는 깔리 유가의 시작에 그는 항상 샹까르샤나와 함께 의례를 제대로 갖추어 찬미되지요.'

죽음 없고 죽음 있는 모든 세상을,
바다를 경계로 한 모든 도읍을,
인간이 살아가는 곳을 세세생생
다시 또다시 와아수데와가 만든다네.

63

두료다나가 말했다.
'할아버지시여, 와아수데와는 크고 큰 존재라고 온 세상에 회자됩니다. 그의 근원과 바탕을 알고 싶습니다.'
비슈마가 말했다.
'바라따의 황소여, 와아수데와는 신들과 더불어 나타난 크고 큰 존재이지요. 연꽃 눈 지닌 그보다 더 큰 존재는 아무도 없다오. 마르깐데야는 끄르슈나를 일컬어 더할 나위 없이 크고도 큰 존재, 만 생명을 이루는 이이자 생명 있는 것들의 혼이요, 위없이 고결한 뿌루샤라 했소. 그는 또한 물과 바람과 빛 셋을 만들었으며, 두루 존재하는 온 세상의 주인이자 위없이 고결한 신이라오. 땅을 만든 뒤 물 위에 누웠고, 거기서 요가의 잠을 통해 만물을 빚었지요. 끄르슈나는 입에서 아그니를, 숨에서 와유를, 마음에서 사라스와띠와 베다를 내놓았다오. 맨 처음 그는 세상을 만들고, 신과 선인들을 만들었으며 소멸과 죽음을, 존재하는 것들의 생과 멸을 만들었소. 그는 다르마요 다르마를 아는 이이며, 소원을 들어주고 모든 욕망을 채워주는 이라오. 그는 행위자이자 행위이며, 스스로 힘을 갖춰 두루 존재하는 태초의 신이라오. 자나르다나 끄르슈나는 먼저 과거와 현재와 미래를 빚었고, 여명과 황혼을 만들었으며, 방위와 하늘과 절제를 만들었소. 고결한 소몰이꾼, 멸하지 않는 대주인 끄르슈나는 선인들을 만들고 고행을 만들고 세상을 만들 이를 만들었다오. 만 생명 중 가장 먼저 태어난 상까르샤나를 빚었으며, 현자들이 아난따라고도 부르는 성스런 뱀 쉐샤를 빚어 그가 생명 있는 것들을 지탱케 하고 이 땅과 산들을 지탱하게 했지요. 브라만들은 크나큰 힘을 지닌 그를 명상과 요가를 통해 알게 된다오. 저 위없는 뿌루샤는 브라흐마나를 숭앙한 뒤 마두를 처단했지요. 귀지에서 솟아난 마두는 잔혹한 생각을 품고 너무나도 끔찍한 짓을 저질러대는 대아수라였다오. 나의 왕이여, 그를 처단하자 신과 다나와, 인간과 선인들은 자나르다나 끄르슈나를 마두수다나, 즉 마두를 처단한 이라고 불렀다오. 멧돼지*이자 사자*이며 세 걸음을 뗀* 대주인 하리*는 모든 생명 있는 것의 어머니요 아버지라오. 연꽃 눈 지닌 끄르슈나보다 빼어난 이는 과거에 없었고 또한 앞으로도 없을 것이오. 왕이여, 그는 입에서 브라만을, 팔에서 크샤뜨리야, 허벅지에서 와이샤를 그리고 발에서 슈드라를 내놓았다오. 고행으로 다져진 그 신은 몸 가진 모든 이의 집이라오. 브라흐마가 되고 요가가 된 끄르슈나를 새달과 보름달에 숭앙하면 대단한 것을 얻게 되지요. 끄르슈나는 위없는 빛이요 온 세상의 할아버지라오. 인간의 주인이여, 수행자들은 그를 일러 끄르슈나라고 한다오. 그가 스승이요 아버지요 어른임을 알아야 할 것이오. 끄르슈나가 은총을 베풀면 멸하지 않는 세상을 얻지요. 위험에 처했을 때 끄르슈나에게 귀의하고 언제나 이 찬가를 읊는 사람은 편안하고 행복해질 것이오. 끄르슈나에게 귀의한 사람은 미혹에 빠지지 않는다오. 자나르다나 끄르슈나는 큰

멧돼지_ 위슈누의 세 번째 화신인 와라하varāha를 가리킨다. 그는 멧돼지로 화해 가라앉은 대지를 뿔로 건져 올린다. 즉 히란약샤라는 아수라에게 괴롭힘을 당하다 못해 태초의 물로 가라앉아버린 대지를 멧돼지가 되어 바닥까지 내려가 뿔로 건져 올린다.

사자_ 위슈누의 네 번째 화신인 나라싱하narasimha를 일컫는다. 나라싱하는 반은 인간이요 반은 사자 몸을 하고 있다. 위슈누는 나라싱하가 되어 세상을 괴롭히던 히란약쉬뿌라는 위력적인 아수라를 죽이고 그의 아들 쁘르흘라다와 세상을 구한다.

세 걸음 뗀 이_ 위슈누의 다섯 번째 화신인 난쟁이 '와마나vāmana'를 가리킨다. 『베다』에도 등장하는 뜨리위끄라마trivikrama 위슈누로, 세tri 걸음vikrama만으로 천상 지상 천하를 뒤덮을 만한 위력을 지닌 신이다. 와마나 화신은 세상을 다스리던 발리Bali라는 아수라에게 난쟁이 형상으로 다가가 '내가 세 걸음만큼만 내딛을 수 있는 땅을 달라'라고 청했다가, 그 청을 들어준 발리에게 자신의 본모습을 드러내 한 걸음으로는 천상을, 또 한 걸음으로는 지상을 뒤덮은 뒤, 마지막 한 걸음은 발리의 머리를 밟아 발리는 지하세계로 보내고 삼계를 평정한다.

하리_ 하리의 어원적 뜻은 '황록색' 혹은 '빛나다'이며, '어둠과 미혹을 거두어들인다'라는 뜻으로 쓰인다. 신봉사들에게 슬픔과 고통을 거두어들이는 신을 지칭하기 때문에 여러 신들의 별칭으로 쓰이나 특히 위슈누의 별칭, 더 나아가 끄르슈나의 별칭으로 많이 쓰인다.

위험에 빠진 사람을 언제나 구해주지요. 바라따의 후손이여, 유디슈티라는 끄르슈나가 모든 이의 혼이요 고결한 세상의 주인임을 알았소. 왕이여, 그래서 그는 요가의 주인이며 두루 존재하는 끄르슈나에게 귀의했던 것이오.'

64

비슈마가 말했다.

'대왕이여, 브라흐마가 되는 이 찬가를 내가 읊을 터이니 들어보시오. 예전에 브라흐마 선인들과 신들이 읊어 지상에 회자되었던 것이오.

"나라다 선인이 말하기를 당신은 사드야들과 신들 가운데 두루 존재하시는 신성하고 신성한 주인이자 세상의 집이요, 세상이 느끼는 바를 아는 분이라고 했습니다. 마르깐데야는 당신이 과거이자 현재이며 미래라고 했지요. 브르구는 당신이 제사 중 제사이며 고행 중 고행이라고, 신들 중 신이라고 했습니다. 가공할 형상을 지닌 생명 있는 것들의 주인, 예전의 위슈누였다고 했지요. 드와이빠야나는 당신이 와수들의 와수데와*였으며 인드라를 바로 세운 이였으며 신들 중 신성한 신이라고 했습니다. 앙기라사는 당신이 생명들을 창조하던 옛적에 모든 생명 있는 것을 창조한 닥샤 쁘라자빠띠였다고 말했지요. 또 아시따 데왈라는 은재하는 것들

---

*와수데와_ 여기서 와수데와vasudeva는 문자 그대로 와수vasu들의 왕deva 또는 와수들의 신deva이라는 뜻으로 쓰였다.

은 당신 몸에서, 현재하는 것들은 당신 마음에서, 그리고 신들은 당신 말에서 나왔노라고 말했습니다. 당신 머리는 하늘을 덮고, 두 팔은 땅을 지탱합니다. 삼계를 배로 삼은 당신은 세세생생 전해지는 뿌루샤입니다. 고행으로 무언가를 이룬 사람들은 당신이 이와 같음을 압니다. 자기 모습에 흡족한 선인들에게도 당신은 더없는 존재입니다. 마두를 처단한 이여, 전장에서 물러서지 않는 고고한 선인왕들에게, 모든 다르마를 익히 아는 이들에게 당신은 궁극의 목표입니다."

나의 왕이여, 그렇게 나는 께샤와 끄르슈나의 실체를 있는 그대로 상세하게 또는 간략하게 말했소. 끄르슈나를 기쁘게 여기시오.'

산자야가 말했다.

"대왕이시여, 당신의 아들은 이 성스런 이야기를 듣고 께샤와 끄르슈나와 빤다와 대용사들을 존중하는 마음이 되었답니다. 왕이시여, 샨따누의 아들 비슈마는 다시 이렇게 말했지요.

'대왕이여, 그대는 내게서 고결한 끄르슈나와 나라의 위대함에 대해 여실히 들었소. 그대가 물었기에 내가 답한 것이오. 나라와 나라야나가 인간 사이에 태어나게 된 까닭도, 두 영웅이 전장에서 죽임을 당하지 않고 패퇴하지 않는 이유도, 빤두의 아들들이 전장에서 누구에게도 지지 않는 연유도 말했소. 끄르슈나가 명예로운 빤다와들을 매우 흡족히 여기기 때문이오. 인드라 같은 왕이여, 그러기에 빤다와들과 화평을 맺으라고 말하는 것이오. 절제하는 이여, 힘 있는 형제들과 함께 이 땅을 누리시오. 나라와 나라야나 두 신을 가벼이 여기면 패망하리니!'

백성의 주인이여, 그렇게 말한 뒤 당신의 아버지 비슈마는 침묵하고는 왕을 떠나 자기 침상으로 갔습니다. 바라따의 황소시여, 두료다나 왕 또한 고결한 할아버지께 절을 올린 뒤 그날 밤 막사로 들어가 흰 침상에서 잠을 청했답니다."

다섯째 날

65

산자야가 말했다.

"대왕이시여, 밤이 지나고 해가 떠오르자 양군은 다시 전투에 나섰습니다. 성난 병사들은 서로를 죽이려고 안달 나 전장에 나와 서로를 노려보며 공격했지요. 왕이시여, 당신의 잘못된 조언 때문에 빤다와들과 다른 따라슈트라들이 혼란 속에 군진을 펴고 무기를 들어 서로를 공격하는 것입니다. 왕이시여, 비슈마는 악어진을 짜 사방을 지켰고, 고결한 빤다와들 또한 진을 짜서 제 진영을 지켰습니다. 서약 굳은 당신의 아버지, 전차병 중 가장 빼어난 비슈마는 꼬리에 꼬리를 무는 엄청난 전차에 에워싸여 전차부대를 이끌고 빤다와들을 공격했지요. 전차병, 보병, 코끼리병, 기병들이 각자에게 정해진 자리에서 뒤를 따랐답니다.

그렇듯 호전적인 적진을 바라보던 명예로운 빤두의 아들은 군진의 왕이라는 독수리 군진을 전장에 펼쳤습니다. 대장사 비마세나가 독수리의 부리에서 빛을 뿜었고, 불패의 쉬칸딘과 쁘르샤따의 후손 드르슈타듐나가 군진의 양쪽 눈을 맡았습니다. 진실의 힘을 지닌 영웅 사띠야끼는 머리를 차지했지요. 간디와 활을 휘두르는 쁘르타의 아들 아르주나는 군진의 목에 자리 잡았고, 영예롭고 고결한 드루빠다는 아들과 함께 전군의 왼쪽날개를, 께까야 병력의 주인이 오른쪽날개를 차지했습니다. 군진의 등에는 드라우빠디의 아들들과 호기로운 수바드라의 아들 아비만유가 자리 잡았고, 빛나도록 용맹하고 영예로운 유디슈티라 왕 자신은 영리한 쌍둥이형제 나꿀라, 사하데와와 함께 군진의 꼬리를 맡았답니다.

전장에서 악어의 주둥이를 치고 들어간 비마는 비슈마를 공격하며 쇠화살로 뒤덮어버렸습니다. 바라따의 후손이시여, 그러자 비슈마는 그 대전투에서 엄청난 날탄을 날려 보내며 빤두의 아들의 진영을 혼미하게 만들어버렸지요. 다난자야는 병사들이 혼돈에 휩싸이자 비슈마를 향해 재빨리 수백수천의 화살을 쏘아 전장의 선봉에서 비슈마를 꿰뚫어 맞췄습니다. 비슈마가 전투 중에 쏘아 날린 무기들을 모두 막아낸 그는 이제 제 병사들과 함께 기꺼이 전투태세를 갖추었답니다. 그러자 힘센 자들 중에서도 가장 힘센 대전사 두료다나 왕은 제 병사들이 무참히 죽임 당하는 모양을 지켜보다가 전날 형제들이 전투 중에 무너진 것을 기억하고 드로나에게 말했지요.

'무구한 스승이시여, 당신은 한결같이 내가 잘 되기를 바라왔고, 우리 모두는 비슈마 할아버지와 당신에게 의지해왔습니다. 신들이 안간힘 써도 전장에서 당신들을 이길 수는 없음은 자명한 일인데 위력도 용맹도 모자란 빤두의 아들들이야 일러 무엇 하겠습니까?'

나의 왕이시여, 당신의 아들에게서 그런 말을 들은 드로나는 사띠야끼 앞에서 빤다와 진영을 치고 들어갔습니다. 바라따의 후손이시여, 사띠야끼가 드로나를 막아섰고, 그리고는 털이 곤두서는 혼잡한 전투가 벌어졌지요. 용맹 넘치는 드로나는 격앙되었고, 비웃듯 쉬니의 후손에게 날선 화살들을 쏘아 날리며 어깨뼈에 상처를 입혔습니다. 왕이시여, 그러자 비마세나가 격분했고, 무기 든 자 중 가장 빼어난 바라드와자의 아들 드로나에게서 사띠야끼를 지켜내기 위해 공격을 퍼부었지요. 나의 왕이시여, 이에 분기탱천한 드로나, 비슈마, 샬리야가 전장에서 비마세나에게 화살을 쏟아 부었습니다. 나의 왕이시여, 분격한 아비만유와 드라우빠디의 아들들은 날선 화살들을 쏘아 무기 휘두르는 병사들 모두를 꿰뚫어 맞췄지요. 대궁수 쉬칸딘은 그 대전투에서 제 병사를 공격해오는 격앙된 대장사 비슈마와 드로나를 되받아쳤습니다. 힘센 영웅은 비구름소리 내는 활을 들더니 망설임 없이 화살을 쏟아내 태양을 가렸답니다. 바라따들의 할아버지 비슈마는 쉬칸딘이 애초에 여성이었음을 기억하고 전장에서 그와 맞서 싸우기를 꺼렸지요. 대왕이시여, 그러자 당신의 아들의 채근으로 드로나가 비슈마를 지키기 위해 전장에서 그를 공격해왔습니다. 무기 든 자 중 가장 빼어난 드로나를 전장에서 마주친 쉬칸딘은 유가의 끝에 타오르는 불길을 대하듯 피해버렸답니다. 백성의 주인이시여, 큰 명예를 구하는 당신의 아들은 비슈마를 지키기 위해 대병력을 이끌고 공격을 시작했습니다. 왕이시여, 다난자야를 앞세운 빤다와들 또한 승리를 마음속에 단단히 품고 비슈마를 향해 짓쳐 들어갔답니다. 그리고는 한결같이 명예롭고 경이롭기 그지없는 신들과 다나와들의 전쟁처럼 승리를 갈망하는 양군의 전투가 벌어졌습니다."

66

산자야가 말했다.

"그리고 샨따누의 아들 비슈마는 저 회오리가 몰아치는 듯한 전투를 했답니다. 당신의 아들들을 비마세나의 두려움에서 구해내기 위해서였습니다. 그날 오전, 꾸루와 빤다와 왕들 간에는 너무나도 끔찍한 전투가 벌어졌고, 빼어난 영웅들이 죽어나갔지요. 무섭고도 혼란스런 전투가 벌어지는 동안 혼잡하게 뒤엉킨 소리가 하늘을 찔렀답니다. 거대한 코끼리와 말들이 울부짖는 소리, 북과 고둥을 불어대는 소리들이 뒤엉켜 치솟았습니다. 승리를 갈망하는 용감하고 팔심 좋은 용사들이 외양간의 거대한 황소들처럼 서로를 향해 소리를 질러댔지요. 바라따의 황소시여, 날카로운 화살에 맞은 머리들은 마치 하늘에서 돌이 떨어져 내리듯 전장에 굴러 떨어졌습니다. 바라따의 황소시여, 귀걸이를 걸고 두건을 두른 채 떨어져 내린 머리들은 금빛으로 빛나 보였답니다. 날카로운 화살에 잘려 나간 사지와 여전히 활을 쥐고 있는 팔들이 여타의 장신구들과 함께 땅을 뒤덮었지요. 대지에는 순식간에 갑옷 입은 몸통들, 잘 꾸며진 손들, 눈초리 붉게 단장한 아름다운 왕들의 달 같은 얼굴들, 코끼리와 말과 사람들의 사지가 모두 함께 널브러졌습니다.

번개 같은 무기들이 회오리 먼지구름을 일으켰고, 무기 부딪는 소리들이 벼락을 내리치는 것 같았답니다. 바라따의 후손이시여, 피가 물처럼 흐르는 사납고 혼란스런 격전이 꾸루와 빤다와들 간에 벌어진 것이지요. 털이 곤두서는 저 끔찍하고 혼란스런 대격전지에서 호전적인 크샤뜨리야들이 화살비를 쏟아 부었습니다. 훌륭한 바라따시여, 그곳 전장에서 당신과 적의 병사들이 내쏘는 화살비에 맞고 코끼리들이 괴로워 울부짖고, 기병이 죽고 없는 말들은 사방시방을 내달렸답니다. 바라따의 황소시여, 화살에 맞고 고통스러워하던 당신과 적의 또 다른 용사들은 뛰어 올랐다가 쓰러지곤 했습니다. 백성의 주인이시여, 이리저리 내달리는 말과 코끼리, 그리고 전차병도 무수히 볼 수 있었지요. 시간의 재촉을 받은 크샤뜨리야들이 그곳에서 철퇴와 검과 창과 넓적끝화살로 서로가 서로를 죽였습니다. 격투에 능한 또 다른 영웅들은 팔이 쇠몽둥이라도 되는 양 수없이 맨주먹을 날리기도 했지요. 백성의 주인이시여, 빤다와들과 싸우는 당신의 영웅들은 주먹으로, 무릎으로 또는 손바닥으로 서로를 쳐냈답니다. 전차 없는 전차병들은 더없이 훌륭한 검을 휘두르며 서로가 서로를 죽이려는 마음으로 서로가 서로에게 짓쳐 들어갔지요. 그러자 수많은 깔링가에게 에워싸인 두료다나 왕이 비슈마를 전장에 앞세우고 빤다와들을 공격했습니다. 격분한 빤다와들 또한 늑대 배 비마를 에워싸고 비슈마를 향해 짓쳐 들어가며 전투가 이어졌답니다."

67

산자야가 말했다.

"형제들과 여러 왕이 비슈마와 뒤섞이는 것을 보고 무기를 든 다난자야가 강가의 아들을 향해 짓쳐 들어갔습니다. 빤짜잔야* 고둥소리와 간

---

* 빤짜잔야_ 끄르슈나의 고둥이다.

디와 활 소리를 듣고, 아르주나의 깃발을 본 모든 병사에게 두려움이 덮쳐왔지요. 대왕이시여, 우리는 나무에 가려지지 않는 불처럼 드높이 치솟은 간디와 활잡이의 깃발, 천상의 원숭이를 표식으로 삼은 다채롭고 아름다운 그의 깃발을 보았답니다. 창공을 휘도는 구름 사이의 번개처럼 번뜩이는 간디와 활을 병사들이 보았습니다. 그리고 당신의 군대를 궤멸시키며 지르는 인드라 같은 그의 엄청난 포효와 너무나도 무서운 그의 손뼉 치는 소리를 들었답니다. 번개와 벼락을 동반한 잔혹한 구름처럼 화살비로 사방을 온통 쓸어내린 다난자야는 이제 그 무서운 무기로 강가의 아들을 공격했답니다. 무기에 가려진 방향은 동쪽인지 서쪽인지조차 구별할 수 없었지요. 짐승들은 지치고 말들이 죽었으며, 당신의 병사들은 마음을 잃었습니다. 바라따의 황소시여, 그들은 서로서로 그저 옹송그리고 있을 뿐이었답니다. 병사들은 당신의 모든 아들과 함께 비슈마에게 들러붙었습니다. 샨따누의 아들 비슈마는 전장에서 그들의 피신처였던 것이지요. 전차병들은 놀라 전차에서 뛰어내렸고, 기병들은 말의 등에서 떨어졌으며, 보병들은 땅바닥에 굴렀습니다. 바라따의 후손이시여, 벼락이 내리치는 듯한 간디와 활 소리를 듣고 모든 병사가 두려움에 떨며 몸을 숨겼답니다. 그러자 날쌔게 달리는 거대하고 빼어난 수백수천의 깜보자 병사들이 소가죽 두른 소몰이꾼들*을 에워쌌지요. 백성의 왕이시여, 마드라와 사우위라들, 간다라와 뜨리가르따들 그리고 모든 깔링가의 수장이 깔링가의 군주를 에워쌌습니다. 코끼리들과 두샤사나를 앞세운 셀 수 없

소몰이꾼들_ 여기서 소몰이꾼들은 끄르슈나의 병사들이자 추종자들인 '고빠'들을 뜻하는 듯하다. 앞선 이야기에서 볼 수 있듯이 끄르슈나는 홀로 아르주나 편을, 끄르슈나 군대는 두료다나 편을 들고 있다.

이 많은 보병, 왕을 모두 대동한 자야드라타 왕은 만 사천 명에 이르는 빼어난 기병과 함께 당신의 아들 두료다나의 채근으로 수발라의 아들 샤꾸니를 에워쌌지요. 바라따의 황소시여, 전장에서 분대가 모두 모인 당신의 군대는 각자의 탈 것을 타고 빤다와들을 향해 진군해 들어갔습니다. 전차와 코끼리와 말과 보병이 일으키는 칙칙한 먼지는 거대한 구름 같아 전장이 더욱 끔찍해보이게 만들었지요."

이어지는 산자야의 이야기는 이러하다.

그리하여 투창, 삼지창, 활은 든 코끼리병, 기병, 보병으로 이루어진 거대한 군대를 대동한 비슈마는 왕관 쓴 아르주나와 뒤엉켜 싸웠다. 아완띠의 군주는 까쉬 왕과, 신두 왕은 비마세나와, 적이 없는 유디슈티라는 아들과 책사들을 대동하고 명예로운 마드라의 황소 샬리야와 엉켜 싸웠다. 위까르나는 사하데와와, 찌뜨라세나는 쉬칸딘과, 그리고 맛쓰야들은 두료다나와 샤꾸니를 상대해 싸웠다. 드루빠다, 쩨끼따나, 대용사 사띠야끼는 드로나와 고결한 그의 아들 드르슈타듐나에 맞서 싸웠으며, 끄르빠와 끄르따와르만은 드르슈타께뚜를 공격했다. 말들은 날뛰어 다니고 코끼리와 전차는 걷잡을 수 없이 돌아다녔으며 병사들은 종횡무진 전투를 벌였다.

구름 없는 하늘에 사나운 번개가 내리치고 사방이 먼지에 가려졌다. 거대한 운석이 나타났다 고성을 내며 곤두박질치기도 했다. 드센 바람이 불고 흙비가 내렸다. 병사들이 일으킨 먼지에 가려 태양이 하늘에서 사라졌다. 생명 가진 모든 것이 먼지에 시달리고 날탄이 쳐놓은 망에 허덕이며 혼돈에 싸였다. 영웅들의 팔에서는 모든 장애물을 잘라버릴 만한 화살망이 쏟아져 나와 서로 부딪치며 회오리를 일으켰다. 최고의 팔들이 뿜어내는 무기들은 맑은 하늘의 별처럼 번쩍였다. 황금 망을 씌우고 소가죽을 입힌 다채로운 방패가 사방에 흩어져 있었다. 태양 빛 칼들에 베어 떨어져나간 몸통과 머리들이 사방에 보였다. 부서진 바퀴와 바퀴의 살과 바퀴의 축, 부러져 떨어진 거대한 깃발, 죽은 말, 대전사가 땅바닥에 굴러다녔다. 전차병이 죽자 칼에 베여 고통스러운 말이 전차를 끌고 돌아다니다 쓰러지기도 했다. 화살에 몸이 부서진 최고의 말이 여전히 고삐를 달고 전차를 이리저리 끌고 다녔다. 숱한 용사가 마부와 말과 전차병과 함께 힘센 코끼리 한 마리에 당하는 광경이 눈에 띠었다. 발정 난 코끼리 냄새를 맡은 무수한 코끼리가 전장에서 병사들의 물결 속으로 뛰어들었다. 투창을 쥔 채 목숨을 잃고 바다에 나뒹구는 무수한 병사, 화살에 맞아 몸뚱이 부서진 코끼리가 어지러이 전장에 흩어져 있었다. 전사와 깃발을 실은 전차들이 병력의 거센 물살 속으로 떠밀려 들어온 거대한 코끼리들에 의해 망가진 채 전장에 내동댕이쳐졌다. 거대한 뱀 같은 코를 지닌 코끼리들에 의해 수많은 전차의 자루가 망가 진 채 전장에 흩어져 있었다. 전차의 이음망이 흩어져버린 수많은 전차병이 코끼리에게 머리채를 잡혀 마치 나뭇가지인 듯 전장에 팽개쳐졌다. 거대한 코끼리들이 온갖 소리로 울부짖으며 전차끼리 싸우다 엉켜 있던 전차를 떼내 사방으로 끌고 다녔다. 전차를 잡아챌 때의 코끼리 모습은 연못 속에 자라는 연꽃줄기를 잡아 뽑는 듯했다. 드넓은 전장은 이처럼 낙마한 기병과 보병과 깃발 쥔 대전사로 뒤덮였다.

68

산자야가 말했다.

"백성의 주인이시여, 쉬칸딘은 맛쓰야 왕 위라타와 함께 이기기 어려운 대궁수 비슈마를 향해 재빨리 짓쳐 들어갔습니다. 다난자야는 드로나, 끄르빠, 대궁수요 대장사인 위까르나 그리고 다른 여러 왕과 용사를 공격했지요. 이 땅을 지키는 황소시여, 비마세나는 전장에서 신두의 대궁수 왕을 위시한 그의 책사들과 친지들, 서쪽과 남쪽에서 온 왕들, 그리고 분심 많은 당신의 대궁수 아들 두료다나와 두사하를 향해 짓쳐 들어갔답니다. 사하데와는 샤꾸니, 대전사 울루까, 그리고 울루까의 대궁수 아버지와 무적의 아들을 공격했지요. 대왕이시여, 당신의 아들의 속임수에 당한 대전사 유디슈티라는 코끼리군단과 싸웠답니다. 전장에서 적병을 울게 만드는 빤두와 마드리의 용사 아들 나꿀라는 뜨리가르따의 전차병들에 맞서 싸웠지요. 전장에서는 넘보기조차 어려운 사띠야끼와 쩨끼따나 그리고 수바드라의 대전사 아들 아비만유는 샬와들과 께까야들을 공격했답니다. 전장에서 도저히 이길 수 없다는 드르슈타께뚜와 락샤사 가토뜨까짜는 당신의 아들의 전차부대와 맞서 싸웠지요. 왕이시여, 가늠할 수 없는 영혼을 지닌 대전사요 군사대장인 드르슈타듐나는 전장에서 무시무시한 행적을 펼치는 드로나를 상대해 싸웠습니다. 대궁수요 용사로 이루어진 당신의 아들의 군대는 그와 같이 전장에서 빤다와들과 맞서 격전을 벌였답니다."

이어지는 산자야의 이야기는 이러하다.

한낮의 태양이 하늘을 휘저을 때가 되자 꾸루와 빤다와들은 서로를 죽이기 시작했다. 황금빛으로, 또 여러 빛깔로 몸통을 칠한 기를 세우고, 깃발을 필럭이며, 호랑이가죽을 덮개로 덮은 채 전장을 누비는 전차들은 아름다웠다. 서로가 서로를 이기고자 맞서 싸우는 전장에는 사자가 포효하는 듯한 소란이 일었다. 스른자야의 영웅들이 꾸루들과 전장에서 벌이는 격전은 잔혹하고도 경이로웠다. 사방으로 풀린 화살은 하늘도 방향도 태양도 방위도 볼 수 없도록 만들었다. 번쩍이는 창끝, 투창, 잘 벼린 칼에서는 푸른 연꽃 같은 빛이 일었고, 갑옷과 다채로운 장신구에서 뿜어져 나오는 빛은 하늘과 사방과 시방을 창창한 기운으로 채웠다. 전장 곳곳에 빛이 번쩍였다. 사자좌에 앉은 범 같은 전사들이 전장에서 벌이는 격전은 그렇게 하늘에 떠 있는 별들처럼 빛을 뿜었다.

한편 전차병 중에서도 가장 빼어난 전차병 비슈마는 격분해 병사가 모두 지켜보는 앞에서 대장사 비마세나를 몰아갔다. 비슈마는 잘 벼려 기름으로 닦은 번쩍이는 금촉, 돌촉화살을 쏘아 전장에서 비마를 꿰뚫어 맞췄다. 그러자 대장사 비마세나는 엄청난 기세로 성난 독뱀 같은 창을 날렸다. 감당하기 어려운 황금몽둥이가 전장에서 자신을 향해 세차게 날아들자 비슈마는 넓적촉화살을 쏘아 부수고, 날카로운 청동 곰화살 하나를 더 쏘아 비마세나의 활을 두 동강으로 쪼개버렸다. 그러자 사띠야끼가 재빨리 전장에 끼어들어 비슈마를 공격했고, 드르따라슈트라의 아버지 비슈마가 수많은 화살에 맞아 상처를 입었다. 그러나 비슈마는 몹시 거칠고 날카로운 화살을 쏘아 우르슈니의 후손 사띠야끼의 마부를 전차에서 떨어뜨렸다. 마부가 죽자 말들이 날뛰기 시작했다. 말들은 마음처럼 또는 바람처럼 빠르게 내달리며 전 병력에 대소동을 일으켰다. 고결한 빤다와들이 고함을 질렀다. '공격하라!', '잡아라!', '말을 붙들어라!', '뛰어라!' 그런 혼란스런 소리들이 유유다나의 전차를 따라다녔다.

바로 그런 시간에도 샨따누의 아들 비슈마는 인드라가 아수라의 군대를 처단하듯 또 다시 빤다와군을 짓뭉개고 있었다. 비슈마에게 죽임을 당하던 빤짤라들과 소마까들은 잘 싸우리라 굳게 마음먹고 비슈마를 향해 짓쳐 들어갔다. 드르슈타듐나를 앞세운 쁘르타의 아들들은 전장에서 드르따라슈트라의 아들의 군대에 승리를 거두려는 마음으로 샨따누의 아들을 향해 짓쳐 들어갔다. 마찬가지로 비슈마와 드로나가 이끄는 드르따라슈트라군도 적진을 향해 빠르게 짓쳐 들어갔다. 그렇게 전투가 이어졌다.

69

이어지는 산자야의 이야기는 이러하다.

한편 대전사 위라타는 세 발의 화살을 쏘아 대전사 비슈마를 맞췄고, 세 발을 더 쏘아 그의 말들에게 상처를 입혔다. 드로나의 대전사 아들, 손아귀 단단한 강궁 아쉬와타만은 저 무시무시한 간디와 활의 주인 대전사 아르주나에게 여섯 발의 화살을 쏘아 가슴팍을 맞췄다. 적을 괴롭히고 적의 영웅을 처단하는 아르주나는 날카로운 깃화살로 그의 활을 동강내고 그에게 심한 상처를 입혔다. 아르주나로 인해 전장에서 활이 망가지자 혼미해질 만큼 격분한 드로나의 아들은 분심을 참지 못하고 재빨리 다른 활을 집어 들었다. 그러고는 날카로운 아흔 발의 화살로 아르주나에게 상처를 입혔고, 다시 자기가 가진 가장 좋은 일흔 발의 화살을 쏘아 와이수데와를 꿰뚫었다. 분노로 눈이 충혈된 아르주나는 길고 뜨거운 한숨을 내쉬더니 끄르슈나와 함께 궁리에 궁리를 거듭했다. 적을 괴롭히는 간디와 활의 주인 아르주나는 왼손으로 쓱 활을 문질렀다. 격분한 그는 날카롭고 넓적하고 무시무시한, 살아 있는 것들의 죽음을 부르는 돌촉화살을 꺼내 들었다. 그리고는 재빨리 쏘아 격전을 벌이던 장사 중의 장사 드로나의 아들을 꿰뚫었다. 화살들은 그의 갑옷을 찢고 전장에서 그의 피를 마시기 시작했다. 간디와 활의 주인에게 비록 찢기고 다치기는 했으나 드로나의 아들은 흔들림이 없었다. 그는 전장에서 저 서약 굳은 비슈마를 지키고자 했기에 불꽃같은 화살비를 하염없이 쏘아 보냈다. 그의 놀랍고 놀라운 행적에 황소 같은 용사들이 찬사를 보냈다. 그는 전장에서 두 명의 끄르슈나*와 상대해 싸웠던 것이다. 참으로 얻기 어려운 빼어난 무기를 드로나에게서 얻어 그것을 거두어들이는 법까지 익힌 그는 전장에서 싸우는데 언제나 두려움이 없었다.

　'그는 내 스승의 아들이다.' '그는 드로나가 애지중지하는 아들이다.' '브라만인 그는 내가 각별히 대해야 하는 사람이다.' 적을 괴롭히는 영웅, 저 빼어난 전차병 아르주나는 그렇게 생각하고는 드로나의 아들에게 마음이 약해지고 말았다. 전투를 벌이던 꾼띠의 아들, 적을 괴롭히는 호기

두 명의 끄르슈나_ 끄르슈나와 아르주나를 일컫는다.

로운 아르주나는 드로나의 아들을 버리고는 재빨리 흰말을 타고 전투를 벌였고, 드르따라슈트라군을 격멸하기 시작했다.

두료다나는 독수리깃털에 돌로 벼려진 황금촉화살 열 발을 쏘아 대궁수 비마세나를 꿰어 맞췄다. 그에 격분한 비마세나는 적의 목숨을 앗아가는 강하고 아름다운 활을 집어 들어 날카로운 화살 열 발을 쏘았다. 귀까지 활을 잡아당긴 그는 이내 사나운 기세로 날카롭고 곧게 뻗어나가는 화살을 꾸루 왕의 넓은 가슴팍에 꽂았다. 황금 실에 꿰어 가슴팍에 달려 있던 두료다나의 보석이 그 화살들에 둘러싸이자 태양이 별들에 둘러싸인 듯 아름답게 빛났다. 기세등등하던 드르따라슈트라의 아들은 비마세나에게 일격을 당하고는 손뼉 치는 소리에 꿈틀거리는 뱀처럼 분을 참지 못했다. 격분한 그는 돌로 벼린 황금촉화살들로 비마를 꿰어 맞혀 적의 병력을 두려움에 떨게 했다. 그렇게 전장에서 격전을 벌이며 서로가 서로에게 상처를 입힌 드르따라슈트라의 대장사 아들들은* 신들처럼 빛났다. 적의 영웅을 죽이는 수바드라의 아들 아비만유는 범 같은 사내 찌뜨라세나에게 열 발의 화살을, 뿌루미뜨라에게 일곱 발의 화살을 쏘아 맞췄다. 전투에 나서면 인드라 같은 그는 일흔 발의 화살로 사띠야우라따를 꿰뚫었고, 춤을 추듯 전장에서 두료다나군을 괴롭혔다. 찌뜨라세나는 열 발의 돌촉화살을 쏘며 그를 상대해 싸웠고, 사띠야우라따는 아홉 발을, 뿌루미뜨라는 일곱 발의 화살을 그에게 되쏘았다. 상처로 피 흘리던 아르주나의 아들은 찌뜨라세나의 활을 부러뜨렸다. 적을 움츠러들게 하던 거대하고 아름다운 활이었다. 그리고 그의 몸을 감싼 갑옷을 찢고 한 발의 화살로

드르따라슈트라의 아들들_ 두료다나와 비마세나를 일컫는다.

가슴팍을 쏘아 맞췄다.

  그러자 두료다나군의 영웅들, 대전사들, 왕의 아들들이 뭉쳐 전투에 나서며 아비만유에게 날카로운 화살들을 어지럽게 쏘아댔다. 그러나 무기 다루는데 더없이 능한 아비만유는 매서운 화살들을 쏘아 오히려 그들 모두가 상처를 입도록 만들었다. 드르따라슈트라의 아들들은 겨울의 끝자락, 숲에서 인 불이 숱하게 많은 마른 나무를 태우듯 거센 불길처럼 타오르며 전장에서 두료다나군을 태우는 그의 행적을 보았다. 수바드라의 아들은 너무나 아름다웠다. 두료다나의 병사들이 그를 에워쌌고, 그의 행적을 지켜본 드르따라슈트라의 손자 락쉬마나가 재빨리 아르주나의 아들에게 싸움을 걸며 짓쳐 들어갔다. 그러나 성난 아비만유는 몹시 날카롭기 그지없는 여섯 발의 화살로 행운을 달고 다니는 락쉬마나를 꿰뚫었고, 세 발의 화살을 더 쏘아 그의 마부를 쓰러뜨렸다. 그러자 락쉬마나는 잘 벼려진 화살들로 아비만유에게 상처를 입혔다. 참으로 경탄할 만한 일이었다. 대전사 수바드라의 아들은 락쉬마나의 네 마리 말을 죽이고, 그의 마부를 죽였다. 그리고는 잘 벼려진 화살들로 락쉬마나를 공격했다. 적의 영웅을 처단하는 락쉬마나는 격분하며 말들이 죽고 없는 전차에 서서 수바드라의 아들의 전차를 향해 창을 날렸다. 아비만유는 저를 향해 사납게 날아드는 무시무시한 형상의 창, 뱀처럼 꿈틀거리는 저 무적의 창을 날카로운 화살들로 부숴버렸다. 그러자 고따마의 손자*가 락쉬마나를 제 전차에 태웠고, 모든 병사가 보는 앞에서 전장을 떠났다. 위험한 혼돈의 전장에서 병사들은 서로가 서로를 죽이기 위해 전력을 다해 싸웠다.

고따마의 손자_ 꾸루들의 스승 끄르빠의 아들인 듯하다.

산자야가 말했다.

"대왕이시여, 이렇듯 당신의 대궁수 아들들과 빤다와 대전사들은 전장에서 목숨을 버리며 서로가 서로를 죽였답니다. 머리가 풀어헤쳐지고, 갑옷이 벗겨졌습니다. 전차를 잃고, 활이 부러진 수많은 스른자야와 꾸루가 맨손으로 싸움을 이어갔지요. 그러자 팔심 좋은 대전사 비슈마는 격분해 천상의 날탄을 날리며 고결한 빤다와군을 파괴하기 시작했습니다. 그리하여 대지는 죽어 넘어지거나 상처 입은 말과 코끼리와 보병과 전차병과 기병으로 넘쳐났답니다."

70

산자야가 말했다.

"왕이시여 이제, 팔심 좋은 무적의 사띠야끼가 전장에서 어떤 짐이라도 견뎌내는 최고의 활을 꺼내들더니 독뱀 같은 깃털화살을 쏘아 날리며 참으로 가볍고 놀라운 활솜씨를 펼쳐보였습니다. 활을 당겨 화살을 날리고, 또 다른 화살을 들어 다시 활에 화살을 먹여 적을 겨냥해 쏘았지요. 그렇게 화살을 날리며 전장에서 적을 죽이는 그의 모습은 마치 세찬 비를 뿌리는 구름 같았답니다. 바라따의 후손이시여, 그가 치고 올라오는 것을 본 두료다나 왕은 그를 향해 만 대의 전차를 보냈으니 최고의 궁수요, 진실을 용맹으로 삼은 영웅 사띠야끼는 천상의 무기로 전차에 있던 그들 대궁수를 모두 격멸해버렸답니다. 그처럼 무시무시한 행적을 보인 뒤 영웅은 다시 활을 들고 부리쉬라와스와 격전을 벌였습니다. 꾸루들의 명예를 드높이는 부리쉬라와스는 군대가 유유다나*에게 쓰러지는 것을 보고 분기탱천해 공격을 퍼부었지요. 대왕이시여, 그는 인드라의 활인 무지개처럼 아름답고 장대한 활을 들더니 가벼운 손놀림을 펼쳐 보이며 벼락같고 독뱀 같은 화살 수천 개를 쏟아냈습니다. 왕이시여, 사띠야끼를 따르는 병사들은 죽음의 손길 같은 그 화살들을 견디지 못하고 혼신을 다해 싸우는 사띠야끼를 전장에 두고 사방으로 도망쳤답니다. 명예로운 대장사요 대전사인 유유다나의 열 아들이 그 모습을 보고는 모두가 격분하며 빛나는 갑옷과 무기와 깃발을 챙겨들고 대전투에 나섰지요. 희생제의 기둥을 기로 세운 대궁수 부리쉬라와스에게 덤벼들며 유유다나의 아들들이 말했습니다."

이어지는 산자야의 이야기는 이러하다.

유유다나의 아들들이 말했다.
'팔심 좋은 까우라와들의 친지여, 여기, 이리 와서 우리와 겨룹시다. 함께도 좋고 따로도 좋소. 싸워 우리를 이기고 당신이 영광을 가져가시오. 아니면 우리가 당신을 물리치고 아버지께 기쁨을 안겨드려야겠소.'
용사들에게서 그런 말을 들은 대장사요 칭송 자자한 영웅, 저 빼어난 사내 부리쉬라와스는 그들이 싸우고 싶어 안달 난 것을 알고 말했다.
'영웅들이여, 좋은 말이다. 그것이 그대들이 품을 뜻이라면 최선을 다

유유다나_ 사띠야끼의 다른 이름이다.

해 모두 함께 덤벼라. 그대들 모두를 이 전투에서 격멸시키리라!'

그의 말을 들은 저 싸움 날쌘 대궁수 영웅들은 무수한 화살을 쏘아대며 적을 길들이는 부리쉬라와스를 공격했다.

그날 오후, 전장에서는 한 명의 영웅과 뭉쳐 싸우는 여러 전사 간의 혼전이 벌어졌다. 뭉친 전사들은 떼구름이 큰 산에 비를 퍼붓듯 전차병 중의 전차병인 저 한 명의 영웅에게 화살비를 쏟아 부었다. 대전사는 그러나 그들이 쏟아 부은 야마의 지팡이 같기도 하고 인드라의 벼락 같기도 한 무시무시한 화살 물결이 채 이르기도 전에 삽시간에 쳐내버렸다. 소마닷따의 아들 부리쉬라와스의 용맹은 경이로울 정도였다. 그는 두려움 없이 혼자 저 수많은 전사와 전투를 벌였다. 열 명의 대전사가 팔심 좋은 용사 한 명을 에워싸고 화살비를 퍼부으며 죽이려 했다. 격분한 대전사 부리쉬라와스는 눈 깜짝할 새 열 발의 화살을 쏘아 그들의 활을 동강내버렸다. 넓적한 곰화살로 그들의 활을 동강낸 그는 다시 날카로운 화살들을 쏘아 전장에서 활 없는 적의 머리를 잘라버렸다. 그들은 벼락에 부러진 나무처럼 땅바닥에 죽어 넘어졌다. 대전사 아들들이 전장에 스러진 것을 본 우르슈니의 후손이요 영웅인 사띠야끼는 울부짖으며 부리쉬라와스에게 짓쳐 들어갔다. 두 명의 대장사는 전장에서 전차는 전차로 누르고, 전차를 모는 서로의 말을 죽였다. 전차를 버린 대전사들은 땅에 내려 서로 맞서 싸웠다. 거대한 칼과 빼어난 방패를 빼어 들고 전투에 나선 범 같은 두 사내는 아름답게 빛났다. 그러자 비마세나가 빼어난 활의 주인 사띠야끼에게 잽싸게 다가가 그를 제 전차에 태웠다. 그리고 드르따라슈트라의 아들도 모든 궁수가 지켜보는 가운데 격전 중인 부리쉬라와스를 제 전차에 태웠다. 그렇게 전투가 벌어지는 동안 빤다와들은 대전사 비슈마를 정신없이 마구 공격했다. 태양이 붉어질 때쯤 다난자야는 적병의 대전사 이만 오천을 순식간에 죽여 버렸다. 그들은 쁘르타의 아들 아르주나를 죽이라는 두료다나의 명을 받고 왔다가 불에 뛰어든 불나방처럼 파멸에 이르렀던 것이다. 그리고 맛쓰야들과 활 다루는데 능한 께까야들이 대전사 아르주나와 그의 아들을 에워쌌다.

산자야가 말했다.
"해질 녘이 되자 병사들은 모두 혼미해져 갔습니다. 대왕이시여, 황혼이 되어 짐승들이 모두 피로한 기색을 보이자 당신의 서약 굳은 아버지 비슈마는 병사들을 거두어들였답니다. 빤다와들과 꾸루들이 벌인 전투의 끝에 겨우 제 막사로 돌아온 병사들은 너무나 힘겨웠지요. 바라따의 후손이시여, 빤다와들은 스른자야들과 함께 막사에 돌아가 휴식을 취했고, 꾸루들도 마찬가지였답니다."

여섯째 날

71

산자야가 말했다.

"왕이시여, 꾸루와 빤다와들은 다같이 철군해 막사에서 밤을 보내고 다시 전투에 나설 채비를 했습니다. 바라따의 후손이시여, 그들과 당신의 군대는 각자의 진영에서 빼어난 전차를 묶고, 코끼리들을 준비시켰지요. 보병들은 갑옷을 입었고 말들은 안장을 찼습니다. 고둥을 불고, 북을 치는 엄청난 소리들이 사방에서 혼잡스레 일었지요. 그때 유디슈티라 왕이 드르슈타듐나에게 말했답니다.

'팔심 좋은 이여, 적을 괴롭히는 악어의 진을 펴시오'

대왕이시여, 유디슈티라의 말에 더없이 빼어난 전차병이자 대전사인 드르슈타듐나는 전차병들에게 명을 내렸지요.

대왕이시여, 악어의 머리에는 드루빠다 왕과 빤두의 아들 다난자야가, 악어의 눈에는 사하데와와 대전사 나꿀라가 자리 잡았고, 대장사 비마세나는 부리를 차지했습니다. 수바드라의 아들 아비만유와 드라우빠디의 아들들, 락샤사인 가토뜨까짜, 사띠야끼, 다르마의 왕 유디슈티라, 병력의 수장인 위라타는 드르슈타듐나와 함께 엄청난 병사에게 에워싸여 악어의 등을 맡았답니다. 다섯 께까야 형제는 왼쪽을 차지했고, 범 같은 사내 드르슈타께뚜, 호기로운 까라까르샤는 진을 방어할 태세를 갖추고 오른쪽에 자리 잡았답니다. 대왕이시여, 악어 발에는 영예로운 대전사 꾼띠보자와 대군에 에워싸인 샤따니까가 섰습니다. 대궁수 쉬칸딘은 소마까들에게 에워싸여 이라와뜨와 함께 악어의 꼬리에 섰지요.

바라따의 대왕이시여, 그런 식으로 대군진을 펼친 빤다와들은 태양이 떠오르자 갑옷을 입고 다시 전투에 나섰답니다. 그들은 아름다운 깃발을 펄럭이며 날카롭고 번쩍이는 무기들로 무장한 기병, 코끼리병, 전차병, 보병과 함께 지체 없이 까우라 진영으로 진군해갔지요. 왕이시여, 그 군진을 본 서약 굳은 당신의 아버지 비슈마는 거대한 끄라운짜진*을 놓아 그들을 상대했습니다. 인간의 군주시여, 바라드와자의 대궁수 아들 드로나가 마도요의 부리에 서서 빛을 뿜었고, 아쉬와타만과 끄르빠가 새의 두 눈에 자리 잡았지요. 빼어난 모든 궁수 중에서도 가장 빼어난 끄르따와르만은 깜보자 최고의 영웅들, 그리고 바홀리까들과 함께 마도요의 머리에 자리 잡았답니다. 나의 대왕이시여, 슈라세나와 당신의 아들 두료다나는 여러 왕에게 에워싸여 새의 목 부분에 섰고, 거대한 병력에 에워싸인 쁘라그조띠샤는 마드라, 사우위라, 께까야들과 함께 새의 가슴을 차지했지요. 훌륭한 왕이시여, 쁘라스탈라의 군주 슈사르마는 자신이 끌고온 병력과 함께 왼쪽날개에 서서 전투태세를 취했습니다. 바라따의 후손이

끄라운짜진crauñca_ 마도요 새 모양의 군진

시여, 뚜샤라, 야와나, 샤까, 쭈쭈빠들은 진의 오른쪽날개에 섰답니다. 나의 왕이시여, 쉬루따유스, 샤따유스 그리고 소마닷따의 아들은 서로를 지켜주며 진의 후방을 차지하고 섰답니다. 대왕이시여, 그리하여 태양이 떠오르자 빤다와들은 까우라와들과의 전투를 위해 행군을 했고, 그렇게 대전투가 시작되었습니다.

코끼리들은 전차병들을 향해 치달았고, 전차병들은 코끼리들에게 달려들었습니다. 말 탄 병사들은 말 탄 병사*를 향해, 기병은 전차병을 향해 짓쳐 달렸습니다. 왕이시여, 대전투에서 전차병은 전차와 코끼리를 공격했고, 말 탄 병사는 전차병을, 그리고 전차병은 기병에게 짓쳐 달렸답니다. 왕이시여, 전차병은 전장에서 보병을, 기병도 보병을 상대해 전투를 벌였습니다. 모두가 서로를 향한 분심을 이기지 못했지요. 비마세나, 아르주나, 쌍둥이 나꿀라와 사하데와 그리고 여러 다른 대전사의 비호를 받는 빤다와군은 별이 박힌 하늘처럼 빛났답니다. 비슈마, 끄르빠, 드로나, 샬리야, 두료다나와 여러 다른 이의 비호를 받는 당신의 군대 또한 행성들에 에워싸여 있는 듯했지요.

한편 최고의 용맹을 자랑하는 꾼띠의 아들 비마세나는 드로나를 보자 날쌘 말을 타고 저 바라드와자의 아들이 이끄는 군단을 향해 짓쳐 들어갔습니다. 왕이시여, 그러나 성난 영웅 드로나는 급소를 노린 아홉 발의 화살을 쏘아 전장에서 비마세나를 꿰뚫어 맞췄지요. 격전을 벌이던 중 심한 부상을 당했음에도 비마세나는 바라드와자의 아들 드로나의 전차병

말 탄 병사_ 원문에서 쓰인 단어가 다르기에 여기서는 말 탄 병사hayāroha들과 기병sādina을 따로 옮겼으나 차이점은 정확하게 알기 어렵다.

을 야마의 처소로 보내버렸습니다. 그러자 위용 넘치는 바라드와자의 아들은 직접 고삐를 쥐고 불이 솜뭉치를 태우듯 빤두의 아들의 군대를 몰살시키기 시작했습니다. 위없는 왕이시여, 그렇듯 비슈마와 드로나에게 몰살당할 위기에 처하자 스른자야들은 께까야들과 함께 물러나기 시작했지요. 비마세나와 아르주나에게 패퇴한 당신의 군대 또한 술 취한 어여쁜 여인네처럼 전장 여기저기서 비틀거렸습니다. 바라따의 후예시여, 저 빼어난 영웅들이 스러져간 전장에서 당신과 저들의 군대에 참으로 무서운 고통이 덮친 것입니다. 바라따의 후예시여, 하나의 목표를 지닌 당신과 적의 군대 모두 어찌 그리 하나같이 싸울 수 있는지 그저 놀라울 따름이었지요. 백성의 주인이시여, 빤다와들과 까우라와들 모두 전투에서 서로의 무기를 물리칠 수 있는 대전사였던 것입니다."

72

드르따라슈트라가 말했다.

"산자야여, 우리 군대는 자질이 뛰어나고 병력도 적보다 몇 배는 많은데다 정해진 규율에 따라 진을 펼친다. 실패할 일 없으리니. 전사들은 언제나 우리가 잘되기를 바라고, 우리를 매우 잘 따른다. 우리에게 복종하고 결점이 없는데다 용맹은 이미 증명되었느니. 너무 늙거나 지나치게 어리지 않고, 너무 여위었거나 살찌지 않았다. 행동이 민첩하고 몸이 단단하며 대부분이 활기차고 병약하지 않으니. 갑옷과 무기를 갖췄고 온갖 무기를 다룬다. 칼싸움도 주먹싸움도 철퇴싸움도 모두 능하다. 창, 짧은 창, 투창, 활, 전곤, 짧은 활, 철퇴, 몰이막대, 삼지창, 무쇠공이 등 모든 것을 잘 다루느니. 날탄을 쓰고 활을 쏘고 쇠창을 날리는 데도, 갖은 채찍을 휘둘러 쓰는 데도, 또한 맨주먹으로 싸우는 데도 능한 자들이다. 진언을 배우고 쓰는 법을 제 눈앞에서 직접 배워 익혔기에 무기를 다루고 진언을 쓰는 모든 것에 익숙하느니. 탈 것에 오르고 내리고 몰고 뛰는 것에 능하고, 정확히 맞추고 전진하고 후퇴하는 데 또한 능하다. 코끼리, 말, 전차, 온갖 탈 것에 매우 익숙하지. 잘 살펴 마땅한 녹을 주지만 연줄에 따르거나 특혜를 베풀어서가 아니요, 친지의 흔적이나 우정에 억지로 따른 것도 아니며 가족과 관련되어서도 아니다. 그들은 부유하고 존중받으며 그들의 친지는 만족해하느니. 우리는 그들에게 수많은 호의를 베풀었고, 그들은 명예롭고 마음이 살아 있다. 나의 벗이여, 수많은 승리와 수없이 빼어난 행적을 이루어낸 세상의 수호신 같고 온 세상에 명성 자자한 훌륭한 사람들이 그들을 지키느니. 이 땅에 명예를 드날린 수많은 크샤뜨리야가 그들의 군대와 그들을 따르는 자들을 지켜주기에 그들은 스스로의 뜻에 따라 우리에게로 온 것이다.

날개는 없으나 날개를 단 듯한 전차와 코끼리로 에워싸인 우리 군대는 수많은 강물이 사방에서 밀려들어 넘실대는 거대한 바다 같구나. 수없이 많은 사나운 병사가 물이요, 탈 것들이 파도요 물살이다. 셀 수 없는 철퇴와 창과 화살과 투창이 그 바다에 넘쳐나느니. 보석 박힌 천으로 단장한 깃발이 천지에 널려 있고, 달려가는 탈 것들은 세찬 바람이 되어 바다를 뒤흔드는구나. 드로나, 비슈마가 지키고 끄르따와르만, 끄르빠, 두샤사나, 자야드라따가 이끄는 병력, 바가닷따, 위까르나, 드로나의 아들, 샤꾸니, 바흘리까가 살피는 우리 군대는 경계 없는 거대한 바다인 듯 우르릉거리느니. 세상의 영웅들, 진리를 아는 고결한 이들이 지키는 우리 군대가 전장에서 죽임을 당한다면 이는 필시 이미 정해진 운명일 터이다. 산자야여, 그만한 준비를 갖춘 전쟁을 인간들도, 또 다복한 선인들도 예전엔 이 땅에서 본 적이 없으리니. 의례에 따라 무기를 갖춘 그만한 병력의 물결이 전장에서 궤멸당한다면 운명 말고 달리 무어라 하겠느냐? 산자야여, 저렇듯 무서운 병력이 빤다와들을 제압하지 못하다니 이 모든 것이 내게는 거꾸로 뒤집힌 듯 보이는구나. 아니면 산자야여, 아군을 몰살시키기 위해 신들이 모두 모여 빤다와 편에서 싸우는지도 모르겠다. 산자야여, 위두라는 언제나 내게 이롭고 바른 말을 했었지. 그럼에도 어리석은 내 아들 두료다나는 그의 말을 듣지 않았느니. 나의 벗이여, 모든 것을 익히 아는 고결한 위두라는 예전에 벌써 그러할 것을 알았던 듯하구나. 산자야여, 아니면 이 모든 것을 조물주가 미리 정해놓은 게지. 그 외는 달리 설명할 길이 없구나!"

73

산자야가 말했다.

"왕이시여, 당신 자신의 잘못으로 그런 재앙이 닥친 것입니다. 바라따의 황소시여, 다르마를 혼동하게 하는 행위들을 당신은 보았으나 두료다나는 보지 못했기 때문입니다. 백성의 주인이시여, 당신 잘못으로 예전에 주사위노름을 했고, 당신의 그러한 잘못 때문에 빤다와들과 전쟁을 치르는 것이니 오로지 당신으로 인해 오늘 그 악의 열매를 거두는 것입니다. 왕이시여, 이승에서건 저승에서건 자신이 저지른 행위를 자신만이 거두어들이는 것은 매한가지이기 때문이지요. 그러니 왕이시여, 마음을 굳건히 하시어 저 큰 재앙을 받아들이소서. 나의 왕이시여, 소인이 전장에서 일어나는 일을 있는 그대로 말씀드릴 터이니 들어보소서."

이어지는 산자야의 이야기는 이러하다.

영웅 비마세나는 날선 화살들로 대군을 궤멸시킨 뒤 두료다나의 모든 아우들을 향해 진군해갔다. 대장사 비마는 가까이 있던 두샤사나, 두위샤하, 두사하, 두르마다, 자야, 자야세나, 위까르나, 찌뜨라세나, 두르다르샤나, 짜루미뜨라, 수위르마나, 두슈까르나, 까르나 말고도 여타의 수없이 많은 드르따라슈트라군의 대전사들을 보고 분통을 터트렸다. 그리고는 전장에서 비슈마가 지키는 대병력 안으로 들어갔다. 그가 대병력 안으로 들어가는 것을 본 적군의 대장들이 서로에게 외쳤다.

'왕들이여, 늑대 배가 여기 있소. 생포합시다!'

사촌형제들에게 빙 둘러싸인 쁘르타의 아들 비마는 세상 파멸의 날에 사납고 드센 행성들에 에워싸인 태양 같았다. 적진 한가운데로 들어갔음에도 빤두의 아들에게 두려움이란 없었다. 신과 아수라들의 전쟁에 대인드라가 다나와들에게 에워싸인 것과 다르지 않았다. 수백수천의 전차병이 사방에서 사나운 화살을 퍼부어대며 홀로인 비마를 에워쌌다. 용사는 그러나 다르따라슈트라들을 개의치 않고 코끼리와 말과 전차를 타고 공격해오는 저 대단한 용사들을 죽이기 시작했다. 자기를 죽이려는 저들의 굳은 결심을 알아챈 고결한 비마세나는 저들 모두를 죽여야겠다고 마음먹기에 이르렀다. 그리하여 빤두의 아들은 전차를 물리고는 철퇴를 손에 쥐고 밀물처럼 밀려드는 다르따라슈트라들의 병사들을 죽였다.

비마세나가 적진으로 들어간 뒤 쁘르샤따의 후손 드르슈타듐나 또한 드로나를 뒤로하고 지체 없이 수발라의 아들 샤꾸니가 있는 곳으로 내달렸다. 저 황소 같은 사내는 다르따라슈트라의 대군을 공격하며 비마세나가 전장에 버리고 간 빈 전차를 향해 달렸다. 전장에 비마세나의 마부 위쇼까만 덜렁 남겨진 것을 본 드르슈따듐나는 정신을 잃을 듯 마음이 사나웠다. 그는 괴로워하며 한숨을 내쉬다 눈물에 목멘 소리로 물었다.

'내 목숨보다 소중한 비마는 어디 있는가?'

위쇼까가 두 손 모으고 드르슈따듐나에게 말했다.

'범 같은 분이시여, 위용 넘치는 장사 비마세나는 소인을 여기에 두고 큰 바다 같은 다르따라슈트라의 대군 안으로 뛰어드셨습니다. 소인에게는 "마부여, 말들을 잠시만 잘 붙들고 나를 기다리거라. 나를 죽이려고 안달 난 저놈들을 얼른 처치해버려야겠다"라고 유쾌하게 말씀하셨지요. 그리고는 철퇴를 손에 쥐고 저 대군 속으로 내쳐 뛰어든 비마를 모든 병사가 지켜보며 환호하고 있답니다. 왕자님이시여, 당신의 벗 비마는 저 혼잡하고 무시무시한 전투가 벌어지는 거대한 군진을 홀로 꿰뚫고 들어가셨습니다.'

위쇼까의 말을 듣고 팔심 좋은 쁘르샤따의 후손 드르슈타듐나가 전장 한가운데서 마부에게 말했다.

'마부여, 빤두의 아들 비마세나와의 우정을 저버리고 지금 그를 전장에 버려둔다면 도대체 내가 살아야 할 이유가 없구나. 비마 없이 돌아간다면 크샤뜨리야들이 내게 무어라 하겠느냐? 전투에서 비마가 홀로 애쓰는 동안 나는 이 자리에 서 있었다면 또 무어라 하겠느냐? 동지를 버리고 저 혼자 무사하고 강건하게 집으로 돌아온 자에게 아그니를 위시한 신들은 결코 번성을 이루게 하지 않으리니. 저 팔심 좋은 비마는 나의 벗이요 친지이며 내게 마음을 다했고 나 또한 적을 처단하는 그에게 마음을 다했다. 그러니 나는 이제 늑대 배가 간 곳으로 가리라. 인드라가 다나와들을 처단하듯 적을 처단하는 나를 지켜보아라.'

그렇게 말한 뒤 영웅은 바라따의 후손들 가운데로 뛰어들었다. 철퇴에 짓이겨진 코끼리들이 비마세나가 지나간 길에 늘어져 있었다. 그리고 그는 드센 바람이 나무를 뒤엎어버리듯 전장에서 적군을 활활 태우고 있는 비마를 발견했다. 그에게 얻어맞은 전차병과 기병과 보병과 코끼리들이 울부짖고 있었다. 온갖 전투에 능한 비마세나에게 상처 입은 다르따슈트라군의 '아이고, 아이고'하는 소리가 치솟았다. 그러자 무기 다루는 데 능한 병사가 모두 모여 두려움 없이 화살비를 퍼부으며 사방에서 늑대 배를 에워쌌다.

무기 든 자 중 가장 빼어난 빤두의 아들을,
세상의 영웅들에게 사방으로 포위된 비마세나를,
무섭도록 잘 훈련된 전사들에게 공격당하는 그를
저 힘 좋은 쁘르샤따의 후손이 보았네.

그리하여 쁘르샤따의 후손이
온몸이 화살에 짓이겨진 채 철퇴 들고 땅에 선 이에게,
긴 숨 몰아쉬며 세상을 끝내는 날의 시간인 듯

분노의 독 뿜어대는 비마세나에게 다가갔네.

제 전차에 비마를 올려 태운 저 고결한 이,
삽시간에 그에게서 화살을 뽑아내었네.
비마세나를 꽉 껴안고
적들 가운데에서 다독여주었네.

그러자 무서운 전투가 벌어지는 와중에
두료다나가 아우들에게 다가가 말했네.
'저 고약한 드루빠다의 아들이
비마세나와 함께하는구나.
모두 함께 그를 죽이러 가야 하느니.
적이 아군을 깨뜨리게 두지 않으리.'

그 말 들은 저 분심 많은 다라따라슈트라들,
맏형의 명에 한껏 고무되었네.
세상이 끝나는 날 섬뜩한 혜성들이 떨어져 내리듯
무기 쳐든 저들이 그를 죽이려 달려들었네.

영웅들은 번쩍이는 활들을 들어 올렸고
활 소리, 바퀴 소리로 대지를 떨게 했네.
비구름이 산위에 자락비 쏟아 붓듯
드루빠다의 아들에게 화살비를 쏟아 내었네.

날선 화살들로 그에게 상처를 입혔으나
저 수려한 전사는 전장에서 꿈적하지 않았네.

두려움 모르는 그가 전장에 우뚝 서서
날카로운 화살들로 드르따라슈트라 영웅들을 꿰뚫었네.
젊은 대전사 드루빠다의 아들은
저들을 죽이려는 마음으로 저 무서운 '혼미의 날탄'을 날렸네.
인드라가 전장에서 디띠의 아들들을 겨누듯
몹시 성난 그가 드르따라슈트라의 아들들을 겨누었네.

'혼돈의 날탄'에 맞은 인간의 영웅들은
정신이 혼미해지고 기가 빠져나갔네.
까우라와들은 모두 뿔뿔이 도망치고
말도 코끼리도 전차도 사방으로 내달렸네.
혼돈에 빠진 드르따라슈트라의 아들들,
시간에 돌돌감긴 듯 넋을 놓쳐버렸네.

그러나 바로 그때 무기 쥔 자 중 가장 빼어난 드로나가 드루빠다를 공격했고 무시무시한 화살 세 발로 그에게 상처를 입혔다. 전장에서 드로나에게 심하게 당한 드루빠다 왕은 이전의 적개심을 기억하며 뒤로 물러섰다. 드루빠다를 이긴 드로나는 위풍당당하게 고둥을 불었다. 그의 고둥 소리를 들은 모든 소마까가 두려움에 떨었다.

한편 무기 쥔 자 중 가장 빼어난 저 기력 넘치는 드로나는 다르따라슈트라들이 전장에서 '혼돈의 날탄'에 당했음을 들었다. 그래서 드로나는 지체 없이 전투가 벌어지는 곳으로 진군해갔다. 위용 넘치는 바라드와자의 아들, 저 대궁수는 그곳에서 대전장을 누비고 다니는 드르슈타듐나와 비마를 보았다. 혼미한 상태에 빠진 다르따라슈트라들을 본 대전사는 '깨움의 날탄'을 쏘아 '혼미의 날탄'을 부쉈다. 의식이 돌아온 드르따라슈트라의 대전사 아들들은 비마, 그리고 쁘르샤따의 후손과 싸우기 위해 다시 전장으로 나갔다. 그러자 유디슈티라가 제 병사들을 모아 말했다.

'수바드라의 아들을 선두로 하여 용감무쌍한 전차병 열두 명은 무장하고 전장으로 나가라. 비마와 쁘르샤따의 후손을 위해 온힘을 다하라. 그들이 깨어나게 하라. 내 마음이 편치 않구나.'

용맹스런 전사요 사내다운 자긍심으로 뭉친 영웅들이 그의 명을 받들며 말했다.

'반드시 그리하겠나이다.'

해가 중천에 이르자 께까야들, 드라우빠디의 아들들*, 영웅 드르슈타께뚜가 아비만유를 앞세우고 대군에 에워싸여 적진으로 진군했다. 적을 다스리는 그들은 전장에서 '바늘 귀 군진'을 펼쳐 다르따라슈트라의 전차병 부대를 뚫었다. 비마에 대한 두려움이 덮친 데다 드르슈타듐나로 인해 혼미해진 다르따라슈트라군은 아비만유를 앞세우고 쳐들어오는 저 대궁수들에게 대항할 수 없었다. 술에 취해 길가에 멍하게 선 여인들처럼 넋 놓고 그저 서 있기만 했다. 저 열두 대궁수는 금빛 번쩍이는 깃발을 휘날리며 늑대 배와 드르슈타듐나를 구하려는 일념으로 짓쳐 내달렸다.

께까야들, 드라우빠디의 아들들_ 께까야와 드라우빠디의 아들들은 각각 다섯이다.

다르따라슈트라 대군을 짓뭉개고 있던 두 용사는 아비만유를 앞세운 대궁수들을 보자 몹시 기뻐했다.

빤짤라의 영웅 드르슈타듐나는 제 스승 드로나가 느닷없이 공격해오는 것을 보고 다르따라슈트라들에 대한 공격을 멈췄다. 성난 그는 늑대 배를 께까야의 전차에 오르게 하고는 당할 자 없는 대궁수 드로나를 공격했다. 적을 짓누르는 위용 넘치는 바라드와자의 아들 드로나는 격분하며 넓적화살을 쏘아 공격해 들어오는 적의 활을 쪼개버렸다. 자기에게 음식을 주는 이가 누구인지를 기억한 그는 두료다나가 잘 되기를 바라는 마음으로 쁘르샤따의 손자에게 다시 백 발의 화살을 더 쏘았다. 그러자 적의 영웅을 죽이는 쁘르샤따의 후손은 다른 활을 들어 돌로 벼린 금촉 화살 일곱 발을 쏘아 드로나를 꿰뚫었다. 그러나 적을 괴롭히는 드로나는 다시 한 번 그의 활을 쪼갰고, 그의 네 마리 말을 향해 더할 바 없이 빼어난 화살 네 발을 쏘아 잔혹한 야마의 거처로 보낸 뒤 다시 넓적화살을 쏘아 마부를 죽음의 땅으로 보내버렸다. 그러나 대전사 드르슈타듐나는 말들이 죽고 없는 전차에서 지체 없이 뛰어내려 팔심 좋은 아비만유의 거대한 전차에 올랐다.

그런 모양을 지켜보던 비마세나와 쁘르샤따의 후손의 병사들은 말과 코끼리와 전차 할 것 없이 모두 떨기 시작했다. 가늠할 수 없는 기력을 지닌 드로나에 의해 자기들의 힘이 무너지는 것을 본 대전사들은 두려움을 떨칠 수 없었다. 드로나의 매서운 화살들에 군은 격몰되었고, 병사들은 소용돌이치는 바다처럼 우왕좌왕했다. 그런 적군의 모습을 지켜보던 다르따라슈트라들은 환호했다. 적군을 분노로 태우는 스승을 보고 모든 병사가 외쳤다.

'잘 한다! 대단하다!'

74

산자야가 말했다.

"한편 정신이 돌아온 두료다나 왕은 추락하지 않는 비마를 향해 다시 한 번 화살비를 쏟아냈습니다. 당신의 대전사 아들들은 다시 한 덩이가 되어 전장에 모여들었고 비마를 상대로 세찬 공격을 퍼부었답니다. 팔심 좋은 비마세나 또한 다시 전투에 나섰습니다. 제 전차로 돌아가 올라타고는 당신의 아들이 있는 곳을 향해 진군해갔지요. 모진 기세로 적의 목숨을 앗아가는 번쩍이는 강궁을 집어든 그는 전장에서 수많은 화살을 쏘아 당신의 아들들을 꿰뚫기 시작했습니다. 그러자 두료다나 왕이 매서운 화살을 쏘아 대장사 비마세나에게 치명적인 상처를 입혔지요. 당신의 아들의 활에 심한 상처를 입은 대궁수 비마는 분노로 눈이 붉어지며 사납게 활을 집어 들었습니다. 그는 두료다나의 팔과 가슴을 향해 세 발의 화살을 쏘았고, 화살에 맞은 왕은 봉우리를 이고 있는 산처럼 아름다웠지요. 한편 격앙된 두 전사가 서로를 망가뜨리며 전장에서 싸우는 것을 두료다나의 아우들, 모두가 목숨 걸고 싸우는 용사들이 아우들이 보았습니다. 무서운 행적의 비마를 사로잡자고 했던 예전의 모략을 기억한 그들은 결의를 다지고 그에게 공격을 퍼부었지요. 대왕이시여, 대장사 비마세나는 코끼리가 상대 코끼리를 덮치듯 자기에게 덤벼드는 그들을 덮쳤습니다. 대왕이시여, 명예롭고 명예로우며 기력 넘치는 비마는 분기탱천해 당신의 아들 찌뜨라세나에게 쇠화살을 쏘아 날렸답니다. 바라따의 후손이시여, 그리고 전장에 있는 당신의 다른 아들들을 향해서는 기세 좋게 날아가는 금촉화살을 수없이 쏘았습니다.

대왕이시여, 한편 아비만유를 선두로 한 열두 명의 대전사는 병사들을 모두 전장에 불러 모았지요. 비마세나를 따르라는 다르마 왕의 부름을 받은 저들은 힘 좋은 당신의 아들들에 맞서 싸우기 시작했습니다. 태양과도 같고 불빛과도 같은 이들, 하나 같이 대궁수요, 영예로 감싸인 듯 빛나며, 대전투에서 타는 듯한 황금갑옷으로 빛을 뿜는 저 용사들이 전차에 버티고 있는 것을 본 당신의 장사 아들들은 전장에 비마를 두고 돌아서 가버렸습니다. 그러나 당신의 아들들이 살아서 돌아가는 꼴을 두고 볼 수 없던 꾼띠의 아들 비마는 그들 뒤를 쫓아가 또 다시 괴롭혔지요. 한편 두료다나가 이끄는 대전사들로 이루어진 당신의 병사들은 비마세나와 쁘르샤따의 후손이 아비만유와 합세하는 것을 보고 활을 집어 들었습니다. 저들 전사들은 더없이 날쌘 말을 타고 비마가 있는 곳을 향해 내달렸답니다. 바라따의 왕이시여, 그리하여 당신의 군대와 적의 군대가 오전의 대전투를 벌였습니다.

아비만유는 날쌔기 그지없는 위까르나의 말들을 죽이고 스물다섯 발의 날선 화살을 쏘아 그에게 상처를 입혔지요. 왕이시여, 대전사 위까르나는 말들이 죽고 없는 제 전차를 버리고 찌뜨라세나의 번쩍이는 전차에 올라탔습니다. 바라따의 후손이시여, 한 전차에 탄 저 꾸루를 번성케 하는 바라따의 후손들에게 아르주나의 아들은 화살그물을 쳐버렸답니다. 그러자 찌뜨라세나와 위까르나는 아비만유를 향해 다섯 발의 쇠화살을 쏘아 상처를 입혔으나 끄르슈나의 조카는 마치 메루 산이라도 된 듯 꿈쩍도 하지 않았지요. 인드라 같은 나의 왕이시여, 그 전투에서 두샤사나는 다섯 께까야 형제를 맡아 싸웠으니 참으로 놀랄만한 일이었답니다. 백성의 주인이시여, 성난 드라우빠디의 아들들은 그 전투에서 두료다나와 맞서 싸웠고, 모두 각각 세 발의 화살을 당신의 아들에게 쏘았습니다. 왕이시여, 당신의 아들 두르다르샤 또한 브라우빠디의 아들들과 싸우며 날선 화살들을 쏘았고, 그들 각각을 맞췄답니다. 그들의 화살에 맞아 피범벅이 된 그의 모습은 온갖 광물이 뒤섞여 흐르는 산처럼 아름다웠습니다. 왕이시여, 짐승을 지키려는 주인처럼 비슈마도 힘센 빤다와들과 격전을 벌였답니다. 백성의 주인이시여, 그때 간디와 활소리가 울려 퍼졌습니다. 쁘르타의 아들이 두료다나군의 오른쪽날개에서 적들을 무너뜨린 것이지요. 바라따의 후손이시여, 꾸루와 빤다와들이 격전을 벌이는 전장 여기저기에는 머리 없는 몸통이 수두룩하게 서 있었답니다. 범 같은 사내들은 전차라는 배를 타고 병사들의 바다를 건너려고 했습니다. 코끼리를 섬으로 삼은 저들에게 흥건한 피는 물이었으며 화살은 노였고 말은 파도였지요. 더할 나위 없이 빼어난 수백수천의 전사가 손이 잘리고 갑옷이 벗겨진 채 머리 없는 몸으로 쓰러져 있는 것이 전장 여기저기서 보였습니다. 훌륭하고 훌륭하신 바라따의 후손이시여, 피의 물결에 흥건히 젖은 취한 코끼리들의 주검으로 대지는 마치 산으로 뒤덮여 있는 듯했지요. 바라따의 후손이시여, 거기서 소인은 참으로 놀라운 것을 보았습니다. 당신의 병사들이건 빤다와의 병사들이건 어느 누구도 싸우고 싶어 하지 않는 자는 없었다는 것입니다. 그런 식으로 크고 큰 명예를 구하는 당신의 영웅들은 빤다와들과의 전투에서 이기려고 안간힘을 썼답니다."

75

이어지는 산자야의 이야기는 이러하다.

한편 비마를 죽이려는 생각으로 똘똘 뭉친 두료다나 왕은 태양이 점점 붉어질 무렵 그와의 전투를 위해 짓쳐 달려갔다. 적개심 가득한 인간들의 영웅 두료다나가 달려드는 것을 본 비마가 격분해 말했다.

'한 해를 내내 애태우며 기다리던 때가 왔구나! 내빼지 않으면 지금 당장 너를 죽이리니! 오늘 너를 죽여 꾼띠의 고뇌를, 숲에서 살아야 했던 우리의 고난을, 드라우빠디의 고통을 끝내리. 간다리의 아들이여, 네놈은 노름꾼이 되어 빤다와들을 능멸했느니, 오늘 기필코 죗값을 치르게 되리라. 예전에 네놈은 까르나와 수발라의 수작에 동조해 아무 생각 없이 네놈 하고 싶은 대로 빤다와들을 휘둘러댔지. 다샤르나의 수장 끄르슈나가 화평을 청했을 때도 네놈은 너무나 어리석었기에 그를 업신여기고 울루까더러 네 뜻을 전하게 하고는 득의만만해했다. 나는 오늘 그런 네놈을 친지친척까지 모조리 싸잡아 죽여야겠다. 그리하여 네놈이 예전에 저질렀던 죄를 바로잡으리라.'

말을 마친 비마는 무시무시한 활을 쫙 펼쳐들더니 엄청난 벼락처럼 번쩍이는 섬뜩한 화살을 먹였다. 분기탱천한 그는 두료다나를 향해 순식간에 스물여섯 발의 화살을 쏘았다. 불꽃처럼 빛나는 번개 같은 화살이 곧게 날았다. 두 발의 화살은 두료다나의 활을 갈랐고, 두 발은 그의 마부를 꿰뚫었으며, 네 발은 네 마리의 날랜 말을 야마 땅으로 보내버렸다. 적을 다스리는 비마는 빼어난 전차에 서서 잘 겨눈 두 발의 화살로 두료다나 왕의 차양을 찢었다. 화살 세 발로는 타는 듯 아름다운 그의 깃발을 찢었고, 그것이 찢기자 두료다나가 보는 앞에서 포효했다. 온갖 가지 보석으로 단장된 깃발은 번개가 구름을 가르듯 전차에서 땅으로 불시에 떨어져 내렸다. 태양처럼 빛나고 아름다운 저 꾸루의 군주의 보석 박힌 코끼리 문양 깃발이 찢겨 떨어지는 꼴을 모든 왕이 지켜보았다.

이제, 대전사 비마는 이죽거리며 거대한 코끼리를 꼬챙이로 내리 치듯 열 발의 화살을 더 쏘아 전장에서 그에게 상처를 입혔다. 그러자 신두 왕이요 빼어난 전사인 자야드라타가 용맹스런 전사들과 함께 두료나나 뒤를 받쳤다. 그리고 전차로 싸우는 자 중 가장 빼어난 끄르빠가 가늠할 수 없는 빛을 지닌 저 꾸루의 후손, 분을 이기지 못하는 두료다나를 제 전차에 태웠다. 비마세나와의 격전 중에 심하게 다친 두료다나 왕이 고통스러운 나머지 전차 위에 주저앉았다. 그러자 자야드라타가 비마를 죽이려 수천 대의 전차로 사방을 에워싸며 막아섰고, 드르슈타께뚜, 영웅 아비만유, 께까야, 그리고 드라우빠디의 아들들은 드르따라슈트라의 아들 두료다나를 맡아 싸웠다. 찌뜨라세나, 수찌뜨라, 찌뜨라아쉬와, 찌뜨라다르샤나, 짜루찌뜨라, 수짜루, 난다, 우빠난다 등 잘나고 명예로운 여덟 명의 대궁수가 아비만유를 빙 둘러싸며 훼방을 놓았으나 고결한 아비만유는 그들 각각에게 재빨리 곧게나는화살 다섯 발씩을 날렸다. 아름다운 그의 활에서 쏟아져 나오는 화살들은 벼락과도 같고 죽음과도 같았다. 구름이 메루 산에 비를 퍼붓듯 쏟아져 내리는 저 빼어난 전사 아비만유의 날카로운 화살을 아무도 견뎌내지 못했다. 무기 다루는 데 능하고 전장에서 맞서 싸우기 힘든 아비만유가 드르따라슈트라군을 짓누르며 뒤흔드는 모양은 마치 신과 아수라들 간의 전쟁에서 벼락 든 인드라가 대아수라

군대를 흔드는 모습과 흡사했다. 빼어난 전차병 아비만유는 전장에서 춤을 추듯 무서운 독뱀 형상의 넓적끝화살 열네 발을 쏘아 위까르나의 깃발과 마부와 말들을 찢어발겼다. 그런 뒤 수바드라의 대장사 아들 아비만유는 다시 위까르나를 향해 돌로 잘 벼린 뾰족끝청동화살들을 쏘았다. 위까르나를 향해 날아간 왜가리깃털화살들은 그의 몸뚱이를 찢어발긴 뒤 불을 내뿜는 뱀들처럼 땅으로 떨어졌다. 위까르나의 황금촉화살들은 피로 범벅된 채 땅에 박혀 피를 토하는 듯했다.

전장에서 이처럼 처참히 부서진 위까르나를 본 나머지 동복형제들이 아비만유를 선봉으로 한 전차병들을 향해 짓쳐 달렸다. 무적의 전사들은 전차에 선 태양빛 닮은 전사들을 향해 그렇게 짓쳐 달렸고, 전장에서 뒤엉켜 서로가 서로를 찔러대기 시작했다. 두르무카는 일곱 발의 날쌘 화살로 슈루따까르만을 찔렀고, 한 발로는 그의 깃발을 찢었으며, 다른 일곱 발을 더 쏘아 그의 마부를 맞췄다. 여섯 발의 화살로는 황금망을 씌운 바람처럼 빠른 말을 죽이고, 마부마저 말에서 떨어뜨렸다. 말이 죽어버린 전차 위에 선 대전사 슈루따까르만은 격분하며 거대한 운석처럼 훨훨 타는 삼지창을 던졌다. 기세 좋게 타오른 삼지창은 명성 자자한 두르무카의 단단한 갑옷을 찢어발기고는 땅에 꽂혔다. 갑옷 없는 두르무카를 발견한 대장사 수따소마가 전군이 보는 가운데 제 전차에 그를 태웠다.

한편 영웅 슈루따끼르띠는 드르따라슈트라의 명예로운 아들 자야뜨세나를 죽이려는 심사로 전장을 내달렸다. 자야뜨세나는 비웃기라도 하듯 날선 칼을 던져 고결한 슈루따끼르띠가 전장에서 내쏜 활을 갈라버렸다. 그의 활이 망가진 것을 본 슈루따끼르띠의 동복형제, 기세등등한 샤따니까가 거듭해 사자의 포효를 울리며 달려왔다. 전장에 나선 샤따니까는 지체 없이 단단한 활을 펼쳐들고 열 발의 화살로 자야뜨세나에게 상처를 입힌 뒤, 어떤 장애라도 뚫고 나갈 수 있는 몹시 날카로운 다른 화살을 쏘아 샤따니까의 가슴에 심한 상처를 입혔다. 그런 일이 벌어지자 가까이 있던 형제 두슈까르나가 정신을 잃을 듯 격분하며 나꿀라의 아들 샤따니까의 활을 부러뜨렸다. 그러자 대장사 샤따니까는 엄청난 압박에도 견딜 수 있는 가장 좋은 활을 들어 날카로운 화살을 먹인 뒤 제 형제가 보는 앞에서 '서라, 게 섰거라!'라고 소리치며 뱀처럼 번뜩이는 날카로운 화살을 날렸다. 한 발의 화살로 두르무카의 활을 가르고, 두 발의 화살로 그의 마부를 쓰러뜨린 샤따니까는 다시 재빨리 일곱 발의 화살을 쏘아 전장에서 그에게 상처를 입혔다. 그리고 날카로운 열두 발의 화살을 재빨리 쏘아 마음의 속도로 달리는 무결한 그의 검은 말들을 모조리 죽였다. 성난 그는 매우 잘 나는 넓적화살을 쏘아 전장에서 두슈까르나의 가슴에 큰 상처를 입혔다. 두슈까르나가 쓰러진 것을 본 다섯 명의 대전사가 샤따니까를 빙 둘러싸고 죽이려고 했다. 명예로운 샤따니까는 화살비에 갇히고 말았다. 그에 격분한 다섯 께까야 형제가 짓쳐 달려갔다. 그들이 짓쳐 달리는 것을 본 드르따라슈트라의 대전사 아들들이 거대한 코끼리들에 맞선 코끼리들처럼 그들에 맞서 싸웠다. 두르무카, 두르자야, 어린 두르마르샤나, 샤뜨룬자야, 샤뜨루사하, 명예로운 그들 모두가 격분해 께까야 형제들에 맞서 싸웠다. 마치 하나의 마을 같은 전차들, 마음처럼 빠른 말이 매어 있고 다채롭고 아름다운 깃발들로 꾸며진 전차들을 탄 드르따라슈트라의 영웅 같은 전사들이 더 없이 빼어난 활을 휘두르며 번쩍이는 갑옷을 입고 온갖 기를 드높이며 숲에서 숲으로 내달리는 사자들처럼 적의 진영을 꿰뚫으며 달렸다.

그들 간에 혼란스럽고 무시무시한 대전투가 벌어졌다. 코끼리와 전차가 뒤섞였고 적은 적의 목숨을 앗았다. 서로가 서로를 내모는 그 잠깐 동안 해질녘의 너무나도 잔혹한 싸움에 야마 땅이 부풀어 오를 지경이었다. 수천의 전차병과 기병이 죽어 전장에 널브러졌다.

그러자 성난 샨따누의 아들 비슈마가 곧게 나는 깃털화살을 쏘아 저 대단한 적들을 궤멸시키고, 빤짤라 군대를 야마 땅으로 보내기 시작했다. 대궁수는 그런 식으로 빤다와 진영을 깨부수며 하루를 닫고 자기 막사로 돌아갔다. 다르마의 왕 유디슈티라 또한 드르슈타듐나와 늑대 배를 보고 머리 내음을 맡은 뒤 기쁜 마음으로 막사로 돌아갔다.

일곱째 날

76

산자야가 말했다.

"대왕이시여, 이제 피에 젖은 용사들은 서로에 대한 적개심을 간직한 채 각자의 막사로 돌아갔답니다. 휴식을 취한 그들은 서로를 격려한 뒤, 다시 전투에 나서고자 갑옷을 챙겨 입었지요. 그리고 왕이시여, 온몸이 피로 얼룩진 당신의 아들 두료다나가 걱정스레 할아버지에게 물었습니다."

이어지는 산자야의 이야기는 이러하다.

두료다나가 말했다.
'우리 병사들은 사납고 위협적입니다.
제대로 진을 짜고 많은 깃발을 가졌습니다.
그럼에도 저들 빤다와의 용사들과 물결 이룬 전차병들은

그들을 찢어발기고 죽이고 짓밟습니다.

모두를 혼돈에 빠뜨리고 전투에서 명성을 얻습니다.
벼락같은 '악어 진'을 깨뜨리고 짓쳐들어온 비마에게,
죽음의 지팡이 같던 그의 무서운 화살에
나 또한 무너져 내렸습니다.

왕*이시여, 그를 보며 나는 두려움에 분하고
정신 잃어 지금도 안정을 찾지 못했습니다.
진실에 올곧은 당신의 은총으로 나는 오늘
승리를 얻고 빤다와들을 죽이기를 원합니다.'

그런 말을 들은 저 고결한 이,
두료다나가 분심에 차 있음을 알았네.
풀죽지 않고 마음 성성한 저 강가의 아들,
무기 든 자 중 가장 뛰어난 그가 말했네.

'왕의 아들이여, 내 힘을 다하고
내 마음을 다해 적군을 가르고
그대에게 승리와 기쁨을 바치려 하오.
내 스스로 숨지는 않을 것이오.

왕_ 여기서 왕은 비슈마를 가리키는데, 비록 비슈마가 왕은 아니나 왕 역할을 하고 있음을 뜻한다.

그러나 저들 수없이 많은 사나운 대전사가,
명예롭고 용감무쌍하며 무기에 능한 저들이,
전쟁에서 빤다와들과 동맹 맺어 고단함 이긴 저들이
분기탱천해 독을 뿜어대고 있소.

그대 향한 적개심에 기세등등한 저들을
한순간에 이길 수는 없다오.
왕이여, 나는 저들과 맞서 싸울 것이오.
영웅이여, 내 온 마음과 목숨을 바칠 것이오.

크고 큰 이여, 오늘 나는 그대를 위해
전장에서 목숨을 부지하려 애쓰지 않을 것이오.
그대를 위해 온 세상을, 신들을, 다이띠야들을 태우려오.
적들이야 일러 무엇 하리오?

왕이여, 나는 빤다와들과 싸울 것이오.
그대를 기쁘게 하는 모든 일을 하려오.'
그 같은 말을 들은 두료다나,
더 없이 흡족해하고 기뻐했네.

그리하여 모든 병사와 모든 왕에게
'밖으로 나오라!'라고 그가 말했네.

그와 같은 그의 명에 수만 수십만을 헤아리는
전차와 말과 코끼리와 병사가 밖으로 나왔네.

온갖 무기 갖춘 저 대군이
기쁨으로 가득했네.
보병과 코끼리병과 기병으로 채워진
왕의 병력은 아름답기 그지없었네.

창칼 든 무수한 용사의 지휘에 따르는
드르따라슈트라의 모든 병력이,
잘 훈련된 보병이,
사방을 에두른 코끼리 무리가 빛을 뿜었네.

전장을 가로질러 진군하는 전차병과
보병과 코끼리병과 기병이 일으킨 먼지가
갓 떠오른 태양을 덮고
태양의 빛줄기를 가렸네.

전차와 코끼리 등에 꽂힌
다채로운 깃발이 바람에 날려
전장 곳곳에 펄럭이며
구름 속 번개처럼 창공에서 빛났네.

왕들이 펼쳐 든 활에서는
무섭게 휘몰아치는 소리가 일었네.
유가의 시작에 신들과 대아수라들이
바다를 휘저어 솟구쳐 오른 파도와 다르지 않았네.

쉼 없이 치솟는 사나운 포효, 숱한 모양, 다채로운 색.
드르따라슈트라의 자손들의 군대는 이렇듯
유가의 끝에 나타난 떼구름처럼
적군을 처단하고도 남을 만했네.

77

이어지는 산자야의 이야기는 이러하다.

한편 생각에 잠긴 드르따라슈트라의 아들 두료다나에게 저 빼어나고 빼어난 바라따의 후손 강가의 아들이 다시 한 번 웃으며 말했다.
'왕이여, 나, 드로나, 샬리야, 사뜨와따의 후손 끄르따와르만, 아쉬와타만, 위까르나, 소마닷따와 신두의 후손들, 아완띠의 윈다와 아누윈다, 바흘리까와 바흘리까 사람들, 힘센 뜨리가르따 왕, 저 이기기 어렵다는 마가다의 군주, 꼬살라 왕 브르하드발라, 찌뜨라세나, 위윙샤띠, 거대하고 빛나는 깃발을 단 수천 대의 전차, 기세 좋은 기병이 탄 이 왕국 태생의 말들, 갈라진 이마와 얼굴 사이로 액이 흐르는 취한 코끼리 왕들, 보병들, 온갖 무기 갖춘 용사들이 오로지 그대를 위해 싸우려 여러 왕국에서 모여들었소. 그들도, 또 다른 수많은 이도 그대를 위해 목숨을 내놓을 것이오. 그들 모두가 신들이 와도 싸워 이길 만한 자들이오. 왕이여, 그럼에도 나는 항상 그대에게 이로운 말을 해야 하지요. 인드라가 이끄는 신들이 함께 와도 빤다와들을 이길 수는 없다오. 대인드라 같은 힘을 지닌 저들을 와아수데와가 함께하기 때문이오. 인드라 같은 왕이여, 그러나 나는 전투에서 빤다와들이 나를 이기든 내가 빤다와들을 이기든 온힘을 다해 그대 명을 받들 것이오.'

그렇게 말한 뒤 비슈마는 그에게 상처에 바르는 훌륭한 약초를 건네주었다. 두료다나는 위력적인 그것을 발라 상처를 치료했다.

그리고 새벽이 왔다. 하늘은 더 없이 맑았다. 군진에 달통한 저 기력 넘치는 비슈마, 빼어나고 빼어난 마누의 자손은 자기 병력으로 스스로 군진을 짰다. 온갖 무기와 최고의 병사, 코끼리, 보병으로 꽉 채운 '만달라*진'이었다. 수천 대의 전차, 엄청나게 많은 말, 곤봉과 철퇴와 창을 든 병사가 사방을 에워쌌다. 코끼리마다 일곱 대의 전차가, 각각의 전차에는 또 일곱 명의 기병이, 각 기병마다에는 열 명의 궁수가, 궁수에게는 각각 일곱 명의 방패를 든 병사가 배치되었다.

산자야가 말했다.

"대왕이시여, 그런 식으로 대전사들과 함께 진을 배치한 당신의 군대는 비슈마의 보호 하에 대전투를 대비하고 서 있었지요. 만 마리 말과 만

만달라_ 둥근, 원이라는 뜻이다.

마리 코끼리, 만 대의 전차, 그리고 갑옷을 입은 당신의 아들들은 찌뜨라세나가 이끌고 비슈마가 지켰답니다. 비슈마는 용사들이 지켰고, 힘이 넘치는 왕들은 또 비슈마가 지켰지요. 그리하여 모두 전투태세를 갖추었습니다. 한편 전장에서 갑옷을 챙겨 입고 전차 위에 선 두료다나는 천상의 인드라처럼 영예롭게 빛났답니다.

바라따의 후손이시여, 당신의 아들들의 함성은 굉장했고, 덜컹이는 전차와 악기소리는 요란했습니다. 비슈마가 전장에 짜놓은 다르따라슈트라의 군진은 서쪽을 향하고 있었지요. 적들이 아무리 공격해도 깨뜨리기 어려운 '만달라진'은 참으로 웅장했답니다. 왕이시여, 너무나도 잔혹한 '만달라진'을 본 유디슈티라 왕은 직접 '벼락의 진'을 쳤습니다. 그런 식으로 진이 펼쳐지고 각자 정해진 자리에 서자 전차병, 보병이 모두 사자의 포효를 울렸답니다. 양군의 용감한 투사들은 모두 싸우고 싶어 안달했고, 진을 깨뜨리며 서로를 공격했습니다. 바라드와자의 아들 드로나는 맛쓰야 왕 위라타를 향해, 드로나의 아들 아쉬와타만은 쉬칸딘을 향해 진군했지요. 두료다나 왕 자신은 쁘르샤따의 후손 아쉬와타만을 향해 짓쳐 달렸답니다. 나꿀라와 사하데와는 마드라 왕*을 향해 내달렸고, 아완띠의 윈다야와 아누윈다는 이라와뜨 왕을 공격했으며, 전장에 있는 여타의 왕들은 모두 다난자야와 맞서 싸웠지요. 비마세나는 전장에서 흐르디까의 아들을 막느라 분주했다. 위풍당당한 아르주나의 아들 아비만유는 드르따라슈트라의 아들들인 찌뜨라세나, 위까르나, 두르마르샤나와 전장에

마드라 왕_ 두료다나의 호의에 감동해 두료다나 편에 서게 된 나꿀라와 사하데와의 외삼촌 샬리야를 가리킨다.

서 격전을 벌였습니다. 히딤바아의 아들이자 최고의 락샤사인 가토뜨까짜는 대궁수 쁘라그조띠사의 바가닷따를 맞아 취한 코끼리가 취한 코끼리를 들이받듯 전속력으로 공격했지요. 성난 락샤사 알람부샤는 전장에서 취한 듯한 사띠야끼를 향해 내처 달렸습니다. 부리쉬라와스는 전장에서 드르슈타께뚜를 맞아 싸우는데 여념이 없었고, 다르마의 아들 유디슈티라는 쉬루따유스 왕과 싸웠지요. 쩨끼따나는 그 전투에서 끄르빠하고만 싸웠고, 나머지는 대전사 비마와의 전투를 위해 짓쳐 달렸답니다. 수천의 왕이 삼지창, 전곤, 활, 철퇴, 창 따위를 들고 다난다야를 에워쌌습니다. 그러자 격노한 아르주나가 우르슈니의 후손 끄르슈나에게 말했지요.

'마두의 후손이시여, 전장에서 싸우는 다르따라슈트라의 병력을 보십시오. 모든 군진을 능히 아는 고결한 강가의 아들이 펼친 군진에 서 있습니다. 마두의 후손이시여, 갑옷 입은 저 용사들 모두가 싸우려 안달이 나 있습니다. 끄르슈나여, 형제들과 함께 있는 뜨리가르따들 또한 보십시오. 훌륭하신 야두의 후손 끄르슈나여, 오늘 저는 전장에서 저와 싸우려 안달 난 저들 모두를 당신이 보는 앞에서 떨어뜨려야겠습니다.'"

이어지는 산자야의 이야기는 이러하다.

그렇게 말하고 꾼띠의 아들은 활을 펼쳐 들고 왕들의 무리를 향해 화살비를 쏟아 부었다. 우기에 비구름이 웅덩이에 물을 채우듯 대궁수들 또한 그에게 화살비를 퍼부었다. 드르따라슈트라 진영에서는 '아이고', '아이고' 하는 큰소리가 일었다. 두 끄르슈나는 대전투에서 엄청난 화살에 뒤덮였다. 그런 상황에 놓인 두 끄르슈나를 본 신들과 천상선인들과 간다르와들과 거대한 뱀들은 경악을 금치 못했다. 격분한 아르주나가 인드라 날탄을 불러냈다. 그리고 사람들은 아르주나의 믿기 어려운 놀라운 용맹을 보았다. 그는 적들이 뿌린 화살비를 화살 물살로 모두 막아냈다. 그때 찢기지 않은 자는 아무도 없었다. 쁘르타의 아들은 수천의 왕과 말과 코끼리에게 각각 화살 두세 발씩을 날렸다. 상처 입지 않은 자가 없었다. 쁘르타의 아들이 쏜 화살에 상처 입은 자들은 샨따누의 아들 비슈마에게 갔다. 밑 모를 바닥으로 가라앉는 그들에게 비슈마는 뗏목이었던 것이다. 그처럼 밀려들어온 자늘로 인해 망가진 병력은 바람에 회오리치는 거대한 바다와 다르지 않았다.

78

산자야가 말했다.

"그 같은 전투 중에 수샤르만이 진영으로 돌아왔고, 영웅들이 빤두의 고결한 아들 아르주나에게 당해 두료다나군은 바다처럼 정신없이 소용돌이쳤습니다. 그러자 강가의 아들이 서둘러 아르주나를 공격해 들어갔지요. 왕이시여, 전장에서 쁘르타의 아들의 용맹을 지켜본 두료다나는 황망히 왕들에게 다가갔고, 대장사 슈샤르만이 수장으로 있는 병력의 가운데에서 그가 기운을 북돋으며 말했습니다."

이어지는 산자야의 이야기는 이러하다.

두료다나가 말했다.

'샨따누의 아들, 모든 이의 혼이요 최고의 꾸루이신 비슈마께서 당신 자신의 목숨을 내놓고 다난자야와 싸우려 작심하셨소. 그러니 모두 전 병력을 대동하고 있는 힘을 다해 저 바라따의 후손, 저렇듯 적군과 전력으로 싸우는 할아버지를 전장에서 보호하시오.'

'그러겠소.'

인드라 같은 왕들이 이끄는 전군은 그리 답한 뒤 할아버지가 있는 곳으로 향했다. 한편 전진하던 샨따누의 대전사 아들 비슈마는 전장에서 자신을 향해 짓쳐 달려오는 바라따의 후손 아르주나와 느닷없이 맞닥뜨렸다. 위풍당당한 흰말이 끄는 빛나는 전차를 타고, 무시무시한 원숭이깃발을 휘날리며 우렁찬 구름소리와 함께 전 병력을 향해 다가오는 왕관 쓴 아르주나를 보자 드르따라슈트라군에는 두려움으로 인한 대혼란이 일었다. 그들은 또 하나의 태양 같은 고삐 쥔 끄르슈나를 보았다. 전장에 뜬 한낮의 태양 같은 그를 그들은 감히 바라볼 수조차 없었다. 또한 빤다와들은 흰말을 타고 새하얀 활을 든 샨따누의 아들, 하늘에 떠오른 하얀 별* 같은 비슈마를 바라볼 수 없었다. 그는 고결한 뜨리가르따들과 형제들 그리고 드르따라슈트라의 대전사 아들들에게 빙 둘러싸여 있었다.

한편 바라드와자의 아들 드로나는 전장에서 맛쓰야 왕 위라타를 깃털화살로 쏘아 맞췄고, 다른 화살을 쏘아 그의 깃발을, 또 다른 화살로는 활을 부러뜨렸다. 그가 쏜 화살에 활이 부러진 군사들의 대장 위라타는

하얀 행성_ 슈끄라 또는 금성을 뜻한다.

재빨리 더 무거운 압력을 지탱할 수 있는 강한 활을 집어 들었다. 그리고는 독뱀 형상과 불 뿜는 뱀 형상의 화살을 재더니 세 발을 쏘아 드로나를 맞히고, 네 발을 쏘아 그의 말을, 한 발을 쏘아 깃발을 그리고 다섯 발을 쏘아 마부를 맞췄다. 또한 화살 한 발을 그의 활을 향해 쏘아 맞히면서 황소 같은 브라만 드로나를 격노케 했다. 드로나는 곧게나는화살 여덟 발로 위라타의 말들을, 깃털화살 한 발로 마부를 죽였다. 마부를 잃은 위라타는 말들마저 죽고 없는 전차에서 지체 없이 뛰어내려 저 뛰어난 전차병 아들 샹카의 전차에 올라탔다. 전차에 함께 선 아버지와 아들은 화살비를 퍼부으며 온힘을 다해 바라드와자의 아들 드로나를 막았다. 그렇게 격전을 벌이다 격앙된 드로나가 샹카를 향해 독뱀 같은 화살을 쏘았다. 샹카의 가슴을 찢고 피를 마신 화살은 그의 선혈을 묻힌 채 땅으로 떨러졌다. 드로나의 화살에 맞은 샹카는 활과 화살을 떨어뜨리더니 아버지 눈앞에서 바닥으로 고꾸라졌다. 제 아들이 죽은 것을 본 위라타는 두려운 나머지 아가리 벌린 죽음 같은 드로나를 전장에 두고 내빼고 말았다. 드로나는 그렇게 전장에서 빤다와의 대군을 삽시간에 뒤흔들고 수백수천의 병사를 찢어발겼다.

한편 쉬칸딘은 드로나의 아들 아쉬와타만과 격전을 벌였고, 세차게 나는 화살 세발을 쏘아 그의 이마 한가운데를 맞췄다. 이마에 화살 셋이 꽂힌 저 범 같은 사내는 마치 황금봉우리 셋이 우뚝 솟아 있는 메루 산 같았다. 그러자 성난 아쉬와타만은 눈을 반도 깜짝하지 않을 사이에 수많은 화살을 쏘아 쉬칸딘의 깃발과 마부와 말과 무기를 전장에 주저앉혔다. 최고의 전차병이자 적을 괴롭히는 쉬칸딘은 말이 죽자 분기탱천해 독수리라도 되는 듯 전차에서 뛰어내리더니 날선 칼과 번쩍이는 방패를 들었다. 드로나의 아들은 검을 들고 전장을 누비는 그에게서 공격할 틈을 찾아낼 수 없었으니 참으로 놀라울 따름이었다. 분을 이기지 못한 드로나의 아들이 그와의 격전에서 수백수천의 화살을 날렸으나 장사 중의 장사 쉬칸딘은 전장에서 자기를 향해 비처럼 쏟아지는 저 사나운 화살을 날카로운 검으로 베어버렸다. 그러자 드로나의 아들은 백 개의 달이 새겨진 쉬칸딘의 번쩍이는 방패와 아름다운 검을 산산조각 부러뜨리고, 수백 개의 깃털화살로 그에게 상처를 입혔다. 그는 아쉬와타만의 화살에 부러진 검을 휘둘렀다. 검의 조각들이 뱀처럼 번쩍였다. 시간의 불처럼 전장에서 자기를 향해 세차게 날아드는 쉬칸딘의 조각난 검을 아쉬와타만이 가뿟한 손놀림을 자랑하듯 다시 베었고, 무수한 쇠화살로 그를 꿰뚫어 맞췄다. 수백 개의 화살에 심하게 다친 쉬칸딘이 황망히 고결한 마두의 후손 사띠야끼의 전차에 올랐다.

　한편 결전을 벌이던 장사 중의 장사, 성난 사띠야끼는 잔인한 락샤사 알람부샤를 날선 화살로 꿰뚫었다. 그러자 락샤사 중의 락샤사 알람부샤는 반달모양화살로 샤띠야끼의 활을 부러뜨리고 다시 수많은 화살로 그를 쏘아 맞춘 뒤 락샤사의 환술을 일으켜 화살비를 내리며 막을 쳤다. 놀라운 것은 쉬니의 후손 사띠야끼의 용맹이었다. 전장에서 수백의 화살에 꿰었음에도 그는 비틀거리지 않았다. 우르슈니의 손자 사띠야끼는 '인드라의 날탄'으로 싸웠다. 명예로운 마두의 후손이 아르주나에게서 전해 받은 것이었다. 날탄은 락샤사의 환술을 재로 만들어버렸다. 우기철의 먹구름이 비를 퍼부어 산을 뒤덮듯 매서운 화살들이 알람부샤를 사방에서 감싸버렸다. 고결한 마두의 후손 사띠야끼에게 그런 식으로 당하자 락샤사는 두려워하며 그를 전장에 두고 도망쳐버렸다. 인드라도 전장에서는 이기기 어려웠을 락샤사를 제압한 쉬니의 손자 사띠야끼는 드르따라슈 트라의 병사들이 지켜보는 앞에서 포효했다. 진실을 용맹으로 삼은 사띠야끼는 무수히 많은 날선 화살을 날리며 드르따라슈트라군을 도륙하기 시작했고, 겁에 질린 그들은 도망치기에 급급했다.

산자야가 말했다.
"대왕이시여, 바로 그때 드루빠다의 장사 아들 드르슈타듐나가 곧게 나는 깃털화살로 전장에서 당신의 아들, 저 백성의 왕 두료다나를 뒤덮어 버렸습니다. 바라따의 후손이시여, 인드라 같은 왕이시여, 그러나 드르슈 타듐나가 쏜 뾰족끝화살들에 뒤덮여서도 당신의 아들, 저 백성의 왕은 꿈쩍도 하지 않았답니다. 대신 그는 잽싸게 예순 발과 서른 발의 화살로 전장에서 드르슈타듐나에게 상처를 입혔으니 참으로 놀라운 일이 아닐 수 없었지요. 나의 왕이시여, 그러자 빤다와군의 총대장인 저 대전사는 격분하며 두료다나의 활을 부러뜨리고, 네 마리 말을 쓰러뜨린 뒤 잽싸게 매우 날선 일곱 발의 화살을 날려 두료다나를 꿰뚫어 맞췄답니다. 말들이 죽자 저 팔심 좋은 장사 두료다나는 전차에서 뛰어내리더니 검을 치켜들고 두 발로 쁘르샤따의 후손 드르슈타를 향해 짓쳐 달렸습니다. 대장사 샤꾸니가 왕을 구하려는 일념으로 내달렸고, 온 세상의 왕인 그를 제 전차에 태웠답니다. 이제, 왕을 제압한 쁘르샤따의 손자, 적의 영웅을 처단하는 드르슈타듐나가 당신의 병사들을 죽이기 시작했습니다. 벼락을 손에 든 인드라가 아수라들을 처단하는 모습이었답니다.

한편 끄르따와르만은 거대한 구름이 해를 가리듯 전장에서 수많은 화살로 대전사 비마를 뒤덮었습니다. 그러자 전장에서 적을 괴롭히는 성난 비마세나는 비웃기라도 하는 듯 끄르따와르만을 향해 깃털화살들을 날렸지요. 대왕이시여, 그러나 무기 다루는데 능한 저 빼어난 사뜨와따의 전사 끄르따와르만은 꿈쩍도 하지 않았고 오히려 무수한 화살로 비마를 뒤덮어버렸답니다. 대장사 비마세나는 그의 말 네 마리를 죽였고, 그의 마부와 잘 꾸민 그의 깃발을 쓰러뜨렸습니다. 적의 영웅을 처단하는 비마세나는 무수한 화살로 말 잃은 끄르따와르만을 꿰뚫었답니다. 그의 온몸이 갈기갈기 찢긴 것 같았습니다. 대왕이시여, 말 없는 그는 지체 없이 전차에서 뛰어내려 당신의 아들이 보이는 곳에 있던 당신의 매형 우르샤까의 전차로 갔지요. 성난 비마 또한 당신의 병사들을 향해 내달렸습니다. 성난 그는 마치 지팡이를 손에 들고 휘두르는 죽음처럼 그들을 학살하기 시작했답니다."

79

드르따라슈트라가 말했다.

"산자야여, 그대 이야기를 듣자 하니 빤다와들과 내 병사들 간에 수없이 많은 일대 일의 놀라운 결전이 있었더구나. 그럼에도 산자야여, 그대는 내 아들들이 기뻐하는 것은 말하지 않고, 노상 빤두의 아들들이 기뻐하고 무너지지 않는 것만 말했다. 마부여, 그대는 내 아들들이 전장에서 패퇴해 풀이 죽고 기력이 빠진 것만 읊어대는구나. 그것이 필시 운명이려니!"

산자야가 말했다.

"황소 같은 왕이시여, 당신의 아들들은 힘이 닿고 기력이 닿는 만큼 전투에서 최선을 다했습니다. 온힘 다해 용맹을 보였습니다. 천상을 흐르는 강가 강의 물이 비록 달디 달았더라도 바다의 성질을 만나면 짜디짜지는 것입니다. 왕이시여, 마찬가지로 당신의 아들들의 고결한 용맹 또한 전장에서 영웅적인 빤두의 아들들을 만나 스러지고 말았답니다. 훌륭하신 꾸루의 후손이시여, 까우라와들을 탓하셔서는 안 됩니다. 그들은 너무나도 하기 어려운 일을 해내느라 가진 힘을 다했습니다. 백성의 주인이시여, 이 땅에 이리도 무섭고 끔찍한 파괴가 일어난 것도, 그리하여 야마 땅이 부풀려지는 것도 당신과 당신의 아들의 과오로 인한 것입니다. 왕이시여, 제 잘못으로 벌어진 일에 탄식하는 것은 맞지 않습니다. 왕이라면 어떤 경우에도 전장에서 제 목숨 지키기에만 급급하지는 않지요. 선자들이 가는 세상을 탐하는 왕, 천상에 이르고자 하는 왕은 전장에서 적군을 뚫고 싸웁니다.

대왕이시여, 아침나절에 엄청나게 많은 사람이 절멸되었으니, 마음을 한곳에 모아 신과 아수라들 간의 싸움 같았던 전투에 대해 들어보소서."

이어지는 산자야의 이야기는 이러하다.

고결한 대장사이자 대궁수이며 전쟁에 취해 있던 아완띠의 윈다와 아누윈다가 이라와뜨를 노리며 짓쳐 달렸다. 그들 간에 털이 거꾸로 서는 듯한 혼전이 벌어졌다. 이내 격분한 이라와뜨가 신의 형상을 갖춘 저 두 형제를 날카롭고 곧게 나는 깃털화살들로 꿰뚫었고, 전장에서 온갖 전술을 펼치는 저 두 전사는 이라와뜨에게 반격을 가했다. 상대를 파괴하고자 공격하고 반격하기를 거듭하는 그들은 서로를 분간할 수 없게 싸웠다. 그런 가운데 이라와뜨가 아누원다의 네 마리 말을 향해 네 발의 화살을 쏘아 야마 땅으로 보내고, 몹시 날카로운 초승달촉화살 두 발을 쏘아 아누원다의 활과 깃발을 갈랐으니 참으로 경탄할 만한 일이었다. 그러자 아누원다는 제 전차를 버리고 원다의 전차에 올라타더니 엄청난 무게를 감당할 만한 빼어난 활을 집어 들었다. 전장에서 한 전차를 나눠 탄 아완띠의 영웅이자 빼어난 전차병 둘이 고결한 이라와뜨를 향해 지체 없이 화살들을 날렸다. 그들의 황금장식 화살들이 엄청난 속도로 날아 태양 길에 이르러 하늘을 가렸다. 그러자 성난 이라와뜨 또한 두 대전사 형제를 향해 화살비를 뿌렸고 그들의 마부를 떨어뜨렸다. 땅에 떨어진 마부는 목숨을 잃었고, 놀란 말들이 전차를 몰고 정신없이 사방을 내달렸다. 저 둘을 용맹으로 물리친 뱀왕의 외손자 이라와뜨는 이제 다르따라슈트라군을 휘젓고 다녔다. 전장에서 그렇게 짓밟힌 다르따라슈트라의 대군은 이리저리 휩쓸리며 마치 독을 들이킨 사람처럼 휘청거렸다.

한편 히딤바아의 대장사 아들이요 인드라 같은 락샤사인 가토뜨까짜는 태양 빛 같은 전차에 타고 깃발을 휘날리며 바가닷따를 향해 짓쳐 달렸다. 코끼리 대왕에게 올라 탄 쁘라그조띠샤 왕 바가닷따는 옛적 벼락을 손에 쥐고 따라까와 전쟁을 벌인 인드라 모습과 다르지 않았다. 신들과 간다르와들과 선인들이 그곳에 모여들었고, 히딤바아의 아들과 바가닷따는 누가 누구인지 분간할 수 없었다. 신들의 왕 인드라가 다나와들을 두려움에 떨게 하며 몰아붙이듯 바가닷따 왕도 전장에서 빤다와들을 몰아붙였다. 빤다와들은 그에게 사방으로 내몰렸고 제 진영에서조차 피신할 만한 곳이 없었다. 비마의 아들은 전차에 우뚝 서 있었으나 나머지 대전사들은 싸울 마음을 잃고 도망치기 급급했다. 빤다와군이 퇴각하자 다르따라슈트라 진영에서 엄청난 함성이 일었다.

한편 가토뜨까짜는 비구름이 메루 산을 덮듯 대전투에서 화살로 바가닷따를 뒤덮었다. 비마의 아들이자 락샤사인 가토뜨까짜의 활에서 쏟아지는 화살들을 전장에서 모두 쳐낸 바가닷따 왕은 지체 없이 그의 전신에 있는 급소들을 공략했다. 곧게 나는 깃털화살들에 수도 없이 맞았으나 락샤사 왕은 갈라진 산처럼 꿈쩍 않고 서 있었다. 성난 쁘라그조띠샤 왕 바가닷따는 락샤사를 향해 열네 개의 창을 던졌으나 그는 그것들을 모두 부러뜨려 버렸다. 날카로운 화살들로 창들을 모두 쳐내버린 팔심 좋은 가토뜨까짜는 일흔 개의 왜가리깃털화살로 바가닷따를 꿰뚫었다. 그러자 바가닷따는 비웃듯 화살을 날렸고 전장에서 락샤사의 네 마리 말을 넘어뜨렸다. 위용 넘치는 락샤사 왕은 말들이 죽고 없는 전차에 서서 쁘라그조띠샤 왕 바가닷따의 코끼리를 향해 세차게 삼지창을 던졌다. 그러나 왕은 황금막대를 던져 자기를 향해 세차게 날아드는 삼지창을 세 가닥으로 쪼개버렸다. 삼지창은 땅으로 흩어져 내렸다. 삼지창이 망가지는 것을 본 히딤바아의 아들은 옛적, 저 빼어난 디띠의 아들 나무찌가 전장에서 인드라에게 겁먹고 달아나듯 놀라 도망쳤다. 전장에서는 야마와 와루나에게도 물러나지 않을 그를, 용맹스런 전사요 사내답기로 명성 자자한 저 가토뜨까짜를 바가닷따가 전장에서 물리친 것이었다. 이제 그는 숲속 코끼리가 이리저리 배회하며 연못의 연꽃줄기를 짓밟듯 코끼리와 함께 빤다와의 병사들을 전장에서 짓밟기 시작했다.

한편 마드라의 군주 샬리야는 제 조카들인 빤두의 쌍둥이들과 전투를 벌이며 화살 물결로 그들을 뒤덮었다. 사하데와는 전장에서 삼촌이 다가

오는 것을 보고 구름이 낮을 밝히는 태양을 가리듯 화살 물결로 그를 가렸다. 화살 물결에 가린 그는 흠칫 놀랐다가 저 둘의 어머니를 생각하며 더할 나위 없이 기뻐했다. 대전사는 그러나 웃으며 빼어난 화살 네 발을 쏘아 전장에서 나꿀라의 말 네 마리를 야마 땅으로 보내버렸다. 말이 죽자 대전사 나꿀라는 재빨리 전차에서 뛰어내려 명성 자자한 제 형제 사하데와의 전차에 올랐다. 전장에서 한 전차에 탄 성난 두 용사는 단단한 활을 들어 삽시간에 마드라 왕의 전차를 뒤덮어버렸다. 그러나 두 조카가 쏜 곧게 나는 무수한 화살들에 뒤덮여서도 저 범 같은 사내는 태산인 듯 꿈쩍도 않고 웃으며 화살비를 쳐내버렸다. 그러자 위용넘치는 사하데와는 격분하며 화살을 들어 마드라 왕을 향해 쏘아 날렸다. 그가 가루다의 기세로 날린 화살은 마드라 왕을 찢어발겨 넘어뜨렸다. 심한 상처를 입은 대전사는 전차 바닥에 주저앉아 정신을 잃었다. 그가 쌍둥이에게 당해 전장에서 정신을 잃고 쓰러진 것을 본 마부가 전차를 몰고 떠났다. 마드라 왕의 전차가 되돌아온 것을 본 다르따라슈트라들은 모두 그가 죽었다고 생각하며 풀이 죽었다.

한편 삼촌을 전장에서 무너뜨린 마드리의 대전사 아들들은 환호하며 고둥을 불고 사자의 포효를 울렸다. 환희에 찬 그들은 인드라와 우뻰드라 신들이 아수라 군대를 향해 진격하듯 드르따라슈트라군을 향해 짓쳐 달려 나갔다.

80

산자야가 말했다.

"한편 태양이 하늘 가운데 이른 한낮, 쉬루따유스를 발견한 유디슈티라 왕은 그를 향해 말을 몰아갔지요. 적을 짓누르는 그에게 짓쳐 달려간 왕은 아홉 발의 곧게 나는 날카로운 화살을 날려 쉬루따유스에게 상처를 입혔습니다. 그러자 저 대궁수 쉬루따유스는 전장에서 다르마의 아들이자 꾼띠의 아들인 유디슈티라가 쏜 화살들을 쳐낸 뒤 그를 향해 화살 일곱 발을 쏘았답니다. 화살들은 전장에서 저 고결한 이의 몸속에서 생명이라도 찾듯 그의 갑옷을 찢고 그의 피를 마셨습니다. 고결한 빤다와 왕은 전장에서 심한 상처를 입었으나 쉬루따유스 왕의 가슴팍을 향해 멧돼지 귀 모양 화살을 날렸지요. 고결하고 빼어난 전사 꾼띠의 아들은 다시 재빨리 초승달촉화살을 쏘아 그의 기를 전차에서 바닥으로 떨어뜨렸습니다. 왕이시여, 제 기가 떨어진 것을 본 쉬루따유스 왕은 날카로운 일곱 발의 화살을 날려 빤두의 아들을 꿰뚫었지요. 다르마의 아들 유디슈티라는 유가의 끝에 만물을 삼키는 불처럼 분노로 훨훨 타올랐지요. 대왕이시여, 성난 빤두의 아들을 본 신들과 간다르와들과 락샤사들이 떨었고, 온 세상이 안절부절 못했답니다. '저 성난 왕이 오늘 삼계를 태우겠구나!'라는 생각이 모든 이에게 떠올랐지요. 왕이시여, 빤두의 아들이 격노하자 선인들과 신들이 세상의 평화를 위해 큰 축원의 제를 올렸답니다. 분노가 끓어 넘쳐 입꼬리를 핥으며 너무나도 무서운 형상을 취한 왕은 유가 끝의 태양과 같았습니다. 백성의 군주시여, 바라따의 후손이시여, 그때 당신의 모든 병사는 제 목숨 부지하기는 글렀다고 낙담했지요. 그러나 명예롭고 명예로운 그는 애써 화를 눌렀고, 쉬루따유스가 지닌 장대한 활의 손잡이를 베었답니다. 상대의 활을 가른 왕은 전장의 모든 병사가 보는 앞에서 긴 활을 들어 쉬루따유스의 가슴팍을 찢었습니다. 왕이시여, 그리고 대장사 유디슈티라는 삽시간에 그의 말들과 마부를 죽였답니다. 유디슈티라 왕의 용맹을 본 쉬루따유스는 말이 죽고 없는 전차를 전장에 버리고 냅다 도망쳐버렸지요. 왕이시여, 대궁수가 다르마의 아들과의 전투에서 지자 두료다나군은 모두 전장에서 돌아서고 말았답니다. 대왕이시여, 그 같은 일을 한 뒤 다르마의 아들 유디슈티라는 입을 쩌억 벌린 시간이라도 되는 듯 당신의 병사들을 도륙하기 시작했습니다."

이어지는 산자야의 이야기는 이러하다.

한편 우르슈니의 후손 쩨끼따나는 모든 병사가 지켜보는 가운데 전사 중의 전사요 고따마의 후손인 끄르빠를 화살로 뒤덮었다. 그러나 샤라드와뜨의 아들 끄르빠는 그것을 모두 쳐내고 전투에 골몰한 쩨끼따나를 깃털화살들로 꿰뚫었다. 그리고 손 날랜 끄르빠는 초승달촉화살로 그의 활을 쪼개고, 그의 마부를 전장에서 떨어뜨렸으며, 그의 말들을 죽이고 전차 측면에 있던 전차병 둘을 죽였다. 그러자 쩨끼따나는 재빨리 전차에서 뛰어내려 철퇴를 들었다. 그리고는 철퇴 든 자 중 가장 빼어난 그는 적의 영웅을 죽일 만한 철퇴로 고따마의 후손의 말들을 죽이고 마부를 떨어뜨렸다. 땅에 내려선 고따마의 후손은 열여섯 발의 화살을 쏘았다. 화살들은 쩨끼따나를 찢어발기고 땅바닥에 꽂혔다. 격분한 쩨끼따나는 적을 죽이려는 마음으로 꽉 차 인드라가 우르뜨라를 죽이려는 듯 지체 없이 고따마의 후손을 향해 철퇴를 던졌다. 그러나 고따마의 후손은 저를 향해 떨어지는 단단하디 단단하고 번쩍이는 거대한 철퇴를 수천 개의 화살로 막아냈다. 그러자 성난 쩨끼따나는 칼을 꺼내 들고 더할 나위 없이 날렵하게 고따마의 후손에게 달려들었다. 고따마의 후손 또한 활을 버리고 날 선 칼을 들고 쩨끼따나를 향해 쏜살같이 짓쳐 달렸다. 칼을 잘 다루는 타고난 두 장사는 몹시 날카로운 칼을 서로에게 휘둘러 베기 시작했다. 칼로 사나운 공격을 퍼부어대던 황소 같은 두 사내는 서로의 칼에 맞아 만인의 눈앞에서 바닥으로 고꾸라졌다. 너무나 지친 나머지 사지가 굳고 혼미해진 그들은 정신을 잃었다. 그러자 동지애 가득한 까라까르샤가 쏜살같이 달려왔다. 전장에 나서면 누구도 제압할 수 없는 쩨끼따나의 그런 모습을 본 까라까르샤가 전군이 보는 가운데 그를 전차에 태웠다. 호기로운 드르따라슈트라의 처남 샤꾸니 또한 재빨리 저 빼어난 전사 고따마의 후손을 제 전차에 태웠다.

한편 성난 대장사 드르슈타께뚜는 소마닷따의 아들 부리쉬라와스를 향해 재빨리 화살 아흔 발을 쏘아 가슴팍을 꿰뚫었다. 가슴팍에 화살이 꽂힌 소마닷따의 아들은 햇살 꼿꼿한 한낮의 태양처럼 몹시 빛났다. 그러나 부리쉬라와스는 빼어난 화살들을 쏘아 전장에서 대전사 드르슈타께뚜의 말과 마부를 죽여 전차를 앗았다. 전장에서 말이 죽고 마부가 죽어 전차가 쓸모없어진 그를 지켜본 부리쉬라와스는 엄청난 화살비로 그를 뒤덮어버렸다. 그러나 고결한 드르슈타께뚜는 제 전차를 버리고 샤따니까의 전차에 올라탔다.

황금갑옷을 입은 찌뜨라세나, 위까르나 그리고 두르마르샤나는 전차를 타고 수바드라의 아들 아비만유를 향해 짓쳐 달렸다. 아비만유와 그들

간에 무시무시한 전투가 벌어졌다. 몸과 몸을 이루는 세 기질*, 즉 바람과 담즙과 가래가 격돌하는 것 같았다. 사자 같은 사내 아비만유는 격전에서 드르따르슈트라의 세 아들의 전차를 앗았으나 비마의 맹세를 상기하고 목숨을 앗지는 않았다. 한편 드르따라슈트라의 아들들을 구하기 위해 신들일지라도 전장에서는 제압하기 어려울 비슈마와 그를 에워싼 왕들이 다급히 수백의 코끼리와 말과 전차를 몰고, 대전사이나 아직 어린아이일 뿐인 아비만유를 향해 달려오는 것을 본 흰말 탄 꾼띠의 아들 아르주나가 끄르슈나에게 말했다.

'흐르쉬께샤여, 어서 저기 수많은 전차가 있는 곳으로 말을 몰아주소서. 마두의 후손이시여, 전투에 나서면 참으로 제압하기 어렵고 무기 다루는 데도 능한 수많은 저 용사가 우리 병사들을 죽이지 않도록 어서 말을 몰아주소서.'

기세등등한 꾼띠의 아들에게서 그런 말을 들은 우르슈니의 후손은 흰말 매진 전차를 전장 속으로 몰아갔다. 성난 아르주나가 다르따라슈트라들을 향해 전장 속으로 뛰어들자 다르따라슈트라 진영에서 큰 탄식이 일었다. 비슈마를 지키는 왕들 사이로 뛰어든 꾼띠의 아들이 수샤르만을 향해 말했다.

'전투에서는 네놈이 최고라는 것도, 또한 묵은 원한이 있음도 안다. 오늘 끝을 내자. 잔혹한 결실을 보아라! 오늘 내가 오래전 죽은 네놈의 조상들을 보여주리라!'

몸과 몸을 이루는 세 기질_ 인도의 전통의학 『아유르베다』에서는 사람의 몸은 세 가지 기질, 즉 와따vāta(바람), 삐따pitta(담즙), 까파kapha(가래)로 이루어졌다고 보고, 위의 세 가지 기질의 다소에 따라 사람의 체질 또한 바람 체질, 불 체질, 물 체질로 구분한다.

적을 괴롭히는 아르주나의 그 같은 사나운 말을 듣고도 전차병들을 이끄는 슈샤르만은 좋다 궂다 아무런 대꾸도 하지 않고 수많은 왕과 함께 사방에서 영웅 아르주나를 에워싸고 공격했다. 대전사들은 전방에서, 후방에서, 측면에서 다르따라슈트라들과 함께 아르주나를 에워싸고 구름이 태양을 가리듯 화살로 그를 뒤덮었다. 다르따라슈트라들과 빤다와들 간에 피가 물처럼 쏟아지는 격렬한 전투가 벌어졌다.

81

이어지는 산자야의 이야기는 이러하다.

숱한 화살에 꿰어 맞은 저 아르주나
발에 치어 쉭쉭거리는 큰 뱀인 듯
전장에서 화살에 화살을 이어 날리며
대전사들의 활을 기어이 쪼개놓았네.

격전 중에 영웅적 왕들의 활을
삽시간에 쪼개버린 고결하고 분심 많은 이,
세상을 깡그리 끝내려는 듯
화살로 저들을 꿰뚫어 놓았네.

인드라의 아들에게 맞은 저 왕들,

피에 젖어 땅바닥에 쓰러졌네.
사지 갈라지고 머리 떨어지고
갑옷도 몸뚱이도 찢겨나갔네.

쁘르타의 아들의 힘에 제압된 저 왕들,
땅바닥에 떨어져 온갖 형상으로 궤멸되었네.
싸우다 죽은 왕의 아들들을 본
뜨리가르따 왕이 잽싸게 달려왔네.

그러자 저들 도륙 당한 전사들 뒤를 받치던
서른둘의 다른 전사가 아르주나를 덮쳐왔네.
쁘르타의 아들을 에워싼 저들이
활시위 매우 요란하게 당겼네.
구름이 산위에 빗줄기 퍼부어대듯
거대한 화살 물결 쏟아 부었네.

싸우다 화살 줄기에 짓눌린 다난자야,
분노가 창창히 치솟아 올랐네.
기름으로 닦은 예순 발 화살로
뒤 받치던 이들을 도륙했네.

예순 대의 전차를 싸워 제압하고
명예로운 저 다난자야 몹시 기뻐했네.

왕들의 군대를 전장에서 도륙한 아르주나,
이제 서둘러 비슈마를 죽이러 내달렸네.

저들 대전사들과 친지들이
도륙되는 꼴을 본 뜨리가르따 왕이
백성 지키는 왕들을 전장 앞에 세우고
쁘르타의 아들을 죽이러 지체 없이 내달렸네.

무기 든 자 중 가장 빼어난
다난자야 당하는 꼴에 쉬칸딘 앞세운
전사들이 손에 손에 날선 무기 들고
아르주나의 전차 구하고자 달려왔네.

그러나 쁘르타의 대궁수 아들 또한
뜨리가르따 왕을, 저를 덮쳐오는 여러 왕을 보았고
간디와 활에서 쏟아져 나온 날선 화살들로
저들을 모두 전장에서 도륙해버렸네.
비슈마와 맞서 싸우려던 그가 두료다나를,
신두 왕이 이끄는 여러 왕을 보았네.

한없는 위용 지닌 저 영웅,
기세등등하고 기운 성성한 무서운 장사,
활과 화살 손에 든 아르주나는 그러나

자야드라타를 위시한 왕들을
잠시잠깐 완력으로 밀어붙인 뒤
저들을 떠나 강가의 아들에게 진격해갔네.

무서운 힘 지닌 고결한 유디슈티라,
분노로 활활 타는 한없이 명예로운 그가
전장에서 자기 몫으로 떨어진
마드라의 군주와 맞서 싸우려 진격해갔네.
마드리의 두 아들도 비마세나도
샨따누의 아들 비슈마와 일전을 벌이려 나섰네.

사나운 대전사들과 일전을 벌여도
빤두의 아들들이 함께 와 싸워도
전장에서 온갖 솜씨 갖춘 저 전사,
고결한 강가와 샨따누의 아들은 흔들림 없었네.

진실이 힘이요, 힘 또한 드센 왕,
전장에 나서면 자신감 넘치는 자야드라타가
저 빼어난 화살을 들어
대전사들의 활을 기어이 부러뜨렸네.

독 같은 분노에 사로잡힌 두료다나가
분심에 차올라 불같은 화살들로

유디슈티라를, 비마세나를, 쌍둥이를,
아르주나를 전장에서 꿰뚫었네.

끄르빠에게, 샬리야에게, 샬라에게, 찌뜨라세나에게
격전 중에 화살 맞은 빤다와들,
디띠의 아들들과 싸워 당한 신들처럼
견딜 수 없는 분노에 사로잡혔네.

적 없이 태어난 저 고결한 왕,
쉬칸딘 활이 전장에서
샨따누의 아들에게 부러진 것을 보고
화가 치솟아 분개하며 쉬칸딘에게 말했네.

'그대 아비 앞에서 그대가 말했지
서약 굳은 저이를 그대가 죽이겠노라고.
태양처럼 빛나는 화살 물결로
비슈마를 죽이겠노라고. 진심이라고 맹세했지.

그대는 그 맹세의 끝을 보지 못했다.
서약 굳은 저이를 전장에서 죽이지 못했느니.
영웅 같은 사내여, 거짓 맹세가 되게 하지 말라.
다르마와 가문과 명예를 지키라.

전장에서 매섭게 달리는 비슈마를 보라.
화살 물결로 망을 만들고 놀랍도록 사나운 기세로
시간인 듯 한순간에 죽음을 부르며
나의 병사들을 모조리 태우고 있지 않은가?

활을 부러뜨리고 전투에서 무참히
샨따누의 아들에게 패한 자여,
친지와 동지를 버리고 어디로 향하는가?
참으로 그대와는 어울리지 않는 모습일세.

끝 간 데 모를 비슈마의 위력을 보고
망가져 도망치는 우리 병사들을 보고
드루빠다의 아들이여, 두려워하는구나.
그대의 낯빛이 어둡지 않은가?

영웅 같은 사내여, 그대가 알아채지 못한
저 대전투에서 다난자야가 싸우는 동안
온 세상 명성자자한 영웅이여, 어찌 그대가 지금
비슈마를 두려워한단 말인가?'

그와 같은 다르마 왕의 거칠고
의미심장한 말을 듣고
고결한 전사는 그것을 하명으로 받들어

비슈마를 죽이러 뛰쳐나갔네.

비슈마를 덮치려 온힘 다해
쏜살같이 짓쳐 달리는 쉬칸딘을
도저히 제압할 수 없는 매서운 날탄으로
샬리야가 막고 나섰네.

유가를 끝내는 불과 같은 날탄이
저를 향해 날아드는 것을 보고
호기롭기가 대인드라와 다르지 않은
드루빠다의 아들, 흔들림이 없었네.

자리에 우뚝 선 저 대궁수,
화살들로 날탄을 막았네.
쉬칸딘은 샬리야를 막을만한
와루나의 무서운 날탄을 장전했고,
천상의 신들도 지상의 왕들도
날탄을 날탄으로 막아내는 장면을 지켜보았네.

전투에서 고결한 영웅 비슈마는
빤두의 아들이자 아자미다의 후손인
유디슈티라 왕의 활을 베고,
아름답기 그지없는 깃발을 베고 포효했다네.

활과 화살을 내린 채
두려움에 휩싸인 유디슈티라를 본
비마세나가 전장에서 철퇴를 거머쥐고
걸어가며 자야드라타를 내리쳤네.

저를 향해 쏜살같이 덮쳐드는
철퇴 쥔 비마세나를 향해
자야드라타가 야마의 지팡이처럼 무서운
날카로운 화살 오백 발로 그를 꿰었네.

그처럼 매서운 화살들을 개의치 않은
늑대 배가 분심으로 똘똘 뭉쳤네.
그리하여 신두 왕의 비둘기 색 말들을
전장에서 남김없이 모조리 죽이고 말았네.

그러자 가늠할 수 없이 용맹스런
드르따라슈트라의 아들*이 그것을 보고
신들의 제왕 같은 날탄을 들어올려
비마세나를 죽이려 지체 없이 전차로 진군했네.

드르따라슈트라의 아들_ 여기서 뒤의 내용으로 보아 찌뜨라세나인 듯하다.

비마 또한 사납게 포효하고
철퇴로 위협하며 그를 향해 진군해갔네.
야마의 지팡이처럼 드높이 치켜 올린 철퇴를
까우라와들이 모두 지켜보았네.

그처럼 회오리치고 혼잡하고 혼란스런,
잔혹해 정신을 잃을 듯한 대전투에서
철퇴가 제게 떨어지는 것을 피하려고
드르따라슈트라의 사나운 아들을 버리고 모두 떠났네.

거대한 철퇴가 떨어져오는 것을 보고도
찌뜨라세나는 정신을 놓지 않았고
산봉우리에서 뛰어내리는 사자처럼
전차에서 풀쩍 뛰어내려
번쩍이는 칼과 방패를 거머쥐고
다른 곳을 찾아 전장을 걸어서 가로질렀네.

그 사이 철퇴는 몹시 아름다운 전차에 닿았고
전장에서 말과 마부를 으스러뜨렸네.
하늘에서 땅으로 떨어져 내린 빛나고 거대한 운석처럼
말과 마부는 그렇게 땅에 떨어져 내렸네.

그처럼 놀라운 행적을 지켜본

다르따라슈트라들이 한없이 기뻐했네.
모두 함께 모인 그들이 병사들과 함께
드르따라슈트라의 아들 찌뜨라세나를 칭송했네.

82

산자야가 말했다.
"당신의 아들 위까르나는 전차를 빼앗겼으나 당당한 찌뜨라세나를 제 전차에 태웠습니다. 너무나도 격하고 혼잡스런 전투가 벌어지는 동안 샨따누의 아들 비슈마는 잽싸게 유디슈티라를 공격했지요. 그러자 전차와 코끼리와 말을 이끌고 유디슈티라를 뒤흔들던 스른자야들은 그가 죽음의 아귀에 들어섰다고 여겼답니다. 위용 넘치는 꾸루의 후손 유디슈티라도 쌍둥이들과 함께 샨따누의 대궁수 아들이요 사자 같은 사내 비슈마를 향해 짓쳐 들어갔습니다. 빤다와들은 격전을 벌이며 구름이 해를 가리듯 수천 개의 화살을 쏘아 비슈마를 뒤덮었지요. 바라따의 후손이시여, 그러나 강가의 아들은 빤다와들이 제대로 내보낸 화살망을 수백수천 개의 화살로 되받아쳤습니다. 나의 왕이시여, 비슈마가 내보낸 화살망은 하늘에서 허공을 가르는 새떼처럼 보였답니다. 그 전투에서 샨따누의 아들 비슈마는 자신의 화살망을 휘둘러 눈을 깜박이기도 전에 전장에서 꾼띠의 아들의 것을 조각조각 사라지게 만들어버렸지요. 그러자 유디슈티라 왕은 격분하며 고결한 꾸루의 후손 비슈마를 향해 독뱀 같은 쇠화살을 날렸답니다. 왕이시여, 대전사 비슈마는 유디슈티라의 활에서 뿜어져 나온 화살이 미처 자신에게 이르기도 전에 칼날 같은 화살로 전장에서 쳐 내버렸지요. 죽음과 다르지 않던 쇠화살을 전장에서 쳐낸 비슈마는 황금 으로 치장한 유디슈티라 왕의 말들을 죽였습니다. 다르마의 아들 유디슈 티라는 말이 죽고 없는 전차를 버리고 지체 없이 고결한 나꿀라의 전차 에 올라탔지요."

이어지는 산자야의 이야기는 이러하다.

적의 도시를 제압한 비슈마는 격분하며 전장에서 쌍둥이들에게도 공 격을 퍼부어 그들을 화살로 뒤덮어버렸다. 비슈마의 죽음을 애타게 바라 던 유디슈티라는 비슈마의 화살에 당하고 있는 쌍둥이들을 보고 깊은 고 민에 빠졌다. 그는 동지들과 왕들을 모아 채근했다.

'모두 함께 샨따누의 아들 비슈마를 죽여라!'

모든 왕이 쁘르타의 아들 유디슈티라의 말을 들었고, 거대한 전차군 단이 할아버지를 에워쌌다. 그렇게 사방으로 에워싸인 드르따라슈트라 의 아버지 비슈마는 활을 휘두르며 대전사들을 쳐내기 시작했다. 쁘르타 의 아들은 전장을 누비며 격전을 벌이는 비슈마를 보았다. 사슴 무리에 들어간 숲속의 어린 사자 같았다. 전장에서 용사들을 화살로 으르고 위협 하는 그를 본 왕들은 사자를 본 사슴 떼처럼 벌벌 떨었다. 크샤뜨리야들 은 저 바라따의 사자가 전장에서 어떻게 움직이는지를 보았다. 그는 바람 을 등에 업고 숲을 태우려는 불과 같았다. 비슈마는 솜씨 좋은 사람이 잘 익은 과일을 나무에서 따듯 전사들의 머리를 전투에서 떨어뜨렸다. 하늘 에서 돌덩이기 떨어져 내리듯 요란한 소리를 내며 전사들 머리가 땅바닥으로 떨어져 내렸다.

그처럼 혼잡하고 너무나도 잔혹한 전투가 벌어지자 모든 병사가 완전히 뒤섞여버리고 말았다. 진이 망가지자 크샤뜨리야들은 여기저기서 일일이 서로를 불러가며 싸웠다. 쉬칸딘은 바라따의 할아버지를 향해 쏜살같이 내달리며 다급히 소리쳤다.

'서라, 거기 서라!'

그러나 쉬칸딘이 여성이었음을 상기한 비슈마는 분격해 그와의 전투를 피하고 스른자야들을 향해 달렸다. 대전사 비슈마를 발견한 스른자야들은 환호하며 사자의 포효와 함께 거듭 고둥을 불었다. 그리고 태양이 서쪽으로 기울 무렵 전차와 코끼리들이 뒤섞인 격전이 벌어졌다.

빤짤라의 왕자 드르슈타듐나와 대전사 사띠야끼는 삼지창과 창을 엄청나게 쏟아 붓고 무수한 무기를 써가며 전장에서 다르따라슈트라의 병사들을 몹시 괴롭혔다. 다르따라슈트라의 대전사들은 전장에서 죽어가면서도 전장을 떠나지 않겠다는 고귀한 결정을 내렸고, 전투를 피하지 않았다. 안간힘을 쓰며 전투에 임했고, 세상을 부수기 시작했다. 쁘르샤따의 고결한 후손과 싸우다 다친 다르따라슈트라의 고결한 병사들 사이에서 고통스런 탄식이 일었다. 다르따라슈트라의 대전사들의 고통스런 외침을 듣고 아완띠의 윈다와 아누윈다가 쁘르샤따의 후손과 맞서 싸우고자 달려왔다. 삽시간에 그의 말들을 죽인 두 대전사는 화살비를 뿌려 쁘르샤따의 후손을 뒤덮어버렸다. 빤짤라의 대전사 드르슈타듐나는 지체 없이 전차에서 뛰어내려 고결하고 고결한 사띠야끼의 전차에 재빨리 올라탔다. 그러자 대병력에 에워싸인 유디슈티라 왕이 적을 괴롭히는 성난 두 아완띠 대전사를 공격해왔다. 드르따라슈트라의 아들 또한 아완띠의 윈다와 아누윈다를 에워싸고 전력으로 싸우며 전장에 남았다.

황소 같은 크샤뜨리야 아르주나도 격분해 벼락 든 인드라가 아수라들과 싸우듯 크샤뜨리야들과 격전을 벌였다. 드로나 또한 격분해 드르따라슈트라의 아들을 기쁘게 하고자 숨을 태우는 불처럼 전장에서 모든 빤짤라를 쓸어버리기 시작했다. 두료다나를 앞세운 드르따라슈트라의 아들들도 전장에서 비슈마를 에워싸고 빤다와들과 격전을 벌였다. 태양이 붉어져 가자 두료다나 왕이 다르따라슈트라의 병사들에게 말했다.

'서둘러라!'

힘겨운 전투가 이어지는 동안 태양은 서산에 이르더니 곧 사라졌다. 밤의 어귀에 이르자 이내 피의 물결을 담은 무서운 강이 흐르고 자칼 떼가 우글거렸다. 보기에도 끔찍한 전장은 귀신들로 들끓었고, 사납게 울부짖는 자칼들의 불길한 소리로 가득했다. 수백수천의 락샤사, 삐샤짜, 그리고 시체를 먹고 사는 다른 여러 생물이 사방에서 모습을 드러냈다.

수샤르만이 이끄는 왕들과 그의 수하들을 물리친 아르주나는 진을 헤치고 막사로 향했다. 꾸루의 후손 유디슈티라 왕 또한 밤이 되자 병사들에 에워싸여 형제들과 함께 막사로 갔다. 두료다나를 앞세운 전사들을 전장에서 제압한 비마세나 또한 막사로 향했다. 대전투에서 샨따누의 아들 비슈마를 지킨 두료다나 또한 왕들에게 에워싸여 서둘러 막사로 갔다. 모든 병사를 지킨 드로나, 드로나의 아들, 끄르빠, 샬리야, 사뜨와따의 전사 끄르따와르만도 제 막사를 찾아갔다. 전장에서 전사들을 지킨 사띠야끼, 쁘르샤따의 후손 드르슈타듐나 또한 막사로 향했다.

산자야가 말했다.

"대왕이시여, 적을 괴롭힌 당신의 군대도 또 빤다와들도 밤이 되자 그와 같이 각자의 막사로 돌아갔습니다. 대왕이시여, 막사로 돌아가 쉬며 빤다와들과 까우라와들은 자기들끼리 서로 칭송을 아끼지 않았답니다. 각자 맡은 군대를 잘 지켜낸 용사들은 이제 몸에 박힌 화살을 뽑아내고, 갖가지 물로 목욕재계하고, 기원의 의례를 마쳤답니다. 가객들의 찬미를 받은 명예로운 용사 모두가 노래와 악기로 스스로를 위무했지요. 대전사들 누구도 전투이야기를 꺼내지 않았기에 잠깐 동안은 모든 것이 천상세계를 닮아 있었습니다. 왕이시여, 무수히 많은 코끼리도 말도 지친 병사도 모두 잠든 양쪽 군대는 그저 아름답게 보일 뿐이었답니다."

여덟째 날

83

산자야가 말했다.

"밤이 지나고, 잠 또한 편히 잔 백성의 군주들과 까우라와들 그리고 빤다와들은 다시 전투에 나섰습니다. 출격하는 양쪽 진영 모두에서 거대한 바다와 같은 엄청난 함성이 일었지요. 왕이시여, 두료다나 왕, 찌뜨라세나, 위윙샤띠, 저 최고의 전사 비슈마, 바라드와자의 아들 드로나가 하나 되어 각자의 갑옷을 입고 까우라와의 대병력을 다듬어 빤다와들에 대적할 진을 펼쳤습니다. 백성의 주인이시여, 당신의 아버지 비슈마는 전차를 파도 삼고 물결 삼아 무서운 바다를 닮은 대군진을 만들었답니다. 샨따누의 아들 비슈마가 전군의 선봉에 섰고, 말라와들, 닥쉬나들, 아완띠들이 그를 둘러싸고 진군했습니다. 위용 넘치는 바라드와자의 아들 드로나가 뿔린다들, 빠라다들, 슈드라까 말라와들과 함께 비슈마 바로 뒤를 따랐답니다. 백성의 주인이시여, 드로나의 뒤는 위용 넘치는 바가닷따가 마가다들, 깔링가들, 삐샤짜들과 함께 따랐지요. 브르하드발라가 메깔라들, 꾸루윈다들, 뜨리뿌라들, 찌칠라들, 꼬살라의 군주와 함께 쁘라그조띠샤의 바가닷따의 뒤를 따랐습니다. 무수한 깜보자와 수천에 이르는 야와나를 대동한 쁘라스탈라의 군주 뜨리가르따가 용사 브르하드발라의 뒤를 따랐답니다. 바라따의 후손이시여, 기세등등한 드로나의 아들이 사자 같은 포효로 지축을 흔들며 용사 뜨리가르따의 뒤를 이어 진군했지요. 드로나의 아들의 뒤는 전군에 에워싸인 두료다나 왕이 아우들과 함께, 그리고 두료다나 뒤는 샤라드와뜨의 아들 끄르빠가 따랐답니다. 바다를 닮은 대군진은 그런 식으로 진군해갔습니다. 승리자시여, 깃발과 흰 차양과 다채로운 팔찌와 귀한 활이 빛을 뿜었답니다. 당신의 대군진을 본 대전사 유디슈티라가 전군의 대장 드르슈타듐나에게 말했습니다.

 '대궁수여, 바다처럼 만들어진 군진을 보시오. 쁘르샤따의 후손이여, 당신도 어서 그에 맞설 군진을 만드시오.'

 대왕이시여, 그러자 용사 쁘르샤따의 후손은 저렇듯 잔혹한 적의 진을 무너뜨릴 만한 '세 봉우리 산의 진'을 만들었습니다. 수천의 전차, 말, 보병과 함께 비마세나와 대전사 사띠야끼가 두 봉우리를 맡았고, 다른 하나에는 빼어나고 빼어난 흰말 탄 사내 아르주나가 원숭이깃발을 달고 자리했으며, 가운데는 유디슈티라 왕과 마드리와 빤두의 아들 사하데와와 나꿀라가 섰지요. 여타의 왕들과 대궁수들, 병력을 대동한 왕들, 군진학에 달통한 이들이 군진을 채웠습니다. 그리고 아비만유, 대전사 위라타, 홍이 가득한 드라우빠디의 아들들, 락샤사 가토뜨까짜가 뒤를 받쳤답니다. 바라따의 후손이시여, 그렇게 대군진을 펼진 빤다와들은 결전을 고대하며 이기려는 일념으로 전장에 섰습니다."

이어지는 산자야의 이야기는 이러하다.

북소리, 고둥소리, 손뼉 치는 소리, 병사들의 섬뜩한 포효가 뒤섞여 사방이 시끌벅적했다. 용사들은 전장에서 눈도 깜박이지 않고 서로를 노려보며 맞섰다. 전사들은 먼저 상대의 이름을 부르며 기선을 제압하려 했다. 서로가 서로를 죽이는 까우라와들과 빤다와들 간의 전투가 재개되었고 전장은 섬뜩했다. 아가리를 쩍 벌리고 달려드는 섬뜩한 뱀떼 같은 날선 쇠화살들이 전장을 날아다녔다. 기름 먹여 반짝거리는 삼지창들이 먹구름 속에서 번쩍이는 번개처럼 쏟아져 내렸다. 황금장식 천으로 감싼 반짝이는 철퇴가 아름다운 산봉우리인 듯 떨어졌고, 맑은 하늘처럼 빛나는 칼들이 빛을 뿜었으며, 수백 개의 달을 새겨 넣은 소가죽방패가 전장의 사방에서 아름답게 빛났다.

전장에서 상대와 맞서 싸우는 양군 모두가 신과 아수라들이 격전을 벌였을 때처럼 빛을 뿜었다. 그렇듯 저들은 서로가 서로를 향해 전장의 사방에서 짓쳐 달려들었다. 황소 같은 왕들은 전차를 몰고 지체 없이 적진으로 뛰어들었고, 그들의 전차 기둥과 기둥이 얽히는 전투가 벌어졌다. 엄니를 부딪쳐가며 싸우는 코끼리들에게서 불꽃이 튀어 사방이 연기로 자욱했다. 창에 찔려 땅에 쓰러지는 코끼리병이 산꼭대기에서 떨어지는 나무처럼 보이기도 했다. 보병과 손톱 모양 창을 든 온갖 형태의 전사가 서로 상대를 죽이는 모습도 보였다. 전장에서 삼지창과 갖가지 무기를 든 꾸루와 빤다와의 병사들이 서로를 야마 땅으로 보내고 있었다.

한편 샨따누의 아들 비슈마는 전차소리 요란하게 울리며 빤두의 아들들을 향해 짓쳐 달렸다. 그가 활시위 소리로 그들을 혼돈에 빠뜨렸다. 드르슈타듐나가 이끄는 빤다와의 병사들도 엄청난 함성을 울리며 맞서 싸웠다. 그리하여 보병, 기병, 전차병, 코끼리병 할 것 없이 모두 끼어든 다르따라슈트라들과 빤다와들 간의 전투가 다시 시작되었다.

84

이어지는 산자야의 이야기는 이러하다.

빤다와들은 온 전장을 누비고 다니는 성난 비슈마를 쳐다볼 수조차 없었다. 그는 태양처럼 훨훨 타고 있었다. 다르마 왕의 명에 따라 빤다와의 전 병력이 그렇듯 날선 화살들로 도륙해대는 강가의 아들을 공격했으나 비슈마는 소마까들과 스른자야들 그리고 빤짤라 대궁수들을 화살로 무너뜨리며 전투에서 승승장구했다. 빤짤라들과 소마까들은 비슈마에게 당하면서도 죽음도 두려움도 없이 비슈마를 향해 내달렸다. 전차병들의 영웅인 샨따누의 아들 비슈마는 격전을 벌이며 여지없이 그들의 팔과 머리를 베어버렸다. 드르따라슈트라의 아버지 비슈마는 전차병들에게서 전차를 없앴고, 말에서 떨어지는 기병들의 머리를 베었다. 비슈마의 날탄에 맞아 정신을 잃고 땅바닥에 나뒹구는 주인 잃은 코끼리들이 산더미처럼 쌓였다.

빼어나고 빼어난 전차병, 대장사 비마세나 말고는 빤다와 사람들 누구도 거기 없었다. 비마가 비슈마에게 공격을 퍼부었고, 비마와 비슈마가 맞서 싸우자 오싹하고 섬뜩해진 전 병력 사이에서 소름 돋는 함성이 일었다. 빤다와들은 환호하며 사자의 포효를 울렸다. 병사들이 전장에서 죽어나가자 아우들에게 에워싸인 두료다나 왕이 비슈마를 지키기 위해 나섰다. 빼어나고 빼어난 전사 비마가 비슈마의 마부를 죽이자 말들이 전차를 끌고 사방을 뛰어다녔다. 적을 처단하는 비마는 칼날처럼 날카로운 화살로 수나바의 머리를 베었다. 그는 죽어 땅으로 굴러 떨어졌다.* 드르따라슈트라의 대전사 아들이 싸우다 죽자 그의 호기로운 동복형제, 아디띠야께뚜, 바흐와쉰, 꾼다다라, 마호다라, 아빠라지따, 빤디따까 그리고 누구도 쉽게 제압할 수 없는 위샬락샤 등 일곱은 분을 이기지 못했다. 번쩍이는 기갑 장비에 아름다운 갑옷 입고 깃발을 벌럭이며 전투에 목마른 저 적을 짓밟는 용사들이 빤두의 아들을 향해 전장을 짓쳐 달렸다. 마호다라는 아홉 발의 벼락같은 깃털화살로 우르뜨라를 죽인 인드라가 전장에서 나무찌를 꿰뚫듯 비마를 꿰뚫었다. 아디띠야께뚜는 일곱 발, 바흐와쉰은 다섯 발, 꾼다다라는 아홉 발, 위샬락샤는 일곱 발, 적을 제압하는 대전사 아빠라지따는 무수한 화살로 대장사 비마세나를 쏘아 맞췄으며, 빤디따까는 세 발의 깃털화살로 전장에서 비마를 괴롭혔다. 그러나 그는 적과의 전투에서 얻은 상처를 그대로 두고 보지는 않았다. 적을 괴롭히는 비마는 왼손으로 활을 누르더니 곧게나는화살을 쏘아 드르따라슈트라의 아들, 코가 아름다운 아빠라지따의 머리를 베었다. 비마에게 당한 그의 머리가 땅에 떨어졌다. 또 다른 초승달촉화살로는 대전사 꾼다다라를 온 세상이 보는 앞에서 야마 땅으로 보내버렸다. 그런 뒤 저 가늠할 수 없는

---

* 그는 죽어 ~ _ 원문에는 부정어 na가 쓰여 있다. 따라서 수나바는 죽지 않고 땅에 떨어진 것으로 해석해야 하나 뒤에 오는 문맥에 따라 sa(그)로 옮겼다. 철자가 잘못 쓰이거나 프린트가 잘못 되는 경우가 없지 않다. 대부분의 판본에서도 sa로 나타난다.

정신을 지닌 비마는 전장에서 돌촉화살을 겨누어 빤디따까를 향해 쏘았다. 화살은 죽음을 재촉하는 뱀이 사람을 물어 죽인 뒤 잽싸게 구멍으로 내빼듯 빤디따까를 죽이고는 땅에 박혔다. 예전의 고통을 기억한 저 꼿꼿한 비마가 쏜 화살 세 발로 위샬락샤의 머리가 땅에 떨어졌다. 이어 쏜 쇠화살로 그는 대궁수 마호다라를 꿰뚫었다. 마호다라는 죽어 땅에 널브러졌다. 적을 처단하는 비마는 화살 한 발로 아디띠야께뚜의 깃발을 베었고, 날카로운 초승달촉화살 여러 개로 그의 머리를 베었다. 성난 비마는 이어 곧게나는화살을 쏘아 바흐와쉰을 야마 땅으로 보내버렸다.

그러자 남아 있던 드르따라슈트라의 아들들은 회당에서 했던 그의 말*이 사실이 될까 두려운 나머지 모두 도망치고 말았다. 아우들이 당한 재앙에 괴로워하던 두료다나 왕이 드르따라슈트라의 전사들에게 말했다.

'비마는 오늘 이 전투에서 죽어야만 하느니!'

드르따라슈트라의 대궁수 아들들은 형제들이 그처럼 죽임을 당한 것을 보자 천상의 눈을 지닌 대지혜인 위두라 집사가 한, 피가 되고 살이 되는 이로운 말*을 기억했다. 지금에 와서 그의 말이 실현되고 있는 것이었다. 아들을 향한 애착 때문에 탐욕과 혼돈에 휘둘린 드르따라슈트라가 예전에 흘려보낸 그의 말이 얼마나 대단하고 이치에 맞았던가를 보여주고 있는 것이었다. 팔심 좋은 장사 비마가 드르따라슈트라의 아들들을 도륙하기 위해 태어났음을, 그리하여 기필코 지금 그들을 죽이고 있음을!

그의 말_ 드라우빠디가 두샤사나 등에게 능욕 당하던 회당에서 비마는 드르따라슈트라의 아들들을 하나도 남김없이 죽이리라고 맹세했다.
피가 되고 ~ _ 위두라는 왕위를 뺏기 위해 유디슈티라와의 주사위노름을 계획하자 그것이 불러올 재앙을 예견하고 그만 둘 것을 드르따라슈트라에게 수차례 경고했다.

한편 너무나 큰 고통이 엄습한 두료다나 왕은 비슈마에게 와 탄식했다.

'내 용사 아우들이 비마와 싸우다 죽었습니다. 다른 모든 병사 또한 아무리 안간힘써도 죽임을 당할 것입니다. 그럼에도 할아버지께서는 이를 외면하고 항상 중도만 지키십니다. 내가 얼마나 힘든 길에 들어섰는지를, 얼마나 불운한지를 봐주십시오.'

그 같은 잔인한 말에 드르따라슈트라의 아버지, 천상의 맹세를 했던 비슈마가 눈에 눈물이 가득 고인 두료다나에게 말했다.

'나의 왕이여, 나도 드로나도 위두라도 명예로운 간다리도 예전에 말했거늘 그대는 절대로 귀를 기울이지 않았소. 적을 괴롭히는 이여, 예전에 나도 드로나 스승도 결코 전쟁을 이끌지는 않겠노라고 약속하지 않았소? 비마는 전장에서 드르따라슈트라의 전사가 눈에 띄면 누구든 기어이 죽이고 말 것이오. 내 말은 사실이오. 그러니 왕이여, 마음을 단단히 먹고 전장에서 굳건히 버티시오. 쁘르타의 아들들과 전장에서 싸우시오. 천상을 궁극의 목표로 삼으시오. 빤다와들은 인드라가 이끄는 신들이 와도 제압하지 못할 것이오. 그러니 바라따의 후손이여, 마음을 단단히 하고 전투에 임해 싸우시오.'

85

드르따라슈트라가 말했다.

"산자야여, 내 아들들이 단지 한 사람에게 저렇듯 수없이 죽어나가는 것을 보고 비슈마, 드로나, 끄르빠는 전장에서 무엇을 했더냐? 산자야여, 내 아들들은 날에 날을 더해 궤멸되어간다. 마부여, 오로지 운명 때문에 내 자식들이 저리도 숱하게 당하는가 보구나. 비슈마, 드로나, 고결한 끄르빠가 함께함에도, 영웅 소마닷따의 아들과 바가닷따가 있음에도, 아쉬와타만이나 너무나도 고결한 여러 다른 영웅 가운데 있음에도 내 자식들이 있는 전장엔 패배뿐 승리라고는 없느니. 그것은 그저 운명이랄 밖에 달리 무엇이라고 하랴? 저 어리석고 아둔한 두료다나는 나와 비슈마와 위두라와 간다리가 늘 저를 위해 말하고 또 말했거늘 알아채지 못했느니. 예전에 미혹해 몰랐던 결실을 이제 얻는 것이려니. 전장에서 넋 놓고 있는 내 아들들을 성난 비마세나가 날이면 날마다 야마 땅으로 보내는구나."

산자야가 말했다.

"위두라 집사의 옳고도 빼어난 말이 이제야 들어맞아가는 것입니다. 주인이시여, 당신은 당신의 아들들더러 빤다와들을 속이지 말라고 하는 위두라 말에, 당신이 잘되기만 바라는 벗의 이로운 말에 귀를 기울이지 않으셨습니다. 죽음을 앞둔 자가 효험 좋은 약을 마다하는 것처럼 말이지요. 그런데 그의 좋은 말이 이제야 당신께 닿았나봅니다. 위두라, 드로나, 비슈마, 그리고 다른 어떤 누구의 이로운 말도 비껴가셨기에 까우라와들이 패망에 이른 것입니다. 백성의 주인이시여, 예전엔 그런 것들을 다 무시했으니 이제 전투가 어떻게 벌어지는지 그것이나 제대로 들어보소서. 왕이시여, 해가 중천에 이르자 세상을 파멸에 이르게 하는 너무나도 잔혹하고 끔찍한 전투가 벌어졌습니다. 소인이 읊는 것을 들어보소서."

이어지는 산자야의 이야기는 이러하다.

다르마의 아들 유디슈티라의 명에 따라 전 병력이 격앙되어 오직 비슈마를 죽이기 위해 짓쳐 달렸다. 드르슈타듐나, 쉬칸딘, 대전사 사띠야끼가 병력을 한데 모아 비슈마를 향해 달렸고, 아르주나, 드라우빠디의 아들들, 쩨끼따나는 전장에서 두료다나 왕의 명에 따라 움직이는 모든 병력에 맞서 싸웠다. 영웅 아비만유, 히딤바아의 대전사 아들, 그리고 성난 비마세나는 까우라와들을 향해 짓쳐 달렸다. 이처럼 까우라와들은 세 갈래로 나뉘어 공격하는 빤다와들에게 당했고, 빤다와들도 마찬가지로 상대와의 전투에서 까우라와들에게 당했다. 분기탱천한 최고의 전차병 드로나는 소마까와 스른자야들을 야마 땅으로 보내버리려는 마음으로 공격했다. 활을 든 바라드와자의 아들 드로나의 화살에 맞아 고통스러워하는 고결한 스른자야들의 고함이 전장에 퍼졌다. 드로나에게 당한 무수한 크샤뜨리야들이 질병 들어 고통 받는 병자처럼 보였다. 기근에 시달리는 사람처럼 몸을 뒤틀고 신음하며 앓는 소리가 전장 여기저기서 들려왔다. 성난 대장사 비마세나는 또 하나의 시간인 듯 까우라와들을 잔혹하게 도륙하기 시작했다. 병사 간에 서로가 서로를 죽이는 대전투가 벌어지는 동안 끔찍한 피의 물살을 담은 강이 생겨났다. 꾸루와 빤다와 간의 너무나도 잔혹한 전투로 인해 야마 땅이 부풀려지게 되었다.

성난 비마는 코끼리부대에 맹공을 펼쳐 죽음으로 내몰았다. 비마의 쇠화살에 맞은 코끼리들이 전장 곳곳에 쓰러지고 울부짖고 주저앉거나 날뛰어 다녔다. 코가 잘리고 다리가 부서진 거대한 코끼리들이 땅에 나뒹굴며 겁에 질린 도요새처럼 울부짖었다. 나꿀라와 사하데와는 기병부대를 쳤다. 황금 굴레와 금장식 안장을 얹은 수백수천의 다친 말이 눈에 띄었고, 바닥에는 쓰러진 말이 가득했다. 혀를 늘어뜨리고 몸뚱이를 움츠리며 숨을 할딱이거나 죽어 있는 온갖 형태의 말로 땅이 뒤덮였다. 아르주나와 싸우다 죽은 말도 전장 여기저기 끔찍하게 흩어져 있었다. 부서진 전차, 찢긴 깃발, 갈가리 부서진 기세 넘치던 무기, 황금 줄과 목걸이, 귀걸이 단 머리, 머리에서 떨어져 나간 투구, 사방에 널브러진 깃발, 아름다운 굴대 장식, 고삐, 조각난 굴레가 봄날에 핀 꽃들처럼 대지를 빛내고 있었다.

산자야가 말했다.

"바라따의 후손이시여, 성난 샨따누의 아들 비슈마와 최고의 전사 드로나, 아쉬와타만, ㄲ르빠, 그리고 ㄲ르따와르만이 끼친 빤다와들의 손실은 그러했고, 분격한 적이 당신의 군대에 끼친 손실 또한 그와 다르지 않았답니다."

86

산자야가 말했다.

"왕이시여, 빼어나고 빼어난 영웅들을 궤멸시키는 잔혹한 전쟁이 한창일 때 영예로운 수발라의 아들 샤꾸니가 빤다와들을 덮쳤습니다. 왕이시여, 적의 영웅을 죽이는 사뜨와따의 전사요 흐르디까의 아들 또한 빤다와 병력과 전투를 벌이려 짓쳐 달렸고, 깜보자의 명마, 강변 태생의 말,

아라타와 마히 지역의 말, 신두의 말, 와자유의 백마, 산악지역의 말, 그리고 바람처럼 빠른 띳띠라 태생의 명마들로 적군의 사방을 에워쌌지요. 잘 다듬어진 마구를 두르고, 황금장식된 바람 같은 말을 앞세워 까우라와들을 공격하는 빤다와의 힘센 아들 이라와뜨, 사려 깊은 아르주나가 나가* 왕의 딸에게서 얻은 저 영웅적인 아들은 호기롭고 흥에 겨운 모습이었습니다. 고결한 아이라와뜨의 뱀 왕은 공주가 깃털 고운 가루다에게 남편을 잃고 자식도 없이 가련하고 가엽게 지내자 그녀를 아르주나에게 주었고, 욕망에 휘어 잡힌 아르주나는 그녀를 아내로 삼았었지요. 그렇게 이라와뜨는 아르주나가 다른 이의 밭*에서 얻은 자식이랍니다. 그는 나가의 세계에서 어머니의 보살핌을 받으며 자랐으나 아르주나를 미워하는 삼촌*에게서 모질게 버림받았지요. 잘 생긴데다 타고난 용맹을 지닌 그는 덕을 갖추었고 진실을 힘으로 삼았답니다. 아르주나가 인드라의 세계에 있다는 말을 들은 그는 지체 없이 그곳으로 갔습니다. 진실을 힘으로 삼은 고결한 아버지 아르주나에게 다가간 그는 손을 공손히 모아 절을 올린 뒤 말했지요.

'소인 이라와뜨입니다. 영웅이시여, 축복 있으소서! 소인이 당신의 아들이랍니다.'

나가_ 여러 가지로 해석된다. 와수끼, 쉐샤 등의 큰 뱀을 일컫기도 하고 뱀을 몰고 다니는 종족을 일컬을 때도 있다. 가끔 용이라고 옮겨지기도 하나 일반적으로 알려진 용과는 상당한 거리가 있다.
다른 이의 밭_ 타인의 아내를 뜻한다.
삼촌_ 여기서는 공주의 전 남편의 동생을 말한다.

이어지는 산자야의 이야기는 이러하다.

그는 아르주나가 제 어미를 어찌 만났는지 세세히 상기시켰고, 빤두의 아들 아르주나는 무슨 일이 있었는지를 모두 기억했다. 신들의 제왕의 거처에서 자기와 흡사한 자질을 갖춘 아들을 껴안은 아르주나는 떨 듯이 기뻐했다. 신들의 세상에 있던 아르주나는 흡족해하며 팔심 좋은 이라와뜨가 해야 할 일을 흔쾌히 말해주었다.

'기개 넘치는 아들아, 전시가 되면 우리 편이 되어 싸우거라.'

이라와뜨는 당연히 그리하겠노라고 답했고, 전시가 되자 열망과 빛과 속도를 갖춘 수많은 말에 에워싸여 온 것이었다. 거대한 바다의 고니들과 같은 황금 마구를 두른 온갖 말이 마음의 속도로 전장을 달렸다. 그러다 말들이 쏜살같이 내달리는 까우라와의 말떼와 마주쳤다. 코로 사납게 들이받던 그들은 서로의 세찬 기세에 바닥으로 고꾸라지기 시작했다. 서로를 치고받던 말떼가 쓰러 넘어지자 가루다가 쓰러지는 듯한 엄청난 소리가 들려왔다. 까우라와와 빤다와 기병들이 그 대전투에서 마주쳤고, 서로를 잔혹하게 학살하기 시작했다. 그렇듯 너무나 혼잡하고 혼란스런 전투가 벌어지는 동안 양군의 말떼는 완전히 궤멸되고 말았다. 화살이 바닥나고 말들이 죽어 없어진 용사들은 피로에 지쳐 쓰러지며 서로를 베고 또 베었다.

겨우 몇 명만 남긴 채 기병이 모조리 궤멸되자 샤꾸니의 호기로운 아우들, 타고난 힘을 자랑하는 여섯 명의 장사, 즉 가자, 가왁샤, 우르샤까, 짜르마와뜨, 아르자와, 그리고 슈까가 대군에서 빠져나와 전방으로 나섰다. 그들은 바람의 세기와 속도를 다 갖춘 젊고 강하고 돌발적인 명마 중의 명마에 올랐다. 사꾸니가 제 진영의 몇몇 대전사와 함께 철갑 두른 대전사들, 전투에 능하고 잔혹한 형상을 띤 그들을 엄호했다. 천상에 이르기 위해 승리를 바라는 저 뚝심 좋은 간다라들은 도저히 이길 수 없던 적을 엄청난 힘으로 깨트리고는 환호했다. 그들이 진을 깨트려오는 것을 본 용감무쌍한 이라와뜨가 온갖 선투 장비로 무장한 전사들에게 말했다.

'다르따라슈트라의 전사들이 짠 전략과 전술은 그들의 수하나 탈 것들 할 것 없이 전장에서 모조리 없애야 하리라!'

이라와뜨의 전사들이 그리하겠다고 다 같이 답한 뒤 제압하기 힘든 적병들을 전장에서 물리쳤다. 제 진영이 전장에서 이라와뜨 진영에 당하는 것을 본 분심 많은 수발라의 모든 아들이 이라와뜨를 사방에서 에워싸며 공격을 퍼부었다. 용사들은 서로가 서로를 채근하며 날선 창으로 이라와뜨를 찌르고 대소동을 일으키며 사방을 내달렸다. 고결한 저들 용사들의 날카로운 창에 찔린 이라와뜨는 꼬챙이에 찔린 코끼리처럼 피에 흥건히 젖었다. 가슴에도 등에도 양 옆구리에도 모두 심한 상처를 입었으나 그는 끄떡하지 않았다. 홀로 수많은 적을 상대하면서도 당당함을 잃지 않았다. 이제, 적의 도시를 제압하곤 했던 분격한 이라와뜨가 모두를 향해 전장에서 날카로운 화살을 쏘아 혼절시켰다. 적을 제압하는 이라와뜨는 전장에서 제 몸에 박힌 창을 뽑아낸 뒤 수발라의 아들들을 괴롭혔다. 날카로운 칼을 꺼내고 방패를 든 그는 지체 없이 수발라의 아들들에게 걸어가 싸움을 걸며 죽이려 들었다. 정신이 든 수발라의 아들들은 모두 분기탱천해 이라와뜨에게 달려들었다. 제가 가진 힘에 자신만만한 이라와뜨는 칼솜씨를 자랑하듯 수발라의 모든 아들을 짓눌렀다. 그가 가뿟한 몸놀림으로 전장을 휘젓고 다니자 수발라의 아들들 전부가 아무리 빠른 말을 타고 움직여도 그를 잡을 수 없었다. 그들은 그가 전장 바닥에 발을 딛고 선 것을 보았고 모두 함께 다시 한 번 그를 잡기 위해 빙 둘러쌌다.

그러나 적을 괴롭히는 이라와뜨는 그들이 가까이 오자마자 왼손과 오른손을 번갈아 칼을 휘두르며 그들의 사지를 베었다. 적의 무기를 모두 부쉈고 치장한 팔을 도려내기 시작했다. 사지가 잘리고 목숨을 잃은 그들이 바닥으로 굴러 떨어졌다. 숱한 상처를 안기는 했으나 우르샤까만이 영웅들을 도륙하는 너무나도 잔혹한 그 전투에서 살아서 벗어날 수 있었다. 그들이 전부 쓰러 넘어지는 꼴을 본 두료다나는 두렵고 분했다. 그는 험상궂은 형상을 한 락샤사, 르샤슈룽가의 아들이자 환술을 써서 적을 제압하는 대궁수이며, 바까를 죽인 일로 인해 빤다와들과 묵은 적개심이 있는 알람부샤에게 말했다.

'영웅이여, 아르주나의 위력적인 아들이 환술로 나의 병사들을 궤멸시키며 괴롭히고 있는 것이 보이는가? 용사여, 그대 또한 마음대로 움직일 수 있고 환술로 무기를 부리는 데 능한데다 쁘르타의 아들과 원한이 있지 않던가? 허니 저놈을 전장에서 죽여라!'

그러겠다고 답한 뒤 험상궂은 형상의 락샤사는 사자의 포효를 울리며 아르주나의 어린 아들을 향해 짓쳐 달렸다. 그는 잘 달리고 전투에 능하며 번쩍이는 창을 든 전사들, 투창을 들고 싸우는 영웅들과 제 쪽의 여러 용사에게 에워싸였다. 모두가 이라와뜨 대장사를 전장에서 죽이고 싶어 했다. 적을 짓밟는 이라와뜨 또한 격분해 자기를 죽이려 달려드는 락샤사를 막기 위해 지체 없이 진격했다. 주체 못할 힘을 지닌 락샤사는 그가 달려드는 것을 보고 지체 없이 환술로 그를 덮쳤다. 그는 적이 가진 만큼의 말들을 환술로 만들었고, 손에 손에 삼지창과 날카로운 투창을 든 무서운 형상의 락샤사들이 말들을 몰았다. 이천 명의 투사가 혼잡한 싸움을 이어갔고, 오래지 않아 서로를 저 세상으로 보내기 시작했다.

양쪽 병사들이 궤멸되자 전투에 취한 두 용사가 우르뜨라와 인드라처럼 격전을 벌였다. 전투에 취한 락샤사가 달려드는 것을 본 대장사 이라와뜨는 정신을 잃을 듯 격분하며 그에게 맞서기 위해 짓쳐 달렸다. 성미 고약한 락샤사가 저에게 달려들자 이라와뜨는 삽시간에 그의 번쩍이는 활과 활집을 칼로 베어버렸다. 활이 갈라진 것을 본 락샤사는 성난 이라와뜨를 환술로 혼란시키려는 듯 쏜살같이 창공으로 날아올랐다. 그러자 이라와뜨도 락샤사를 맞기 위해 허공으로 솟아올랐다. 모든 급소를 알고 있기에 어느 누구도 감히 가까이 다가갈 수 없는 이라와뜨는 모습 또한 마음대로 바꿀 수 있었다. 그는 환술로 락샤사를 당황하게 하며 화살로 그의 몸을 베었다. 그러나 저 락샤사 중의 락샤사 알람부샤는 몸뚱이가 화살에 베이고 또 베어도 한없이 젊은이로 다시 태어났다. 락샤사들은 환술을 갖고 태어나기에 젊게도 또는 어떤 모습으로도 원하는 대로 바꿀 수 있고, 그래서 몸이 잘리고 또 잘려도 그처럼 변신할 수 있던 것이다.

그러자 성난 이라와뜨는 날카로운 도끼를 들어 대장사 락샤사를 다시 또 다시 베었다. 저 힘센 영웅에게 마치 나무인 듯 베인 락샤사는 무시무시한 괴성을 질렀다. 도끼에 잘린 락샤사는 엄청난 피를 쏟아냈다. 격앙된 장사 르샤슈룽가의 아들은 전투에 전력을 다했다. 전장에서 적의 기력을 본 그는 전장 머리에서 모두가 지켜보는 가운데 무시무시하게 큰 형상을 취하고는 이라와뜨를 잡으러 덤벼들었다. 저 대단한 락샤사의 환술이 그 정도인 것을 본 이라와뜨 또한 분기탱천해 환영을 만들어냈다. 전장에서 물러나지 않는 이라와뜨가 그처럼 분노에 사로잡혀 있을 때 그의 어머니 쪽 친척이 그를 도우러 왔다. 전장의 사방에서 수많은 뱀에게 빙 둘러싸인 그 친척은 아난따*만큼이나 엄청난 형상을 취하고 있었다. 이라와뜨는 온갖 형상의 뱀과 함께 락샤사를 뒤덮었다. 뱀들에게 뒤덮인 저 빼어난 락샤사는 잠시 생각하더니 가루다* 형상을 취하고는 뱀들을 먹어 치우기 시작했다. 어머니 친지들이 환술에 의해 잡아먹히자 이라와뜨는 혼절했고 그 틈에 락샤사는 칼을 들어 그를 죽였다. 락샤사는 연꽃처럼, 달처럼 빛나고 귀걸이와 왕관으로 장식된 이라와뜨의 머리를 땅바닥으로 떨어뜨렸다.

아르주나의 영웅적인 아들이 락샤사에게 죽임을 당하자 다르따라슈트라들과 그쪽 왕들은 슬픔에서 헤어났다. 그리고 그처럼 섬뜩한 날, 전장에서는 너무나도 무섭고 끔찍한 양군의 전투가 다시 격렬히 시작되었다. 코끼리, 말, 보병들이 뒤섞였고 전사들이 코끼리들의 엄니에 꿰었고, 전차병들과 코끼리들은 보병들에게 죽임을 당했다. 마찬가지로 그 혼돈의 격전에서 다르따라슈트라들과 빤다와들의 보병 무리와 무수한 기병이 전차병에게 죽임을 당했다. 제 아들의 죽음을 알지 못한 아르주나는 전장에서 비슈마를 도와 싸우던 용사들과 왕들을 죽였다. 또한 다르따라슈트라들과 스른자야 대장사들은 전장에서 제 목숨을 버리며 서로가 서로를 죽였다. 머리는 산발인데다 갑옷은 벗겨지고 전차도 없이 활마저 부러져버린 병사들은 맨손으로 서로에게 맞서 싸웠다. 적을 태우는 비슈마는 대전사들의 급소를 찌르며 전장에서 빤다와의 병사들을 떨게 했다. 그

아난따_ 세상이 가라앉지 않도록 제 몸으로 세상을 받치고 있는 나가 또는 뱀이다.
가루다_ 위슈누를 태우고 다니는 거대한 독수리 가루다는 뱀들의 천적이다. 상세한 신화가 1장에 소개되어 있다.

의 손에 유디슈티라의 병사들과 코끼리병, 기병, 전차병, 말이 무수히 죽어나갔다. 전장에서 보는 비슈마의 용맹은 마치 인드라의 용맹을 마주하는 것처럼 그저 놀라울 따름이었다. 또한 비마세나와 쁘르샤따의 후손 드르슈타듐나 그리고 사뜨와따의 대궁수 사띠야끼의 활약도 무시무시했다. 드로나의 용맹을 본 빤다와들에게 두려움이 밀려들었다.

'혼자서도 전장에서 아군을 모조리 죽일 수 있을 텐데 지상에서 가장 용감한 전사들에게 에워싸여 있다면 말해 무엇하랴?'

끔찍한 전투가 벌어지고 있는 전장에서 드로나에게 당한 병사들은 그런 말들을 했다. 양쪽의 용감무쌍한 병사늘은 서로가 서로를 잠아내지 못했다. 대장사들은 락샤사라도 썰 듯 싸웠고, 다르따라슈트라들과 빤다와의 병사들은 분노로 활을 쏘았다. 아수라장이라도 된 듯 싸워대는 전투에서 목숨을 부지하려고 애쓰는 사람은 아무도 볼 수 없었다.

87

드르따라슈트라가 말했다.

"산자야여, 이라와뜨가 죽은 것을 보고 빤다와 대전사들은 전장에서 어찌했느냐? 그 이야기를 들려다오."

산자야가 말했다.

"이라와뜨가 전장에서 쓰러진 것을 보고 비마세나의 아들 가토뜨까짜는 어마어마한 괴성을 질렀습니다. 왕이시여, 그가 질러댄 소리에 바다를 띠로 두른 대지와 산과 숲이, 허공과 사방과 시방이 덜덜 떨었지요. 바라따의 후손이시여, 어마어마한 고함소리를 들은 당신의 병사들은 허벅다리가 굳고 움찔거리며 땀이 나기 시작했답니다. 인드라 같은 왕이시여, 당신의 병사들은 사자의 포효에 두려워 떠는 코끼리들처럼 모두 기가 죽어 뿔뿔이 흩어졌습니다. 벼락같은 엄청난 괴성을 내지른 락샤사는 무시무시한 형상을 취하고는 번쩍이는 삼지창을 치켜들었지요. 성난 그는 세상이 끝나는 날의 시간 같은 형상으로 온갖 종류의 창을 든 섬뜩한 형상의 락샤사 우두머리들과 함께 짓쳐 달렸습니다. 성난 락샤사가 섬뜩한 모습으로 자기들을 덮쳐오는 것을 본 다르따라슈트라들은 두려워 떨며 얼굴을 돌리고 말았답니다. 그러자 두료다나 왕이 장대한 활을 들고 사자의 포효를 울리고 또 울리며 가토뜨까짜를 향해 달렸습니다. 그의 뒤로 이마에 즙이 흘러내리는 산만한 코끼리 만 마리를 거느린 왕가 족 군주가 직접 따랐지요. 대왕이시여, 코끼리군대에 에워싸인 당신의 아들이 다가오는 것을 보고 밤에 움직이는 락샤사 가토뜨까짜는 분개했습니다. 인드라 같은 왕이시여, 그리고 락샤사와 두료다나의 병사들 간에 털이 곤두서는 혼돈의 전투가 벌어졌지요. 구름떼처럼 들고 일어서는 코끼리부대를 본 락샤사들은 격분해 손에 손에 무기를 들고 짓쳐 달렸습니다. 번개 담은 구름처럼 온갖 소리 다 지르며 활과 창과 철퇴와 쇠화살로 그들은 코끼리병사들을 죽이기 시작했답니다. 그들은 망치와 창과 철퇴와 전곤으로, 또는 산봉우리나 큰 나무로 거대한 코끼리들을 죽였습니다. 대왕이시여, 소인은 이마가 깨져 피를 철철 흘리거나 사지가 부서진 코끼리들이 밤에 움직이는 락샤사들에게 죽임 당하는 꼴을 보았답니다. 대왕이시여, 코끼리병들이 무너지는 것을 본 대장사 두료다나는 분기탱천해 제 목숨을 내놓고 락샤사들을 향해 짓쳐 달리며 락샤사들에게 낯선 화살들을 쏟아냈습니다. 훌륭하신 바라따의 후손이시여, 성난 대궁수, 당신의 아들 두료다나는 락샤사들의 우두머리를 죽였답니다. 대전사는 또 네 발의 화살로 웨가와뜨, 마하라우드라, 위듀뜨지호와, 쁘라마틴 등 락샤사 넷을 죽였습니다. 훌륭한 바라따의 후손이시여, 그런 뒤 기늠할 수조차 없는 정신을 지닌 두료다나는 밤에 움직이는 병사들을 향해 다시 한 번 피할 수 없는 화살비를 뿌렸답니다. 나의 왕이시여, 당신의 아들이 해낸 그렇듯 대단한 일을 보고 대장사 비마세나의 아들은 분노로 활활 타올랐지요. 그는 인드라의 벼락처럼 울리는 장대한 활을 쫙 펴들고 적을 제압하는 두료다나를 향해 쏜살같이 달려갔습니다. 대왕이시여, 시간이 만들어낸 죽음과도 같은 그가 덮쳐오는 것을 보았으나 당신의 아들 두료다나는 꿈쩍도 하지 않았답니다. 잔혹한 락샤사는 분노로 눈이 벌개져서 말했지요.

'왕이여, 너무나도 잔인한 네놈 때문에 주사위내기에서 진 빤다와들은 오래도록 유배되었지. 사악한 자여, 네놈이 명해 달거리 중이던 드라우빠디 끄르슈나도 홑겹 옷을 입고 끌려와 고통을 당할 만큼 당했느니. 저 잔악한 신두 왕도 네놈을 기쁘게 하려고 내 아버지를 무시하고 아쉬람에 있던 드라우빠디를 납치했지. 가문을 능멸한 자여, 오늘 나는 이런저런 네놈의 능욕을 갚아 주리라. 네놈이 전장에서 도망치지 않는다면 말이지.'

그렇게 말한 뒤 히딤바아의 아들은 장대한 활을 쫙 펼치고는 입술을 잘근잘근 씹고 입꼬리를 핥았습니다. 그리고는 우기철 비구름이 비를 쏟아 산을 뒤덮듯 두료다나에게 엄청난 화살비를 쏟아 부었답니다."

88

산자야가 말했다.

"인드라 같은 왕 두료다나는 다나와들이라도 견디지 못할 그 화살비를 거대한 코끼리가 비를 맞듯 전장에서 모두 받아냈습니다. 황소 같은 바라따의 후손이시여, 분노가 치솟은 당신의 아들은 몹시 의심쩍은 상황에 닥친 뱀처럼 긴 숨을 내쉬며 스물다섯 발의 날카롭고 날선 쇠화살을 날렸지요. 화살들은 성난 독뱀이 간다마다나 산을 향해 치닫듯 락샤사들의 우두머리를 향해 쏜살같이 떨어져 내렸습니다. 이마 터진 코끼리에게서 즙이 흘러나오듯 그 화살들에 꿰인 그에게서 붉은 피가 흘러나왔지요. 그리하여 날고기 먹는 그 락샤사는 왕을 죽여야겠다고 마음먹었습니다. 팔심 좋은 락샤사는 바위라도 깨뜨릴 것 같고, 거대한 운석처럼 단단하며 인드라의 벼락처럼 번쩍이는 거대한 삼지창을 집어 들었지요. 락샤사가 당신의 아들을 죽이려고 창을 치켜드는 것을 본 왕가 족의 군주가 그를 향해 산만한 코끼리를 잽싸게 몰아갔습니다. 빠르고 힘찬 최고의 코끼리에 올라탄 그는 당신의 아들 두료다나의 전차가 가는 길에 멈춰 세우더니 전차를 코끼리로 가리며 막아섰답니다. 대왕이시여, 사려 깊은 왕가 족 왕이 길을 가로막는 것을 본 가토뜨까짜는 분통이 터져 눈이 붉어지더니 거대한 삼지창을 들어 코끼리를 향해 던졌습니다. 왕이시여, 가토뜨까짜의 팔에서 내리꽂는 창에 맞은 코끼리는 피를 흘리며 괴로워하더니 쓰러져 죽어버렸답니다. 코끼리가 쓰러지자 왕가의 힘센 군주는 잽싸게 땅으로 뛰어내렸지요. 두료다나도 최고의 코끼리가 쓰러지는 것을 보았습니다. 짓뭉개진 군대를 본 그는 크나큰 걱정에 사로잡혔지요. 크샤뜨리야의 율법을 내세운 두료다나 왕은 도망칠 수 있었음에도 저 스스로를 존중하는 마음에 여전히 산처럼 끄덕도 않고 그 자리에 서 있었지요. 분기탱천한 그는 시간의 불처럼 번뜩이는 날카로운 화살을 먹여 밤에 움직이는 잔혹한 락샤사를 향해 쏘아 날렸습니다. 인드라의 벼락같은 화살이 저를 향해 날아오는 것을 보고 몸집 거대한 가토뜨까짜는 그것을 가볍게 내쳐버렸지요. 분노로 눈자위가 붉어진 그는 다시 한 번 유가를 끝내는 비구름 같은 무시무시한 고함을 질러 만물을 벌벌 떨게 했습니다. 공포스러운 락샤사의 섬뜩한 고함을 들은 샨따누의 아들 비슈마가 드로나 스승에게 다가가서 말했답니다.

'지금 들리는 이 섬뜩한 고함은 락샤사가 내지른 것이오. 필시 히딤바아의 아들이 두료다나 왕과 싸우는 것일게요. 어느 누구도 저 락샤사를 전장에서 이길 수는 없소. 그러니 그곳으로 가서 왕을 지켜주시오. 축복 있기를! 적을 괴롭히는 이여, 고약하기 그지없는 락샤사에게 저렇듯 당하고 있는 다복한 왕에게 가시오. 그것이 당신과 우리 모두가 해야 할 지고의 임무요.'

할아버지의 그 같은 말에 대전사들은 지체 없이 꾸루의 후손 두료다나가 있는 곳을 향해 쏜살같이 달렸답니다. 드로나, 소마닷따, 바흘리까, 자야드라타, 끄르빠, 부리쉬라와스, 샬리야, 찌뜨라세나, 위윙샤띠, 아쉬와타만, 위까르나, 아완띠의 두 왕자, 브르하드발라 그리고 그들을 따르는 수천의 전사가 락샤사에게 당하고 있는 당신의 아들 두료다나를 구하려고 했습니다. 출중한 락샤사 가토뜨까짜가 세상에 명성 자자한 이들이 지키는 무적의 부대가 저를 해치러 달려드는 것을 보았으나 팔심 좋은 그는 마치 마이나까 산이라도 되는 듯 꼬덕도 하지 않았답니다. 장대한 활을 든 그를 삼지창과 철퇴와 손에 손에 온갖 창을 든 친지들이 에워싸고 있었습니다. 대왕이시여, 그리고는 락샤사들과 두료다나 병력의 수장들 간에 털이 곤두서는 요란한 전투가 시작되었고, 사방을 떠들썩하게 하는 활시위 당기는 소리가 대나무 숲이 불타는 듯 들려왔지요. 갑옷 입은 몸에 부딪치는 무기 소리는 마치 산이 찢기는 소리 같았답니다. 백성의 주인이시여, 영웅들의 팔에서 쏟아져나온 철퇴들은 뱀이 창공을 가르는 것 같은 모습이었습니다. 그러자 너무나도 화가 난 락샤사들의 팔심 좋은 왕 가토뜨까짜는 거대하고 장대한 활을 펼쳐 들고 엄청난 괴성을 지르며 드로나 스승의 활을 반달촉화살로 가르고, 소마닷따의 깃발을 초승달촉 화살로 떨어뜨리고는 함성을 울렸습니다. 화살 세 발로 바홀리까의 가슴 팍에 상처를 입혔고, 화살 한 발로 끄르빼를, 화살 세 발로 찌뜨라세나를 꿰뚫었답니다. 그러더니 표적을 잘 잡아 노리고 활시위를 팽팽히 당겨 위까르나의 어깨를 쏘아 맞췄지요. 위까르나는 피를 흘리며 전차바닥에 주저앉았습니다. 황소 같은 바라따시여, 가늠할 수 없는 정신을 지닌 성난 락샤사는 격분해 부리쉬라와스를 향해 다시 열다섯 발의 쇠화살을 쏘았답니다. 화살들은 삽시간에 갑옷을 찢고 땅바닥에 꽂혔습니다. 그 뒤 락샤사는 위윙샤띠와 드로나의 아들의 마부에게 상처를 입혔지요. 두 마부가 모두 쥐고 있던 말고삐를 놓치고 전차 바닥에 쓰러졌답니다. 대왕이시여, 그는 반달촉화살을 쏘아 신두 멧돼지가 새겨지고 황금장식된 신두 왕 깃발을 떨어뜨리더니 다시 한 발을 더 쏘아 그의 활을 갈라버렸습니다. 분노로 눈자위가 붉어진 락샤사는 이제 고결한 아완띠를 향해 네 발의 쇠화살을 쏘았고, 그의 네 마리 말을 죽였습니다. 대왕이시여, 활을 팽팽히 당긴 그는 브르하드발라의 왕자를 향해 길 잘 들고 날선 화살을 쏘아 맞췄답니다. 왕자는 심한 부상을 입고 고통스러워하며 전차에 주저앉고 말았습니다. 대왕이시여, 분기탱천한 락샤사들의 군주는 전차에 서서 날 서고 날카로운 독뱀 같은 화살들을 쏘아 전쟁에 능한 샬리야를 맞췄답니다.”

89

산자야가 말했다.
“훌륭한 바라따의 후손이시여, 당신의 병사들을 모두 전장에서 얼굴을 돌리게 한 뒤 락샤사는 이제 두료다나를 죽이러 짓쳐 달렸습니다. 그가 전력으로 왕을 덮쳐오는 것을 보고 전투에 무적인 당신의 병사들이 그를 죽이기 위해 내달렸지요. 딸라 나무만한 활을 펼쳐든 대장사들은 사자의 포효를 울리며 오직 그에게만 공격을 퍼부었습니다. 가을의 비구름이 산을 막듯 그들은 사방에서 화살비를 퍼부으며 그를 공격했지요. 쇠꼬챙이에 찔린 코끼리처럼 깊이 패인 상처에 고통스러워하던 그는 마치 위나따의 아들 가루다처럼 창공으로 펄쩍 뛰어 올랐습니다. 그리고는 가을날의 천둥과 같은 엄청난 고함을 질렀지요. 그 고함소리가 천지사방을 울렸답니다.
훌륭한 바라따의 후손이시여, 락샤사의 외침을 들은 유디슈티라 왕은 적을 길들이는 비마세나에게 말했습니다.
‘이토록 무서운 고함소리가 들리는 걸 보니 락샤사가 필시 다르따라슈트라의 대전사들과 전투를 벌이는 모양이다. 아우여, 그가 진 짐이 너무 버거워 보이는구나. 성난 할아버지는 빤짤라들을 죽이려 하고, 그래서 아르주나는 그들을 지키기 위해 적과 싸우는 중이다. 팔심 좋은 이여, 두 가지 모두 힘든 일이나 너는 히딤바아의 아들을 지키러 가거라. 그의 상태가 매우 의심스럽구나.'

이어지는 산자야의 이야기는 이러하다.

형의 하명을 받은 늑대 배 비마는 사자의 포효로 모든 왕을 벌벌 떨게 하며 아들이 있는 곳을 향해 지체 없이 진군했다. 그는 달이 바뀔 때*의 바다처럼 엄청난 속도로 달렸다. 사띠야드르띠, 싸워 당할 자가 없는 사우찟띠, 쉬레니마뜨, 까쉬의 군주의 위용 넘치는 아들 와수다나, 아비만유를 앞세운 드라우빠디의 모든 대전사 아들, 용맹스런 크샤뜨라데와, 크샤뜨라다르만, 제 병력을 거느린 아누빠스의 군주 닐라 등이 엄청난 전차 부대와 함께 히딤바아의 아들을 에워쌌다. 그들은 미친 듯 강한 육천 마리의 코끼리와 함께 인드라 같은 락샤사 가토뜨까짜를 지켰다. 사자의 포효로, 전차 덜컹이는 소리로, 온갖 말굽소리로 대지를 뒤흔들었다. 군대를 덮쳐오는 그들의 소리를 듣고 다르따라슈트라들은 비마세나에 대한 공포에 질려 얼굴에 핏기가 싹 가셨다. 그들은 가토뜨까짜를 버려두고 돌아서고 말았다.

그리고 다르따라슈트라들과 전장에서 뒤돌아서지 않는 고결한 빠다

달이 바뀔 때_ 여기서 달이 바뀌는 때는 빠르와깔라parvakāla, 즉 보름 또는 그믐을 뜻한다.

와들 간에 여기저기서 전투가 벌어졌다. 대전사들은 온갖 종류의 무기를 휘둘렀고 서로서로 치고받으며 싸웠다. 너무나도 잔혹하고 혼잡스런 전투에 나약한 자들은 겁에 질릴 수밖에 없었다. 기병은 코끼리병과, 보병은 전차병과 맞서 싸웠고, 명예로운 전사들은 전장에서 서로를 도발했다. 전차, 말, 코끼리, 보병, 전차바퀴들에서 솟은 엄청나게 짙은 먼지가 세차게 떨어져 내렸다. 붉고 검은 짙은 먼지가 전장을 감쌌다. 아군인지 적군인지 누구도 서로를 알아보지 못했다. 그처럼 정신없고 털이 곤두서는 전장에서 아비는 아들을 몰라봤고, 아들은 아비를 알아보지 못했다.

무기 부딪는 소리, 사람들이 내지르는 외침이 너무 장대해 마치 대나무 숲이 타는 듯했다. 코끼리, 말, 사람의 몸에서 흘러내린 피가 강을 이루었고, 그들의 털이 이끼가 되고 물풀이 되었다. 전쟁 통에 사람 몸뚱이에서 떨어져나간 머리는 바위가 굴러 떨어지는 듯한 엄청난 소리를 냈다. 대지는 머리 없는 사람 몸뚱이, 사지가 잘려나간 코끼리, 온몸이 찢긴 말로 가득했다. 대전사들은 온갖 무기와 날탄을 휘두르며 서로에게 덤비며 치고받았다. 기병들에게 내몰린 말은 말을 향해 돌진했고, 서로가 서로에게 짓이겨져 목숨을 잃고 전장에 쓰러졌다. 격심한 분노로 눈이 붉어진 사람들은 사람을 공격했고, 서로의 가슴을 내리쳐 쓰러뜨렸다. 주인에게 내몰린 빼어난 코끼리들이 거대한 코끼리들을 공격했고, 전장에서 서로를 엄니 끝으로 공격했다. 피를 철철 흘리는 그들은 깃발로 장식되어 있어서 마치 번개 담은 구름이 서로를 치고받는 듯했다. 엄니 끝에 찢기거나 철퇴에 이마가 부서져 비담은 구름처럼 소리소리 지르며 날뛰는 코끼리들이 있는가 하면, 아수라장 속에 엄니가 반으로 갈라지거나 날개 잘린 산처럼 사지가 베어 쓰러진 코끼리들도 있었다. 또 다른 빼어난 코끼리들은 다른 코끼리의 엄니에 박혀 옆구리가 찢겨 산의 광물 같은 피를 엄청나게 쏟아내기도 했다. 쇠화살에 맞거나 철퇴에 맞아 상처 입은 주인 잃은 코끼리들이 봉우리 떨어진 산처럼 보이기도 했다. 그러나 어떤 코끼리들은 자기를 몰던 몰이막대가 없어지자 전장에서 광분하며 날뛰다 수백의 전차와 말과 보병을 짓뭉개기도 했다.

한편 보병들의 창과 철퇴에 맞아 상처 입은 말들은 온천지를 혼란에 빠뜨리며 이리저리 날뛰어 다녔다. 가문 좋은 전차병은 적의 전차병을 맞아 목숨을 내놓고 두려움 없이 최선을 다해 싸웠다. 천상을 바라고, 명예를 좇는 전사들은 신부를 찾는 스와얌와라*에서처럼 서로가 서로를 치고 받으며 싸웠다. 그러나 털이 곤두서는 전투가 벌어지는 동안 다르따라슈트라 대군은 대부분 얼굴을 돌려 달아나고 말았다.

90

이어지는 산자야의 이야기는 이러하다.

"제 병사들이 죽는 꼴을 본 두료다나 왕은 격분해 적을 제압하는 비마세나를 향해 짓쳐 달렸습니다. 인드라의 벼락처럼 울리는 장대한 활을 거머쥔 그는 엄청난 화살비를 뿌려 빤두의 아들을 뒤덮어버렸지요. 화살

날개 잘린 산_ 예전에 산들은 모두 날개를 달고 날아다녔으나 그것이 주는 폐해가 너무 커 인드라가 날개를 잘라 한곳에 머물러 있도록 했다고 한다.
스와얌와라_ 공주가 공개적으로 남편감을 고르는 일 또는 그 마당을 뜻한다. 역자는 이전 권에 이를 '낭군 고르기 마당'으로 옮겼다.

대를 털로 감싼 날카롭기 그지없는 반달촉화살을 잰 그는 분격해 비마세나의 활을 갈라놓았습니다. 틈을 본 대전사 두료다나는 산이라도 가를 듯 지체 없이 날선 화살을 들었습니다. 팔심 좋은 그는 그것으로 비마세나의 가슴을 맞혀 깊은 상처를 냈답니다. 기세등등하던 비마는 고통스러워하며 입꼬리를 핥았고, 금칠된 깃대에 기대섰습니다. 그가 정신을 잃은 듯하자 가토뜨까짜는 모든 것을 태우는 불처럼 분노로 활활 타올랐지요. 아비만유를 선두로 한 빤다와군의 대전사들은 고함을 지르며 왕에게 달려들었습니다. 성난 그들이 전력으로 공격해오는 것을 본 바라드와자의 아들 드로나가 당신의 군대의 대전사들을 향해 말했시요.

'서둘러 가시오. 왕의 상황이 바닷 속 깊이 빠져드는 것처럼 매우 의심쩍으니 가서 구하시오. 그대들 앞에 축복 있기를! 성난 빤다와들의 대궁수요, 대전사들이 비마세나를 앞세워 두료다나를 공격하고 있소. 저들은 승리하고자 온갖 무기를 휘두르고 무섭게 고함을 지르며 왕을 위협하고 있소.'"

이어지는 산자야의 이야기는 이러하다.

소마닷따를 위시한 다르따라슈트라의 전사들은 스승의 말을 듣고 빤다와군을 공격했다. 끄르빠, 부리쉬라와스, 샬리야, 드로나의 아들 아쉬와타만, 위윙샤띠, 찌뜨라세나, 위까르나, 신두 왕, 브르하드발라, 까우라와들에게 에워싸인 아완띠의 두 대궁수 왕자들이었다. 스무 발 정도 움직인 뒤 빤다와들과 다르따라슈트라들 간에 서로를 죽이려는 공격이 시작되었다.

말을 마친 바라드와자의 아들, 저 팔심 좋은 드로나는 장대한 활을 쫙 펼쳐 들고 비마에게 스물여섯 발의 화살을 쏘아 맞췄다. 팔심 좋은 그는 다시 한 번 비마를 향해 가을날의 비구름이 산을 뒤덮듯 수많은 화살을 쉼 없이 쏘아댔다. 비마세나도 돌촉화살 열 발로 그에게 맞섰다. 대장사요 대궁수인 드로나가 왼쪽 옆구리에 화살을 맞았다. 나이든 스승은 심한 부상에 고통스러워하며 부지불식간에 정신을 잃고 전차 위에 주저앉았다. 고통스러워하는 스승을 본 두료나나 왕과 드로나의 아들은 분기탱천해 비마세나를 향해 돌진해갔다. 세상을 끝내는 시간 같은 저들이 덮쳐오는 것을 본 팔심 좋은 비마세나는 재빨리 철퇴를 집어 들었다. 그는 전차에서 풀쩍 뛰어내리더니 움직이지 않는 산처럼 전장에 가만히 서서 야마의 지팡이 같이 무거운 철퇴를 들어올렸다. 까일라라 산의 봉우리 같은 철퇴를 들어 올리는 것을 본 꾸루의 후손 두료다나와 드로나의 아들 아쉬와타만이 동시에 그를 공격했다. 저 두 빼어난 장사들이 기세 좋게 함께 덮쳐오자 늑대 배 비마세나는 그들을 향해 전력으로 짓쳐 달렸다. 격분해 끔찍한 형상을 한 그가 덮쳐오는 것을 본 까우라와군의 대장사들은 황망히 그를 공격했다. 공격당한 대전사 비마의 상황이 의심쩍어진 것을 보고 아비만유를 위시한 빤다와군 대장사들이 너무나도 아까운 제 목숨마저 내놓고 그를 도우러 짓쳐 달려왔다.

비마의 좋은 벗이자 먹구름처럼 검은 아누빠의 군주 닐라가 격분해 드로나의 아들을 공격했다. 대궁수 닐라는 늘 드로나의 아들과 싸우고 싶어 했다. 장대한 활을 쫙 펼쳐 든 그는 드로나의 아들에게 깃털화살을 쏘아 맞췄다. 옛적, 감히 다가갈 수조차 없어 신들을 공포에 떨게 하고, 성난 기세가 워낙 등등해 삼계를 위협하곤 했던 다누의 아들 위쁘라찟띠를 인드라가 쏘아 맞히는 것 같았다. 닐라의 뾰족 끝 깃털화살에 맞은 드로나의 아들은 상처 입어 피를 철철 흘리며 분기탱천했다. 생각 가진 자 중 가장 뛰어난 그는 닐라를 무너뜨려야겠다고 마음먹고 인드라의 벼락처럼 울리는 번쩍이는 활을 겨눴다. 대장장이가 벼린 번쩍이는 초승달 모양 촉화살로 닐라의 네 마리 말을 죽이고, 그의 깃발을 떨어뜨렸다. 그리고 일곱 발의 초승달 모양 촉화살로는 닐라의 가슴팍을 꿰뚫었다. 심하게 상처 입은 그는 고통스러워하며 전차 위에 주저앉았다.

먹구름무더기처럼 검은 닐라 왕이 정신을 잃은 것을 보자 형제들에게 에워싸여 있던 가토뜨까짜가 격분했다. 그는 전투에서 좀처럼 이기기 어려운 다른 여러 락샤사들과 함께 전투에서 빛나는 드로나의 아들을 향해 전력으로 짓쳐 들어갔다. 기세등등한 드로나의 아들은 섬뜩한 형상의 락샤사들이 덮쳐오는 것을 보고 재빨리 그들을 공격했다. 분기탱천한 그는 가토뜨까짜 앞에 있던 섬뜩한 형상의 성난 락샤사를 쓰러뜨렸다. 드로나의 아들이 쏜 화살에 맞아 전장에서 등을 돌리는 락샤사들을 보고 거대한 몸집을 지닌 비마세나의 아들 가토뜨까짜는 분기탱천했다. 환술을 지닌 락샤사의 군주는 전장에서 드로나의 아들을 교란하는 무섭고 잔인한 형상의 무시무시한 환술을 펼쳐보였다. 그의 환술에 다르따라슈트라의 병사들은 모두 도망치고 말았다. 그들은 온몸이 찢겨 땅바닥에 뒹굴거나 피를 흘리며 넋을 잃은 서로의 가여운 모습을 보았다. 드로나, 두료다나, 샬리야, 아쉬와타만 등 명예로운 까우라와의 대궁수 수장들이 그런 모습들이었다. 모든 전차병이 당했고, 코끼리들이 쓰러졌다. 말과 기병 수천이 도륙당해 있는 모습이었다.

막사를 향해 도망치는 다르따라슈트라들에게 산자야와 비슈마가 '싸워라', '도망치지 마라', '가토뜨까짜가 전장에 펼친 락샤사의 환술일 뿐이다'라고 소리쳤으나 혼란에 빠진 그들은 멈추지 않았다. 공포에 질린 그들은 산자야와 비슈마의 말을 듣지 않았다. 그들이 도망치는 것을 본 빤다와들은 승리를 얻었고 가토뜨까짜와 함께 사자의 포효를 울렸다. 엄청난 소라고둥과 북소리가 하늘을 찔렀다. 그리하여 해가 질 무렵엔 다른 따라슈트라의 모든 병력이 히딤바아의 고약한 아들에 의해 망가진 채 사방으로 뿔뿔이 흩어졌다.

91

산자야가 말했다.

"그렇듯 대단한 전투가 끝나자 두료다나 왕은 강가의 아들에게 다가가 공손히 절을 올린 뒤 가토뜨까짜의 승리와 아군의 패배에 관한 그날의 일을 일어난 대로 모두 말했답니다. 말하는 중에도 저 넘볼 수 없는 영웅은 한숨을 쉬고 또 쉬었습니다. 왕이시여, 그리고 그가 꾸루들의 할아버지 비슈마께 말했지요.

'적들이 와아수데와에게 의지하듯 우리는 할아버지께 의지해 빤다와들과의 이 끔찍한 전쟁을 벌였습니다. 적을 태우는 이여, 열하나를 헤아리는 연대로 구성된 병력이 나와 함께 할아버지 명을 따릅니다. 범 같은 바라따시여, 그럼에도 나는 비마세나를 앞세우고 가토뜨까짜에 의지한 빤다와들에게 전투에서 패했습니다. 불이 마른 나뭇가지를 태우듯 그것이 내 사지를 태웁니다. 적을 태우는 다복한 할아버지시여, 당신의 은총으로 나는 저 지독한 락샤사를 내가 직접 처단하고 싶습니다. 감히 넘볼 수 없는 이여, 나는 당신에게 기대어 있습니다. 내가 그리 할 수 있도록 해주심이 마땅할 것입니다.'

훌륭한 바라따의 후예시여, 왕의 그 같은 말을 듣고 산따누의 아들 비슈마가 두료다나에게 말했지요.

'까우라와 왕이여, 내 말을 들으시오. 적을 태우는 대왕이여, 그대는 그대가 해야 할 일을 하시오. 나의 왕이여, 적을 다스리는 이여, 전장에서 어떤 상황에서도 자신을 지키시오. 무구한 이여, 다르마의 왕과 싸우는 것이 그대가 해야 할 일이오. 또는 아르주나, 쌍둥이, 비마세나와 싸우시오. 왕은 왕과 전방에서 싸우는 것이 왕의 다르마라오. 나와 드로나, 끄르빠, 드로나의 아들, 사뜨와따의 전사 끄르따와르만, 샬리야, 소마닷따의 아들, 대전사 위까르나, 그리고 두샤사나가 이끄는 그대의 용사 아우들이 그대를 위해 저 대장사 락샤사와 맞서 싸울 것이오. 행여 저 끔찍한 락샤사 왕에게 너무나 마음이 쓰인다면 바가닷따 왕은 전장에서 인드라와 다름없으니 그를 그대 앞에 세우고 저 고약한 자와 싸우러 전장에 나가시오.'

이어지는 산자야의 이야기는 이러하다.

그렇게 말한 뒤 능변의 비슈마가 인드라 같은 왕 앞에서 바가닷따에게 말했다.

'대왕이여, 어서 저 싸우기 힘든 히딤바아의 아들에게 가시오. 힘을 다해 싸우시오. 그래서 예전에 인드라가 따라까 아수라들을 막았듯 모든 궁수가 보는 앞에서 저 잔인한 락샤사를 막으시오. 적을 태우는 이여, 그대에겐 천상의 날탄과 용기가 있고 예전에 아수라들과 무수히 맞서 싸웠던 경험이 있소. 범 같은 왕이여, 이 대전투에서 그에 맞서 싸우시오. 왕이시여, 그대의 병력을 이끌고 황소 같은 저 락샤사를 죽이시오.'

비슈마 총대장의 그와 같은 말을 들은 그는 사자의 포효와 함께 서슴없이 적진을 향해 진군했다. 우르릉거리는 천둥처럼 짓쳐오는 그들을 보고 빤다와 대전사들이 격분하며 맞서 진군했다. 비마세나, 아비만유, 락샤사 가토뜨까짜, 드루빠다의 아들 드르슈타듐나, 사띠야드르띠, 크샤뜨라데와, 쩨디 왕, 와수다나, 다샤르나의 군주 등이 다가오자 바가닷따 또한 자신의 코끼리 수쁘라띠까를 몰고 그들을 공격했다. 이어 빤다와 병력과 바가닷따 간에 야마의 영토를 넓히는 잔혹하고 끔찍한 전투가 벌어졌다. 전차병들이 쏜 쏜살같고 기세 좋은 화살들이 코끼리들과 전차들에 쏟아졌다. 코끼리병들에게 길든 이마 터진 거대한 코끼리들이 서로에게 겁없이 대들어 싸우다 서로를 짓뭉갰다. 대전장에서 발정 나서 눈멀고 성나서 날뛰는 코끼리들이 무쇠공이 같은 엄니 끝으로 서로를 들이받았다. 창든 기병들이 모는 야크 꼬리 장식 말들은 기병들에게 내몰려 적을 향해 전력으로 뛰어들었다. 적의 보병들에게 창으로, 철퇴로 당한 보병 수백수천이 땅바닥에 굴러 떨어졌다. 전차병들은 적의 영웅들과 격전을 벌여 가시 돋친 창과 화살로 죽이고 사자의 포효를 울렸다.

털이 곤두서는 격전에서 대궁수 바가닷따는 비마세나를 공격했다. 그는 사방에서 물줄기가 흘러내리는 산처럼 일곱 가닥으로 즙이 흐르는 발정난 코끼리를 타고 있었다. 그는 아이라와뜨를 탄 인드라가 빗줄기를 뿜어대듯 수쁘라띠까의 머리통에서 수천 개의 화살을 쏘았다. 비구름이 산

위에 비를 쏟아내듯 바가닷따 왕은 수천 개의 화살을 쏘아 비마를 괴롭혔다. 성난 대궁수 비마세나는 화살비를 뿌리며 적의 코끼리 발을 지키는 병사 수백을 죽였다. 그들이 죽은 꼴을 본 저 위용 넘치는 바가닷따는 격분하며 비마세나의 전차를 향해 인드라 같은 코끼리를 몰았다. 코끼리는 활줄에서 튕겨지는 화살처럼 무적의 비마를 향해 쏜살같이 짓쳐 달렸다. 비마세나를 선봉으로 한 빤다와군의 대전사들은 코끼리가 덮쳐드는 것을 보고 전력으로 그를 향해 내달렸다. 께까야, 아비만유, 드라우빠디의 아들들, 용맹스런 다샤르나의 군주, 크샤뜨라데와, 쩨디의 군주, 찌뜨라께뚜 등 대장사 모두가 격분해 천상의 날탄을 펼쳐 보이며 모두 함께 코끼리 하나를 빙 둘러쌌다.

수많은 화살에 찔려 피를 철철 흘리는 거대한 코끼리는 온갖 광물이 쏟아지는 산의 제왕처럼 아름다웠다. 그때 산만한 코끼리에 탄 다샤르나의 군주가 바가닷따의 코끼리를 향해 짓쳐 달렸다. 코끼리가 저를 덮쳐오는 것을 본 코끼리 대왕 수쁘라띠까는 바다의 경계가 바다를 넘어오지 못하게 하듯 그를 막았다. 고결한 다샤르나의 군주의 코끼리가 막히는 것을 본 빤다와의 병사들이 '잘 해라', '잘 해라'라며 응원했다.

이제 성난 쁘라그조띠샤 왕 바가닷따가 열네 개의 창을 휘두르며 대장 코끼리들을 공격했다. 창들은 황금 단으로 장식된 코끼리의 덮개를 찢고 뱀이 개미 둑으로 들어가듯 코끼리의 몸뚱이를 쑤욱 뚫고 들어갔다. 코끼리는 극심한 상처에 고통스러워하다 곧 잠잠해지더니 느닷없이 뒤를 돌아 무시무시하게 고함치고 쏜살같이 내빼며 폭풍이 나무를 넘어뜨리듯 제 병사들을 짓밟았다. 코끼리가 패하자 빤다와 대전사들은 사자의 포효를 울리며 전투를 준비했다. 비마를 전방에 세운 그들은 온갖 화살과 여러 무기를 휘두르며 바가닷따를 향해 내달렸다.

분기탱천한 저들이 광분해 섬뜩한 고함을 내지르며 공격하는 소리를 듣고 결연한 대궁수 바가닷따는 격앙되었다. 그는 빤다와들을 향해 코끼리를 세차게 몰았다. 몰이막대와 발길질에 내몰린 빼어난 코끼리는 세상이 끝나는 날의 불처럼 전장을 내달렸다. 광분한 코끼리는 전장을 이리저리 날뛰며 전차부대, 코끼리, 말과 기병, 보병 할 것 없이 수백수천을 짓밟았다. 빤다와의 대군은 가죽에 불이 덮이듯 인정사정없이 그에게 짓밟혔다.

지혜로운 바가닷따에게 제 병력이 무참히 짓밟히는 것을 본 가토뜨까짜가 분개해 바가닷따를 향해 짓쳐 달렸다. 섬뜩하고 무시무시한 형상을 취한 그는 분노로 눈자위가 불처럼 붉어졌다. 산이라도 찢을 듯한 거대한 삼지창을 거머쥔 대장사는 코끼리를 죽이기 위해 세차게 그것을 던졌다. 삼지창은 사방에 불꽃은 튀기며 내리꽂혔다. 불꽃더미 같은 창이 전장에서 세차게 떨어지는 것을 본 바가닷따 왕은 날카롭고 번쩍이는 반달촉화살을 던졌다. 화살은 세차게 날아가 저 무서운 창을 갈라놓았다. 금칠 된 창은 인드라가 휘두르는 엄청난 벼락처럼 창공을 가르며 두 가닥으로 쪼개져 바닥으로 떨어졌다. 창이 두 가닥으로 쪼개어 떨어지는 것을 본 왕은 황금자루가 달린 불꽃같은 거대한 삼지창을 집어 들었다. 락샤사를 향해 삼지창을 던지며 그가 소리쳤다.

'서라', '게, 섰거라!'

삼지창이 창공을 날아 번개처럼 저를 향해 떨어지는 것을 본 락샤사는 껑충 뛰어올라 재빨리 그것을 낚아채며 포효했다. 그는 인드라 같은 왕이 보는 앞에서 그것을 잽싸게 무릎으로 꺾어버렸다. 놀랍기 그지없는 광경이었다. 괴력의 락샤사가 벌인 일을 지켜 본 천상의 신들, 간다르와들, 선인들이 모두 경탄을 금치 못했다. 비마세나를 위시한 빤다와 대궁수들은 '잘한다, 잘한다'를 외치는 함성으로 지축을 울렸다. 고결한 이들의 환희에 찬 거대한 함성을 들은 위용 넘치는 대궁수 바가닷따는 견딜 수 없었다. 그는 인드라의 벼락같은 장대한 활을 활짝 펴서 불꽃처럼 빛나고 번쩍이며 날카롭기 그지없는 쇠화살을 날리며 빤다와 대전사들을 향해 전력으로 내달렸다. 화살 한 발을 쏘아 비마를 꿰뚫고 아홉 발을 쏘아 락샤사에게 상처를 입혔다. 세 발을 쏘아 아비만유를, 다섯 발을 쏘아 께까야를 맞췄다. 활짝 열어젖힌 활에서 쏟아지는 황금 촉 달린 깃털화살로 전장에서 크샤뜨라데와의 오른팔을 찢고, 그의 빼어난 활과 화살을 사납게 떨어뜨렸다. 다섯 개의 화살로 드라우빠디의 다섯 아들을 맞춘 그는 분기탱천해 비마세나의 말들을 죽였다. 날카로운 세 발의 화살로 사자가 새겨진 비마의 깃발을 찢어놓았고, 또 다른 세 발의 깃털화살로 비마의 마부를 꿰뚫었다. 마부 위쇼까가 전장에서 바가닷따의 화살에 맞아 깊이 팬 상처를 안고 고통스러워하며 전차 위에 주저앉았다.

그러자 전차 잃은 전차병 중의 전차병 비마는 철퇴를 거머쥐더니 거대한 전차에서 풀쩍 뛰어내렸다. 그가 산봉우리 같은 철퇴를 들어 올리는 것을 본 다르따라슈트라들에게 무서운 공포가 일었다.

바로 그때, 적을 괴롭히는 아비와 아들 비마세나와 가토뜨까짜가 마치 두 마리 범처럼 쁘라그조띠샤 왕 바가닷따와 격전을 벌이는 곳에 끄르슈나를 마부 삼은 빤두의 아들, 수천의 적을 해치운 아르주나가 달려왔다. 대전사들이 싸우는 모습을 본 빤두의 아들 아르주나는 다급히 화살들을 흩뿌렸다. 그러자 대전사 두료다나 왕이 서둘러 전차, 코끼리, 기병부대를 내몰았다. 까우라와의 대군이 사납게 달려들자 백마 탄 빤두의 아들 아르주나는 전력으로 내쳐 달렸다. 바가닷따 또한 전장에서 제 코끼리를 몰아 빤다와군을 짓밟고 유디슈티라를 향해 짓쳐 달렸다.

그리고 바가닷따와 무기를 휘두르는 빤짤라, 스른자야, 께까야들 간에 혼잡한 전투가 벌어졌다. 격전을 벌이던 중 비마세나가 끔찍한 이라와뜨의 죽음에 관해 끄르슈나와 아르주나에게 있는 그대로 전했다.

92

이어지는 산자야의 이야기는 이러하다.

아들 이라와뜨가 죽었다는 소식에 다난자야는 너무나도 큰 슬픔에 휩싸였다. 전장에 있던 그가 뱀처럼 긴 한숨을 내쉬며 와이수데와에게 말했다.

'사려 깊은 대지혜인 위두라는 예전에 이미 꾸루와 빤다와들의 끔찍한 멸망을 똑똑히 예견하고 드르따라슈트라 왕을 막아보려고 했지요. 마두를 처단하신 끄르슈나여, 숱한 영웅이 싸우다 사멸합니다. 까우라와들과 싸워 죽고, 또 우리와 싸워 죽습니다. 훌륭하고 훌륭하신 분이여, 재물을 얻고자 그런 악행을 저지른 것입니다. 하찮은 재물이나 얻자고 친지를 파멸에 이르게 하다니요! 끄르슈나여, 친지를 죽여 재물을 얻으니 차라리 재물 없이 죽는 게 낫겠습니다. 친지를 다 죽이고 얻은 재물이 무슨 소용이리까? 두료다나와 수발라의 아들 샤꾸니 잘못으로, 그리고 저 고약한 까르나의 잘못된 조언으로 크샤뜨리야들이 사멸해갑니다. 마두를 처단하신 팔심 좋은 끄르슈나여, 저는 왕국의 절반을 또는 다섯 마을이라도 달라고 수요다나에게 구걸한 유디슈티라의 고뇌를 이제야 알겠습니다. 그럼에도 저 마음 나쁜 자는 그의 말을 들은 척도 하지 않았지요. 땅바닥에 누워 있는 크샤뜨리야 영웅들을 보니 저 자신을 심히 탓할 수밖에 없습니다. 크샤뜨리야의 삶이 저주스럽습니다. 마두를 처단하신 이여, 크샤뜨리야들은 제가 싸울 수 없는 놈이라고들 알겠지만 그래도 저는 친지간의 싸움은 결코 좋아지지가 않습니다. 그러나 어서 다르따라슈트라의 군대를 향해 말을 몰아주십시오, 드넓은 바다 같은 전장을 제 두 팔로 건너보겠습니다. 끄르슈나여, 지금은 결코 내시처럼 굴 때가 아님을 알고 있습니다.'

그와 같은 쁘르타의 아들의 말에 적의 영웅을 처단하는 끄르슈나는 바람처럼 빠른 백마들을 세차게 몰았다. 그리고 달이 바뀌는 날의 바다에 세찬 폭풍이 이는 듯한 우렁찬 소리가 다르따라슈트라군에 일었다. 빤다와들과 함께 있던 비마의 괴성이 울렸고, 오후의 전투가 시작되었다. 와수들이 인드라를 에워싸듯 드르따라슈트라의 아들들이 전장에서 드로나를 에워싸고 비마세나를 공격했다. 샨따누의 아들 비슈마, 전차병 중의 전차병 끄르빠, 바가닷따, 수샤르만은 다난자야를 공격했다. 바홀리까들과 하르디끼야는 사띠야끼를 향해 짓쳐 달렸고, 암바슈타까 왕은 아비만유를 막아섰다. 그리고 나머지 병사들은 나머지 대전사들을 맞아 싸우며 공포심을 불러일으키는 끔찍한 전투가 벌어졌다.

산자야가 말했다.

"백성의 군주시여, 당신의 아들들을 본 비마세나는 제화祭火에 기이를 붓듯 분노로 활활 타올랐답니다. 대왕이시여, 당신의 아들들은 우기철의 비구름이 산에 비를 퍼붓듯 꾼띠의 아들을 화살로 뒤덮었지요. 백성의 주인이시여, 당신의 아들들이 쏜 화살에 그처럼 여러 겹으로 뒤덮인 범처럼 당당한 영웅 비마는 입꼬리를 핥았습니다. 왕이시여, 그리고는 잘 벼린 날선 칼로 위유도라스까를 쓰러뜨렸답니다. 칼에 맞은 그는 숨을 거두었습니다. 비마는 다시 사자가 미미한 사슴을 넘어뜨리듯 날카로운 초승달촉 청동화살을 쏘아 꾼달리나를 쓰러뜨렸지요. 나의 왕이시여, 그리고 날카로운 돌촉 청동화살을 재더니 당신의 아들들을 향해 일곱 발을 쏘았답니다. 강궁 비마세나가 쏜 화살에 당신의 대전사 아들들이 전차에서 떨어졌습니다. 아나드르슈티, 꾼다베다, 와이라따, 디르가로짜누, 디르가바후, 수바후, 그리고 까나까드와자가 전차에서 떨어진 것입니다. 황소 같은 바라따의 후손이시여, 저 영웅들은 봄날에 망고 꽃이 지듯 그렇게 스러졌습니다. 백성의 주인이시여, 당신의 나머지 아들들은 대장사 비마세나가 시간과 다름없다고 여기고는 도망쳐버렸지요. 그러자 드로나가 비로 산을 뒤덮는 비구름처럼 당신의 아들들을 전장에서 도륙한 저 영웅을 화살로 뒤덮었습니다. 그때 우리는 꾼띠의 아들의 경이로운 용맹을 보았답니다. 드로나에게 그토록 가로막혔음에도 그는 당신의 아들들을 끊임없이 죽여 댔습니다. 하늘에서 쏟아지는 비를 다 받아내는 소처럼 비마는 드로나가 쏟아내는 화살비를 다 견디었답니다. 대왕이시여, 그리고 저 늑대 배는 당신의 아들들을 전장에서 죽이고 드로나의 화살들을 물리치는 놀라운 행적을 보여주었지요. 대왕이시여, 호랑이가 사슴들을 갖고 놀 듯 아르주나의 대장사 형 비마는 당신의 영웅 아들들을 갖고 놀았습니다. 늑대가 가축 사이에서 그들을 찢어발기고 쫓아내듯 늑대 배 비마는 당신의 아들들을 전장에서 도망치게 만들었지요. 강가의 아들 비슈마, 바가닷따, 대전사 끄르빠는 전장에서 빤두의 아들 아르주나를 막기 위해 맞서 싸웠습니다. 그러나 저 일당백의 전사는 그들이 전장에서 날린 날탄을 날탄으로 막으며 당신의 군대의 영웅들을 저승으로 보냈답니다. 아비만유는 온 세상에 명성 자자한 암바슈타 왕을 맡아 화살로 싸우며 전차병 중에서도 가장 뛰어난 전차병인 그가 전차를 잃게 만들었지요. 수바드라의 명예로운 아들 아비만유에게 전차를 잃은 인간들의 군주 암바슈타는 수치스러워하며 전차에서 풀쩍 뛰어내렸고, 고결한 아비만유에게 칼을 휘두르며 고결한 하르디끼야의 전차에 올라탔습니다. 싸움의 길에 능한 수바드라의 아들, 적의 영웅을 처단하는 아비만유는 칼이 저를 향해 날아드는 것을 보고 그것을 가볍게 내쳐버렸지요. 백성의 주인이시여, 수바드라의 아들이 전장에서 칼을 내치는 것을 본 병사들이 '잘한다', '잘한다'고 외쳤습니다.

　드르슈타듐나를 위시한 여타의 전사들은 당신의 병사들을 맞아 싸웠고, 당신의 모든 전사는 빤다와 병력과 싸웠답니다. 바라따의 후손이시여, 그렇게 당신의 군대와 그들의 군대 간에 격전이 벌어졌고, 서로가 서로를 죽이며 너무나도 힘겨운 일들을 했지요. 나의 왕이시여, 전장에서 용사들은 머리칼이나 손톱 또는 이빨이나 주먹 또는 무릎 따위로 서로를 잡아챘고, 쭉 뻗은 팔이나 손바닥 또는 날선 칼 따위로 서로의 약점을 찾아내 상대를 야마 땅으로 보냈답니다. 전장에서는 사람 생각이 모두 뒤죽박죽되어 아비가 아들을 밀어냈고, 아들이 아버지를 쳤습니다. 바라따의 후손이시여, 죽임 당한 전사에게서 떨어져나온 아름다운 황금자루 활과 값진 활집, 기름칠해서 더욱 반짝이는 금촉 은촉의 날카로운 화살이 허물 벗은 뱀처럼 전장에서 빛났답니다. 나의 왕이시여, 금칠된 상아자루 칼, 궁수의 것이던 창에 찔린 황금장식 방패, 금칠된 투창, 금장식된 짧은 창, 황금 창, 황금처럼 빛나는 삼지창, 번쩍이는 갑옷, 무거운 공이, 철퇴, 도끼, 자잘한 창, 아름다운 황금으로 장식한 활, 온갖 모양의 코끼리 장신구, 야크꼬리와 부채가 떨어져 있었습니다.

그렇듯 온갖 무기를 떨어뜨린 채 목숨 잃고 쓰러져 있는 대전사들은 마치 살아 있는 것 같았답니다. 철퇴에 사지가 짓이겨지고 공이에 머리통이 깨진 전사들이 코끼리와 말과 전차에 깔린 채 전장의 바닥에 널브러져 있었습니다. 왕이시여, 말과 사람과 코끼리 시체로 뒤덮인 전장은 사방이 산으로 덮여 있는 것 같았답니다. 전장엔 떨어진 삼지창, 창, 화살, 철퇴, 투창, 검, 장창, 무쇠 창, 도끼, 무쇠 전곤, 자잘한 철퇴, 샤따그니 날탄*, 그리고 무기에 찢긴 시체가 널브러져 있었지요. 적을 처단하는 왕이시여, 대지는 소리도 내지 못하거나 희미하게 웅얼거리는 전사, 피에 흠뻑 젖어 있거나 목숨 잃고 쓰러진 전사로 뒤덮였답니다. 바라따의 후손이시여, 대지는 황소 같은 눈을 지닌 대전사들의 팔, 가죽과 팔찌를 두르고 전단향 바른 팔로, 코끼리 코를 닮은 잘린 허벅지로, 귀걸이 한 머리로 아름답게 빛나고 있었습니다.

피에 물든 황금갑옷이 전장 곳곳에 무수히 널브러진 대지는 꺼져가는 불꽃처럼 빛났지요. 흩뿌려진 목걸이, 떨어져 내린 활집, 사방에 흩어진

---

* 샤따그니 날탄_ 한꺼번에 백 명śata을 죽일ghna 수 있게 고안된 미사일로, 주로 성벽 위 같은 높은 곳에서 던질 수 있다고 한다.

금촉화살, 무수히 작은 방울을 단 부서진 전차, 그리고 혀를 내민 채 신음하고 피 흘리며 죽어가는 말이 함께 빛나고 있었습니다. 차축, 깃발, 깃발통, 기치, 빼어난 영웅들의 회고 거대한 소라고둥, 엄니 잃은 코끼리들이 흩어져 있는 대지는 온갖 장신구로 단장한 젊은 여인 모습이었답니다. 장창에 찔려 심한 상처를 입고 신음을 내뱉으며 이리저리 엄니를 하염없이 질질 끌고 다니는 또 다른 코끼리들로 대지는 마치 움직이는 산으로 뒤덮인 듯했지요. 다채로운 담요, 코끼리를 감싸던 덮개, 바닥에 떨어진 청금석 손잡이가 달린 아름다운 코끼리 몰이막대, 사방에 흩어진 코끼리 왕들의 종, 코끼리를 장식했던 다양한 물품, 몰이막대, 아름다운 목줄, 허리를 둘렀던 황금 천, 여러 가지 깨진 기구, 황금 철퇴, 흙이 범벅된 말의 금칠 흉갑, 팔찌로 장식되어 떨어져나간 기병의 잘린 팔, 번쩍이는 날선 장창, 티 없이 말간 창, 여기저기 흩어진 다채로운 두건, 황금으로 둘러쳐진 아름다운 반달촉화살, 마구와 말안장, 짓밟힌 사슴가죽, 왕들의 머리를 장식했던 값진 보석왕관, 찢긴 양산, 부채, 아름다운 귀걸이와 잘 다듬어진 수염을 지닌 연꽃처럼 또는 달처럼 빛나는 영웅의 얼굴, 사방에 떨어져 흩어진 빛나는 황금 귀걸이, 왕이시여, 대지는 그런 것들로 마치 행성과 별이 점점이 박힌 하늘처럼 보였답니다.

    바라따의 후손이시여, 그와 같이 당신과 적의 대군은 전투에서 서로 맞서 싸웠습니다. 바라따의 후손이시여, 그렇게 아군은 적군을, 적군은 아군을 짓뭉개는 사이 밤이 찾아들었고, 더 이상 아무것도 찾아볼 수 없었지요. 끔찍하고 무섭고 잔혹한 밤의 초입에 꾸루와 빤다와들은 병사를 거두어들였습니다. 꾸루와 빤다와들이 철군해 각자의 진영으로 돌아가 막사로 들어갔답니다."

93

이어지는 산자야의 이야기는 이러하다.

한편 두료다나 왕과 수발라 왕 샤꾸니, 그리고 드르따라슈트라의 아들 두샤사나와 무적의 마부의 아들 까르나는 한데 모여 빤두의 아들들과 싸워 이기려면 어찌해야 할지 의논했다. 두료다나 왕이 마부의 아들과 대장사 샤꾸니를 지목하며 모든 대신에게 말했다.

'드로나, 비슈마, 끄르빠, 샬리야, 소마닷따의 아들이 전장에서 쁘르타의 아들들을 맞서 싸웠으나 막지 못했소. 나는 그 연유를 알지 못하겠소. 그들은 죽임을 당하지 않고 내 병사들만 죽어나갔소. 까르녀여, 내 힘은 약해지고 싸울 무기는 바닥나고 있소. 신들도 죽이지 못하는 저 빤다와의 용사들에게 능멸당하니 내가 저들과 전장에서 어찌 싸워야할지 의심이 들 뿐이오.'

마부의 아들이 백성의 군주에게 말했다.

'훌륭한 바라따의 후손이시여, 슬퍼하지 마십시오. 제가 당신을 기쁘게 해드리겠습니다. 그러려면 샨따누의 아들 비슈마가 대전투에서 한시라도 빨리 물러나야 합니다. 바라따의 후손이시여, 강가의 아들 비슈마가 무기를 놓고 전투에서 물러나면 그가 보는 앞에서 제가 쁘르타의 아들들과 소마까들을 함께 싸잡아 죽이겠습니다. 왕이시여, 진리의 이름으로 당신께 맹세하지요. 왕이시여, 비슈마는 빤다와들에게 한결같이 다정했습니다. 그렇기에 비슈마가 전장에서 빤다와 대전사들을 이길 수 없는 것입니다. 헌데 어쨌든 비슈마는 전투하는데 자부심이 있고, 전투라면 언제든 좋아합니다. 나의 왕이시여, 그런 그가 어찌 한데 뭉친 빤다와들을 이길 수 있으리까? 바라따의 후손이시여, 그러니 어서 비슈마가 머무는 막사로 가시어 그가 전장에서 무기를 내려놓도록 설득하십시오. 왕이시여, 비슈마가 무기를 내려놓으면 당신은 빤다와들과 그들의 동지, 친지들이 단지 나 혼자에게 한꺼번에 죽는 꼴을 보게 될 것입니다.'

까르나의 그 같은 말을 듣고 드르따라슈트라의 아들 두료다나가 그곳에 있던 아우 두샤사나에게 말했다.

'두샤사나여, 내 모든 수행원이 모든 것을 지체 없이, 철저하게 채비할 수 있게 해다오.'

그렇게 명한 뒤 백성의 군주는 까르나에게 말했다.

'두 발 가진 이 중 전장에서 가장 빼어난 비슈마를 내가 설득하겠소. 적을 제압하는 이여, 그리고 그대 곁으로 지체 없이 돌아오리다. 범 같은 사내여, 그러면 그대가 전투를 하게 될 것이오.'

그렇게 말한 뒤 백번의 희생제를 지낸 인드라가 신들과 함께하듯 드르따라슈트라의 아들은 아우들과 함께 지체 없이 그곳을 떠났다. 그의 아우 두샤사나는 황망히 범 같은 용맹을 지닌 범 같은 왕이 말에 오르도록 도왔다. 윗팔찌를 하고, 왕관을 쓰고, 팔에 온갖 장식을 한 드르따라슈트라의 아들 두료다나는 대인드라처럼 빛났다. 반디꽃˚ 빛에 황금빛을 지닌 값지고 향기로운 전단향을 바르고, 말끔한 의복에 사자처럼 경쾌한 걸

반디꽃_ 붉은 염료에 쓰이는 꼭두서니과 꽃인 듯하다.

음걸이를 한 왕은 가을하늘에 맑게 빛나는 태양 같았다. 비슈마의 막사로 향하는 범 같은 사내 뒤를 인드라 뒤를 따르는 신들처럼 활을 맨 세상의 대궁수들과 아우들이 따랐다. 말을 타거나 코끼리에 오르거나 전차를 탄 빼어난 사내들이 그를 사방에서 에워싸고 진군했다. 천상에서 인드라를 지키는 신들처럼 무기를 둘러맨 동지들이 왕을 지키기 위해 그와 함께 진군해갔다. 꾸루들의 존중을 받는 까우라와들의 대전사가 동복아우들에게 에워싸여 명예로운 강가의 아들의 처소를 향해 함께 걸었다. 저 솜씨 좋은 왕은 모든 적을 물리칠 수 있는 코끼리의 코 같은 오른팔을 적절한 때 들어 사방에서 자기를 에워싸고 두 손 모아 공손히 예를 올리는 사람들의 숭앙을 받아들인 뒤 여러 왕국에서 온 사람들의 달콤한 말을 들었다. 명예롭고 명예로운 온 세상 모든 왕 중의 왕인 그를 가객들과 음유시인들이 칭송하고 숭앙했다. 사람들은 향유를 채운 황금등잔을 들고 사방에서 고결한 왕을 에워쌌다. 아름다운 황금등잔에 에워싸인 왕은 반짝이는 대행성들에 에워싸인 달처럼 빛났다. 황금두건을 두른 수행원들이 손에 대나무 가지와 작은북을 들고 서서히 사방에 모여든 군중을 헤쳐 나갔다.

    비슈마의 아름다운 막사에 이른 왕은 말에서 내려 비슈마에게 갔다. 비슈마에게 절을 올린 왕은 세밀하게 다듬은 덮개로 감싸인 더없이 아름다운 황금의자에 앉았다. 두 손을 공손히 모은 왕은 눈이 젖고 목이 메어 말했다.

    '적을 짓누르는 이여, 우리는 전장에서 당신께 의지해 인드라를 내세운 신들과 아수라들마저 제압해왔습니다. 빤두의 영웅적 아들들과 동지들과 친지들은 대체 어찌된 것입니까? 위용 넘치는 강가의 아들이시여,

저를 가엾게 여기소서. 인드라 같은 왕이시여, 인드라가 다누의 아들들을 죽이듯 빤두의 영웅적 아들들을 죽여주소서. 팔심 좋은 바라따의 후손이시여, 당신은 예전에 소마까들, 빤짤라들과 빤다와들, 까루샤들을 죽이겠다고 말씀하셨습니다. 그 말이 진실이게 해주소서. 한데 뭉친 쁘르타의 아들들을 죽여주소서. 바라따의 후손이시여, 소마까의 내궁수들을 죽여 당신의 말이 진실이게 하소서. 위용 넘치는 왕이시여, 혹여 빤다와들이 가여워서거나 불행한 일이지만 제가 미워 빤다와들을 지키시는 것이라면 싸움에 능한 까르나가 전장에 나갈 수 있게 허락해주소서. 그가 전장에서 빠르타들과 그들의 동지와 친지들을 제압할 것입니다.'

산자야가 말했다.
"당신의 아들 두료다나 왕은 무서우리만치 용맹스런 비슈마에게 그렇게 말하고는 더 이상은 아무 말도 하지 않았답니다."

94

산자야가 말했다.
"당신의 아들의 화살 같은 말에 깊이 상처 입은 할아버지는 너무나 슬픈 나머지 좋지 않은 말이라도 한 마디를 하지 않았답니다. 슬픔과 분노가 차올라 꽤 오랜 시간을 묵묵히 생각하던 그는 꼬챙이에 찔린 코끼리처럼 긴 한숨을 내쉬었습니다. 바라따의 후손이시여, 신과 아수라와 간다르와들을 포함하더라도 세상에서 가장 빼어난 지식을 지닌 할아버지가 당신의 아들에게 조용히 말했습니다.

'두료다나여, 대체 어쩌자고 내게 이리 화살 같은 말로 상처를 주는 것이오? 그대를 기쁘게 하고자 나는 힘이 닿는데 까지 애써왔소. 그대가 잘되기를 바랐기에 전장에서 목숨을 내놓고 싸웠지요. 저 빤다와의 영웅 아르주나가 칸다와 숲에서 인드라를 물리치고 아그니를 흡족하게 한 일은 전장에서 그의 경계를 보여주는 예증이었소. 팔심 좋은 이여, 그대가 간다르와들에게 납치되었을 때 빤두의 아들은 힘으로 그대를 풀어주었소. 그것이 그의 경계를 보여주는 예증이었소. 거침없는 이여, 그대의 영웅적 동복아우들과 라다와 마부의 아들 까르나가 도망쳤을 때 그가 구해준 것이오. 그것이 그의 경계를 보여주는 예증이었소. 위라타 도성에서 우리 모두를 아르주나 혼자 감당해 싸웠소. 그의 경계를 보여주는 예증이었소. 그는 분기탱천한 드로나와 나를, 까르나와 그대와 드로나의 아들과 대전사 끄르빠를 전장에서 싸워 제압하고 옷을 앗아갔소. 그의 경계를 보여주는 예증이었소. 쁘르타의 아들은 인드라도 이길 수 없다던 니와따까와짜들과 싸워 이겼소. 그것이 그의 경계를 보여주는 예증이었소. 그런 빤두의 아들을 전장에서 누가 이길 수 있겠소? 수요다나여, 그대는 어둠에 가려 들어야 할 말과 듣지 말아야 할 말을 구분 짓지 못했소. 간다리의 아들이여, 죽음을 눈앞에 둔 자가 나무를 황금으로 보듯 그대도 모든 것을 거꾸로 본 것이오. 빤다와들과 스른자야들을 상대로 그대 스스로 이처럼 커다란 적개심을 만들었으니, 무구한 이여, 싸우시오. 전장에서 그대의 사내다움을 지켜보겠소. 범 같은 사내여, 나는 모든 소마까와 쉬칸딘을 뺀 나머지 빤짤라들을 죽이겠소. 나는 그들과 싸워 야마 땅으로 가거나 전장에서 그들을 죽여 그대에게 기쁨을 드리리다. 바라따의 후손이여,

그러나 일찍이 왕실에서 여인으로 태어나 후 축원을 얻어 사내 쉬칸딘이 된 여인 쉬칸디니는 내가 목숨을 내놓을지언정 죽이지 않을 것이오. 조물주가 애초에 여인인 쉬칸디니를 만들었기 때문이오. 간다리의 아들이여, 편히 잠에 드시오. 나는 내일 대전투를 치를 것이고 이 땅이 지속되는 한 사람들은 그 말을 하게 될 것이오.'

백성의 군주시여, 이 말을 듣고 당신의 아들은 머리 숙여 어른께 절을 올린 뒤 제 막사로 돌아갔답니다. 적을 파멸시키는 왕은 막사에 이르러 군중을 물리고 서둘러 막사 안으로 들어갔지요. 막사에 들어선 왕은 잠에 빠져들었습니다."

95

이어지는 산자야의 이야기는 이러하다.

밤이 지나고 날이 밝아오자 왕은 일어나 여러 왕에게 명했다.
'군진을 짜시오. 성난 비슈마가 오늘 소마까들을 죽일 것이오.'
전날 밤, 두료다나의 거듭된 탄식을 들은 비슈마는 그것이 자기에게 내린 명이라고 여겼다. 산따누의 아들은 절망에 빠져들었고, 타인에 의존해서 살아야 하는 신세를 탓했다. 긴 생각 끝에 그는 전장에서 아르주나와 싸우고 싶어졌다. 강가의 아들이 무슨 생각을 하는지 기색을 보고 알아차린 두료다나가 두샤사나를 채근했다.
'두샤사나여, 비슈마를 엄호할 전차를 지체 없이 마련해라. 서른 두 개의 부대를 모두 일으켜 세워라. 한 해 동안 내내 염원해온, 빤다와들과 저들의 병사들을 죽이고 왕국을 얻을 기회가 왔느니. 비슈마를 지키는 것이 우리가 해야 할 일 같구나. 우리가 그를 지키면 그가 전장에서 쁘르타의 아들들을 죽여 우리의 안락함을 지켜줄 것이다. 맑은 혼을 지닌 할아버지께서는 "애초에 여인으로 태어난 쉬칸딘을 전장에서 죽이지 않고 피하리니. 팔심 좋은 두료다나여, 내가 예전에 아버지를 기쁘게 해드리기 위해 왕국을 단념하고 여인을 취하지 않겠다고 했음은 온 세상이 다 아느니. 왕이여, 또한 나는 어떤 경우에도 여인 또는 한때 여인이던 이를 전장에서 죽이지 않을 것이오. 진심이오. 왕이여, 그대도 들었을 터이나 이 쉬칸딘은 애초에 여인으로 태어났소. 전쟁을 준비할 때 나 또한 그대에게 쉬칸디니의 탄생에 대해 말했소. 바라따의 후손이여, 그는 여인으로 태어나 사내가 되었소. 그는 싸울 것이나 나는 무슨 일이 있어도 그를 향해 화살을 날리지 않을 것이오. 나의 왕이여, 그러나 나는 이 전투에서 빤다와들의 승리를 바라고 내게 화살을 겨누는 다른 모든 크샤뜨리야를 죽이겠소"라고 저 빼어난 바라따의 후손이자 무기 다루는 법을 아는 강가의 아들이 내게 말씀하셨다. 그러니 우리 모두가 비슈마를 지켜야 하리. 심심산천에서는 늑대도 무방비한 사자를 죽일 수 있느니. 외삼촌 샤꾸니, 샬리야, 끄르빠, 드로나의 아들, 위웡샤띠가 강가의 아들을 보호하라. 그를 지키면 반드시 승리하리라.'

두료다나의 그 같은 하명에 드르따라슈트라의 아들들은 전차 무리를 대동해 사방에서 강가의 아들을 빙 둘러쌌다. 갑옷을 챙겨 입은 대전사들은 그렇게 강가의 아들을 에워싸고 천지를 진동시키며 빤다와들을 뒤흔들었다. 전차와 코끼리들을 단단히 조여 맨 그들이 신과 아수라들 간의 전투에서 벼락 든 인드라를 신들이 에워싸듯 전장에서 비슈마를 에워싸며 모두가 저 대전사 비슈마 지킬 채비를 마쳤다. 그러자 두료다나 왕이 다시 한 번 아우들에게 말했다.

'유다만유는 아르주나 전차의 왼쪽바퀴를, 우따마오자스는 오른쪽바퀴를 지킨다. 그리고 그들에게 에워싸인 아르주나가 쉬칸딘을 엄호한다. 쉬칸딘은 쁘르타의 아들의 비호를 받고 있어 우리들이 지나칠 수가 있을 것이다. 그렇게 그는 우리의 비슈마를 죽이려 들겠지. 두샤사나여, 그리 되지 않게 해라.'

형의 말을 들은 드르따라슈트라의 아들 두샤사나는 비슈마를 앞세우고 군대를 대동해 진군했다. 전차 무리에 에워싸인 비슈마를 본 최고의 전차병 아르주나가 드르슈타듐나에게 말했다.

'범 같은 사내여, 비슈마 앞에 쉬칸딘을 세우십시오. 무구한 빤짤라의 왕자시여, 내가 그를 지키겠습니다.'

아홉째 날

그렇게 산따누의 아들 비슈마는 군대를 대동하고 진군했다. 그리하여 전장에 거대한 '사르와또 바드라*'라는 군진을 펼쳤다. 끄르빠, 끄르따와르만, 대전사 사이비야, 샤꾸니, 신두 왕, 깜보자의 군주 수닥쉬나, 그리고 비슈마와 드르따라슈트라의 아들들이 모두 함께 전 병력의 전방에서 진의 얼굴을 형성했다. 드로나, 부리쉬라와스, 샬리야, 바가닷따는 갑옷을 입고 진의 오른쪽날개에 자리 잡았다. 아쉬와타만, 소마닷따, 아완띠의 두 대전사 왕자는 대병력과 함께 왼쪽날개를 방호했다. 뜨리가르따들에게 에워싸인 두료다나는 빤다와들과 마주보는 진의 중앙에 섰다. 최고의 전사 알람부샤와 대전사 쉬루따유스는 갑옷을 입고 전군의 후미에 자리 했다. 그렇게 진을 배치하자 갑옷 입은 다르따라슈트라군은 타오르는 불길 같았다.

사르와또 바드라sarvato bhadra_ 모두가 또는 모두에게sarvato 좋은 또는 최상의bhadra 라는 뜻으로, '대칭의 진'으로 불리기도 한다.

한편 유디슈티라 왕, 비마세나 빤다와, 마드리의 두 아들 나꿀라와 사하데와는 무장하고 전군의 전방에 섰다. 드르슈타듐나, 위라타, 대전사 사띠야끼 등 적진을 파괴할 전사들도 대병력과 함께 거기 자리했다. 쉬칸딘, 위자야, 락샤사 가토뜨까짜, 팔심 좋은 쩨끼따나, 영웅 꾼띠보자가 대군에 에워싸여 전장에 나섰다. 대궁수 아비만유, 대전사 드루빠다, 께까야 다섯 형제 또한 무장하고 전투에 나섰다. 그들도 그처럼 좀체 깨기 어려운 대군진에 맞서는 군진을 짰다. 빤다와의 용사들은 병사들과 함께 전장에서 전투채비를 마쳤다.

그리하여 비슈마를 앞세운 드르따라슈트라군의 왕들과 병사들이 전장에서 채비를 갖추고 빤다와들에 맞서 싸웠다. 비마세나를 앞세운 빤다와들 또한 비슈마와 전투를 벌이려 안달하며 전장에서의 승리를 간절히 바랐다. 요란하고 시끌벅적하게 환호하는 소리, 소라고둥, 뿔고둥, 징, 북, 큰북, 작은북 소리가 일었고, 빤다와들이 드센 함성을 울리며 적진을 향해 돌진했다. 다르따라슈트라의 병력 또한 징, 북, 소라고둥, 작은북을 울리고 엄청난 사자의 포효와 함께 모두 격앙되어 날뛰며 적진으로 세차게 돌격했다. 대소동이었다.

서로가 서로에게 돌진해 치고받자 엄청난 소리에 땅이 흔들렸다. 새들이 너무나도 끔찍한 소리로 울부짖으며 위에서 맴돌았고, 드높이 치솟은 태양은 빛을 잃었다. 끔찍한 공포를 말하듯 회오리바람이 불었고, 대파멸을 예견하듯 자칼들이 가슴을 찢는 듯한 끔찍한 소리로 울부짖었다. 방향이 불탔고 흙비가 떨어졌으며 피와 섞인 뼈의 비가 내렸다. 우는 짐승들은 눈에서 눈물을 흘리며 불안으로 안절부절못하고 똥오줌을 싸댔다. 허공에서는 인육 먹는 락샤사들의 끔찍한 소리가 들려왔다. 자칼, 왜가리, 까마귀, 개들이 온갖 소리를 내며 그곳으로 모여드는 것이 보였다. 불타는 거대한 운석이 태양에 부딪쳤다가 끔찍한 공포를 예견하듯 느닷없이 땅으로 떨어졌다.

빤다와, 다르따라슈트라의 대병력이
바람에 흔들리는 숲처럼
치솟는 고둥소리, 북소리에
부르르 몸을 떨었네.

그처럼 불길한 순간에 그들은 서로 맞섰고
왕, 코끼리, 말로 가득한 그들의 부대는
바람에 흔들린 바다의 포효 같은
요란하디 요란한 고성을 일으켰네.

96

산자야가 말했다.

"기세등등한 고귀한 전사 아비만유는 먹구름이 빗줄기를 쏟아내듯 화살비를 흩뿌리며 더없이 빼어난 적토마를 타고 두료다나의 거대한 병력 속으로 짓쳐 들어갔습니다. 당신의 황소 같은 꾸루들은 전장에서 화살의 홍수를 퍼부으며 광대한 바다 같은 병력으로 뛰어드는 성난 아비만유, 저 적을 짓누르는 수바드라의 아들을 막을 수 없었답니다. 왕이시여, 격전을 벌이며 그가 전장에서 쏜 화살들은 적을 죽이고, 숱한 크샤뜨리야 용사를 죽은 자들의 왕의 영토로 보냈습니다. 성난 수바드라의 아들은 전장에서 야마의 지팡이 같고 독뱀의 불길 같은 화살을 쏘아댔지요. 아르주나의 아들은 한순간에 전차에서 전차병을, 말 등에서 기병을, 코끼리에게서 코끼리병을 떨어뜨렸습니다. 대전투에서 벌이는 아르주나의 아들의 놀라운 행적에 왕들은 기뻐하며 경의를 표하고 칭송했지요. 바라따의 후손이시여, 수바드라와 아르주나의 아들은 폭풍이 솜뭉치를 사방으로 흩날리듯 병사를 뿔뿔이 흐트러뜨렸답니다. 바라따의 후손이시여, 그로 인해 흩어진 당신의 병사들은 진흙탕에 빠진 코끼리처럼 피난처를 찾지 못했습니다. 왕이시여, 당신의 병사들을 모두 흩트려 놓은 저 빼어난 사내 아비만유는 연기 없이 치솟는 불길처럼 전장에 우뚝 서 있었답니다. 시간의 부름에 내몰린 부나비가 타오르는 불길에 저항하지 못하듯 당신의 병사 누구도 적을 짓밟는 그에게 저항하지 못했습니다."

이어지는 산자야의 이야기는 이러하다.

모든 적을 몰아세우는 빤다와들의 대전사요 대궁수인 아비만유는 벼락을 쥐고 휘두르는 인드라처럼 보였다. 사방을 돌아다니는 금박된 그의 활대는 구름 사이를 지나는 번개 같았고, 전장에 풀려난 날선 청동화살은 꽃나무 숲에 몰려나니는 벌떼저림 보였다. 구름소리 내는 전차로 휘젓고 다니는 고결한 수바드라의 아들에게서 사람들은 어떤 틈도 찾지 못했다. 끄르빠, 드로나, 드로나의 아들, 브르하드발라, 대궁수 신두 왕을 우왕좌왕하게 만들어버린 그는 가뿟하고 수월하게 전장을 휘저었다. 사람들은 다르따라슈트라의 군대를 괴롭히는 그의 활이 태양의 둘레 같은 동그란 원을 만드는 것을 볼 수 있을 뿐이었다. 화살의 빛줄기로 세상을 태우는 그의 행적을 지켜본 크샤뜨리야 용사들은 아르주나가 둘이 나타났다고 생각했다. 그에게 휘둘린 바라따의 대군은 취한 여인처럼 이리저리 맴돌아 다녔다. 병사들을 도망치게 하고 대전사들을 뒤흔든 그는 아수라 마야에게서 승리를 거둔 인드라처럼 동지들을 기쁘게 했다. 그에게 당한 드르따라슈트라군은 고통에 시달려 빠르잔야의 벼락같은 끔찍한 소리를 내지르며 전장에서 뿔뿔이 흩어졌다. 드르따라슈트라군은 달이 바뀌는 날 폭풍에 휩쓸린 바다와 같았다.

그들의 끔찍한 외침을 들은 두료다나가 르샤슈룽가의 아들 알람부샤에게 말했다.

'저 대궁수, 끄르슈나의 조카*는 마치 또 하나의 아르주나 같소. 성난 우르뜨라가 신들의 군대를 내빼게 하듯 그가 나의 병사들을 도망치게 하오. 최고의 락샤사여, 이 전투에서 나는 모든 학문에 달통한 그대 말고는 저 자에게 처방할 다른 어떤 약도 찾을 수 없소. 그러니 어서 가서 저 영웅 수바드라의 아들을 전투에서 죽이시오. 그러면 비슈마와 드로나가 이끄는 우리가 쁘르타의 아들 아르주나를 죽이리다.'

드르따라슈트라의 아들의 명에 따라 힘센 락샤사 왕은 우기철의 비구름 같은 괴함을 내지르며 횡횡히 전장으로 진격해나갔다. 바람이 꽉 찬 바다를 뒤흔들듯 그의 어마어마한 함성은 빤다와의 대군을 송두리째 흔들어놓았다. 그의 괴함에 놀란 수많은 사람이 아까운 목숨을 버리고 바닥

---

* 아비만유_ 끄르슈나의 누이인 수바드라와 아르주나 사이의 아들이다.

에 쓰러졌다. 끄르슈나의 조카는 그 소리를 반기며 활을 들고 전차 위에서 춤을 추듯 락샤사를 향해 돌진해갔다. 그러자 성난 락샤사는 전장에서 아르주나의 아들에게 다가가 그와 멀지 않은 곳에 있던 군대를 쫓아버렸다. 발리*에 맞서 싸운 신들의 군대처럼 전장에서 락샤사에 맞서 싸운 빤다와의 대군은 죽어나갔다. 빤다와의 병사들은 전장에서 섬뜩한 형상의 락샤사에게 너무나도 끔찍하게 짓밟히고 도륙 당했다. 락샤사는 용맹을 뽐내듯 수천 개의 화살로 빤다와의 대군을 전장에서 뿔뿔이 흐트러뜨렸다. 섬뜩한 형상의 락샤사에게 그처럼 도륙 당하자 빤다와의 병사들은 공포에 떨며 전장에서 내빼고 말았다. 코끼리가 연꽃은 짓이기듯 군대를 짓밟아 놓은 락샤사는 이제 드라우빠디의 대장사 아들들을 향해 전장을 달렸다. 전투에 능한 드라우빠디의 대궁수 아들들은 다섯 행성이 한꺼번에 태양을 향해 달리듯 락샤사를 향해 짓쳐 달렸다. 세상이 끝나는 끔찍한 날에 달이 다섯 행성에게 당하듯 저 빼어난 락샤사는 다섯 영웅에게 당해 상처를 입었다.

　　대장사 쁘라띠윈디야가 날카로운 화살로 락샤사를 꿰뚫었다. 순전히 무쇠로 만들어 촉이 뾰족하기 그지없는 화살들이었다. 온몸이 화살들에 꿰인 빼어난 락샤사는 거대한 비구름이 빛줄기에 뚫린 듯 아름다웠다. 금박화살들이 몸에 붙어있는 르샤슈룽가의 아들은 불타는 봉우리를 인 산과 같았다. 다섯 형제는 대전투에서 금박 입혀 장식한 날선 화살로 락샤사 왕을 공격했다. 성난 뱀 같은 저 섬뜩한 화살들에 찢긴 알람부샤는 코

발리_ 신들보다 앞선 지혜와 덕을 고루 갖추고 있어 신들의 지위를 위협한 유명한 아수라 또는 락샤사이며, 위슈누의 난쟁이(와마나)화신에 등장하는 같은 인물이다.

끼리대왕처럼 분해서 펄펄 뛰었다. 그러나 대전사들에게 짓눌려 너무나 심한 상처를 입은 그는 한참 동안이나 어둠 속으로 빠져들었다. 그러다 정신이 든 그는 분노가 두 배로 치솟아 그들의 화살과 깃발과 활을 베어 버렸다. 대전사 알람부샤는 전차 위에서 춤을 추듯 웃으며 그들 각각에게 화살 세 발씩을 날렸다. 성난 대장사 락샤사는 분통을 터트리며 잽싸게 그들의 말을 해치우고 그들의 마부를 죽였다. 그는 뛸 듯이 기뻐하며 다시 수백수천에 이르는 온갖 낯선 화살을 그들에게 쏘았다. 대궁수들에게서 전차를 없애버린 락샤사, 저 밤의 방랑자는 그들을 죽이려는 생각으로 쏜살같이 짓쳐 달렸다. 고약한 락샤사에게 전장에서 당하는 꼴을 본 아르주나의 아들 락샤사가 그와 싸우러 달려들었다. 그들 간에 우르뜨라와 인드라 같은 전투가 벌어졌고, 다르따라슈트라들과 빤다와 대전사들이 그 모습을 지켜봤다. 서로를 향한 분노의 불길을 내뿜으며 대격전을 벌이는 두 대장사는 눈자위가 붉어지며 전장에서 시간의 불인 듯 서로를 노려보았다. 그들의 격돌은 신과 아수라들 간의 전투에서 인드라와 샴바라가 싸우는 듯 끔찍하고 맹렬했다.

97

드르따라슈트라가 말했다.

"산자야여, 전장에서 용사들을 짓누르는 알람부샤는 그 전투에서 어찌 아르주나의 대전사 아들에 맞서 싸웠더냐? 적의 영웅들을 죽이는 수바드라의 아들은 또 르샤슈룽가의 아들과 어찌 싸웠더냐? 전장에서 벌어진 일 그대로를 말해다오. 산자야여, 다난자야, 장사 중의 장사 비마, 락샤사 가토뜨까짜, 나꿀라, 사하데와, 대전사 사띠야끼는 내 병사들에게 무엇을 어떻게 했더냐? 산자야여, 그대는 말솜씨가 좋으니 모든 것을 말해다오."

산자야가 말했다.

"아······. 나의 왕이시여, 락샤사 왕과 수바드라의 아들 간의 소름끼치는 전투에 대해 있는 그대로 말씀드리지요. 빤두의 아들 아르주나와 비마세나, 나꿀라, 용감무쌍한 사하데와가 전장에서 어떻게 싸웠는지, 그리고 비슈마와 드로나를 앞세운 당신의 군대가 어찌 저리 무외하고 놀라우며 아름답기까지 한 행적을 행했는지 말씀드리지요.

알람부샤는 전장에서 대전사 아비만유를 향해 쉼 없이 고래고래 고함을 질렀습니다. 락샤사는 '서라! 게, 섰거라!'라고 외치며 전력으로 달려들었지요. 왕이시여, 수바드라의 아들 또한 아버지의 숙적인 대궁수 알람부샤를 향해 끊임없이 사자의 포효를 울렸답니다. 전사 중에서도 가장 빼어난 두 전사인 인간과 락샤사가 만나 신과 아수라가 싸우듯 사나운 격전을 벌인 것이지요. 락샤사는 환술을 알았고 아르주나의 아들은 천상의 날탄에 달통했습니다. 대왕이시여, 그러다 끄르슈나의 조카가 세 발의 날선 화살로 르샤슈룽가의 아들을 꿰뚫고 다시 다섯 발을 더 쏘았답니다. 성난 알람부샤도 코끼리 몰이꾼이 거대한 코끼리를 몰 듯 전력으로 아홉 발의 화살을 쏘아 끄르슈나의 조카의 가슴팍을 맞췄지요. 바라따의 후손이시여, 움직임이 빠른 저 밤의 방랑자는 수천 개의 화살을 날리며 아르주나의 아들을 전장에서 괴롭혔습니다. 그러자 격분한 아비만유는 곧게 나는 아홉 발의 날선 화살을 락샤사의 넓은 가슴팍을 향해 날렸지요. 화살들은 순식간에 그의 몸뚱이를 찢고 급소를 파고들었습니다. 왕이시여, 화살들에 온몸이 찢긴 빼어난 락샤사는 낑슈까 꽃이 흐드러진 산처럼 아름다웠지요. 금박 입힌 화살들이 꽂힌 저 빼어난 대장사 락샤사는 불붙은 산 같았답니다.

대왕이시여, 그러자 격분한 르샤슈룽가의 대장사 아들은 대인드라와 다르지 않은 끄르슈나의 조카를 깃털화살들로 뒤덮어버렸습니다. 야마의 지팡이처럼 뾰족하고 날카로운 화살들은 아비만유를 찢어놓은 뒤 땅바닥에 꽂혔습니다. 아르주나의 아들이 쏜 금박 입힌 화살들도 알람부샤를 찢은 뒤 땅바닥에 꽂혔지요. 그러자 수바드라의 아들은 인드라가 전장에서 마야에게 그랬듯 초승달모양 촉화살들을 쏘아 락샤사가 전장에서 얼굴을 돌리게 만들어버렸답니다. 적을 괴롭히던 락샤사는 적에게 당해 전장에서 얼굴을 돌리고 엄청난 환술로 어둠을 만들었습니다. 그러자 대지는 온통 어둠에 휩싸였고, 전장에서는 누가 아비만유인지, 누가 아군이고, 적군인지 알아볼 수 없었답니다. 꾸루의 기쁨 아비만유는 그렇듯 섬뜩하고 칠흑 같은 어둠을 보고 눈부신 빛을 발산하는 '태양의 날탄'을 불러냈지요. 이 땅의 주인이시여, 그러자 온 세상이 다시 밝아졌고, 고약한 락샤사의 환술은 무너졌답니다. 빼어난 사내요 대영웅인 아비만유는 격분해 초승달모양 촉화살들로 전장에서 락샤사 왕을 뒤덮어버렸습니다. 락샤사는 여러 다른 환술을 부렸으나 영혼의 깊이를 잴 수 없는 아르주나의 아들은 모든 날탄을 알아 모두 막아냈답니다. 환술은 먹히지 않고 이미 화살들에 꿰어 있던 락샤사는 두려움에 벌벌 떨며 전차를 그곳에 버려두고 도망쳐버렸습니다. 교활하게 싸우는 락샤가가 횡횡히 물러나자 아르주나의 아들은 발정 나 눈먼 코끼리가 연꽃 가득한 연못을 짓뭉개듯 전장에서 당신의 군대를 짓밟기 시작했지요. 그렇듯 송두리째 뽑히는 군을 본 샨따누의 아들 비슈마가 엄청난 전차부대를 이끌고와 수바드라의 아들을 막아섰습니다. 다르따라슈트라의 대전사들은 홀로 싸우는 저 영웅을 여럿이 빙 둘러싸고 사나운 화살을 날려댔지요. 그는 용감하기로는 아버지 아르주나 같고 용맹과 힘에서는 삼촌 끄르슈나와 다르지 않은 전차병의 영웅이었고, 아버지와 삼촌 둘 모두에 필적할 만한 숱한 행적을 전장에서 행해온 무기 가진 모든 이 중에 가장 빼어난 전사였답니다.

왕이시여, 한편 다난자야는 아들을 구하려는 일념으로 전장에서 당신의 병사들을 짓밟고 비슈마를 공격했습니다. 왕이시여, 당신의 아버지 비슈마 또한 라후가 태양을 공격하듯* 쁘르타의 아들을 공격했지요. 백성의 주인이시여, 전차와 코끼리와 말들을 대동한 당신의 아들들은 전장에서 비슈마를 사방에서 에워싸고 지켰답니다. 황소 같은 바라따의 왕이시여, 빤다와들 또한 전장에 필요한 장비를 갖추고 대전투를 위해 다난자야를 둘러쌌습니다. 왕이시여, 그리고 샤라드와뜨의 아들 끄르빠는 비슈마의 선봉에 서서 스물다섯 발의 화살로 아르주나를 공격했답니다. 그러자 언제나 빤다와들에게 좋은 일을 하고 싶어 하는 사띠야끼는 호랑이가 코끼리를 공격하듯 날카로운 화살들로 그에 맞섰습니다. 고따마의 후손 끄르빠 또한 격분해 잽싸게 황금깃털 두른 아홉 발의 화살을 날려 사띠야끼의 가슴팍을 맞췄답니다. 상처 입고 격분한 쉬니의 후손, 대전사 사띠

라후가 태양을 ~_ 자기가 불로불사주를 마시지 못하게 신들에게 고자질한 태양과 달에 대한 보복으로 라후가 일정한 주기로 둘을 먹어치우는 것 — 그것이 일식과 월식으로 나타난다고 한다 — 을 말한다.

야끼는 끄르빠를 끝장내기 위해 매서운 돌촉화살을 겨누었지요. 그러나 분기탱천한 드로나의 아들은 인드라의 벼락처럼 쏜살같이 날아가는 화살을 둘로 갈라버렸답니다. 그러자 전차병 중에서도 가장 빼어난 쉬니의 후손은 고따마의 손자를 버려두고 라후가 하늘에서 달을 공격하듯 드로나의 아들을 공격했습니다. 바라따의 후손이시여, 드로나의 아들은 사띠야끼의 활을 두 동강 내버렸고, 다시 숱한 화살들을 쏘며 활이 동강난 사띠야끼를 괴롭혔지요. 대왕이시여, 그러나 사띠야끼는 적을 죽일 무게를 짊어질만한 다른 활을 들어 예순 발의 화살을 쏘았고, 드로나의 아들의 팔과 가슴에 상처를 입혔답니다. 그는 화살에 맞고 고통스러운 나머지 잠시 정신을 잃고 전차 위에 주저앉아 깃대에 기대었습니다. 전장에서 다시 정신을 차린 위용 넘치는 드로나의 아들은 분기탱천해 사띠야끼에게 쇠화살을 쏘아 날렸지요. 화살은 쉬니의 후손을 찢은 뒤 힘이 넘치는 어린 뱀이 봄날에 땅속을 파고들듯 땅바닥에 꽂혔답니다. 또 다른 넓적화살을 든 드로나의 아들은 전장에서 사띠야끼의 아름다운 깃발을 찢고는 사자의 포효를 울렸습니다. 바라따의 대왕이시여, 그는 다시 끝여름의 구름이 해를 가리듯 사나운 화살로 그를 뒤덮었지요. 대왕이시여, 그러나 그 화살망을 내친 사띠야끼는 재빨리 여러 겹의 화살망을 치며 드로나의 아들을 공격했습니다. 적의 영웅을 처단하는 쉬니의 후손은 구름무더기에서 벗어난 태양처럼 드로나의 아들을 괴롭히기 시작했답니다. 대전사 사띠야끼는 다시 수천 개의 화살로 그를 공격해 화살로 뒤덮어버린 뒤 포효했습니다.

그러자 라후에게 먹힌 달처럼 먹혀들어가는 아들을 보고 위용 넘치는 바라드와자의 아들 드로나가 쉬니의 후손을 향해 짓쳐 들어갔지요. 왕이시여, 드로나는 우르슈니의 후손에게 당하고 있는 제 아들을 대전투에서 구하려는 열망으로 날카롭기 그지없는 화살을 그에게 쏘아 맞췄답니다. 스승의 대전사 아들에게 전장에서 승리를 거둔 사띠야끼는 도끼 같은 화살 스무 발을 스승에게 쏘아 맞췄습니다. 그때 흰말 탄 꾼띠의 아들, 영혼의 깊이를 가늠할 수 없는 성난 대전사 아르주나가 드로나를 향해 짓쳐 들어왔지요. 그리고 하늘에서 수성과 금성이 싸우듯 드로나와 아르주나 간에 대격전이 벌어졌답니다."

98

드르따라슈트라가 말했다.

"산자야여, 대궁수 드로나와 빤두의 아들 다난자야, 두 영웅이 어찌 전장에서 맞서 싸웠는지 내게 말해다오. 산자야여, 사려 깊은 드로나는 전투에서 언제나 빤두의 아들을 총애했고, 아르주나 또한 변함없이 스승을 사랑했느니. 전장에 나서면 광폭한 사자 같은 드로나와 아르주나, 저 단단한 두 전사가 어찌 맞붙어 싸웠다더냐?"

산자야가 말했다.

"크샤뜨리야 율법이 우선인 드로나는 쁘르타의 아들이 자신이 총애하는 제자임을 염두에 두지 않았고, 쁘르타의 아들 역시 전장에서 스승을 개의치 않았습니다. 왕이시여, 어떤 크샤뜨리야도 전장에서 상대를 피하지 않고 싸웁니다. 아비나 형제와도 걸림 없이 싸우지요. 바라따의 후손이시여, 드로나는 쁘르타의 아들이 쏜 세 발의 화살에 상처 입었으나 격전 중에 활에서 쏟아져오는 쁘르타의 아들의 화살에 마음 쓰지 않았답니다. 쁘르타의 아들이 또 다시 화살비로 자기를 뒤덮자 드로나는 숲에서 치솟는 불처럼 분노로 활활 타올랐습니다. 인드라 같은 바라따의 왕이시여, 드로나는 전장에서 지체 없이 초승달촉 깃털화살들을 쏘아 아르주나를 막았지요."

이어지는 산자야의 이야기는 이러하다.

한편 두료다나 왕은 수샤르만이 전장에서 드로나의 측면을 지키도록 채근했다. 분기탱천한 뜨리가르따 왕 수샤르만은 전장에서 활을 팽팽히 당긴 뒤 쇠촉화살들로 아르주나를 뒤덮었다. 두 용사가 쏘아 날린 화살들은 창공을 가르는 가을날의 백조들처럼 허공에서 아름답게 빛났다. 화살들은 열매의 무게에 휘어진 달디 단 나무에 둥지를 튼 새들처럼 꾼띠의 아들 아르주나에게 가서 박혔다. 전사 중의 전사 아르주나는 포효하며 전장에서 뜨리가르따 왕과 그의 아들을 화살들로 꿰뚫어버렸다. 세상이 끝나는 날의 시간 같은 아르주나의 화살에 꿰인 뜨리가르따의 전사들은 싸우다 죽기로 결심했다. 그들은 쁘르타의 아들 아르주나에게 달려들어 그의 전차에 화살비를 퍼부었다. 빤두의 아들은 소나기를 받아내는 산처럼 화살비에는 화살비로 응수했다. 도저히 받아낼 수 없을 듯한 화살비를 무수한 화살로 받아내는 아르주나의 가뿟한 손동작은 경이로웠다. 폭풍이 구름을 몰아내듯 그는 혼자서 화살들을 다 받아냈다. 아르주나의 그 같은 행적에 신과 아수라들 모두 전율했다.

성난 쁘르타의 아들은 병사들의 선봉을 조준한 뒤 뜨리까르따들을 향해 바람의 날탄을 날렸다. 회오리가 일고 하늘이 요동쳤다. 나뭇가지들이 부러지고 병사들이 무수히 죽어나갔다. 그러자 잔혹하기 그지없는 바람의 날탄을 지켜본 드로나가 섬뜩한 바위의 날탄을 날렸다. 대격전 중에 전장에서 드로나가 날린 그것이 바람의 날탄을 잠재웠고 사방이 탁 트였다. 그러자 빤두의 영웅의 아들은 뜨리가르따 왕의 전차병들이 싸울 의욕과 용기를 잃고 전장에서 얼굴을 돌리게 만들어버렸다.

한편 드료다나 왕, 전차병 중의 전차병 끄르빠, 아쉬와따만, 샬리야, 깜보자 왕, 수닥쉬나, 아완띠의 윈다와 아누윈다 두 왕자, 바흘리까 왕과 바흘리까 병사들이 엄청난 전차부대를 끌고 쁘르타의 아들을 사방에서 에워쌌다. 그리고 바가닷따, 대전사 쉬루따유스는 코끼리부대로 사방을 에워싸며 비마를 막았고, 부리쉬라와스, 샤라, 수발라 왕은 온갖 화살 물결로 재빨리 마드리의 두 아들을 막았다. 비슈마는 다르따라슈트라의 모든 병사와 함께 유디슈티라를 사방에서 틀어막았다.

쁘르타의 영웅 아들 늑대 배는 코끼리부대가 제게 달려드는 것을 보고 숲속 짐승들의 왕 사자처럼 입꼬리를 핥았다. 전차병 중에서도 가장 뛰어난 그는 대격전지에서 철퇴를 거머쥐고 잽싸게 전차에서 풀쩍 뛰어내려 드르따라슈트라의 병사들을 겁먹게 했다. 철퇴를 손에 쥔 그를 본 코끼리병들이 사방에서 그를 에워쌌다. 코끼리부대 한가운데 우뚝 선 빤두의 아들은 거대한 구름무더기 가운데 있는 태양 같았다. 폭풍이 허공에 퍼진 거대한 구름 떼를 몰아내듯 황소 같은 빤두의 아들은 철퇴로 코끼리부대를 흐트러뜨렸다. 장사 비마에게 상처 입은 코끼리들은 우르릉거리는 먹구름처럼 전장에서 고통으로 울부짖었다. 코끼리들의 엄니에 받혀 무수한 상처를 입고 전장의 선봉에 선 쁘르타의 아들은 붉은 꽃 핀 아쇼까 나무처럼 아름다웠다. 코끼리 엄니를 붙잡은 그는 그것을 송두리째 뽑아버리고는 지팡이를 손에 든 죽음의 신처럼 전장에서 코끼리들의 이마를 처박아 고꾸라뜨렸다. 살과 골수가 튀고 온몸이 피에 젖어 피에 물든 철퇴를 휘두르고 있는 그는 루드라와 다름없어 보였다. 그처럼 도륙당하는 중에도 살아남은 몇몇 거대한 코끼리는 제 병사들을 짓밟으며 사방으로 뿔뿔이 도망쳤다. 그들 거대한 코끼리들이 사방으로 도망치자 두료다나의 병사 모두가 다시 한 번 전장에서 얼굴을 돌리고 말았다.

99

산자야가 말했다.

"한낮이 되자 세상을 절멸시킬 듯한 비슈마의 잔혹한 전투가 소마까들을 상대로 벌어졌답니다. 최고의 전차병인 강가의 아들은 수백수천의 날선 화살을 날리며 빤다와군을 궤멸시키기 시작했지요. 당신의 아버지 비슈마는 베어놓은 곡식을 소떼가 짓밟듯 저들의 군대를 짓뭉갰습니다. 드르슈타듐나, 쉬칸딘, 위라타, 드루빠다 등이 전장에서 화살을 쏘아대며 대전사 비슈마에 맞서 싸웠지요. 바라따의 후손이시여, 그러자 비슈마는 세 발의 화살로 드르슈타듐나와 위라타를 꿰뚫고 드루빠다에게 쇠화살을 쏘았습니다. 왕이시여, 적을 괴롭히는 비슈마의 화살에 상처 입은 대궁수들은 등을 밟힌 뱀들처럼 격분했답니다. 쉬칸딘이 바라따들의 할아버지에게 상처를 입혔으나 저 추락 없는 비슈마는 그가 여인이었음을 마음속으로 되뇌고는 맞서 싸우지 않았습니다. 그러자 활활 타오르는 불처럼 분기탱천한 드르슈타듐나가 할아버지를 향해 세 발의 화살을 쏘아 팔과 가슴팍을 맞췄지요. 드루빠다는 스물다섯 발, 위라타는 열 발의 화살을, 쉬칸딘은 스물다섯 발의 화살을 쏘아 비슈마에게 상처를 입혔습니다. 대왕이시여, 고결한 저들과의 격전에서 심한 상처를 입은 비슈마는 붉은 꽃 만개한 봄날의 아쇼까 나무 같았답니다. 나의 왕이시여, 강가의 아들은 곧게 나는 세 발의 화살을 되 쏘아 그들을 맞췄고, 넓적화살을 쏘아 드루빠다의 활을 갈랐지요. 전장의 선봉에 있던 드루빠다는 다른 활을 집어 들어 다섯 발의 화살로 비슈마를 맞췄고, 몹시 날카로운 세 발의 화살로 그의 마부를 꿰뚫었습니다.

대왕이시여, 한편 비마와 드라우빠디의 다섯 아들, 께까야 다섯 형제, 사뜨와따의 후손 사띠야끼가 유디슈티라에게 보탬이 되려는 일념으로, 그리고 드르슈타듐나가 이끄는 빤짤라들을 구하려는 마음으로 강가의 아들을 공격했답니다. 인간의 군주시여, 당신의 병사들도 모두 비슈마를 지키려는 일념으로 빤다와 병력과 병사들을 맞공격했지요. 그리하여 당신의 병사들과 그들의 병사들 간에 사람과 말과 전차와 코끼리가 뒤섞인 엄청난 대격전이 벌어져 야마의 왕국을 키워나갔습니다. 전차병은 전차병과 싸워 서로를 야마 땅으로 보냈고, 보병, 기병, 코끼리병 할 것 없이 서로를 저승으로 보내며 격전을 벌였답니다. 백성의 군주시여, 초승달촉 깃털화살로, 또는 온갖 다른 무기로 여기저기서 상대를 저승으로 보냈지요. 전차병이 당하거나 마부가 죽은 수많은 전차를 말이 전장의 사방으로 끌고 내달렸습니다. 왕이시여, 전장에서 너무나도 많은 사람과 말을 죽인 전차들은 바람처럼 빨라 간다르와들의 공중도시처럼 보였답니다.

전차를 앗긴 전차병은 무장을 갖춘 기세등등한 전사였습니다. 하나같이 귀걸이를 걸고 두건을 썼으며 목걸이와 팔찌로 단장하고 있었지요. 백성의 주인이시여, 신의 아들 같은 형상을 한 그들은 전투에 나서면 용맹스럽기가 인드라와 다르지 않았고, 풍요롭기는 꾸베라와, 정책으로 치면 브르하스빠띠와 같았답니다. 빼어나고 빼어난 왕이시여, 그렇듯 온 세상의 주인이요 용사인 저들이 보통사람들처럼 도망치는 모습이 여기저기 눈에 띄었습니다. 빼어난 코끼리병을 잃은 코끼리는 제 병사들을 짓밟고 온갖 괴함을 지르며 쓰러졌지요. 코끼리들은 방패, 야크꼬리털, 각종 깃발과 기치, 황금자루 달린 차양, 철퇴 따위의 장비를 짓뭉개고 천지사방으로 몰려다니며 구름떼처럼 울부짖었습니다. 새로운 구름이 생겨난 듯했지요. 백성의 주인이시여, 소인은 코끼리를 빼앗긴 코끼리병이 아군적군 할 것 없이 뒤섞여 내달리는 모습도 보았답니다. 황금으로 치장한 바람처럼 빠른 여러 왕국 태생의 말 수백수천을 보았고, 말 잃은 기병이 손에 칼을 쥐고 서로가 쫓고 서로에게 쫓기며 전장의 사방을 내달리는 모습도 보았습니다. 코끼리는 대전투에서 도망치는 또 다른 코끼리를 만나 싸우고 보병과 말을 사납게 짓밟으며 질주했지요. 왕이시여, 그 전투에서 코끼리는 전차를 짓뭉갰고, 전차는 바닥에 쓰러진 말을 짓밟았습니다. 왕이시여, 또한 말은 격전지에서 보병을 짓밟았지요. 왕이시여, 이처럼 서로가 서로를 온갖 방식으로 짓뭉갰답니다. 그처럼 끔찍하고 너무나도 두려운 전투가 벌어지는 전장에서는 무서운 피와 살의 강이 흘러내렸습니다. 뼈 무더기들이 그러한 강의 굄목이었고, 머리카락은 이끼와 풀이었지요. 가까이 가기조차 어려운 그러한 강에서 전차는 못이었고, 화살은 소용돌이였으며, 말은 물고기였습니다. 머리라는 돌이 바글거렸고, 코끼리라는 악어 떼가 우글거렸지요. 갑옷과 두건이라는 거품이 그득했으며 활이라는 거센 물살과 칼이라는 거북이가 꽉 차 있었습니다. 강둑에는 깃발과 기치라는 나무가 줄지어 섰고, 죽음 있는 자들로 이루어진 강변은 하염없이 쓸려나갔으며, 백조 형상을 한 날고기 먹는 자들이 야마 왕국을 살찌웠답니다. 수많은 크샤뜨리야 용사가 그 대전장에서 두려움을 떨치고 말과 코끼리와 전차를 뗏목 삼아 그 강을 건넜습니다. 와이따라니 강*이 죽은 자를 모두 저승 왕의 도성에 나르듯 그 강은 전장에서 정신 놓은 겁 많은 자들을 쓸어갔답니다. 그처럼 끔찍한 도륙을 지켜본 크샤뜨리야들이 외쳤습니다.

'두료다나 잘못으로 꾸루가 멸망하는구나. 악독하고 탐심에 눈먼 백성의 군주 두료다나는 덕 많고 거동 바른 빤두의 아들들을 어찌 미워한단 말인가?'

바라따의 후손이시여, 빤두의 아들들과 당신의 아들들에 관한 거친 말들이 그런 식으로 숱하게 들려왔답니다. 바라따의 후손이시여, 모든 용사의 그와 같은 말을 들은 당신의 아들 두료다나는 세상 모두를 책망했지요. 그가 비슈마, 드로나, 끄르빠 그리고 샬리야에게 말했습니다.

'자기 자신을 버리고 싸우시오! 왜 이리 더딘 것이오?'

왕이시여, 그리고 꾸루와 빤다와들 간의 너무나도 끔찍한 전투가 재개되었답니다. 주사위노름이 만들어낸 너무나도 끔찍한 파멸이지요. 위찌뜨라의 영웅적 아들이시여, 예전에 고결한 그들의 귀한 말씀을 받아들이지 않은 이 끔찍한 결과를 보십시오. 왕이시여, 백성의 군주시여, 빤두의 아들들도, 까우라와들도, 그들의 병사들과 수하들도 모두가 다 전장에

와이따라니 강_ 저승을 흐르는 강이다.

서 목숨을 부지할 수 없습니다. 왕이시여, 범 같은 분이시여, 운명이었거나 당신의 나쁜 정책이었거나 어쨌거나 그런 연유로 사람들의 무서운 멸족이 일어나고 있는 것입니다."

100

산자야가 말했다.

"범 같은 왕이시여, 한편 아르주나는 날카로운 화살들을 쏘아 수샤르만 휘하의 왕들을 저승 왕의 영토로 보냈고, 수샤르만은 그 전투에서 쁘르타의 아들 아르주나를 화살로 상처 입혔지요. 그는 끄르슈나에게 일흔 발의 화살을, 아르주나에게 다시 아홉 발을 더 쏘았습니다. 그러나 인드라의 대전사 아들 아르주나는 화살 물결로 그것을 막았고, 전장에서 수샤르만의 전사들을 야마 땅으로 보내버렸답니다. 왕이시여, 세상이 끝나는 날의 시간 같은 쁘르타의 아들의 화살에 상처 입은 대전사들은 공포에 떨며 전장에서 도망치고 말았지요. 나의 왕이시여, 그들은 사방팔방으로 도망쳤습니다. 말을 버리거나 전차를 버린 자들, 또는 코끼리를 버린 자들도 있었지요. 백성을 지키는 분이시여, 그러나 또 어떤 이들은 말과 코끼리와 전차를 부여잡고 다급히 전장을 빠져나가기도 했습니다. 바라따의 후손이시여, 보병들 또한 대전장에 무기를 버려두고 어느 누구도 살피지 않은 채 이리저리 도망쳤지요. 뜨리가르따 왕 수샤르만을 위시해 다른 여러 훌륭한 왕이 붙잡으려 했으나 그들은 전장에 멈춰 서지 않았답니다. 도망치는 병력을 본 당신의 아들 두료다나는 전장의 선봉에 비슈마를 세우고 전군을 이끌게 했습니다. 백성을 지키는 분이시여, 두료다나는 뜨리가르따 왕을 살리기 위해 온힘을 다해 다난자야를 공격했지요."

이어지는 산자야의 이야기는 이러하다.

온갖 종류의 화살을 쳐내며 두료다나와 그의 아우들만 전장에 남아 있을 뿐 나머지 병사들은 모두 도망치고 없었다. 빤다와는 모두 갑옷을 갖춰 입고 아르주나를 구하기 위해 비슈마가 있는 곳으로 내달렸다. 전장에서 간디와 활을 든 아르주나는 무서우리만치 용맹스럽다는 것을 알면서도 그들은 '어쩌나', '어쩌나'를 외쳐대며 사방에서 비슈마를 향해 정신없이 내쳐달렸다. 한편 딸라 나무 기를 단 용사 비슈마는 전장에서 초승달 모양 깃털화살로 빤다와 병력을 뒤덮어버렸다. 해가 중천에 이르렀을 때 모든 까우라와와 빤다와는 하나인 듯 뒤섞여 전투를 벌였다.

사띠야끼는 다섯 발의 쇠화살로 끄르따와르만에게 상처를 입힌 뒤 용감무쌍하게 수천의 화살을 흐트러뜨리며 전장에 서 있었다. 드루빠다 왕은 날선 화살들로 드로나를 맞춘 뒤 일흔 발을 더 쏘아 상처를 입혔고, 일곱 발의 화살로 그의 마부를 꿰뚫었다. 비마세나는 고조부인 바흘리까 왕을 맞춘 뒤 숲속 호랑이 같은 괴함을 질렀다.

찌뜨라세나가 쏜 여러 발의 날쌘 화살에 맞은 아르주나의 아들은 화살 세 발을 찌뜨라세나에게 쏘아 가슴에 심한 상처를 냈다. 전장에서 맞붙어 싸우는 두 고귀한 전사는 하늘에 떠 있는 수성과 금성처럼 빛났다. 적의 영웅을 처단하는 수바드라의 장사 아들은 아홉 발의 화살로 그의 네 마리 말과 마부를 죽이고 포효했다. 말이 죽자 대전사 찌뜨라세나는 전차에서 풀쩍 뛰어내려 잽싸게 두르무카의 전차에 올라탔다. 힘이 넘치는 드로나는 초승달 모양 촉 깃털화살들로 드루빠다를 맞히고 재빨리 그의 마부를 꿰뚫었다. 군의 선봉에서 부상당한 드루빠다 왕은 예전의 적개심을 떠올리고는 말들을 이끌고 자리를 떠났다.

비마세나는 바훌리까 왕을 거듭 공격해 전군이 지켜보는 가운데 그에게서 말과 전차를 앗았다. 빼어난 대전사 바훌리까는 자신의 상태가 불확실함을 알아차리고 전차에서 뛰어내려 재빨리 락쉬마나의 전차에 올라탔다. 대전사 사띠야끼는 ㄲ르따와르만을 막고 온갖 화살을 쏘며 할아버지 비슈마에 맞섰다. 예순 발의 날카로운 깃털화살로 바라따의 후예 비슈마를 맞춘 사띠야끼는 전차 위에서 춤을 추듯 강궁을 휘둘렀다. 그러자 할아버지는 그에게 황금처럼 빛나고 뱀의 딸인 듯 아름답고 거대한 쇠삼지창을 세차게 던졌다. 죽음인 듯 기세등등하고 사납게 날아드는 그것을 명예롭고 명예로운 우르슈니의 후손 사띠야끼는 가볍게 내쳐버렸다. 우르슈니의 후손에게 닿지 못한 섬뜩한 삼지창은 빛을 잃고 거대한 운석처럼 땅바닥으로 떨어졌다. 우르슈니의 후손이 이제 섬뜩한 형상의 제 삼지창을 잡고 할아버지의 전차를 향해 세차게 내던졌다. 대전투에서 우르슈니의 후손의 팔에 휘둘려 세차게 내던져진 삼지창은 시간의 마지막 밤을 맞이한 사람처럼 쏜살같이 비슈마를 향해 날아갔다. 그러나 강가의 아들은 자신을 향해 세차게 날아드는 삼지창을 날카롭기 그지없는 양날의 화살로 두 동강 내 바닥으로 흐트러뜨렸다. 삼지창을 갈라버린 성난 강가의 아들, 적을 괴롭히는 비슈마는 아홉 발의 화살로 사띠야끼의 가슴팍을 맞췄다. 그러자 빤다와들이 전차와 코끼리와 말들을 타고 전장에서 마두의 후손 사띠야끼를 구하기 위해 비슈마를 에워쌌다. 그리고 전장에서 이기려는 일념뿐인 빤다와와 꾸루 간에 털이 곤두서는 혼란스런 전투가 벌어졌다.

101

이어지는 산자야의 이야기는 이러하다.

여름의 끝자락에 구름에 가린 태양처럼 전장에서 빤다와들에게 에워싸인 성난 비슈마를 본 두료다나가 두샤사나에게 말했다.
'황소 같은 바라따여, 적을 짓누르는 저 용사, 대궁수 비슈마가 빤다와들의 화살에 사방으로 뒤덮여 있구나. 영웅이여, 저 고결하고 고결한 이를 지키는 임무를 네가 맡아야겠다. 우리 할아버지 비슈마를 전장에서 지키는 것이 전장에서 빤짤라와 빤다와들을 함께 처단하는 일일 터이다. 나는 비슈마를 지키는 것이 전장에서의 우리 임무라고 여기느니. 저 대궁수 비슈마 할아버지야말로 우리를 지켜주는 분이기 때문이다. 그러니 너는 전 병력을 이끌고 전장에서 저렇듯 하기 어려운 행적을 보이는 할아버지를 에워싸고 보호하라.'
전장에서 받은 두료다나의 명에 따라 드르따라슈트라의 아들 두샤사나는 대병력을 대동하고 비슈마를 빙 둘러쌌다.
수발라의 아들 샤꾸니는 수백수천의 기병과 함께 나꿀라, 사하데와, 빼어나고 빼어난 다르마의 왕 유디슈티라를 사방에서 에워싸며 막았다. 깃발 든 기병들은 손에 손에 번쩍이는 창, 무쇠공이, 철퇴, 장창을 들고 있었다. 도도하고 재빠른데다 힘이 넘친 그들은 전투에 능하고 잘 훈련된 빼어난 보병들을 거느리고 있었다.

두료다나 왕은 용감무쌍한 기병 만 명을 보내 빤다와들을 막게 했다. 가루다처럼 쏜살같이 나는 말들이 전장에 들어서자 말발굽에 채인 대지가 요동치며 뒤흔들렸다. 거대한 대나무숲이 타들어가는 듯한 요란한 말발굽소리가 들려왔다. 말발굽에 치솟은 엄청난 먼지가 태양 길에 닿아 태양을 가렸다. 백조 떼가 내려앉은 커다란 연못처럼 쏜살같이 내달리는 말들로 인해 빤다와 병력이 소용돌이쳤다. 말울음 소리 말고는 아무것도 들리지 않았다.

우기철의 보름날, 마구 불어나 거세게 밀려드는 바닷물을 막는 경계선처럼 유디슈티라 왕과 마드리의 두 아들은 힘을 다해 날랜 기병들과 맞서 싸웠다. 전차병들은 초승달 모양 촉 깃털화살들을 쏘아 기병들의 몸통에서 머리를 베었다. 이미 강궁들에게 당한 기병들은 다시 코끼리에게 당해 산의 동굴에 떨어진 거대한 코끼리처럼 말에서 떨어져 내렸다. 그들은 전장의 사방천지를 돌아다니며 날선 창들로, 초승달 모양 촉 깃털화살들로 기병들의 머리를 베어냈다. 말 탄 자들은 창에 맞아 거대한 나무에서 열매가 떨어지듯 잘라진 머리를 떨어뜨렸다. 말과 말 탄 자들이 여기저기서 죽임을 당해 수백수천이 떨어졌고, 또 떨어져 내리고 있었다. 그렇게 그들이 죽임을 당하자 겁에 질린 말들은 사자와 맞닥뜨린 사슴이 죽기 살기로 내빼듯 사방으로 도망쳤다. 대전투에서 적에게 승리를 거둔 빤다와들은 고둥을 불고 북을 울렸다.

초라한 몰골의 병사들을 본 두료다나가 마드리 왕 샬리야에게 말했다.
'빤두의 맏아들이 내 병사들을 제압한 모양을 보십시오. 팔심 좋은 외삼촌이시여, 우리 병력이 도망치고 있습니다. 팔심 좋은 이여, 바다의 경계선이 악어들의 집 바다를 막아내듯 저들을 막아주십시오. 당신은 누구도 견뎌내지 못할 힘과 용맹을 지닌 것으로 명성이 자자하지 않습니까?'

드르따라슈트라의 아들의 말을 들은 위용 넘치는 샬리야는 전차부대를 이끌고 유디슈티라 왕이 있는 곳으로 진군했다. 빤두의 아들은 전장에서 느닷없이 거센 물살처럼 공격해 들어오는 샬리야의 엄청난 대군을 막아냈다. 대전사 유디슈티라는 전장에서 재빨리 열 발의 화살로 마드라 왕의 가슴팍을 맞췄다. 나꿀라와 사하데와 또한 곧게 나는 세 발의 화살을 쏘았고, 마드라 왕 샬리야 또한 그들에게 각각 세 발씩의 화살을 쏘았다. 그는 다시 예순 발의 날선 화살을 쏘아 유디슈티라를 맞춘 뒤 당황한 마드리의 두 아들에게 각각 두 발씩의 화살을 쏘아 맞췄다.

적을 제압하는 팔심 좋은 비마는 유디슈티라 왕이 죽음의 아귀에 든 듯한 마드라 왕과 격전을 벌이는 것을 보고 그를 향해 짓쳐 달렸다. 그리고 해가 서쪽으로 기울 무렵 너무나도 잔혹하고 섬뜩한 전투가 벌어졌다.

102

산자야가 말했다.

"성난 당신의 아버지 비슈마는 전장에서 쁘르타의 아들과 그를 빙 둘러싼 병사들을 날카롭고 빼어난 화살들로 공격했답니다. 화살 열두 발은 비마에게, 아홉 발은 사띠야끼에게, 세 발은 나꿀라에게 그리고 일곱 발은 사하데와에게 쏘았고, 유디슈티라에게는 열두 발을 날려 팔과 가슴팍에 상처를 입혔지요. 드르슈타듐나를 꿰뚫은 대장사 비슈마는 포효했습니다. 나꿀라는 열두 발의 화살을 비슈마에게 쏘았고, 마두의 후손 사띠야끼는 세 발, 드르슈타듐나는 일곱 발, 비마세나는 다섯 발, 유디슈티라는 열두 발을 할아버지에게 맞쏘았답니다.

드로나는 사띠야끼와 비마 각각에게 야마의 지팡이 같은 날카로운 화살 다섯 발씩을 쏘아 맞췄지요. 둘은 거대한 코끼리를 꼬챙이로 찌르듯 황소 같은 브라만 드로나에게 곧게 나는 세 발씩의 화살을 되쏘았답니다.

사우위라, 끼따와, 동쪽 부족들, 서쪽 부족들, 북쪽 부족들, 말라와들, 아비샤들, 슈라세나들, 쉬비들 그리고 와사띠들이 모두 날선 화살로 전장에서 비슈마를 공격했으나 무너뜨리지는 못했지요. 왕이시여, 고결한 빤다와에게 당한 여타의 왕들 또한 온갖 무기를 손에 들고 빤다와를 공격했고, 빤다와는 할아버지를 에워쌌답니다."

이어지는 산자야의 이야기는 이러하다.

전차의 물결에 사방으로 에워싸인 불패의 비슈마는 숲의 불처럼 적을 활활 태웠다. 전차를 화로로 삼고 활을 불길로 삼았으며, 칼과 창과 철퇴를 연료로 삼고, 화살을 타오르는 불꽃으로 삼았으며, 비슈마 자신을 황소 같은 크샤뜨리야들을 태우는 불로 삼았다. 비슈마가 황금촉에 독수리 깃털 단 매서운 화살, 가시 돋친 화살, 갈대화살, 쇠화살로 적군을 뒤덮고, 날카로운 화살로 깃발과 전차병을 넘어뜨리자 전차부대는 마치 잎 무성한 꼭대기가 잘려나간 딸라 나무 숲 같았다. 무기 든 자 중 가장 빼어난 저 팔심 좋은 비슈마는 인간에게서, 전차에게서, 코끼리에게서, 전장에 있는 모두에게서 말이 없게 만들어버렸다.

　벼락 치는 듯한 그의 활 튕기는 소리에 세상만물이 떨었다. 드르따라슈트라의 아버지 비슈마의 화살은 과녁을 빗나가는 법이 없었고, 그가 쏘아 날린 화살은 갑옷에 막히는 법이 없었다. 사람들은 전장에서 세차게 달리는 말들에 이리저리 끌려 다니던 전차들이 끝내 영웅들을 죽이는 꼴을 보았다. 황금깃발을 단 만 사천 명의 쩨디, 까쉬, 까루샤의 혈통 좋은 대전사가 물러서지 않고 비슈마와 맞서 싸우다 목숨을 내려놓았다. 말과 전차와 코끼리도 그들과 함께 저승으로 보내졌다. 전장에서의 비슈마는 아가리를 쩍 벌린 죽음과 다르지 않았다.

　바퀴의 축과 기둥이 무너지고 바퀴가 망가진 수백수천의 전차가 눈에 띄었다. 대지에는 온통 테두리가 망가진 전차, 쓰러진 전차병, 화살, 찢겼으나 눈부신 갑옷, 창, 철퇴, 무쇠공이, 날카롭게 벼린 돌촉 창, 도끼, 활집, 부서진 바퀴, 팔, 활, 검, 귀걸이 달린 두상, 장갑, 손가락보호대, 찢긴 깃발, 산산 조각난 활이 흩어져 있었다. 수백수천의 말과 기병, 코끼리와 코끼리병이 목숨을 잃고 쓰러져 있었다.

　빤다와의 영웅들이 아무리 애써도 비슈마의 화살에 당해 도망친 대전사들을 붙잡을 수 없었다. 대인드라 같은 위력을 지닌 비슈마에게 당한 빤다와의 대군은 산산이 부서져 둘이 함께 도망가는 법도 없었다. 전차와 코끼리와 말이 꿰뚫리고, 깃발과 기가 쓰러 넘어져버린 빤두의 아들들의 군대는 넋을 잃고 '아이고', '아이고'를 부르짖었다. 아비가 아들을 죽이고 아들은 아비를 죽였다. 동지는 운명의 힘에 끌려 애지중지하던 동지를 동댕이쳤다. 갑옷을 벗어던지고 머리를 헝클어뜨린 채 달아나는 빤두의 아들의 병사들도 보였다. 고통에 울부짖는 빤두의 아들의 병사들은 수레의 고삐를 벗어던지고 날뛰는 황소들처럼 달아났다.

무너진 군대를 본 야두 족의 기쁨 끄르슈나가 훌륭한 전차를 멈추고 쁘르타의 아들 아르주나에게 말했다.

'쁘르타의 아들이여, 그대가 애타게 기다리던 때가 왔느니. 범 같은 사내여, 혼돈에 시달리지 않는다면 이제 그를 쳐라! 영웅이여, 예전에 그대는 왕들이 모인 자리에서 말했었지. 쁘르타의 아들이여, 위라타의 도성, 산자야가 보는 데서 그대는, 비슈마 드로나를 위시해 그대와 싸우려는 드르따라슈트라의 모든 병사와 친지를 전장에서 모두 죽이겠다고 했느니. 적을 길들이는 꾼띠의 아들이여, 이제 그 말이 사실이 되게 하라. 바라따의 황소여, 크샤뜨리야의 율법을 기억하라! 싸우라!'

와아수데와의 그런 말에 아르주나는 눈을 모로 뜨고 고개를 숙였다. 내키지 않는 말투로 그가 말했다.

'죽이지 말아야 할 자들을 죽이고 왕국을 얻는 것과 지옥에 떨어지는 것, 그리고 숲에 유배되어 고통 받는 것 중에 어느 것이 제게 나을까요? 비슈마에게 말을 몰아가십시오. 당신 말씀대로 하겠습니다. 저 무적의 어른, 꾸루들의 할아버지를 쓰러뜨리지요.'

그리하여 마두의 후손 끄르슈나는 바라볼 수조차 없는 태양 같은 은빛 말들을 비슈마가 있는 곳을 향해 몰았다. 팔심 좋은 아르주나가 비슈마와 전투를 벌이려는 것을 보고 유디슈티라의 대군은 다시 일어섰다. 최상의 꾸루 비슈마는 사자의 포효를 울리고 또 울리며 아르주나의 전차를 향해 지체 없이 화살비를 퍼부었다. 한 순간에 쏟아진 엄청난 화살비로 인해 아르주나의 전차와 말과 마부 어느 것도 알아볼 수 없었다. 그러나 와아수데와는 비슈마의 화살들에 찢기면서도 당황하지 않고 단단히 말을 몰았다. 그리고 쁘르타의 아들이 비구름소리를 담은 천상의 활을 쥐었다. 날선 화살들이 비슈마의 활을 베어 떨어뜨렸다. 활이 갈라지자 드르따라슈트라의 아버지요 꾸루들의 할아버지 비슈마는 다시 거대한 다른 활을 잡고 눈 깜짝할 사이에 활줄을 당겼다. 활은 비구름소리, 천둥소리를 냈다. 그러나 성난 아르주나는 그것마저 갈라버렸다.

산따누의 아들 비슈마는 그의 가벼운 몸놀림에 경의를 표했다.

'쁘르타의 아들이여, 좋구나!' '팔심 좋은 꾼띠의 아들이여, 참으로 잘 하는구나!'

그렇게 말한 뒤 비슈마는 빛나는 다른 활을 들더니 아르주나의 전차를 향해 화살을 날렸다. 와이수데와는 원을 빙글빙글 돌며 더할 나위 없는 말몰이 솜씨로 비슈마의 화살들을 아무 쓸모없이 만들어버렸다. 화살에 상처 입은 범 같은 두 사내 비슈마와 아르주나는 뿔에 긁힌 자국이 선연한 두 마리의 격앙된 황소처럼 아름다웠다.

그러나 와이수데와는 전장에서 힘을 다하지 않고 싸우는 쁘르타의 아들을, 그리고 끊임없이 화살비를 뿌려대는 비슈마를 보았다. 비슈마는 양군 가운데에서 모든 것을 태우는 태양인 듯 빤두의 아들의 빼어나고 빼어난 병사들을 도륙하고 있었다. 팔심 좋은 마두의 후손, 적의 영웅을 처단하는 끄르슈나는 그렇게 세상의 끝날처럼 유디슈티라의 군대를 궤멸시키는 비슈마를 참을 수 없었다. 격노한 대 요기 끄르슈나는 아르주나의 은빛 말들의 고삐를 놓고 거대한 전차에서 뛰어내렸다. 기세등등한 장사 끄르슈나는 맨주먹으로 비슈마와 싸우러 짓쳐 달렸다. 채찍을 손에 쥔 그는 사자의 포효를 울리고 또 울렸다. 온 세상의 주인인 그가 세상을 찢으려는 듯했다. 끝없는 빛을 지닌 끄르슈나의 눈은 분노로 붉어졌고, 대전투에서 드르따라슈트라군을 모조리 죽여 삼키려는 듯했다.

'비슈마가 죽는다!' '비슈마가 죽는다!'

거기 있던 병사들이 그렇게 울부짖었고, 사람들은 와아수데와가 두려워 모두 도망쳤다. 검푸른 보석 빛을 띤 끄르슈나가 노란 비단옷을 입고 비슈마를 공격하자 비구름이 번개 띠를 두른 듯 아름답게 빛났다. 기세등등한 야다와 족의 황소 끄르슈나는 코끼리를 공격하는 사자처럼, 홀로 있는 황소를 공격하는 우두머리 황소처럼 포효하며 비슈마를 향해 짖쳐 달렸다. 연꽃 눈의 끄르슈나가 전장에서 자기를 덮쳐오는 것을 본 비슈마는 흔들림 없이 전투를 위한 장대한 활을 꺼내 들었다. 비슈마가 흔들림 없는 마음으로 끄르슈나에게 말했다.

'연꽃 눈 가진 이여, 오시오, 오시오! 신들 중의 신이여, 경배 드리오. 빼어나고 빼어난 사뜨와따여, 오늘 이 대전투에서 나를 쓰러뜨리시오. 무구한 끄르슈나 신이여, 내가 오늘 이 전투에서 당신 손에 죽는다면 이 세상에서 더 바랄 것 없는 영광이오. 고윈다여, 오늘 이 전장에서 나는 삼계의 우러름을 받은 거나 같소.'

그러자 팔심 좋은 쁘르타의 아들이 끄르슈나를 뒤쫓아 가서 팔을 부여잡았다. 연꽃 눈을 지닌 더할 나위 없는 사내 끄르슈나는 아르주나에게 팔이 붙잡힌 채 얼마간을 그와 함께 전력으로 달렸다. 그러나 적의 영웅을 처단하는 쁘르타의 아들은 끄르슈나의 다리를 있는 힘껏 붙들었고, 열 발짝쯤에서야 겨우 그를 멈춰 세웠다. 적의 영웅을 처단하는 아르주나가 눈에 분노를 가득 담고 뱀처럼 긴 숨 쏟아내는 끄르슈나에게 괴로워하며 말했다.

'팔심 좋은 이여, 거두어들이소서. 끄르슈나여, 당신이 예전에 싸우지 않겠노라고 했던 말이 거짓되지 않게 하소서. 마두의 후손이여, 세상이 당신더러 거짓을 말하는 자라고 떠들어댈 것입니다. 그것은 모두 제가 질 짐입니다. 할아버지는 제가 죽이겠습니다. 마두의 후손이여, 동지를 걸고, 진실을 걸고, 선행을 걸고 맹세합니다. 적을 괴롭히는 이여. 적은 모두 제가 끝내겠습니다. 세상 끝나는 날, 다 차지 않은 초승달을 끝장내듯 오늘 당장 저 크나큰 서약을 지키는 할아버지, 감당하기 어려운 비슈마를 제가 쉽게 쓰러뜨리는 모습을 보십시오.'

고결한 아르주나의 말을 들은 마두의 후손은 말은 한 마디도 하지 않고 여전히 화난 채 다시 전차에 올랐다. 전차에 다시 앉은 범 같은 누 사내에게 샨따누의 아들 비슈마가 구름이 산 위에 비를 퍼붓듯 화살비를 퍼부었다. 신성한 맹세를 한 드르따라슈트라의 아버지 비슈마는 겨울의 끝자락에 태양이 따가움으로 만물의 기운을 빼앗듯 전사들의 목숨을 앗아갔다. 빤두의 아들이 전장에서 꾸루 병사들을 깨뜨리듯 드르따라슈트라의 아버지 또한 전장에서 빤두의 아들의 병사들을 깨뜨렸다. 다치고 설 곳 잃은 병사들은 기운이 빠지고 넋이 나가 중천에 이른 태양처럼 전장에서 제 빛으로 활활 태우는 비슈마를 바라볼 수조차 없었다. 세상이 끝나는 날의 시간 같은 비슈마에게 도륙당한 저들 빤다와들은 두려움에 벌벌 떨며 멍하게 바라볼 뿐이었다. 진흙탕에 빠진 소처럼, 힘센 자에게 짓밟힌 힘없는 개미처럼 전장에서 기댈 곳을 찾을 수 없었다.

무너뜨릴 수 없는 대용사,
빛으로 활활 태우는 태양처럼
화살의 빛으로 인간들의 왕을 태우는

저 비슈마를 그들은 바라볼 수 없었네.

그가 빤다와의 병사들을 도륙하는 사이에
수천의 빛줄기 가진 태양이 졌네.
지치고 지친 병사들은 이제
돌아가고 싶은 마음뿐이었다네.

103

산자야가 말했다.
"그들이 싸우는 동안 해가 지고 섬뜩한 황혼이 와서 우리는 전장에서 더 이상 아무것도 보지 못했지요. 바라따의 후손이시여, 유디슈티라 왕은 황혼이 왔음을, 적을 처단하는 비슈마에게 병사들이 도륙 당하고 있음을 보았습니다. 전장에서 비슈마가 내몬 혼란에 빠져 무기를 버리고 기댈 곳 찾아 도망치는 대전사들을 보고, 패퇴해 기운 잃은 소마까의 대전사들을 본 왕은 오래도록 생각에 잠겨 곱씹어본 뒤 퇴군하기로 마음먹었답니다. 그리하여 유디슈티라 왕은 병사들을 거두어들였고, 당신의 병사들 또한 돌아갔지요. 훌륭한 꾸루의 후손이시여, 병사들을 거두어들인 뒤 전장에서 상처를 심하게 입은 대전사들은 막사로 들어갔답니다. 전장에서 비슈마에게 심한 부상을 당한 빤다와들은 비슈마의 행적을 생각하며 안절부절못했습니다. 바라따의 후손이시여, 빤다와들과 스른자야들을 전장에서 패퇴시킨 비슈마 또한 당신의 아들의 우러름과 찬미를 받고, 기뻐하는 꾸루들에게 에워싸여 막사로 들어갔지요. 그리고는 만물을 혼미케 하는 밤이 찾아들었답니다. 끔찍했던 그날 밤의 초입에 빤다와들은 우르슈니, 감히 누구도 넘보기 어려운 스른자야들과 어찌해야 할지 논의하기 위해 무릎을 맞댔습니다. 논의를 결정짓는데 달통한 대장사들은 모두 그런 때는 어떻게 하는 것이 가장 적절하고 어떤 것이 자기들에게 가장 유리할지를 논의했지요. 왕이시여, 오랜 논의 끝에 유디슈티라 왕은 와아수데와를 보며 이렇게 말했답니다.

'끄르슈나여, 무섭도록 용맹스런 고결한 비슈마를 보세요. 갈대숲을 짓밟는 코끼리처럼 그가 나의 병사들을 짓밟습니다. 치솟는 불길처럼 우리 병사들을 훑고 지나가도 우리는 저 고결한 이를 바라볼 수조차 없었지요. 끄르슈나여, 전장에서 매서운 무기 든 용용 넘치는 비슈마는 치명적 독을 내뿜는 섬뜩하고 거대한 뱀 딱샤까 같습니다. 성난 야마도 벼락 든 신들의 제왕 인드라도, 올가미 쥔 와루나도, 철퇴 든 부의 제왕 꾸베라도 제압할 수 있을 것이나 전장에서 활을 들어 날선 화살들을 쏘아 날리는 성난 비슈마를 이길 수는 없습니다. 끄르슈나여, 상황이 이러하니 내 마음은 슬픔의 바다에 하염없이 가라앉습니다. 전장에서 비슈마를 마주해야 하는 내 지혜는 그저 약하기만 합니다. 꺾을 수 없는 이여, 숲으로 가야겠습니다. 나는 그곳에 가야 오히려 영예롭겠습니다. 끄르슈나여, 비슈마가 하염없이 우리를 죽여대는 그런 전투를 하고 싶지 않습니다. 죽음을 향해 타는 불길 속으로 치닫는 부나비처럼 나는 비슈마를 향해 내달립니다. 우르슈니의 후손이여, 왕국을 얻기 위해 더할 수 없는 용맹을 펼쳐보지만 나는 파멸로 이끌려갑니다. 호기로운 내 아우들이 화살에 맞아 너무 많이 다쳤습니다. 왕국을 앗긴 그들은 나를 향한 우애로 숲으로 갔지요. 마두를 처단한 이여, 순전히 나 때문에 끄르슈나아는 고초를 겪었습니다. 삶을 구하기가 이리도 어려운 지금 나는 삶이 너무나 소중하게 느껴집니다. 남아 있는 삶 동안 가장 나은 다르마를 행하려 합니다. 끄르슈나여, 나와 내 아우들이 그럴만한 가치가 있으면 스와다르마를 거스르지 않는 선에서 내게 조언해 주십시오.'

이어지는 산자야의 이야기는 이러하다.

유디슈티라의 장황한 말을 듣고 끄르슈나가 그를 달래려는 마음으로 친절하게 답했다.

'자기 말에 진실한 다르마의 아들이여, 슬픔에 주저앉지 마시오. 당신의 아우들은 누구에게도 패하지 않고 적을 짓누르는 용사들입니다. 아르주나와 비마세나는 바람과 불처럼 기세등등하고, 마드리의 두 아들은 천상의 제왕처럼 용맹스럽습니다. 빤두의 아들이여, 아니면 그 일을 내게 맡기십시오. 당신을 향한 동지애로 내가 비슈마와 싸우겠습니다. 왕이여, 내가 대전투에서 당신을 위해 하지 못할 일이 무엇이리까? 아르주나가 못하겠다면 다르따라슈트라들이 보는 앞에서 저 범 같은 사내 비슈마를 전장에 불러내 내가 죽이겠습니다. 빤두의 아들이여, 비슈마가 죽어야 승리가 보이겠으면 꾸루의 어른이신 할아버지를 오늘 내가 죽이겠습니다. 왕이시여, 전장에서 대인드라 같은 나의 용맹을 보십시오. 엄청난 그의 무기를 내려놓게 하고 전차에서 그를 끌어내리겠습니다. 빤두의 아들들의 적이 나의 적임은 말할 필요도 없지요. 당신의 동지가 나의 동지이며, 나의 동지가 당신의 동지입니다. 당신의 아우 아르주나는 나의 벗이자 친지이며 제자지요. 이 땅을 지키는 이여, 아르주나를 위해 나는 내 살을 베어 내줄 수도 있습니다. 저 범 같은 사내 또한 나를 위해 자기 목숨을 내줄 것입니다. 나의 왕이여, 우리는 서로를 지켜주기로 약조했습니다. 인드라 같은 왕이여, 그러니 내게 시키십시오. 내가 당신의 섬이 되어드리겠습니다.

예전에 우빨라비아에서 쁘르타의 아들은 모두가 보는 앞에서 자기가 강가의 아들을 죽이겠다고 맹세했었지요. 사려 깊은 쁘르타의 아들의 말을 내가 지켜줘야 합니다. 물론 쁘르타의 아들이 허락하면 내가 그 일을 내신 알 것임을 믿어 의심치 마십시오. 아무튼 전장에서 아르주나에게 그것은 그리 큰 짐은 아니지요. 적의 도시를 파괴하는 비슈마를 그가 전장에서 죽일 것입니다. 싸울 마음만 먹는다면 쁘르타의 아들이 하지 못할 일이 없지요. 신들이 디띠와 다누의 아들들과 함께 와도 아르주나는 그들을 전장에서 죽일 수 있습니다. 그러니 왕이여, 비슈마는 일러 무엇 하겠습니까? 호기롭고 호기로운 샨따누의 아들 비슈마는 지금 정신이 나간 듯 뒤틀려 있고 남아 있는 목숨이 얼마 되지 않습니다. 자기가 무엇을 해야 할지도 제대로 모르지요.'

유디슈티라가 말했다.

'팔심 좋은 마두의 후손이여, 당신이 말한 그대로입니다. 마음만 먹으면 전장에서 당신의 기세를 누를 자가 아무도 없지요. 범 같은 이여, 힘이 넘치는 당신이 내 곁에 있는 한 나는 원하는 모든 것을 얻을 수 있습니다. 승리자 중의 승리자 끄르슈나여, 신들이 인드라와 함께 와도 나는 당신을 피난처 삼아 승리를 거둘 수 있습니다. 제아무리 비슈마인들 어찌 우리가 대전투에서 승리를 거두지 않으리까? 그러나 내 뜻이 너무 무겁기에 감히 당신 말이 거짓되게 할 자신이 없습니다. 마두의 후손이여, 스스로 싸우지는 않는, 그저 우리와 동맹일 뿐이라고 한 당신 말을 행하십시오. 마두의 후손이여, 나는 비슈마와 약속했습니다. 비슈마는 "나는 그대에게 조언을 해줄 것이나 어떤 경우에도 그대를 위해 싸우지는 않을 것이다. 위용 넘치는 이여, 나는 두료다나 편에서 싸울 것이다. 이것이 진실이니!"라고 말씀하셨지요. 마두의 후손이여, 그분은 조언을 통해 내게 왕국을 주셨습니다. 그러니 마두를 처단한 이여, 당신과 우리가 함께 비슈마 죽일 방도를 다시 청해봅시다. 우르슈니의 후손이여, 어서 우리와 함께 저 빼어난 꾸루의 후손 비슈마에게 가서 당신이 어찌하면 좋을지를 여쭤봅시다. 끄르슈나여, 그분은 우리에게 이로운 말을 사실대로 알려주실 것이고, 나는 전장에서 그분이 말씀하신대로 행하렵니다. 서약 굳은 할아버지는 우리가 승리할 방도를 알려주실 것입니다. 아비 잃은 어린 우리는 그분 손에 길러졌지요. 마두의 후손이여, 나는 아버지의 아버지이자 너무나도 소중한 나이든 할아버지를 죽이려 합니다. 크샤뜨리야의 삶이 원망스러울 뿐입니다.'

이어지는 산자야의 이야기는 이러하다.

우르슈니의 후손 끄르슈나가 꾸루의 기쁨 유디슈타라에게 말했다.
'팔심 좋은 이여, 당신 말은 언제나 타당하지요. 신성한 서약을 한 비슈마는 눈길만으로도 적을 태워버릴 수 있습니다. 강의 아들에게 자신을 죽일 방도를 물으러 갑시다. 그는 필시 사실대로 일러줄 것이오. 특히 당신이 청할 때는 더욱 더. 그러니 그곳에 가서 머리를 조아리고 꾸루들의

할아버지께 절을 올린 뒤 방도를 물읍시다. 그가 방도를 알려줄 테니 그에 따라 적과 싸웁시다.'

이런 논의 끝에 기력 넘치는 끄르슈나와 빤다와의 영웅들은 무기와 갑옷을 내려놓고 다함께 비슈마의 막사를 향해 갔다. 막사에 들어선 그들은 비슈마에게 머리 숙여 절을 올렸다. 비슈마를 우러러 머리 숙여 절을 올린 빤다와들은 그의 선처를 구했다.

팔심 좋은 꾸루들의 할아버지 비슈마가 말했다.

'우르슈니의 후손이여, 어서 오시오, 다난냐야여, 잘 왔느니. 다르마의 아늘이여, 어서 오시오. 비마도 쌍둥이도 잘 왔구나. 오늘 내가 무엇을 해 그대들을 기쁘게 해줄까? 아무리 어려운 일이라도 그대들을 위해 온 마음 다해 해줄 것이니.'

그렇듯 기꺼운 마음으로 거듭 말하는 강가의 아들에게 다르마의 아들 유디슈티라가 풀이 죽어 말했다.

'다르마를 능히 아시는 이여, 어찌하면 우리가 이기고 무슨 수를 써야 왕국을 얻겠습니까? 위용 넘치는 이여, 어찌해야 백성의 궤멸을 막을 수 있을지, 제가 어떻게 해야 할지 말씀해주십시오. 우리가 할아버지를 죽일 방도를 직접 말씀해주십시오. 왕이시여, 우리가 어찌해야 전장에서 당신에게 맞설 수 있습니까? 꾸루들의 할아버지시여, 당신에게서는 털끝만한 흠도 찾을 수 없습니다. 전장에서 당신은 언제나 활을 둥글게 당기고 있는 모습만 보입니다. 팔심 좋은 이여, 전차에 선 당신은 태양 같아 화살을 취해 그것을 겨누고 활을 당기는 모습을 우리는 쳐다볼 수조차 없습니다. 적의 영웅을 죽이는 황소 같은 바라따의 후손이시여, 사람과 말과 코끼리를 죽이는 당신을 어찌해야 죽일 용기가 생길까요? 위없는 사내시여, 화살비를 퍼부으며 당신은 우리를 엄청난 파멸로 이끕니다. 저의 대군이 패망해가고 있습니다. 할아버지시여, 어찌해야 전쟁에서 당신을 이길 수 있을지, 어찌해야 제가 왕국을 얻을지, 어찌해야 제 병사들이 안전할지 말씀해주십시오.'

그러자 샨따누의 아들이 빤두의 아들에게 말했다.

'꾼띠의 아들이여, 내가 전장에 살아 있는 한 무슨 수를 써도 그대들의 번성은 보지 못할 것이오. 그것은 사실이오. 그러나 전장에서 내가 패하면 분명히 까우라와들을 이길 것이니. 승리를 거두려거든 서둘러 나를 치시오. 유디슈티라여, 허락하느니, 편안한 마음으로 나를 치시오. 그리하는 것이 선행이라 여기는 바이니 부디 나를 헤아려 살펴주시오. 내가 죽으면 모두가 죽을 것이오. 그러니 내가 이르는 대로 하시오!'

유디슈티라가 말했다.

'그러니 말씀해주십시오. 전장에서 지팡이 든 죽음의 신처럼 성난 당신에게 우리가 어찌하면 승리를 거둘지. 벼락 쥔 인드라도, 와루나도, 야마도 우리가 이길 수 있습니다. 그러나 신과 아수라가 인드라와 함께 와도 전장에서 당신을 이길 수는 없습니다.'

비슈마가 말했다.

'팔심 좋은 빤두의 아들이여, 그대 말이 맞소. 내가 무기를 들고 나의 빼어난 활을 휘두르면 신과 아수라가 인드라와 함께 와도 전장에서 나를 이기지 못하오. 그러나 왕이여, 대전사들은 무기 내려놓은 나를 전장에서 죽일 수가 있느니. 무기를 버린 자, 쓰러진 자, 갑옷과 깃발을 내던진 자, 두려워 떠는 자, 도망치는 자, '나는 당신 것'이라고 말하는 자, 여인인 자, 여인의 이름을 지닌 자, 장애 있는 자, 외아들인 자, 자손 없는 자들과 싸우는 것을 나는 달가워하지 않지요. 쁘르타의 아들이여, 예전에 내가 궁리하고 결심한 바를 들으시오. 나는 상서롭지 않은 기색을 보면 어떤 경우에도 싸우지 않겠노라고 했느니. 왕이여, 그대 군대에 드루빠다의 대전사 아들, 늘 싸우고 싶어 안달하고 승리를 쟁취하는 쉬칸딘이라는 용사는 한때 여인이었다가 후에 사내가 된 자요. 그리 된 사연은 그대들도 모두 알고 있소. 쉬칸딘을 앞세운 용맹스런 아르주나가 무장하고 전장에서 날카로운 화살로 나를 공격케 하시오. 그러면 상서롭지 못한 기색, 특히 한때 여인이었던 자의 기색을 알아챈 나는 비록 화살을 들고 있더라도 결코 맞공격하지 않으리다. 황소 같은 바라따의 후손이여, 그 사이에 빤두의 아들 다난자야가 재빨리 사방에 화살을 쏘아 나를 치면 될 것이오. 영예로운 끄르슈나와 빤두의 아들 다난자야 말고는 싸울 채비 갖춘 나를 죽일 만한 자를 나는 삼계에서 보지 못했소. 그러니 다른 누구도 아닌 그를 내 앞에 세우시오. 아르주나가 나를 쓰러뜨리게 하시오. 그러면 승리는 그대들의 것이오. 꾼띠의 아들이여, 내가 일러준 대로 하시오. 그러면 몰려드는 다르따라슈트라들에게 전쟁에서 승리를 거둘 것이오.'

이어지는 산자야의 이야기는 이러하다.

그의 말을 알아들은 쁘르타의 아들들은 고결한 꾸루들의 할아버지 비슈마에게 절을 올린 뒤 자기들 막사로 돌아갔다. 한편 그렇게 말한 강가의 아들이 저세상으로 떠날 준비를 하고 있을 때 아르주나는 너무나 괴로운 나머지 수치스러워하며 끄르슈나에게 말했다.

'마두의 후손이시여, 스승이자 꾸루의 어른이고 지혜를 완성한 사려 깊은 할아버지와 어찌 전장에서 싸울 수 있으리까? 와이수데와여, 어렸을 적 저는 놀면서 온몸에 흙먼지 뒤집어쓰고 저 고결한 할아버지 옷을 더럽히곤 했습니다. 가다의 형이시여, 어린 저는 그분 품에 기어들어가 고결한 제 아버지 빤두의 아버지인 그분을 아버지라고 부르곤 했지요. 그러면 그분께선, "바라따의 후손이여, 나는 네 아비가 아니라 네 아비의 아버란다"라고 어린 제게 일러주셨습니다. 그런 그분을 제가 어찌 죽일 수 있단 말입니까? 제 병사가 죽이게 하십시오. 저는 승리하건 죽건 고결한 할아버지와 싸우고 싶지 않습니다. 끄르슈나여, 당신은 어찌 생각하시는가요?'

성스런 끄르슈나가 말했다.

'쁘르타의 아들 아르주나여, 크샤뜨리야의 율법에 따라 전장에서 비슈마의 죽음을 약속하고서 어찌 그를 죽이지 않겠다는 것인가? 쁘르타의 아들이여, 벼락 맞은 나무처럼 그를 전차에서 쓰러뜨려야 하느니. 전장에서 강가의 아들을 죽이지 않고는 그대의 승리도 없을 터이다. 인드라의 아들이여, 그대가 비슈마를 죽이는 것은 피할 수 없으리라고 신들이 이미 예견했느니. 그리 되지 않을 수 없다. 그대가 아니면 누가 전장에서 아가리 벌린 죽음처럼 감히 넘볼 수조차 없는 저 비슈마를 죽일 수 있단 말인가? 벼락 쥔 인드라가 몸소 와도 안 될 일이다. 팔심 좋은 이여, 비슈마를 죽여라. 내 말을 들어보라. 지혜 넘치는 브르하스빠띠는 예전에 인드라에게 "인드라여, 덕을 갖춘 나이든 자라도 당신을 죽이려고 공격해오면 그를 죽여야 하오"라고 말했었지. 다난자야여, 싸우고, 지키고, 시기심 없이 제사지내는 것, 이것이 영원한 크샤뜨리야의 율법이니.'

아르주나가 말했다.

'끄르슈나여, 쉬칸딘은 반드시 비슈마의 죽음이 될 것입니다. 비슈마는 저 빤짤라의 왕자를 볼 때마다 등을 돌리기 때문이지요. 그러니 쉬칸딘을 우리 앞에 세우고 강가의 아들을 쓰러뜨려야 될 듯합니다. 여타의 대궁수들은 제가 활을 쏴서 막겠습니다. 쉬칸딘은 저 최고의 전사 비슈마에 맞서 싸우면 되겠지요. 우리는 저 꾸루 수장이 "나는 여인으로 태어났다가 사내가 된 쉬칸딘을 죽이지 않으리니"라고 말하는 것을 들었습니다.'

산자야가 말했다.

"그렇게 마음을 굳힌 뒤 저 범 같은 사내 빤다와들은 마두의 후손들과 함께 각자의 막사로 들어갔습니다."

열흘째 날

104

드르따라슈트라가 말했다.

"쉬칸딘은 전장에서 강가의 아들을 어떻게 공격했더냐? 산자야여, 또한 빤다와들은 비슈마를 어떤 식으로 공격했는지 말해다오."

산자야가 말했다.

"동이 트고 태양이 떠오르자 북, 작은북, 새하얀 소라고둥, 앉은뱅이 북소리가 사방으로 울려퍼졌고, 쉬칸딘을 앞세운 빤다와들은 전장으로 진군했지요. 백성을 지키는 대왕이시여, 저들은 쉬칸딘이 전군의 선봉에 서서 모든 적을 물리치게 하는 진을 짰습니다. 비마세나와 다난자야가 쉬칸딘의 전차바퀴를 지켰고, 드라우뻬디의 아들들과 위용 넘치는 수바드라의 아들 아비만유가 전차의 뒤를, 사띠야끼와 대전사 쩨끼따나, 그리고 빤짤라들과 드르슈타듐나가 함께 그들의 뒤를 받쳤습니다. 황소 같은 바라따의 후손이시여, 위용 넘치는 유디슈티라 왕은 쌍둥이와 함께 사자의 포효를 울리며 공격해 들어갔지요. 대왕이시여, 그의 뒤로 자기 병사들에게 에워싸인 위라따가 따랐고, 드루빠다가 그의 뒤를 따라 짓쳐 달렸습니다. 바라따의 후손이시여, 그리고 다섯 께까야 형제와의 영웅 드르슈타께뚜가 빤다와의 병사들의 후방을 지켰지요.

그런 식으로 빤다와의 대군과 당신의 군대는 진을 짰고, 전장에서 목숨을 내놓고 공격했습니다. 왕이시여, 까우라와들은 대장사 비슈마를 진군의 선봉에 세우고 빤다와들을 향해 짓쳐 들어갔지요. 뒤는 무적의 대전사들인 당신의 아들들의 엄호를 받은 대궁수 드로나와 그의 대전사 아들 아쉬와타만이, 그들 뒤로는 코끼리들에게 에워싸인 바가닷따가, 그리고 끄르빠, 끄르따와르만이 바가낫따 뒤를 따랐습니다. 힘이 좋은 깜보자 왕 수닥쉬나, 마가다 왕 자야뜨세나, 수발라의 아들, 그리고 브르하드발라가 뒤를 따랐지요. 바라따의 후손이시여, 슈샤르마를 위시한 여타의 대궁수 왕들도 당신의 군대의 후방을 지켰답니다. 샨따누의 아들 비슈마는 아수라, 삐샤짜, 락샤사들의 진을 짜며 전투를 이어갔습니다. 바라따의 왕이시여, 그리고는 서로가 서로를 죽여 야마 땅을 늘리는 당신과 그들 군대 간의 전투가 벌어졌답니다. 아르주나를 위시한 쁘르타의 아들들은 쉬칸딘을 앞세우고 전장에서 온갖 종류의 화살을 쏘며 비슈마를 공격했습니다. 바라따의 후손이시여, 당신의 군대는 비마가 쏜 화살들에 맞아 홍수처럼 피를 흘리며 고통 받다가 딴 세상으로 떠나곤 했지요. 나꿀라, 사하데와, 대전사 사띠아끼도 당신의 병사들을 공격하며 기세로 짓눌렀습니다. 황소 같은 바라따의 후손이시여, 당신의 병사들은 그처럼 전장에서 쓰러졌고, 빤다와의 대군을 막을 수 없었답니다. 왕이시여, 당신의 병사들은 대전사들에게 짓뭉개지고 죽어 넘어지며 사방으로 뿔뿔이 도망쳤답니다. 황소 같은 바라따의 후손이시여, 빤다와들과 스른자야들의 날선 화살에 당한 당신의 병사들은 피할 곳을 찾지 못했습니다."

드르따라슈트라가 말했다.

"산자야여, 전장에서 그렇듯 쁘르타의 아들들에게 당한 군대를 보고 용맹스럽기 그지없는 비슈마가 격노해 무엇을 했는지 말해다오. 산자야여, 또한 적을 괴롭히는 비슈마가 전장에서 빤다와들과 맞서 싸우며 소마까의 영웅들을 무너뜨린 이야기도 해다오."

산자야가 말했다.

"대왕이시여, 당신의 아들의 군대가 빤다와들과 스른자야들에게 짓눌리고 있을 때 할아버지께서 무엇을 하셨는지 말씀드리지요. 빤두를 아우로 둔 왕이시여, 한껏 기분이 고조된 빤다와의 용사들이 당신의 아들의 병사들을 치려고 짓쳐들어왔습니다. 인간들의 왕이시여, 비슈마는 아군 병사들과 코끼리들과 말들이 전장에서 적에게 궤멸당하는 꼴을 가만 두고 볼 수 없었답니다. 도저히 범접하기 어려운 대궁수는 목숨을 내놓고 빤다와, 빤짤라, 스른자야들을 향해 짓쳐 들어갔습니다. 왕이시여, 그는 전장에서 인정사정없이 무기를 휘둘러대는 빼어나고 빼어난 다섯 빤다와 대전사를을 쇠화살, 송아지 이빨 모양 화살, 생쥐 모양의 날카로운 화살로 막아냈답니다. 왕이시여, 저 황소 같은 사내, 성난 비슈마는 헤아릴 수 없이 많은 코끼리와 말을 전장에서 죽이고 전차병을 전차에서 끌어내렸습니다. 기병을 말등에서 떨어뜨렸고, 보병을 넘어뜨렸으며, 코끼리병을 코끼리에서 떨어뜨리며 적들에게 두려움을 심었답니다. 그러자 빤다와들은 아수라들이 인드라를 에워싸듯 홀로 전장을 누비는 비슈마 대전사를 빙 둘러쌌습니다. 무서운 형상을 취한 비슈마가 사방천지에 모습을 드러냈고 인드라의 벼락처럼 닿기만 해도 치명적인 날선 화살을 쏘아댔답니다. 그가 전장에서 싸울 때면 인드라의 활처럼 거대하고 둥글게 휜 그의 활이 전장 어디서나 나타났지요. 백성의 주인이시여, 당신의 아들들은 전장에서의 그의 행적에 너무나 놀라 할아버지를 우러렀답니다. 전장에서 용감무쌍하게 싸우는 위쁘라찟띠* 아수라를 지켜보는 신들처럼 당신의 아버지를 지켜본 쁘르타의 아들들은 그만 기가 죽고 말았습니다. 그들은 아가리를 쩍 벌리고 달려드는 죽음과도 같은 그를 막아낼 수 없었답니다. 열흘째 날이 되자 비슈마는 숲에 검은 자락을 남기는 불처럼 날선 화살로 쉬칸딘의 전차부대를 태우기 시작했습니다. 쉬칸딘은 독 오른 뱀처럼, 시간이 만들어낸 죽음처럼 성난 비슈마를 향해 세 발의 화살을 쏘았고, 그의 가슴팍에 상처를 입혔지요. 그 때문에 심한 상처를 입고 격분한 비슈마가 언짢은 듯 쉬칸딘을 노려보더니 웃으며 말했습니다.

'그대가 나를 치든 치지 않든 나는 어쨌든 그대와 싸우지 않을지니! 그대는 결국 조물주가 만든 그대로 쉬칸디니인 까닭이다.'"

이어지는 산자야의 이야기는 이러하다.

전장에서 그 같은 말을 들은 쉬칸딘은 화가 머리 꼭대기까지 치밀어 입꼬리를 핥으며 비슈마에게 말했다.

'팔심 좋은 자여, 나는 당신이 크샤뜨리야의 패망을 불러올 자임을 알지요. 나는 자마다그니 아들*과 당신 간의 싸움에 대해 들었고, 당신이

위쁘라찟띠_ 쁘라자빠띠 까샤빠와 다누 사이에 태어난 아수라로, 다누의 아들들인 다나와 중 맏이이다.
자마다그니 아들_ 빠라슈라마를 일컫는다. 그는 쉬칸딘이 비슈마에게 한을 품은 여인 암바

지닌 천상의 위력에 대해서도 숱하게 들었소. 빼어난 사내여, 당신의 위력을 알고 있음에도 나는 빤다와들과 나 자신을 아끼기에 전장에서 오늘 당신과 싸울 것이오. 기필코 당신을 죽이겠노라고 진리의 이름으로 당신 앞에서 맹세하느니, 나의 이 말을 듣고 당신이 하고자 하는 일을 하는 것이 좋으리! 당신이 나를 치던 치지 않던 내게서 당신 목숨을 건지지는 못하리! 언제나 승리를 거두는 비슈마여, 이 세상을 잘 봐두시오.'

그렇게 말한 뒤 쉬칸딘은 말言語의 화살에 상처 입은 비슈마를 향해 곧게 나는 다섯 발의 화살을 쏘아 맞췄다. 그의 말을 들은 왼손잡이, 저 적을 태우는 아르주나는 '지금이 바로 그때이다'라고 생각하고 쉬칸딘을 채근했다.

'내가 당신 뒤에서 싸우며 화살로 적들을 몰아붙이겠소. 분노로 끓어오른 당신은 무서운 용맹을 펼치는 저 비슈마를 치시오. 대전사 비슈마는 전장에서 당신을 짓밟지 못할 것이오. 팔심 좋은 영웅이여, 그러니 지금 비슈마를 향해 내달리시오! 나의 벗이여, 당신이 이 전장에서 비슈마를 죽이지 않고 돌아온다면 당신은 나와 함께 세상의 웃음거리가 될 것이오. 영웅이여, 이 엄청난 전투에서 웃음거리가 되지 않도록 온힘을 다해 전장에서 할아버지를 끝장내시오. 적을 태우는 이여, 내가 전투에서 당신을 지키겠소. 전차병을 모두 몰아내고 할아버지를 끝내시오. 드로나, 드로나의 아들, 끄르빠, 두료다나, 찌뜨라세나, 위까르나, 신두 왕 자야드라타, 아완띠의 두 왕자 윈다와 아누윈다, 깜보자 왕 수닥쉬나, 저 영웅적인 바가닷따, 대전사 마가다 왕, 소마닷따, 르샤슈룽가의 락샤사 아들 알람부

였을 때 그녀의 청으로 비슈마와 결전을 벌인 적이 있다.

샤, 전장에서 모든 대전사를 이끄는 뜨리가르따 왕은 악어 떼 들끓는 바다를 막아서는 경계처럼 내가 막겠소. 꾸루들과 우리에 맞서는 다른 모든 병사는 내가 막겠소. 당신은 전장에서 할아버지를 끝내시오.'

105

드르따라슈트라가 말했다.

"빤짤라의 성난 왕자 쉬칸딘은 저 고결한 강가의 아들, 서약 굳은 꾸루 할아버지를 어떻게 공격했더냐? 그토록 다급하고 다급하던 때 빤다와 군의 어떤 대전사들이 승리를 갈망하며 무기를 치켜들고 쉬칸딘을 지켰더냐? 위대한 영웅 샨따누의 아들 비슈마는 빤다와, 스른자야들과 열째 날에 어떻게 싸웠느냐? 나는 쉬칸딘이 전장에서 비슈마에 맞서 싸웠다는 게 견딜 수 없느니. 혹시 비슈마의 전차가 망가졌더냐? 그의 활이 산산이 부서졌더냐?"

산자야가 말했다.

"활은 부서지지 않았고 전차 또한 망가지지 않았습니다. 황소 같은 바라따시여, 전장에서 싸울 때 비슈마는 곧게나는화살로 적들을 무너뜨렸지요. 왕이시여, 수백수천에 이르는 당신의 군대의 대전사가 전차와 코끼리 무리와 말을 잘 채비시켜 할아버지를 앞세우고 적과 격전을 벌이려 뛰어들었답니다. 꾸루의 후손이시여, 신념대로 싸워 언제나 승리를 거두는 비슈마는 쉴 새 없이 빤다와 병력을 무너뜨렸습니다. 빤짤라와 빤다와들이 모두 함께 힘을 합쳐 싸웠으나 화살로 적을 궤멸시키는 대궁수를 막아내지 못했지요. 열흘째 날이 되자 비슈마는 날선 화살로 적군을 태워 수백수천 갈래로 흩트려놓았습니다. 빤두를 아우로 둔 왕이시여, 빤다와들은 올가미를 손에 쥔 죽음과도 같은 대궁수 비슈마를 전장에서 이길 수 없었답니다. 대왕이시여, 그러자 적을 태우는 왼손잡이, 저 불패의 아르주나가 모든 전차병를 몰아세워 두려움에 떨게 하며 공격했지요. 쁘르타의 아들은 죽음을 부르는 시간처럼 전장을 휘저으며 사자의 포효와 함께 활시위를 당기고 또 당겼습니다. 전장에는 화살 물결이 쏟아져 내렸지요. 황소 같은 바라따의 왕이시여, 그의 포효에 놀란 당신의 군대는 사자 앞에 선 사슴처럼 두려움에 벌벌 떨며 도망치고 말았답니다. 빤다와가 승리하는 것을, 제 군대가 무너지는 것을 본 두료다나가 몹시 괴로워하며 비슈마에게 말했지요.

'할아버지시여, 흰말을 타고 검은 이*를 마부 삼은 빤두의 아들이 숲을 태우는 검은 자락 불처럼 제 병사들을 모조리 태우고 있습니다. 빼어나고 빼어난 전사 강가의 아들이시여, 빤두의 아들에게 쫓겨 전장의 사방으로 도망치는 저 병사들을 보십시오. 적을 태우는 이여, 소몰이꾼이 숲에서 소를 몰 듯 그가 제 병사들을 몰고 있습니다. 다난자야의 화살에 무너져 도망치던 제 병사들이 이제는 도저히 가까이 갈 수조차 없는 비마에게 쫓깁니다. 사띠야끼, 쩨끼따나, 빤두와 마드리의 두 아들 나꿀라와 사하데와, 용맹스런 아비만유가 제 병사들을 태웁니다. 용사인 드르슈타듐나, 락샤사인 가토뜨까짜가 저의 용맹스런 병사들을 사납게 휘젓고 있습니다. 바라따의 후손이시여, 대전사들 모두에게 저렇듯 도륙당하는 제

검은 이_ 끄르슈나를 가리킨다.

병사들이 굳건히 싸우기 위해 당신 말고는 달리 갈 데를 찾지 못했습니다. 범 같은 이여, 당신은 그래 줄 수 있는 분입니다. 신 같은 용맹을 지닌 이여, 저렇듯 망가지는 저들의 피난처가 어서 되어 주십시오.'"

이어지는 산자야의 이야기는 이러하다.

두료다나의 말을 들은 드르따라슈트라의 아버지 비슈마는 잠시 생각해보더니 마음을 굳혔다. 샨따누의 아들이 그의 마음을 잡아주며 말했다.
'백성을 지키는 두료다나 왕이여, 예전에 내가 그대에게 한 약속을 잘 따져 살피시오. 그리고 굳건하시오. 황소 같은 바라따의 대장사여, 나는 하루에 만 명의 고결한 크샤뜨리야를 죽인 뒤 전장에서 물러나겠다고 했고, 그렇게 함으로써 내가 했던 약속을 지켰소. 오늘도 마찬가지로 대전투에서 나는 그처럼 힘든 일을 하려 하오. 오늘은 내가 죽어 넘어지거나 빤다와들을 죽이겠소. 범 같은 왕이여, 오늘 나는 전장의 선봉에서 저들을 죽임으로써 나를 먹여준 그대의 크나큰 빚에서 벗어나려 하오.'
그렇게 말한 뒤 빼어난 바라따의 후예, 범접할 수 없는 비슈마는 빤다와군을 공격하며 회살로 크샤뜨리야들을 태우기 시작했다. 빤다와들은 독 오른 뱀처럼 격앙되어 전장의 한가운데 서 있는 강가의 아들을 막아 보려고 했다. 그러나 열흘 째 날 비슈마는 수백수천의 병사를 죽이는 괴력을 펼쳐보였다. 그는 태양이 빛으로 물을 증발시키듯 저 빼어난 빤짤라의 왕자들의 무서운 힘을 빼앗아버렸다. 연기 없는 불처럼 불길을 뿜으며 비슈마는 전장에서 만 마리의 사나운 코끼리와 코끼리병을, 십만 마리의 말과 기병을, 그리고 이십만 명의 보병을 죽였다. 빤다와 전사 중 누구도 중천에 뜬 한여름의 태양처럼 훨훨 타는 그를 마주 바라볼 수 없었다. 대궁수 비슈마에 짓눌려 허우적대던 빤다와들과 스른자야 대전사들이 힘을 합쳐 비슈마를 죽이려 달려들었다. 샨따누의 팔심 좋은 아들 비슈마는 구름에 감싸인 산처럼 수많은 병사에게 에워싸인 채 전투를 벌였다. 그러자 드르따라슈트라의 아들들이 대군을 이끌고 달려와 사방에서 강가의 아들을 에워싸며 전투를 이어갔다.

106

산자야가 말했다.

"왕이시여, 전장에서 비슈마의 용맹을 본 아르주나는 쉬칸딘에게 '할아버지를 치시오! 오늘 무슨 일이 있어도 비슈마를 두려워하지 마시오'라고 말했지요. 황소 같은 바라따의 후손이시여, 그와 같은 아르주나의 말에 쉬칸딘은 '매서운 화살을 날려 전차에서 그를 떨어뜨리리다'라고 답했답니다. 그리하여 쉬칸딘은 아르주나의 말에 따라 강가의 아들을 향해 짓쳐 들어갔습니다. 왕이시여, 드르슈타듐나, 수바드라의 대전사 아들 아비만유, 나이 든 두 전사 위라타와 드루빠다, 무장한 꾼띠보자가 당신의 아들이 지켜보는 가운데 강가의 아들을 공격해왔지요. 백성의 주인이시여, 나꿀라, 사하데와, 용맹스런 다르마의 왕 유디슈티라를 위시한 모든 전사가 아르주나의 말을 듣고 강가의 아들을 향해 짓쳐 내달렸답니다. 당신의 대전사들도 다함께 분기해 힘이 닿는 만큼, 기력이 되는 만큼 반격해갔습니다. 소인의 말을 들어보십시오. 대왕이시여, 찌뜨라세나는 새끼호랑이가 황소를 공격하듯 전장에서 비슈마를 잡고 싶어 하는 쩨끼따나에게 공격을 퍼부었습니다. 대왕이시여, 전장에서 비슈마를 끝장내려고 사납게 달려드는 드르슈타듐나는 끄르따와르만이 막아냈지요. 대왕이시여, 소마닷따의 아들은 분기탱천해 전장에서 샹가의 아들을 죽이려 달려드는 비마세나를 잽싸게 막아섰습니다. 또한 비슈마의 목숨을 구하려는 일념으로 위까르나는 엄청난 화살을 쏘아대는 영웅 나꿀라를 막았답니다. 분개한 샤라드와뜨의 아들 끄르빠는 비슈마의 전차를 향해 달려드는 사하데와를 막아섰습니다."

이어지는 산자야의 이야기는 이러하다.

힘 좋은 두르무카는 잔혹한 행위를 마다하지 않는 비마세나의 락샤사 아들, 비슈마의 죽음을 바라는 대전사 가토뜨까짜를 공격했다. 르샤슈릉가의 락샤샤 아들 알람부샤는 전장에서 잔혹한 사띠야끼를, 깜보자 왕 수닥쉬나는 비슈마의 전차를 향해 달려드는 아비만유를 막아섰다. 성난 아쉬와타만은 적을 짓밟는 나이든 두 전사 위라타와 드루빠다를 한꺼번에 막았다. 바라드와자의 아들 드로나는 전장에서 비슈마의 죽음을 갈망하며 공격하는 빤두의 맏아들, 다르마의 왕 유디슈티라를 막아냈다. 대궁수 두샤사나는 쉬칸딘을 앞세우고 비슈마의 목숨을 뺏으려 사방시방을 태우며 전장에서 거센 공격을 퍼부어대는 아르주나를 막아섰다. 드르따라슈트라군의 다른 용사들도 전장에서 비슈마를 향해 달려드는 빤다와 대전사들을 막고 나섰다. 격앙된 드르슈타듐나는 홀로인 대전사 비슈마를 공격하며 군사들을 향해 외치고 또 외쳤다.

'저 꾸루의 기쁨 아르주나가 비슈마를 향해 진군하느니! 겁내지 말고 돌진하라! 비슈마는 결코 그대들을 덮치지 못 하리! 영웅들이여, 인드라도 감히 전장에서 아르주나와 맞서 싸우려들지 않을 것이다. 하물며 기력이 다해 목숨 줄 겨우 붙은 비슈마가 전장에서 어찌 그와 싸우랴?'

군사대장의 그와 같은 말을 들은 빤다와군의 대전사들은 환호하며 강가의 아들의 전차를 향해 돌진해갔다. 그리고 드르따라슈트라의 황소 같은 사내들은 거센 물살처럼 세차게 달려드는 저들을 기꺼이 막아섰다. 비슈마가 살기를 간절히 바라는 대전사 두샤사나는 두려움을 버리고 아르주나를 향해 짓쳐 달렸다. 빤다와의 용사들 또한 전장에서 강가의 아들의 전차를 향해 달리며 드르따라슈트라의 대전사 아들들에게 공격을 퍼부었다. 그곳에서 온갖 가지 놀라운 일이 벌어졌다. 두샤사나의 전차까지 다가간 쁘르타의 아들 아르주나는 더 이상 진군할 수 없었다. 소용돌이치는 거대한 바다를 경계가 막아서듯 드르따라슈트라의 아들이 성난 빤두의 아들을 막아섰다. 둘 다 더없이 빼어난 전차병이었고, 둘 다 참으로 물리기 어려운 전사였다. 둘은 마치 아름답고 빛나는 달과 태양 같았다. 마야와 인드라의 예전의 대전투처럼 둘은 서로를 죽이기를 갈망하며 격전을 벌였다. 두샤사나는 아르주나에게 날카로운 세 발의 화살을, 끄르슈나에게 스무 발의 화살을 쏘며 괴롭혔다. 우르슈니의 후손 끄르슈나가 고통스러워하는 것을 보고 분기탱천한 아르주나가 두샤사나에게 백 개의 쇠화살을 꽂았다. 화살들은 전장에서 그의 갑옷을 찢고 그의 피를 마셨다. 격분한 두샤사나는 곧게 나는 다섯 발의 화살로 아르주나의 이마를 쏘아 맞췄다. 저 빼어난 빤두의 아들의 이마에 꽂힌 화살들은 메루 산에 우뚝 솟은 봉우리들처럼 아름다웠다. 드르따라슈트라의 활잡이 아들이 쏜 화살에 심한 상처를 입은 대궁수 아르주나는 낑슈까 꽃처럼 전장에서 붉게 빛났다. 빤두의 아들은 분기탱천했다. 그는 월식 있는 보름날의 라후가 격분해 달을 괴롭히듯 두샤사나를 괴롭혔다. 힘이 넘치는 그에게 괴롭힘 당하던 드르따라슈트라의 아들은 전장에서 왜가리깃털의 날카로운 돌촉화살을 쏘아 빤두의 아들을 꿰뚫었다. 더 없이 용맹스런 아르주나는 재빨리 그의 활을 부러뜨린 뒤, 다시 아홉 발의 화살로 두샤사나에게 상처를 입혔다. 비슈마의 선봉에 선 두샤사나는 다른 활을 들어 스물다섯 발의 화살로 아르주나의 팔과 가슴을 맞췄다. 적을 괴롭히는 빤두의 아들 아르주나는 분기탱천해 그에게 죽음 신의 지팡이처럼 날카롭고 무시무시한 화살을 무수히 쏘아 날렸다. 드르따라슈트라의 아들은 아르주나가 애써 쏘아 보낸 그것이 제게 다가오기도 전에 갈라버렸으니 참으로 경탄할 만한 일이었다. 드르따라슈트라의 아들은 그런 뒤 날카로운 화살로 쁘르타의 아들을 꿰뚫어 맞췄다. 그러자 전장에서 성난 쁘르타의 아들이 돌로 벼린 금촉화살을 활에 먹여 시위를 당겼다.

산자야가 말했다.
"대왕이시여, 화살들은 두샤사나의 몸을 뚫고 들어갔습니다. 바라따의 대왕이시여, 그것들은 마치 백조들이 연못 속으로 뛰어 들어가는 것 같았답니다. 고결한 빤두의 아들이 쏜 화살에 당한 당신의 아들은 전장에 빤두의 아들을 버리고 비슈마의 전차에 몸을 맡기러 황망히 떠났지요. 비슈마는 끝 모를 바다에 가라앉는 그에게 섬이 되어 주었습니다. 백성의 주인이시여, 정신이 든 용맹스런 당신의 아들은 다시 용기를 내 쁘르타의 아들을 막아섰지요. 저 대영웅은 우르뜨라가 인드라에게 했던 것처럼 몹시 날카로운 화살로 쁘르타의 아들을 짓찢었으나 아르주나는 끄덕도 하지 않았답니다."

107

산자야가 말했다.

"르샤슈릉가의 대궁수 아들, 락샤사 알람부샤는 전장에서 무장하고 비슈마를 공격해오는 샤띠야끼를 막아섰습니다. 바라따의 왕이시여, 그러나 분개한 마두의 후손 사띠야끼는 비웃는 듯 아홉 발의 화살을 쏘아 락샤사에게 상처를 입혔지요. 인드라 같은 왕이시여, 락샤사 또한 격분해 마두의 후손이요 황소 같은 쉬니의 손자를 날카로운 화살로 괴롭혔답니다. 그러자 적의 영웅을 처단하는 마두의 후손 사띠야끼는 분기탱천해 락샤사를 향해 화살을 무더기로 쏘아 날렸지요. 그러나 락샤사는 진실을 용맹으로 삼은 팔심 좋은 사띠야끼를 뾰족하고 날선 화살로 꿰뚫어 맞히고는 사자의 포효를 울렸답니다. 락사사와 전투를 벌이다 심한 상처를 입었으나 마두의 후손은 다시 기력을 끌어올려 기세등등한 함성을 내질렀지요. 그러자 성난 바가닷따는 코끼리 몰이꾼이 몰이막대로 거대한 코끼리를 내리치듯 날선 화살로 전장에서 사띠야끼를 괴롭혔습니다. 전차병 중에 가장 빼어난 전차병 쉬니의 손자는 락샤사를 버려두고 쁘라그조띠샤 왕 바가닷따에게 곧게 나는 깃털화살들을 쏘았답니다. 손이 날랜 쁘라그조띠샤 왕은 날카롭게 벼린 넓적화살로 마두의 후손의 장대한 활을 갈라버렸습니다. 적의 영웅을 처단하는 사띠야끼는 재빨리 다른 활을 집어 들더니 분기탱천해 날카로운 화살로 전장에서 바가닷따에게 상처를 입혔지요. 심한 상처를 입은 대궁수 바가닷따는 입꼬리를 거듭 핥더니 사띠야끼를 향해 황금과 청금석으로 장식한 단단한 쇠 삼지창, 야마의 지팡이처럼 무시무시한 삼지창을 던졌습니다. 왕이시여, 그러나 사띠야끼는 전장에서 팔심 좋은 바가닷따가 온힘으로 던져 저를 향해 세차게 날아드는 삼지창에 화살을 쏘아 세 가닥으로 갈라버렸답니다. 갈라진 삼지창은 빛을 잃은 거대한 운석처럼 땅바닥으로 떨어졌지요. 백성의 주인이시여, 삼지창이 힘을 잃은 것을 본 당신의 아들 두료다나는 대규모 전차부대와 함께 사띠야끼를 막아섰습니다. 제 전차부대가 우르슈니의 대전사 사띠야끼를 빙 둘러싼 것을 본 두료다나는 아우들과 함께 몹시 흡족해하며 말했지요.

'꾸루들이여, 사띠야끼는 전투에서 제가 행한 대로 돌려받았구나. 저렇듯 아군의 대전차부대에 싸여있으니 살아나오지는 못하리라. 그가 죽으면 빤다와의 대군도 주저앉을 것이다.'"

이어지는 산자야의 이야기는 이러하다.

대전사들은 두료다나 말에 수긍하고 비슈마 전방에 서서 쉬니의 손자와 전투를 벌이기 시작했다. 기력 넘치는 깜보자 왕은 전장에서 비슈마를 향해 짓쳐 달려드는 아비만유를 막아섰다. 아르주나의 아들은 곧게 나는 깃털화살로 왕을 꿰뚫은 뒤, 다시 예순네 발의 화살을 그에게 쏘아 맞췄다. 그러자 전장에 있던 수닥쉬나가 비슈마를 살리기 위해 다섯 발의 화살로 끄르슈나의 손자 아비만유를 쏘아 맞췄고, 다시 아홉 발의 화살을 그의 마부에게 쏘았다. 그리하여 더 없이 용맹스런 저들의 무서운 전투가 시작되었고, 적을 괴롭히는 쉬칸딘은 강가의 아들을 향해 짓쳐 들어갔다. 나이 든 대전사 위라타와 드루빠다는 분기탱천해 대군을 막고 비슈마를 향해 짓쳐 들어갔다. 그러자 격분한 최고의 전차병 아쉬와타만이 공격을 시작했고, 그와 그들 간의 전투가 벌어졌다.

위라타는 전장에서 유달리 빛나는 드로나의 대궁수 아들 아쉬와타만이 공격해오자 열 발의 넓적화살로 그를 맞췄다. 드루빠다는 날카로운 세 발의 화살을 쏘아 비슈마 앞에 서서 공격하던 드로나 스승의 아들에게 상처를 입혔다. 아쉬와타만은 저 두 용사에게 열 발의 화살을 쏘아 맞췄고, 나이 든 위라타와 드루빠다는 비슈마를 공격해 들어갔다. 나이 든 저들의 혁혁한 행적은 참으로 경이로울 따름이었다. 드로나의 아들은 무서운 화살로 전투를 벌이며 그들을 막았고, 샤라드와뜨의 아들 끄르빠는 공격해오는 사하데와에 맞서 싸웠다. 그들의 전투는 숲속의 취한 코끼리가 취한 코끼리를 공격하는 것 같았다. 끄르빠는 전장에서 황금장식된 날쌘 화살 일흔 발로 마드리의 대전사 아들을 쏘아 맞췄다. 마드리의 아들은 화살을 쏘아 그의 활을 두 동강내고, 다시 아홉 발의 화살을 쏘아 동강난 활을 쥔 그에게 상처를 입혔다. 비슈마의 목숨을 살리고 싶은 그는 격분하며 엄청난 압력을 견딜 수 있는 다른 활을 집어 들고 열 발의 날카로운 화살을 쏘아 마드리의 아들의 가슴팍을 맞히고 흡족해했다. 비슈마가 죽기를 바라며 분기탱천한 사하데와 또한 샤라드와뜨의 아들 끄르빠의 가슴팍을 맞혔다. 그들 간에 그렇게 무서운 공포를 불러일으키는 전투가 벌어졌다.

적을 괴롭히는 위까르나는 전장에서 비슈마의 목숨을 지키기 위해 예순 발의 화살로 나꿀라를 쏘아 맞췄다. 드르따라슈트라의 활잡이 아들 위까르나에게 심한 상처를 입은 나꿀라 또한 일흔일곱 발의 돌촉화살로 그를 꿰뚫었다. 적을 태우는 범 같은 두 영웅은 외양간에서 싸우는 두 마리 수소처럼 비슈마를 이유로 서로를 죽이려고 늘었다.

용맹스런 두르무카는 전장에서 비슈마를 위해 드르따라슈트라군을 짓밟으며 공격해오는 가토뜨까짜를 공격했다. 그러자 격분한 히딤바아의 아들 가토뜨까짜는 적을 태우는 두르무카의 가슴팍을 아흔 발의 날카로운 화살로 꿰뚫었다. 빼어난 싸움꾼이자 영웅인 두르무카 또한 몹시 뾰족한 예순 발의 화살로 비마세나 아들을 꿰뚫고 함성을 질렀다.

비슈마의 목숨을 지키려는 흐르디까의 아들 끄르따와르만은 비슈마의 죽음을 바라며 전장을 달려오는 드르슈타듐나를 막아섰다. 우르슈니의 후손이기도 한 끄르따와르만은 쁘르샤따의 용맹스런 후손 드르슈타듐나를 다섯 발의 쇠화살로 꿰뚫은 뒤 쉬지 않고 재빨리 쉰 발의 화살을 더 쏘아 맞췄다. 쁘르샤따의 후손 또한 왜가리깃털이 감싸인 날카롭고 날선 아홉 발의 화살로 흐르디까의 아들을 꿰뚫었다. 비슈마를 이유로 한 그들 간의 격전이 벌어졌다. 인드라와 우르뜨라 간의 격전처럼 서로가 서로를 온힘으로 치고받았다. 소마닷따의 아들 부리쉬라와스는 비슈마를 향해 짓쳐 내달려오는 대장사 비마세나를 '서라!, 서라!'라고 외치며 뒤쫓았다. 그는 날카로운 금촉 달린 쇠화살로 비마세나를 쏘아 맞췄다. 그의 활에 가슴팍이 찔린 용용 넘치는 비마세나는 옛적 스깐다의 삼지창에 찔린 끄라운짜 산*처럼 보였다. 성난 두 사내는 대장장이가 벼린 태양 같은 화살을 서로에게 쏘고 또 쏘았다. 비슈마의 죽음을 바라는 비마는 대전사 부리쉬라와스에게, 비슈마에게 승리를 안기고 싶은 소마닷따의 아들 부리쉬라와스는 빤두의 아들 비마세나에게 서로 화살을 쏘고 또 받아내며 전투를 벌였다.

대군에 에워싸여 비슈마를 향해 공격을 퍼부으며 내달리던 유디슈티라는 바라드와자의 아들 드로나가 막았다. 폭풍우 치는 듯한 드로나의 전차소리를 들은 쁘라바드라까들은 벌벌 떨었다. 전장에서 드로나에게 막힌 빤두의 아들의 대병력은 한 발짝도 움직일 수 없었다. 드르따라슈트라의 아들 찌뜨라세나는 전장에서 무서운 형상으로 잔혹하게 비슈마를 쫓는 쩨끼따나를 막아섰다. 호기로운 대전사 찌뜨라세나는 비슈마를 위해 온힘을 다해 쩨끼따나에 맞서 싸웠다. 쩨끼따나 또한 찌뜨라세나를 맞아 용맹스럽게 싸우며 둘 간의 격전이 벌어졌다.

아르주나는 드르따라슈트라의 아들에게 수없이 막혔으나 마침내 그의 등을 돌리게 하고 두료다나군을 짓이기기 시작했다. 적으로부터 어떻게든 비슈마의 죽음을 막고자 결심한 두샤사나 또한 안간힘을 쓰며 쁘르타의 아들을 막아섰다. 그렇게 두료다나의 병력은 전장에서 도륙 당하고, 최고의 전차병들에게 여기저기서 뒤흔들리기 시작했다.

끄라운짜 산_ 마이나까 산의 아들이자 히말라야의 손자로 알려져 있다. 신들의 군사대장이요 쉬와의 아들인 스깐다가 아수라들과 전쟁을 벌이던 중 아수라 마하발리의 아들 바나수라가 끄라운짜 산속으로 도망쳐버렸다. 스깐다는 아그니에게서 받은 화살로 산을 두 동강이로 갈랐고, 아가스띠야 성자의 저주로 산 모습에서 헤어 나올 수 없던 끄라운짜 아수라의 저주가 풀리게 되었다.

108

이어지는 산자야의 이야기는 이러하다.

취한 코끼리의 힘을 지닌 대궁수 영웅 드로나는 취한 코끼리라도 잡을 수 있는 장대한 활을 들었다. 대전사는 활을 휘두르며 빤다와 진영을 뚫고 들어가 빤다와의 출중한 대전사들을 쓰러뜨리기 시작했다. 모든 징조를 아는 위력 넘치는 이, 적군을 태우는 드로나가 드러난 징조들을 보고 아들에게 말했다.

'아들아, 이날은 대전사 아르주나가 비슈마를 죽이려고 전장에서 온 힘을 다하는 날이로구나. 내 화살들이 저절로 튀어나오고 활은 계속 울리는 듯하다. 무기는 스스로 채비를 갖추고 내 마음은 사나워지는구나. 고요한 방향에서 짐승들과 새들이 무섭게 울부짖느니. 독수리들이 바라따 군을 향해 내리 나는구나. 태양은 빛을 잃는 듯하고, 사방시방이 붉어졌느니. 대지는 고통스러워하고, 울부짖고, 흔들린다. 왜가리, 독수리, 고니들이 하염없이 울부짖고, 자칼들의 불길하고 섬뜩한 울림소리가 크나큰 공포를 예견하느니. 중천에 이른 태양에서 거대한 운석이 떨어져 내리고, 머리 없는 몸통 모양의 구름띠가 태양을 감싸돈다. 섬뜩한 후광이 태양과 달 주위를 감싸며 왕들의 몸뚱이를 베어버리는 끔찍한 공포를 예견하는구나. 까우라와 신전의 신상들이 흔들리고 웃고 춤추며 울어대느니. 불길한 행성들은 태양을 왼쪽으로 돌고, 신령스런 달은 꼭지를 아래로 향하고 뜨는구나.

드르따라슈트라 진영에서는 빛을 모두 앗긴 듯한 왕들의 몸뚱이를 보느니. 갑옷으로 감싸고 있으나 빛나지는 않는구나. 빤짜잔야의 고성과 간디와 활의 시위소리가 양 진영 모두를 에워 돌아 들리느니. 이는 필시 아르주나가 전장에서 다루는 모든 무기를 버리고 최고의 활을 들고 할아버지를 공격하는 것일지니. 저 팔심 좋은 비슈마와 아르주나가 맞싸운다고 생각하니 내 머리털은 곤두서고 심장은 가라앉는구나. 쁘르타의 아들이 저 마음 고약하고 속임에 능한 빤짤라의 왕자를 앞세우고 전장에서 비슈마와 싸우러 진격해오느니. 비슈마는 조물주가 정해준 여인 몸을 버리고 운에 따라 다시 사내가 된 쉬칸딘과는 싸우지 않겠노라고 예전에 말했지. 드루빠다의 대전사 아들 쉬칸딘은 불길한 징조라고들 알고 있다. 강의 아들은 불길한 징조를 띤 그자를 결코 치지 않을 것이다. 그런 생각을 하니 내 지혜가 하염없이 가라앉는구나.

쁘르타의 아들이 오늘 전장에서 꾸루의 어른을 공격할지니! 유디슈티라의 분노, 비슈마와 아르주나의 격전, 그리고 내가 무기로 일으킬 혼란은 분명히 백성에게 불길하기 짝이 없으리라. 빤두의 아들 아르주나는 마음 성성하고 힘이 좋은 용사인데다 무기를 잘 다루며 당당하고 용맹스럽다. 그의 활은 단단하고 그의 화살은 멀리 가느니. 그는 좋고 나쁜 징조도 능히 아는 자이다. 신들이 인드라와 함께 와도 전장에서 그를 물리칠 수는 없느니. 그는 장사인데다 지혜롭고 고통을 이겨낼 수 있는 전사 중 전사이다. 무서운 무기를 든 빤두의 아들은 전장에서 언제나 승리를 거두느니. 그가 가는 길을 피해 어서 저 서약 굳은 비슈마에게로 가거라. 팔심 좋은 이여, 오늘 절멸이 가까이 왔음을 보거라. 금빛 수려하고 강하며 아름다운 용사들의 갑옷이 곧게 나는 깃털화살들로 산산이 부서지리라. 꼭대기의 깃발, 철퇴, 활, 날카롭게 번쩍이는 창, 황금으로 빛나는 삼지창,

코끼리 안장이 모두 왕관 쓴 성난 아르주나에게 찢겨 나갈지니.

아들아, 지금은 더부살이하는 사람들이 목숨을 구할 때가 아니다. 천상세계가 앞에 펼쳐져 있으니 명예를 바라고 승리를 위해 나아가라. 원숭이깃발 단 아르주나가 전차를 몰고 말과 코끼리와 전차를 노 삼아 너무나 끔찍하고 도저히 건널 수 없는 전장의 강을 건너는구나. 행실 선하고 자제력 있으며 잘 베풀고 수행력 갖춘 데다 행적도 대단한 다난자야를 형제로 둔 왕이 여기 보이느니. 힘이 넘치는 비마세나, 마드리에게서 낳은 빤두의 쌍둥이아들, 그리고 그의 든든한 인도자이며 우르슈니의 후손인 와아수데와도 있구나. 고행의 불로 육신을 맑히고 비분함에서 솟은 유디슈티라의 분노가 마음 어둔 다르따라슈트라들의 바라따 족을 태우는 것일지니.

여기, 와아수데와에게 의지해 다르따라슈트라의 전군을 갈기갈기 찢어놓은 쁘르타의 아들 아르주나도 보이는구나. 엄청난 물살로 강어귀를 뒤흔든 거대하고 거대한 고래처럼 군대를 휘몰아치는 왕관 쓴 아르주나가 보이느니. 진영의 어귀에서는 아이고, 아이고 소리도 또 낄낄거리는 소리도 들리는구나. 빤짤라의 후손에게 가거라. 나는 유디슈티라를 향해 진군할 테니. 대전사들이 사방을 에둘러 버티고 선 가늠할 수 없는 빛을 지닌 왕의 군진은 바다의 배꼽과도 같아서 심장부에 이르기는 어렵고도 어려울 것이다. 사띠야끼, 아비만유, 드르슈타듐나, 늑대 배 비마, 그리고 쌍둥이가 저 인드라 같은 왕을 에돌아 지키느니. 인드라의 아우 위슈누처럼 검푸르고, 거대한 샬라 나무처럼 키 큰 아비만유가 또 다른 아르주나처럼 진군하는구나.

가장 좋은 무기를 들어라, 너의 장대한 활을 잡아야하느니. 왕의 옆구리로 가서 늑대 배를 쳐라. 아들의 목숨이 영구하기를 바라지 않는 자 뉘 있으랴? 그럼에도 나는 크샤뜨리야의 율법을 앞세워 네게 이 일을 맡기느니. 이 전장에서 비슈마가 대군을 태우고 있구나. 아들아, 야마와 와루나도 싸움에서는 그와 같지 않을 것이다.'

109

산자야가 말했다.

"바가닷따, 끄르빠, 샬리야, 사뜨와뜨의 끄르따와르만, 아완띠의 윈다와 아누윈다, 신두 왕 자야드라타, 찌뜨라세나, 위까르나, 어린 두르마르샤나 등 당신의 전사 열 명이 비마세나와 격전을 벌였습니다. 왕이시여, 여러 다른 왕국에서 온 거대한 병력의 도움으로 비슈마를 위해 전장에서 싸우는 이들은 참으로 명예로운 자들이었습니다. 나의 왕이시여, 샬리야는 아홉 발의 화살로 비마세나를 맞췄고, 끄르따와르만은 세 발의 화살로, 끄르빠는 아홉 발의 화살로, 찌뜨라세나, 위까르나, 바가닷따는 각각 평평한 화살 열 발씩을 쏘아 비마세나를 맞췄습니다. 신두 왕 자야드라타는 세 발의 화살로 비마의 빗장뼈 주위를 맞췄답니다. 아완띠의 윈다와 아누윈다는 각각 다섯 발씩의 화살을 쏘았고, 두르마르샤나는 스무 발의 날카로운 화살로 빤두의 아들을 꿰뚫었지요. 대왕이시여, 대장사 비마세나는 화살 전부를 하나하나 흐트러트렸고, 무수한 화살을 쏘아 온 세상 영웅과 다르따라슈트라의 대전사들을 꿰뚫어 맞췄습니다. 바라따의 후손이시여, 그는 쉰 발의 화살로 샬리야를, 여덟 발의 화살로 끄르따와르만을 꿰뚫고 끄르빠의 활과 화살을 가운데로 가른 뒤 다시 다섯 발의 화살로 깃발 찢긴 그를 쏘아 맞췄지요. 윈다와 아누윈다에게 각각 세 발씩을, 두르마르샤나에게 스무 발을, 그리고 찌뜨라세나에게 다섯 발을, 위까르나에게 열 발을, 자야드라타에게 다섯 발을 맞춘 비마는 기쁨의 함성을 지르며 신두 왕 자야드라타에게 다시 세 발을 쏘았습니다."

이어지는 산자야의 이야기는 이러하다.

한편 다른 활을 집어 든 전차병 중의 전차병 고따마의 후손 끄르빠는 격분해 비마에게 날선 화살 열 발을 쏘아 맞췄다. 꼬챙이에 꿰인 덩치 큰 코끼리처럼 무수한 화살이 꽂힌 팔심 좋고 위용 넘치는 비마세나는 분격해 고따마의 후손을 향해 엄청나게 많은 화살을 쏘았다. 시간의 끝 같은 빛을 지닌 그는 신두 왕의 말과 마부에게 각각 세 발씩의 화살을 쏘아 죽음의 세계로 보내버렸다. 말이 죽은 전차에서 뛰어내린 대전사 자야드라타는 비마세나를 향해 날선 화살들을 쏘아 날렸다. 고결한 비마는 두 개의 평평한 화살로 신두 왕의 활 한가운데를 갈라 두 동강내버렸다. 활은 갈라지고 전차는 없는데다 말이 죽고 마부마저 죽은 그는 다급히 찌뜨라세나의 전차에 올라탔다.

빤두의 대전사 아들은 그 전투에서 화살을 쏘아 대전사들을 막고 온 세상이 보는 앞에서 신두 왕의 전차를 앗아버리는 참으로 경탄할 만한 행적을 펼쳐보였다. 샬리야는 비마세나의 용맹을 참을 수 없어했다. 그는 대장장이가 벼린 날카로운 화살들을 겨눠 비마세나에게 일곱 발을 쏘아 날리며 '서라, 서라!'라고 외쳐댔다. 끄르빠, 끄르따와르만, 바가닷따, 아완띠의 윈다와 아누윈다, 찌뜨라세나, 두르마르샤나, 위까르나, 신두 왕 등 적을 제압하는 영웅들이 샬리야를 위해 비마에게 화살을 쏘았다. 그러나 비마는 그들 각각에게 다섯 발씩의 화살을 쏘고 샬리야에게 일흔 발을 쏘아 날린 뒤 다시 열 발을 더 쏘았다. 샬리야는 그에게 아홉 발을 맞춘 뒤 다시 다섯 발을 더 쏘았고, 평평한 화살로 비마의 마부에게 치명적인 상처를 입혔다.

갈기갈기 찢긴 마부 위쇼까를 본 용맹 넘치는 비마세나는 세 발의 화살을 마드라 왕 샬리야에게 쏘아 팔과 가슴에 상처를 입혔다. 그리고 대궁수들을 향해 각각 세 발씩의 곧게나는화살을 쏘아 맞춘 뒤 전장에서 사자의 포효를 울렸다. 대궁수들은 각각 세 발씩의 휘지 않은 화살을 쏘아 전장에서 도저히 맞서 싸우기 어려운 빤두의 아들에게 심한 상처를 입혔다. 그처럼 화살에 맞았으면서도 대궁수 비마세나는 비를 뿌리며 폭풍 휘몰아치는 먹구름을 맞은 산처럼 꼼짝도 하지 않았다. 명예롭고 명예로운 그는 아홉 발의 화살을 쏘아 샬리야에게 큰 상처를 입히고, 쁘라그조띠샤에게 백 발의 화살을 쏘아 깊은 상처를 냈다.

그런 뒤 날렵한 손놀림으로 고결한 사뜨와뜨의 후손의 활과 화살을 날카롭기 그지없는 칼로 베어버렸다. 그러자 다른 활을 집어 든 끄르따와르만은 쇠화살을 늑대 배 비마의 미간에 꽂았다. 그러나 전장에서 비마는 아홉 발의 쇠화살로 샬리야를 꿰뚫고, 세 발로 바가닷따를, 여덟 발로 끄르따와르만을, 각각 두 발씩의 화살로 끄르빠가 이끄는 여타의 전차병들을 쏘아 맞췄다. 그들은 다시 날선 화살들을 쏘아 그를 맞췄다. 대전사들로 인해 온몸이 짓뭉개졌음에도 비마는 그것들이 그저 지푸라기인 듯 아픔도 느끼지 못한 채 활보했다. 빼어난 전차병 중의 전차병들은 비마를 향해 수백수천의 날카로운 화살을 날렸다. 영웅적 대전사 바가닷따는 전장에서 비마를 향해 황금막대 끼운 귀중한 삼지창을 있는 힘껏 날렸다. 팔심 좋은 신두 왕은 창과 전곤을, 끄르빠는 샤따그니를, 그리고 샬리야는 전장에서 그에게 화살을 날렸다. 기력 넘치는 다른 대궁수들도 비마를 겨냥해 각자 다섯 개씩의 돌촉화살을 쏘아 날렸다.

바람의 신의 아들 비마는 날카로운 원반칼로 창을 두 동강 내고, 세 발의 화살을 쏘아 전곤을 참깨 줄기인 듯 갈라버렸다. 대장사는 아홉 발의 왜가리깃털화살로는 샤따그니를 박살내고, 마드라 왕 샬리야의 화살을 갈랐다. 비마세나는 전장에서 제 쪽으로 날아드는 바가닷따의 삼지창을 베고, 무시무시하게 다가오는 또 다른 화살들은 곧게 나는 깃털화살들로 쳐냈다. 능숙한 싸움꾼 비마세나는 화살 하나하나를 세 갈래로 동강내고, 대궁수 모두에게도 각각 세 발씩의 화살을 맞췄다.

그곳에서 대전투가 벌어지고 있는 동안 다난자야는 전장에서 격전 중인 대전사 비마를 보고 전차로 다가가더니 쇠화살로 적들을 짓뭉개버렸다. 빤두의 고결한 두 아들이 그곳에서 싸우는 것을 본 다르따라슈트라군은 승리하리라는 희망을 버렸다. 아르주나가 전장에서 비슈마 죽이기를 갈망하는 쉬칸딘을 앞세우고 대전사 비슈마와 싸우러 가던 중 드르따라슈트라의 열 명의 용사와 격전 중이던 비마를 만난 것이었다. 아르주나는 비마에게 득이 되는 일을 하고자 용사들과 싸워 상처를 입혔다. 그러자 두료다나 왕이 아르주나와 비마세나 둘 다 죽이라고 수샤르마를 채근했다.

'수샤르마여, 가시오. 병사들 무리를 대동하고 저 빤두의 두 아들 다난자야와 늑대 배를 죽이시오.'

왕의 명을 받든 뜨리가르따 왕이요 쁘라스탈라의 군주인 수샤르마가 비마와 아르주나 두 활잡이를 향해 전장에서 짓쳐 달렸다. 그리하여 수천의 전차에 사방으로 에워싸인 아르주나의 적과의 전투가 시작되었다.

110

산자야가 말했다.

"아르주나는 전장에서 일념으로 싸우는 대전사 샬리야를 곧게 나는 깃털화살들로 쏘아 뒤덮어버린 뒤, 수샤르마와 끄르빠에게 각각 세 발씩을 쏘아 맞췄고, 쁘라그조띠샤와 신두 왕 자야드라타를 공격했지요. 대왕이시여, 그리고 저 일당백의 전사는 찌뜨라세나, 위까르나, 끄르따와르만, 두르마르샤나 그리고 아완띠의 두 대전사에게 각각 휘지 않은 왜가리 깃털과 공작깃털화살 세 발씩을 쏘아 맞히며 당신의 군대를 괴롭혔답니다. 바라따의 후손이시여, 그러자 전장에서 찌뜨라세나의 전차에 서 있던 자야드라타가 쇠화살들로 아르주나를 가르고 사나운 기세로 비마를 맞췄습니다. 샬리야, 전차병 중의 전차병 끄르빠도 아르주나를 맞아 싸웠고 골수까지 파고드는 무수한 화살들을 쏘아 팔심 좋은 아르주나에게 상처를 입혔답니다. 백성의 주인이시여, 찌뜨라세나를 위시한 당신의 아들들은 전장에서 각각 다섯 발씩의 날선 화살을 잽싸게 쏘아 아르주나와 비마세나를 꿰뚫어 맞췄지요.

바라따의 황소시여, 빼어나고 빼어난 꾼띠의 아들들은 전장에서 뜨리가르따의 대군을 몹시 괴롭혔습니다. 그러자 수샤르마가 전장에서 무수한 쇠화살로 쁘르타의 아들을 쏘아 맞춘 뒤 하늘에 닿을 듯한 엄청난 함성을 질렀답니다. 호기로운 다른 전사들도 비마세나와 아르주나를 휘지 않고 곧게 나는 황금촉 날선 화살들로 꿰뚫었습니다. 저들 전차병들 한가운데에 선 꾼띠의 두 아들, 전차에 우뚝 서서 노니는 듯한 저 전차병 중의 전차병들은 암소 가운데서 먹이를 탐하는 기세등등한 두 마리 황소처럼 아름답게 빛났답니다. 두 영웅은 전장에서 용사들의 활과 화살들을 여러 갈래로 가르고 전사들의 머리 수백을 떨어뜨렸지요. 숱한 전차를 망가뜨리고 수백의 말을 죽였습니다. 그 대전투에서 코끼리와 코끼리병이 무수히 바닥에 쓰러졌지요. 왕이시여, 전차병과 기병이 여기저기서 목숨을 잃었고, 떨고 있는 병사 모습이 전장 여기저기에 보였답니다.

죽어 넘어진 코끼리, 짓이겨진 보병, 목숨 잃은 말, 짓뭉개진 수많은 전차가 대지에 흩어져 있었습니다. 바라따의 후손이시여, 수없이 많은 찢긴 차양막, 떨어진 깃발, 코끼리 다루는 몰이막대와 안장이 널려 있었답니다. 윗팔찌, 팔찌, 목걸이, 안장 아래 짓뭉개진 양털덮개, 두건, 창, 야크꼬리털, 부채가 흩뿌려져지고, 대지 여기저기에 인드라 같은 사내들의 전단향 스민 팔이, 허벅지가 흩어져 있었습니다. 거기서 소인은 당신의 군대를 화살로 잡아두고 짓이겨버리는 아르주나의 경이로운 용맹을 보았답니다.

비마와 아르주나가 합세해 싸우는 것을 본 당신의 아들은 너무나 두려워 다급하게 비슈마의 전차가 있는 곳으로 내처 달렸습니다. 끄르빠, 끄르따와르만, 신두 왕 자야드라타, 아완띠의 윈다와 아누윈다는 전장을 떠나지 않았지요. 그러자 대궁수 비마와 대전사 아르주나가 까우라와군대를 향해 엄청난 공격을 무시무시하게 퍼부었습니다. 격전이 벌어지자 아르주나의 전차에도 수천수만 수억의 곧게 나는 공작 깃털화살이 쏟아져 내렸지요. 그러나 쁘르타의 아들은 화살망으로 대전사들을 막고 전장의 사방에 있던 것을 죽음의 세계로 보내기 시작했답니다. 그러자 성난 대전사 샬리야는 전장이 놀이터라도 되는 듯 곧게 나는 넓적촉깃털화살들로 아르주나를 쏘아댔지요. 쁘르타의 아들은 다섯 발의 화살로 그의 활과 손목 보호대를 가르고, 무수히 많은 날선 쇠화살로 그에게 치명적 상처를 입혔습니다. 분기탱천한 마드라 왕은 무게를 견딜만한 다른 활을 들어 세 발을 아르주나에게 쏘았습니다. 대왕이시여, 그는 끄르슈나에게 다섯 발을, 비마세나에게 아홉 발을 쏘아 팔과 가슴에 맞췄답니다.

대왕이시여, 한편 두료다나는 드로나와 마가다의 대전사 왕 자야뜨세나를 괴력의 두 전사가 있는 곳으로 보냈습니다. 대왕이시여 그곳에서 쁘르타와 빤두의 두 아들 아르주나와 비마세나 대전사가 까우라와 대군을 짓밟고 있었기 때문이지요. 바라따의 황소시여, 젊은 자야뜨세나는 전장에서 괴력을 펼쳐 보이는 비마에게 날선 화살 여덟 발을 쏘아 맞췄습니다. 비마는 그러나 열 발을 쏘아 그를 꿰뚫었고, 다시 넓적화살 일곱 발을 쏘아 그의 마부를 전차 바닥에 쓰러뜨렸지요. 마가다 왕은 놀라 뛰쳐오른 말에게 전군이 보는 앞에서 사방으로 끌려 다녔답니다. 그러는 사이 틈을 얻은 드로나가 날선 돌촉 쇠화살 예순다섯 발을 비마에게 쏘았습니다. 바라따의 후손이시여, 그러자 명성 드높은 싸움꾼 비마는 아버지 같은 스승에게 예순아홉 발의 넓적화살을 쏘아 맞혔지요.

그동안 아르주나는 무수한 쇠화살로 수샤르마를 꿰뚫었고, 바람이 거대한 구름을 흩트리듯 빠우라와의 병사들을 흩트렸답니다. 그러자 격분한 비슈마, 두료다나 왕, 수발라의 아들 샤꾸니, 브르하드발라 비마세나와 아르주나를 사납게 공격해 갔습니다. 빤다와의 용사들과 쁘르샤따의 후손 드르슈타듐나 또한 아가리 벌린 죽음 같은 비슈마를 향해 짓쳐 달렸답니다. 바라따들의 할아버지에게 다다른 쉬칸딘도 두려움을 버리고 서약 군은 비슈마를 전장에서 기꺼이 공격했습니다. 유디슈티라를 위시한 쁘르타의 아들들은 쉬칸딘을 앞세우고 스른자야들과 함께 비슈마와 격전을 벌이기 시작했지요. 서약 군은 비슈마를 앞세운 당신의 전군과 쉬칸딘을 앞세운 빤다와들의 전투가 시작된 것이지요. 그리하여 빤두의 아들들과 비슈마의 승리를 위한 까우라와들 간에 공포를 부르는 무서운 격전이 벌어졌답니다. 백성의 주인이시여, 이기거나 지거나 그것은 마치 비슈마가 당신의 아들들 편에 앉아 벌이는 전장에서의 주사위놀음과 같았습니다. 대왕이시여, 저 빼어나고 빼어난 전사 드르슈타듐나는 '강가의 아들을 공격하라! 훌륭한 전사들이여, 두려워 말라!'라며 전군을 독려했습니다. 군사대장의 말을 들은 빤다와의 병사들은 대전투에 서슴없이 목숨을 내놓고 비슈마를 향해 내달렸답니다. 대왕이시여, 전차병 중의 전차병 비슈마는 거대한 바다를 경계가 막아서듯 자신을 향해 밀려드는 병사들을 막아냈습니다."

111

드르따라슈트라가 말했다.

"산자야여, 열흘 째 되던 날 샨따누의 아들 비슈마는 저 대단한 빤다와의 영웅들과 스른자야들을 맞아 어찌 싸웠더냐? 꾸루의 후손들은 빤다와들을 어찌 막아냈더냐? 전장을 빛내는 비슈마의 대전투를 내게 말해다오."

산자야가 말했다.

"바라따의 후손이시여, 꾸루의 후손들과 빤두의 아들들이 격전을 벌였던 이야기를 있는 그대로 해드릴 터이니 들어보소서.

아르주나가 휘두른 최상의 무기들 때문에 당신의 전차병들은 날이면 날마다 저 세상으로 보내졌습니다. 승리밖에 모르는 꾸루의 후예 비슈마도 서약에 따라 쁘르타의 아들들을 파괴해갔지요. 꾸루와 함께하는 대전사 비슈마와 빤짤라들과 함께하는 아르주나가 격전을 벌이는 모습을 지켜보던 사람들은 누가 승리를 거둘지 알 수 없었습니다. 열흘 째 되던 날 비슈마와 아르주나가 격전을 벌일 때 너무나도 끔찍한 대학살이 끝도 없이 이어졌지요. 왕이시여, 적을 괴롭히는 샨따누의 아들 비슈마, 최상의 무기를 휘두르는 그는 수천수만의 병사를 죽였습니다. 왕이시여, 물러나기를 거부했던 이름도 가문도 모르는 수없는 왕과 용사가 비슈마에게 죽임을 당했지요.

적을 태우는 고결한 비슈마는 열흘을 그렇게 빤다와의 병사들을 태운 뒤 제 목숨에 신물이 나기 시작했습니다. 어서 빨리 죽임을 당하고 싶은 마음에 그는 '더 이상은 저 당당하고 빼어난 자들을 전장에서 죽이지 않으리!'라고 생각하며 스스로 전장의 맨 앞으로 나섰지요. 대왕이시여, 그래서 당신의 서약 굳은 아버지, 팔심 좋은 비슈마는 가까이 있던 빤두의 아들에게 말했답니다.

'나의 손자, 지혜롭고 지혜로우며 온갖 학문을 능히 깨친 유디슈티라여, 천상에 이르게 하는 나의 바른 말을 들어보시오. 나의 손자 바라따의 후손이여, 나는 이 몸뚱이를 지니고 있기가 너무나 고단하오. 나는 전장에서 너무나 많은 목숨을 빼앗았느니. 이제 내가 갈 때가 되었소. 그러니 나를 잘 대해주고자 하는 마음이 있다면 빤짤라와 스른자야들 앞에 아르주나를 세워 나를 죽이려 애써 주시오.'"

이어지는 산자야의 이야기는 이러하다.

진실의 얼굴을 아는 빤두의 아들은 그의 생각을 알아차리고 스른자야들과 함께 비슈마를 향해 진군했다. 비슈마의 말을 들은 드르슈타듐나, 그리고 빤두의 아들 유디슈티라가 병사들을 채근했다.

'공격하라! 싸우라! 전투에서 비슈마에게 승리를 거두라! 진실을 힘으로 삼아 적들에게 승리를 거두는 아르주나가 그대들을 지키리니! 이 대궁수 드르슈타듐나 군사대장도, 비마세나도 전장에서 그대들을 반드시 지켜줄 것이다. 스른자야들이여, 오늘 전투에서 그대들은 비슈마에 대한 어떤 두려움도 갖지 말라! 쉬칸딘을 선봉 삼아 기필코 비슈마에게 승리를 거두리라!'

열흘 째 되는 날, 분기가 치솟은 빤다와들은 위없는 브라흐마 세계를 얻으려 결의를 다지고 전장으로 진군했다. 쉬칸딘을 앞세우고 빤두의 아들 다난자야를 내세운 그들은 비슈마를 무너뜨리기 위해 더할 수 없는 노력을 기울였다.

그리고 드르따라슈트라의 아들 두료다나의 명에 따라 여러 왕국에서 병사를 이끌고온 기세등등한 왕들, 드로나와 그의 아들 아쉬와타만, 장사 두샤사나와 그의 동복형제들이 모두 함께 전장 한가운데 있는 비슈마를 지키기 위해 움직였다. 서약을 지키는 비슈마를 앞세운 드르따라슈트라의 용사들과 쉬칸딘을 선봉 삼은 쁘르타의 아들들 간의 전투가 그렇게 시작되었다.

원숭이깃발 단 아르주나는 쉬칸딘을 앞세우고 쩨디, 빤짤라들과 함께 샨따누의 아들 비슈마를 향해 진군했다. 쉬니의 손자는 드로나의 아들과, 드르슈타께뚜는 뿌루의 후손과, 유다만유는 두료다나와 그의 대신들과 싸웠다. 군대를 거느린 위라타는 병사들과 함께한 우룻다크샤뜨라의 후손 자야드라타와 전투를 벌였다. 유디슈티라는 병사들을 거느린 마드라의 대궁수 샬리야와, 비마세나도 병사들의 비호 하에 코끼리부대를 향해 짓쳐 들어갔다. 빤짤라의 왕자와 소마까들은 함께 맞싸우기도 이기기도 어려운 아쉬와타만, 무기 든 모든 이 중 가장 빼어난 저 드로나의 아들을 향해 진군했다. 사자깃발을 단 왕자, 적을 다스리는 브르하드발라는 까르니까라*깃발을 든 수바드라의 아들을 공격해 들어갔다. 두료다나는 여러 왕과 함께 쉬칸딘과 빤두의 아들 다난자야를 죽이기 위해 전장을 달렸다.

너무나도 두려운 전장에서 양군 병사가 용맹을 다해 전투를 벌이자 지축이 흔들렸다. 전장에서 샨따누의 아들을 본 드르따라슈트라 진영과 빤다와 진영 병사가 격전을 벌였다. 저들이 서로를 향해 짓쳐 들어가자 사방에서 엄청난 소리가 울려댔다. 고둥소리, 북소리, 코끼리 울음소리, 병사들의 사자 같은 포효가 섬뜩하게 뒤섞여 울렸다. 달빛 같고 햇빛 같던 왕들의 팔찌와 왕관들의 빛은 점차 사라져갔다. 먼지구름이 치솟았고,

까르니까라_ 울긋불긋한 꽃을 피우는 나무이다.

무기들이 번개처럼 번뜩거렸으며, 활을 튕기는 섬뜩한 소리들이 일었다. 양 진영에서 활 소리, 고둥소리, 북들의 고성, 덜컹거리는 전차소리들이 흘러나왔다. 양 진영에서 쏟아지는 창, 삼지창, 철퇴, 화살 물결로 하늘이 흐릿해졌다. 그 끔찍한 대전투에서 전차병은 전차병을, 기병은 기병을 맞아 싸웠고, 코끼리는 코끼리를 짓밟았으며, 보병은 보병을 죽였다. 먹이를 낚아채려는 독수리들처럼 비슈마를 사이에 두고 벌이는 빤다와와 까우라와 간의 대격전이었다. 전장에서 서로가 서로를 무너뜨리고 죽이려는 실로 끔찍한 전투였다.

112

산자야가 말했다.

"대왕이시여, 엄청난 병력을 대동한 아비만유는 비슈마를 사이에 두고 당신의 아들과 격전을 벌였습니다. 성난 두료다나는 전장에서 곧게 나는화살 아홉 발을 쏘아 아비만유를 맞히고 다시 세 발을 더 쏘았지요. 그러자 격분한 끄르슈나의 조카는 두료다나를 향해 전장에서 죽음의 누이처럼 무시무시한 삼지창을 던졌습니다. 백성의 주인이시여, 당신의 대전사 아들은 칼날 같은 화살을 쏘아 자신을 향해 사납게 떨어져 내려오는 섬뜩한 형상의 창을 두 동강내버렸지요. 쪼개진 창을 보고 분기탱천한 끄르슈나의 조카는 세 발의 화살을 쏘아 두료다나의 팔과 가슴에 상처를 입혔습니다. 훌륭한 바라따의 후손이시여, 다시 그는 저 분심 많은 두료다나를 향해 화살 물결을 쏟아냈고, 열 발의 화살로 그의 가슴팍을 맞췄지요. 바라따의 후손이시여, 그리하여 무시무시하고도 놀라우며 오감을 전율케 하고 모든 왕이 경탄을 금치 못한 둘 간의 전투가 벌어졌습니다. 비슈마의 죽음을 바라는 자와 아르주나의 아들의 패퇴를 바라는 두 영웅의 전투, 수바드라의 아들 아비만유와 꾸루의 황소 간의 전투였지요."

이어지는 산자야의 이야기는 이러하다.

적을 태우는 황소 같은 브라만 아쉬와타만은 격앙되어 전장에서 사띠야끼를 맞아 싸우며 쇠화살로 가슴을 맞췄다. 가늠할 수 없는 혼을 지닌 쉬니의 후손 사띠야끼 또한 왜가리깃털화살 아홉 개를 쏘아 스승의 아들 아쉬와타만의 모든 급소를 뚫어 맞췄다. 그러나 아쉬와타만은 아홉 개의 화살로 사띠야끼를 맞히고 다시 서른 개의 화살을 쉼 없이 쏘아 팔과 가슴팍에 상처를 입혔다. 드로나의 아들로 인해 심한 부상을 당한 명예롭고 명예로운 대궁수 사띠야끼는 세 발의 화살을 쏘아 드로나의 아들을 꿰뚫어 맞췄다.

뿌루의 후손은 전장에서 수많은 화살을 쏘아 대궁수요 대전사인 드르슈타께뚜를 여러 군데 상처 입혔다. 더할 나위없는 장사요 대전사인 드르슈타께뚜 또한 날선 화살 삼백 개를 쏘아 뿌루의 후손을 꿰뚫었다. 대전사 뿌루의 후손은 드르슈타께뚜의 활을 가르고 열 발의 화살로 그에게 상처를 입힌 뒤 힘찬 함성을 울렸다. 드르슈타께뚜는 다른 활을 들고 날선 돌촉화살 일흔 세 발을 쏘아 뿌루의 후손에게 상처를 입혔다. 거구의 대궁수요 대전사인 저들 둘은 그곳에서 엄청난 화살비를 서로에게 쏟아 부었다. 서로의 활을 부러뜨렸고, 서로의 말을 죽인 두 대전사는 전차 없이 칼로 전투를 벌였다. 번쩍이고 빛나는 칼을 들고, 백 개의 달과 백 개의 별을 새겨 장식한 소가죽방패를 든 무구한 두 사내는 암사자를 차지하려는 우기 때의 거대한 숲속의 두 마리 사자처럼 서로에게 공격을 퍼부었다. 그들은 서로를 치기 위해 전진하고 후퇴하며 원을 그려 현란한 동작을 펼쳐보였다. 격분한 뿌루의 후손은 장대한 칼로 드르슈타께뚜의 이마를 내리치며, '서라!', '게, 서라!'를 외쳤다. 쩨디 왕 드르슈타께뚜 또한 전장에서 날카롭기 그지없는 장대한 칼로 황소 같은 뿌루의 후손의 빗장뼈에 상처를 입혔다. 적을 다스리는 두 사내는 대전장에서 전력을 다해 서로가 서로를 치고 또 무너지며 격전을 벌였다. 그러는 와중에 드르따라슈트라의 아들 자야뜨세나가 뿌루의 후손을 제 전차에 태우고 전장을 벗어났고, 적을 태우는 마드리의 위용 넘치는 아들 사하데와가 전투 중이던 드르슈타께뚜를 전장에서 데리고 떠났다.

찌뜨라세나는 아홉 발의 잽싼 화살로 수샤르마를 꿰뚫었고, 다시 예순 발을, 또다시 아홉 발의 화살을 더 쏘아 그를 꿰뚫었다. 격분한 수샤르마는 전장에서 드르따라슈트라의 아들 찌뜨라세나에게 날카로운 화살 열 발, 또 열 발을 쏘아 상처를 입혔다. 성난 찌뜨라세나는 전장에서 곧게 나는화살 서른 발을 쏘며 수샤르마에게 반격해 상처를 입히며 비슈마를 위한 전투에 명예와 영예를 드높였다.

수바드라와 아르주나의 아들 아비만유는 왕의 아들 브르하드발라와 격전을 벌였다. 꼬살라 왕이 다섯 발의 쇠화살로 그를 꿰뚫었고, 다시 스무 발의 곧게나는화살로 그에게 상처를 입혔다. 수바드라의 아들 아비만유는 아홉 발의 쇠화살을 쏘아 브르하드발라를 맞췄으나 그가 전장에서 꿈쩍도 하지 않자 화살을 쏘고 또 쏘며 공격했다. 아르주나의 아들은 다시 화살을 쏘아 꼬살라 왕의 활을 갈랐고, 서른 발의 왜가리깃털화살로 그를 맞췄다. 성난 왕의 아들 브르하드발라는 다른 활을 들어 전장에서 아르주나의 아들에게 여러 발의 화살로 상처를 입혔다. 비슈마를 사이에 두고 솜씨 좋은 두 전사의 한치 앞을 알 수 없는 혼란스런 전투가 벌어졌다. 신과 아수라들 간의 전투에서 마야와 인드라가 격전을 벌이는 듯했다.

코끼리부대와 전투를 벌이는 비마세나는 참으로 눈부셨다. 벼락을 손에 쥔 인드라가 산 위에 서 있는 듯했다. 비마에게 살육 당한 산을 닮은 코끼리들이 쓰러지며 요란한 고함소리로 대지를 메웠다. 산만한 코끼리들이 부서진 안자나* 더미처럼, 땅에 흩어진 산들처럼 쓰러져갔다. 대궁수 유디슈티라는 대전투에서 엄청난 병사의 호위를 받는 마드라 왕에 맞서 싸우며 괴롭혔다. 용맹스런 마드라 왕은 격분하며 비슈마를 위해 전장에서 다르마의 대전사 아들 유디슈티라를 압박했다.

신두 왕은 곧게 나는 날선 쇠화살로 위라타를 맞춘 뒤 다시 날카로운 화살 서른 발을 더 쏘았다. 진의 선봉에 선 위라타는 서른 발의 날선 화살을 쏘아 신두 왕의 가슴팍을 맞췄다. 번쩍이는 활과 칼, 화사한 방패와 여러 무기, 다채로운 깃발을 든 맛쓰야 왕도 신두 왕도 전장에서 아름답게 빛났다.

대전장에서 빤짤라의 아들 드르슈타듐나와 마주선 드로나는 곧게 나는 화살들을 무수히 쏘아대며 대격전을 벌였다. 드로나가 드르슈타듐나

---

* 안자나_ 안티몬으로 번역되며, 인도에서는 주로 마귀를 쫓기 위해 어린아이들 눈 주위에 바르는 검은 물질을 말한다.

의 장대한 활을 부러뜨렸고, 쉰 개의 화살을 쏘아 꿰뚫어 맞췄다. 그러자 적의 영웅들을 처단하는 드르슈타듐나는 전장에서 드로나가 눈을 깜박거리도 전에 다른 활을 들어 드로나에게 쏘아 날렸다. 대전사 드로나는 그것들을 다른 여러 화살로 막아내고 드루빠다의 아들 드로나를 향해 다섯 개의 쇠화살을 쏘아 날렸다. 적의 영웅들을 처단하는 드르슈타듐나는 그에 격분해 드로나에게 전장에서 야마의 지팡이와도 같은 철퇴를 날렸다. 금칠해 단장한 철퇴가 저를 향해 사납게 떨어져 내리자 드로나는 쉰 발의 화살을 쏘아 막아냈다. 철퇴는 산산이 부서져 땅바닥에 떨어졌다. 쓸모없어진 철퇴를 본 드루빠다의 아들, 적을 짓누르는 드르슈타듐나는 온전히 쇠로 만든 아름다운 삼지창을 들어 드로나를 향해 던졌다. 그러나 드로나는 전장에서 아홉 발의 화살로 그것을 가르며 대궁수 드르슈타듐나를 짓눌렀다. 비슈마를 두고 드로나와 드르슈타듐나가 벌이는 섬뜩하고 무시시무시한 대전투는 그와 같았다.

한편 아르주나는 강가의 아들을 백 개의 화살로 짓누르기 시작했다. 그는 숲속의 미친 코끼리처럼 비슈마를 향해 짓쳐 들어갔다. 그런 아르주나를 위용 넘치는 대장사 바가닷따가 이마 터져 세 가닥 즙이 흐르는 발정난 코끼리를 타고 맞서 싸웠다. 아르주나는 대인드라의 코끼리처럼 사납게 돌진해오는 코끼리와 전력을 다해 싸웠다. 위용 넘치는 바가닷따 왕은 코끼리를 타고 화살비를 퍼부으며 전장에서 아르주나를 막아섰다. 아르주나는 전장에서 저를 공격해 들어오는 은빛 코끼리를 매끈하고 날카로운 쇠화살들로 꿰뚫었다. 그리고는 꾼띠의 아들이 쉬칸딘을 재촉했다.

'공격하시오! 공격하시오! 대왕이여, 비슈마를 향해 진군하시오. 그를 죽이시오!'

산자야가 말했다.

"빤두를 아우로 둔 왕이시여, 그러자 쁘라그조띠샤는 빤두의 아들을 내버려두고 황망히 드루빠다의 전차를 향해 내달렸답니다. 대왕이시여, 아르주나는 쉬칸딘을 앞세우고 비슈마를 향해 짓쳐 들어갔고, 그리하여 저들의 전투가 시작되었습니다. 당신의 용사들은 빤다와에게 거센 공격을 퍼부었고, 모두가 함성을 지르며 짓쳐 달려갔지요. 참으로 경탄할 만한 광경이었습니다. 백성을 지키는 분이시여, 그러나 아르주나는 바람이 창공에서 구름을 흩트리듯 당신의 아들의 다양한 병력을 일순간에 흩트려버렸지요. 쉬칸딘은 바라따들의 할아버지와 마주섰고, 수많은 화살을 빠르고 차분하게 쏘아 날렸습니다. 대전사 비슈마는 그 전투에서 빤다와를 따르는 소마까들을 짓뭉개고 빤다와의 병사들을 격퇴했지요. 전차를 화로 삼고 활을 불길 삼아, 칼과 삼지창과 철퇴를 연료 삼고 화살더미를 거대한 불꽃 삼은 그는 전장에서 크샤뜨리야를 모두 태워버렸습니다. 바람을 등에 업은 엄청난 불길이 마른 숲을 누비듯 천상의 무기를 손에 쥔 비슈마가 크샤뜨리야들을 태웠지요. 명예롭고 명예로운 비슈마는 곧게 나는 날선 금촉화살로 사방과 시방을 채우며 포효했습니다. 왕이시여, 그는 전차병들을 떨어뜨리고, 코끼리와 코끼리병을 무너뜨리며, 전사들을 마치 잎 떨어진 딸라 나무처럼 만들어버렸답니다. 왕이시여, 무기 든 모든 이 중 가장 빼어난 비슈마는 전장에서 병사도 전차도 코끼리도 말도 없애버렸습니다. 왕이시여, 천둥번개가 내리치는 듯한 그의 활시위 소리를 들은 병사들은 전장 곳곳에서 벌벌 떨었답니다. 인간들의 왕이시여, 당신의 아버지 비슈마가 쏜 화살들은 빗나가는 법이 없었고, 그의 활에서 쏟아지는 화살들은 몸뚱이에 박히지 않은 것이 없었습니다. 백성의 주인이시여, 소인은 단단히 매진 전차들이 사람은 없이 바람 같은 말에게 이리저리 끌려 다니는 것을 보았답니다.

만 사천을 헤아리는 쩨디, 까쉬, 까루샤의 혈통 좋은 대전사가 목숨 버릴 각오로 꽁무니 빼지 않고, 황금장식깃발을 높이 들고 용맹스럽게 전장에서 아가리 벌린 죽음 같은 비슈마에 맞서 싸웠으나 그들도 말도 전차도 코끼리도 모두 저승길로 떠나버렸지요. 대왕이시여, 그 전투에서 비슈마와 맞선 소마까의 대전사 중 살아 돌아가려고 마음먹은 자는 아무도 없었답니다. 비슈마의 용맹을 본 사람들은 전사들이 모두 죽은 자들의 왕이 지키는 도시로 끌려간 것이나 다름없다고 생각했지요. 흰말 타고 검은 마부*를 둔 빤두의 영웅적 아들과 기세를 가늠할 수조차 없는 빤짤라의 왕자 쉬칸딘을 빼고는 그 전투에서 비슈마와 맞서 싸울 대전사는 실로 아무도 없었습니다. 바라따의 황소시여, 쉬칸딘은 그 전장의 대전투에서 비슈마를 맞아 싸우며 한 번에 열 발씩의 화살을 쏘았답니다. 바라따의 후손이시여, 격노한 강가의 아들은 눈으로 태우려는 듯 쉬칸딘을 곁눈으로 흘겨보았지요. 왕이시여, 그가 여인이었음을 상기한 비슈마는 전장에서 세상 만인이 지켜보는 가운데 그를 공격하지 않았으나 쉬칸딘은 그것을 알아채지 못했답니다. 대왕이시여, 그래서 아르주나가 쉬칸딘에게 말했지요.

'어서 할아버지를 공격해 죽이시오! 영웅이여, 무엇을 망설이는 거요? 대전사 비슈마를 죽이시오. 유디슈티라 진영에서 비슈마 할아버지와

검은 마부_ 끄르슈나를 단어의 뜻대로 옮긴 것이다.

싸워 이길 수 있는 자는 당신 말고 어느 누구도 나는 보지 못했소. 범 같은 사내여, 지금 나는 진실을 말하는 것이오.'"

이어지는 산자야의 이야기는 이러하다.

그와 같은 아르주나의 말에 쉬칸딘은 여러 가지 화살을 챙겨 들고 지체 없이 할아버지를 향해 내달렸다. 드르따라슈트라의 아버지, 저 신성한 서약을 했던 비슈마는 그를 개의치 않고 성난 아르주나를 향해 화살을 날리며 공격을 막았다. 그는 모든 병사에게도 마찬가지로 화살을 쏘았고, 그가 쏘아 날린 날카로운 화살들에 빤다와들의 대전사 한 명이 저승길로 떠났다. 그러자 빤다와들은 구름이 해를 가리듯 거대한 병력으로 비슈마를 에워쌌다. 사방으로 에워싸인 바라따의 후예 비슈마는 숲을 태우는 불길처럼 전장에서 용사들을 태우기 시작했다.

그때 놀라운 일이 벌어졌다. 드르따라슈트라의 아들 두샤사나가 쁘르타의 아들 아르주나와 싸우며 비슈마를 지키는 용맹을 보인 것이다. 활잡이 두샤사나가 전장에서 보인 고결한 행적에 온 세상이 흡족해했다. 그는 홀로 쁘르타의 아들들 모두를 상대해 싸웠고, 쁘르타의 아들들은 너무나도 호기롭게 싸우는 그를 막아내지 못했다. 전차병은 두샤사나에게 전차를 잃었고, 기병은 말을 잃었으며, 코끼리병은 엄청난 힘을 자랑하는 코끼리를 잃었다. 힘을 주체 못하는 코끼리들이 날카로운 그의 화살에 당해 바닥에 쓰러졌고, 다른 코끼리들도 화살에 꿰어 사방으로 도망쳤다. 땔감 넣은 불이 훨훨 타오르며 빛나듯 드르따라슈트라의 아들 또한 빤두의 아들들을 태우며 빛나고 있었다. 대인드라의 아들, 흰말 타고 검은 마부 대동한 아르주나를 빼고는 빤다와 대전사 누구도 저 대단한 거구의 바라따의 후손을 이기거나 상대해 싸울 수조차 없었다.

위자야로도 알려진 아르주나는 전장의 모두가 지켜보는 가운데 두샤사나를 패퇴시키고 비슈마를 향해 짓쳐 들어갔다. 패하기는 했으나 비슈마의 어깨에 모든 신뢰를 얹어두고 있던 드르따라슈트라의 아들 두샤사나는 다시 또 다시 전열을 가다듬어 전장에서 저렇듯 빛나는 아르주나에게 덤벼들었다. 쉬칸딘은 벼락같고 뱀독 같은 화살들로 할아버지를 꿰뚫어 맞췄다. 그러나 그것들은 드르따라슈트라의 아버지, 저 강가의 아들을 아프게 하지 못했다. 그는 쉬칸딘이 쏜 화살들을 웃으며 받아냈다. 목마른 자가 빗줄기를 받아들이듯 강가의 아들은 쉬칸딘이 쏘아 날린 화살 물결을 받아들였다. 크샤뜨리야들은 그 대전투에서 비슈마가 얼마나 무시무시하게 고결한 빤다와 전사들을 태우는지 지켜보았다. 드르따라슈트라의 아들이 전군에 명했다.

'전차로 전장의 사방을 에워싸고 아르주나를 향해 진군하라! 올곧은 비슈마가 전장에서 그대들 모두를 지켜주리니! 그대들의 크나큰 두려움을 버리고 빤두의 아들을 맞아 싸우라! 비슈마가 아직 타는 듯한 딸라 나무 깃발을 치켜들고 전장에서 모든 다르따라슈트라의 병사를 지키며 피난처가 되고 방패가 되어 서 있지 않은가? 천상의 신들이 안간힘을 써도 고결한 비슈마를 이기기 어렵거늘 힘 좋은 인간에 지나지 않은 쁘르타의 아들들이야 말해 무엇하랴? 전사들이여, 그러니 전장에서 아르주나를 마주쳐도 도망치지 말라. 나는 오늘 죽을힘을 다해 싸우는 이 땅의 군주들과 함께 전력으로 아르주나와 싸울 것이니!'

산자야가 말했다.

"왕이시여, 당신의 활잡이 아들의 말을 듣고 위력 넘치는 대전사들이 아르주나를 향해 진격해갔습니다. 위대하, 깔링가, 부족을 거느린 다쉐라까, 니샤다, 사우위라, 바홀리까, 다라다, 서쪽과 북쪽 부족, 말라와, 아비샤하, 수라세나, 쉬비, 와사띠, 샬와, 쉬라야, 뜨리가르따, 아바슈타, 께까야들이 함께 불을 향해 치닫는 부나비들처럼 전장에서 쁘르타의 아들을 덮쳐 들어갔지요. 대왕이시여, 그러자 다난자야는 천상의 날탄들을 소환해 장전하고는 저들 대전사들과 병사들 모두에게 겨눴습니다. 적을 두려움에 떨게 하는 대장사 다난자야는 불이 부나비들을 삼키듯 엄청난 위력을 지닌 그것들로 삽시간에 저들을 태워버렸지요. 저 강궁이 수천 개의 화살을 쏘아 날리자 훨훨 타는 듯한 그의 간디와 활이 창공에 드러나 보였답니다. 대왕이시여, 그것이 쏜 화살들에 맞아 전차와 깃발은 산산이 흩어지고 왕들은 고통스러워했습니다. 모두가 힘을 합해도 저 원숭이깃발 단 아르주나를 공격할 수 없었지요. 왕관 쓴 아르주나의 화살에 맞아 전차병은 깃발과 함께, 기병은 말과 함께 그리고 코끼리병은 코끼리와 함께 쓰러져갔습니다. 그러자 대지는 이내 아르주나 팔에서 쏟아져나온 화살들로 뒤덮이고, 사방은 그를 피해 도망치는 수많은 병사와 왕으로 메워졌답니다.

저들이 그렇게 뿔뿔이 도망치자 팔심 좋은 쁘르타의 아들은 이제 전장에서 두샤사나를 향해 쇠화살들을 쏘기 시작했습니다. 그것들은 당신의 아들 두샤사나를 찢고 개미 둑에 들어가는 뱀들처럼 모두 땅바닥에 꽂혀 들어갔답니다. 그리고는 그의 말들을 죽이고, 그의 마부를 떨어뜨렸지요. 위용 넘치는 아르주나는 스무 발의 화살을 쏘아 위윙샤띠가 전차

없이 싸우게 만들었고, 다섯 발의 곧게나는화살로 위윙샤띠에게 상처를 입혔답니다. 흰말 탄 꾼띠의 아들은 그런 뒤 무수한 쇠화살로 끄르빠, 샬리야, 위까르나를 꿰뚫어 맞히고 그들의 전차를 없애버렸지요. 나의 왕이시여, 그리하여 전차 없는 저들 끄르빠, 샬리야, 두샤사나, 위까르나, 위윙샤띠 다섯 전사가 왼손잡이 궁수에게 패해 전장에서 도망치고 말았답니다. 왕이시여, 아침나절에 저들 대전사들을 패퇴시킨 아르주나는 연기 없이 타오르는 불처럼 전장에서 훨훨 타올랐습니다.

대왕이시여, 태양이 빛의 줄기를 쏘아 보내듯 그는 여러 다른 왕에게 화살비를 쏟아 부었지요. 바라따의 후손이시여, 화살비에 젖은 대전사들은 꾸루와 빤다와들 사이로 피의 강을 만들며 등을 돌려 전장에서 내빼고 말았습니다. 코끼리와 무수한 전차부대가 전차병에게 짓밟히고, 전차는 코끼리에게 짓뭉개졌으며 코끼리는 또 말은 보병에게 죽임을 당했답니다. 코끼리와 말과 전차에서 싸우던 전사는 내장이 찢긴 채 사방천지로 떨어져 내렸습니다. 전장에는 귀걸이하고 팔찌 두른 왕자들과 대전사들의 떨어졌거나 떨어져 내리는 몸뚱이가 사방에 흩어져 있었지요. 그것들은 전차바퀴에 뭉개지거나 코끼리에게 짓밟혀 있었고, 말, 기병, 보병도 눈에 띄었습니다. 코끼리, 말, 전차병이 사방에 떼로 널브러져 있었고, 바퀴와 기둥과 깃발이 망가진 전차는 땅바닥에 아무렇게나 흩어져 있었답니다. 코끼리, 말, 전차병의 피에 흥건히 젖은 전장은 가을날의 붉은 구름 같았지요. 개, 까마귀, 독수리, 늑대, 자칼 등과 더불어 흉측한 들짐승과 날짐승이 먹이를 탐하며 울부짖었습니다. 락샤사들과 악귀들이 울부짖는 모습이 보였을 때 천지사방에 온갖 바람이 불었답니다. 불어오는 바람에 느닷없이 황금띠와 값진 깃발이 보였고, 흰 차양과 수천의 깃발을 든 수백수천의 대전사가 여기저기 흩어져 있는 것도 눈에 띠었지요. 깃발 매단 코끼리들이 화살에 고통스러워하며 사방을 날뛰어 다녔습니다. 인간들의 왕이시여, 철퇴, 삼지창, 활 든 크샤뜨리야들이 어지러이 땅바닥에 쓰러져 있는 것도 보였지요.

대왕이시여, 이제 천상의 날탄을 소환한 비슈마가 모든 궁수의 눈앞에서 꾼띠의 아들을 향해 짓쳐 들어갔습니다. 그러자 무장한 쉬칸딘이 전장에서 그를 향해 내달렸고, 비슈마는 불과 같은 날탄을 꺼내들었답니다. 바로 그 순간 흰말 탄 꾼띠의 아들 아르주나가 당신의 병사들을 도륙하며 할아버지를 혼돈에 빠뜨렸습니다."

113

산자야가 말했다.

"바라따의 후손이시여, 양 진영의 무수한 병사는 물러서기를 마다하고 그런 식으로 맞싸우며 위없는 브라흐마 세계에 이를 채비를 갖추었답니다. 뒤엉켜 싸우는 그 전투에서 부대는 부대와 맞붙지 않고, 전차는 전차끼리 싸우지 않았으며, 보병은 보병과 맞붙어 격전을 벌이지 않았습니다. 기병은 기병과 싸우지 않았고, 코끼리병도 코끼리병과 맞붙지 않았답니다. 양 진영 간에 무섭고 끔찍한 혼전이 벌어졌고, 사람, 코끼리, 전차가 사방에 흩어져 있었습니다. 너무나도 끔찍했던 그 전투에서 잃은 것은 이루 헤아릴 수 없었답니다. 바라따의 후손이시여, 한편 진정한 용사인 살리야, 끄르빠, 찌뜨라세나, 두샤사나, 위까르나는 전차에 올라 빤다와 진영을 뒤흔들었습니다. 고결한 저들에게 전장에서 짓눌린 빤두 병사들은 피난처를 찾지 못해 배가 물 위에 표류하듯 했지요. 겨울날의 한기가 소들의 골수에 스며들 듯 비슈마는 빤두의 아들들의 골수에 스며들었습니다. 그와 마찬가지로 산만한 구름처럼 거대한 당신의 군대의 코끼리들도 쁘르타의 고결한 아들 아르주나 때문에 쓰러져갔지요. 부대를 이끌던 대장들도 쁘르타의 아들이 쏜 수천 개의 쇠화살에 맞아 짓뭉개졌습니다. 거대한 코끼리들이 여기저기서 고통에 신음하며 넘어졌고, 몸뚱이에 온갖 치장이 주렁주렁 달린 고결한 주검과 귀걸이 달린 머리가 전장을 뒤덮고 있었답니다. 왕이시여, 빼어난 영웅들이 그렇게 처참히 궤멸되던 끔찍한 전장에서 비슈마와 빤두의 아들 다난자야가 용맹을 다해 전투를 벌일 때 당신의 아들들은 할아버지가 더할 나위 없는 용맹을 펼치는 것을 보고 자기들도 브라흐마 세상을 염원하며 물러서지 않고 선봉에 서서 싸웠습니다. 그들은 전장에서 싸우다 죽어 저승에서 천상에 나기를 바라며 빼어난 영웅들이 궤멸되던 전장에서 빤다와들을 향해 짓쳐 달렸답니다. 대왕이시여, 인간들의 군주시여, 빤다와들도 당신과 당신의 아들에게 온갖 가지로 당한 예전의 숱한 고난을 기억하며 두려움을 버렸습니다. 저 용사들은 브라흐마 세계를 얻기 위해 전장에서 당신의 병사들, 당신의 아들들과 기꺼이 전투를 벌였답니다. 그리고 빤다와들의 군사대장 드르슈타듐나가 말했습니다.

'소마까들이여, 스른자야들과 함께 강가의 아들을 향해 진격하라!'"

이어지는 산자야의 이야기는 이러하다.

군사대장의 말을 들은 소마까들과 스른자야들은 전장의 사방에 화살비를 뿌리며 강가의 아들을 향해 짓쳐 들어갔다. 그들에게 포위당한 드르따라슈트라의 아버지요 강가와 샨따누의 아들 비슈마는 격분해 스른자야들을 공격하기 시작했다. 사려 깊은 빠라슈라마는 예전에 명성 자자한 그에게 적군을 파멸시킬 무기의 사용법을 알려주었었다. 적군의 파멸을 위해 그 지침을 받아들였던 꾸루의 나이든 할아버지, 적의 영웅을 처단하는 비슈마는 날이면 날마다 만 명씩의 빤다와의 병사를 죽였다.

열흘째에 이르자 비슈마 혼자 맛쓰야와 빤짤라에 속한 코끼리와 말을 헤아릴 수 없을 만큼 죽였고, 일곱 명의 대전사를 전장에서 죽였다. 두료다나의 할아버지 비슈마는 그 대전투에서 오천 명의 전차병과 만 사천에 이르는 보병을 쓰러뜨렸다. 무기를 다루는 그 지침에 따라 드르따라슈트라의 아버지 비슈마는 수천에 이르는 코끼리와 만 마리 말을 죽였다. 이 땅을 지키는 모든 왕을 궤멸시킨 그는 이제 위라타가 아끼는 아우 샤따니까 왕을 죽였다. 전장에서 샤따니까를 무너뜨린 위용 넘치는 비슈마는 넓적화살들을 쏘아 수천에 이르는 왕을 쓰러뜨렸다. 빤다와 진영의 다난자야를 따르던 왕들은 비슈마를 공격하다 야마 땅으로 가기 일쑤였다.

비슈마는 그렇듯 시방사방천지를 화살망으로 뒤덮고 빤다와 진영을 완전히 제압한 뒤 군대의 선봉에 서 있었다. 열흘째 날, 엄청난 행적을 이룬 그는 활을 들고 양 진영 사이에 우뚝 섰다. 한여름 한낮, 창공에 높이 솟은 태양처럼 따갑게 쏘는 그를 어떤 왕도 똑바로 쳐다볼 수 없었다. 인드라가 전장에서 다이띠야 군대를 괴롭히듯 비슈마는 빤다와군을 괴롭혔다. 데와끼의 아들, 마두를 처단한 저 끄르슈나는 엄청난 용맹을 떨치는 그를 지켜보다 짐짓 유쾌한 듯 다난자야에게 말했다.

'여기, 샨따누의 아들 비슈마가 양 진영 사이에 서 있네. 힘껏 밀어붙이면 승리는 그대 것이 되리. 힘 있는 이여, 그가 군대를 가르고 있는 곳에서 그를 막아내야 하네. 그리하지 않고서는 비슈마의 화살을 받아낼 수 없으리니.'

끄르슈나가 그렇게 독려하는 순간 원숭이깃발 든 아르주나는 깃발 들고 전차 타고 말을 몰아 비슈마를 향해 활을 당겼다. 그러나 황소 같은 꾸루의 수장은 빤두의 아들이 쏘아 보낸 화살의 물살을 엄청난 화살의 물살로 쳐냈다. 빤짤라 왕, 영웅 드르슈타께뚜, 빤두의 아들 비마세나, 쁘르샤따의 손자 드르슈타듐나, 쌍둥이 나꿀라와 사하데와, 쩨끼따나, 다섯 께까야 형제, 사띠야끼, 수바드라의 아들 아비만유, 가토뜨까짜, 드라우빠디의 아들들, 쉬칸딘, 영웅 꾼띠보자, 수샤르마, 위라타 ……. 그리고 그들 이외에도 비슈마의 쇠화살에 짓눌려 슬픔의 바다에 가라앉고 있던 다른 수많은 빤다와 진영의 대장사를 아르주나가 건져 올렸다.

이제 쉬칸딘이 아르주나의 비호를 받으며 최고의 무기를 거머쥐고 비슈마를 향해 쏜살같이 짓쳐 달렸다. 전투의 모든 전술을 익히 아는 아르주나는 비슈마를 수행하는 자들을 죽이고 오로지 비슈마에게로 진격해 갔다. 사띠야끼, 쩨끼따나, 쁘르샤따의 후손 드르슈타듐나, 위라타, 드루빠다, 빤두와 마드리의 두 아들이 그 전투에서 강궁 아르주나의 비호를 받으며 비슈마를 향해 짓쳐 달렸다. 아비만유, 드라우빠디의 다섯 아들도 거대한 무기를 휘두르며 전장을 달렸다. 전장에서 등을 돌린 적 없는 저 모든 강궁이 약점을 찾는 데 능한 온갖 화살을 쏘며 비슈마를 괴롭혔다.

그러나 좀체 기세가 꺾이지 않은 비슈마는 저 빼어난 왕들이 쏘아 보낸 화살더미를 몰아내고 빤다와 진영을 뚫으며 나아갔다. 할아버지는 마치 비웃듯 적의 화살을 쳐내고 있었다. 그러나 비슈마는 빤짤라의 왕자 쉬칸딘을 향해서는 단 한발의 화살도 쏘지 않았다. 그가 여인이었음을 기억하고 그저 웃을 뿐인 대전사 비슈마는 드루빠다 진영의 전차 일곱 대를 박살냈다. 그때 맛쓰야, 빤짤라, 쩨디 진영에서 웅성웅성 소란스런 소리가 일더니 그들이 다함께 홀로인 비슈마를 향해 내달렸다. 구름이 태양을 가리듯 저들 헤아릴 수 없이 많은 말, 전차, 보병이 전장에서 적군을 태우는 강가의 아들 비슈마, 홀로 있는 그를 덮쳤다. 그와 그들의 전투는 신과 아수라들 간의 전투 같았다. 왕관 쓴 아르주나가 쉬칸딘을 앞세우고 비슈마를 치기 시작했다.

114

산자야가 말했다.

"그렇게 쉬칸딘을 앞세운 저들 빤다와 모두가 전장에서 비슈마를 사방에서 에워싸고 공격했습니다. 바라따의 후손이시여, 저들은 모든 스른 자야들과 함께 전장에서 너무나도 섬뜩한 샤따그니, 전곤, 도끼, 철퇴, 무쇠공이, 창, 온갖 종류의 던지는 무기, 금촉 달린 화살, 삼지창, 투창, 던지는 무기, 쇠화살, 송아지이빨화살, 투석기를 휘두르며 비슈마를 공격했답니다. 그러나 헤아릴 수 없는 저들의 공격에 몸이 찢기고 급소가 갈라졌음에도 강가의 아들은 고통스러워하지 않았습니다. 활과 화살을 불길로, 날탄을 바람으로, 덜컹거리는 전차바퀴를 햇볕으로, 거대한 무기를 치솟는 불길로, 빛나는 활을 거센 불길로, 영웅들의 궤멸을 연료로 삼아 싸우는 비슈마는 적들 눈에 유가의 끝에 타오르는 불과 다르지 않았답니다. 적진의 전차부대 깊숙이 들어갔다 빠져나오고 다시 왕들의 한가운데로 뛰어드는 그의 모습이 보였습니다. 빤짤라 왕과 드르슈타께뚜를 지나친 그는 쏜살같이 빤다와 진영 한가운데로 들어섰지요. 그리고 엄청난 속도로 섬뜩한 소리를 내며 날아가 적의 약점을 파고드는 태양 같은 여섯 발의 화살로 저 여섯 전사, 사띠야끼, 비마, 빤두의 아들 다난자야, 드루빠다, 위라따, 쁘르샤따의 손자 드르슈타듐나를 꿰뚫어 맞췄습니다. 그러나 기세등등한 저 대전사들은 날선 그것들을 쳐내고 각각 열 발씩의 화살을 쏘아 비슈마를 맞췄지요. 전장에서 쉬칸딘은 무서운 맹세를 했던 비슈마를 향해 화살들을 쏘아 보냈고, 돌로 벼린 금촉화살들이 이내 비슈마를 뚫고 들어갔답니다. 그러자 왕관 쓴 아르주나가 쉬칸딘을 앞세우고 폭풍처럼 비슈마를 향해 짓쳐 달려 그의 활을 갈랐습니다. 비슈마의 갈라진 활을 견딜 수 없던 드로나, 끄르따와르만, 신두 왕 자야드라따, 부리쉬라와스, 샬라, 샬리야, 그리고 바가닷따 일곱 대전사가 분기탱천해 왕관 쓴 아르주나에게 공격을 퍼부었지요. 격분한 대전사들은 빼어난 천상의 무기를 펼쳐 보이며 빤두의 아들 아르주나를 무기들로 뒤덮어버렸습니다."

이어지는 산자야의 이야기는 이러하다.

아르주나를 덮쳐오며 무기들이 내는 소리는 유가의 끝에 요동치며 치솟아 오르는 바다소리처럼 들렸다. 아르주나의 전차에 대고 '죽여라!', '붙잡아라!', '싸워라!', '베어라!' 등과 같은 요란한 소리가 일었다. 그처럼 혼잡스런 소리를 들은 빤다와 진영의 대전사들은 아르주나를 구하기 위해 그곳으로 짓쳐 달렸다. 사띠야끼, 비마세나, 쁘르샤따의 손자 드르슈타듐나, 두 영웅 위라타와 드루빠다, 락샤사 가토뜨까짜, 아비만유 등 혼절할 듯 격분한 일곱 전사가 분기탱천해 아름다운 활을 메고 삽시간에 그곳으로 내달려왔다. 그리고 이내 신들과 다나와들이 벌이는 듯 털이 거꾸로 솟는 저들의 요란한 전투가 시작되었다.

아르주나가 지키는 빼어난 전사 쉬칸딘이 열 발의 화살로 전투 중에 활이 갈라진 비슈마를 쏘아 맞춘 뒤, 열 발을 더 쏘아 그의 마부를 맞히고, 한 발로는 그의 깃발을 갈랐다. 강가의 아들은 더 빠른 다른 활을 들었으나 아르주나가 날선 넓적화살 세 발로 그마저 베어버렸다. 격분한 빤두의 아들, 적을 태우는 왼손잡이 궁수는 그런 식으로 그의 활을 베고 또 베었다. 그처럼 활이 갈라져버리자 비슈마는 분기탱천해 입꼬리를 핥고는 바위라도 벨 듯한 분노의 삼지창을 거머쥐고 아르주나의 전차를 향해 세차게 던졌다. 벼락처럼 활활 타는 삼지창이 저를 덮쳐오는 것을 본 빤두의 기쁨 아르주나는 날선 넓적화살 다섯 발을 장전했다. 사나운 다섯 발의 화살은 비슈마의 팔에서 세차게 뿜어져 나온 삼지창을 다섯 가닥으로 쪼개버렸다. 격분한 아르주나가 가른 창은 천둥구름 무더기에서 번개가 쏟아져 내리듯 산산 조각나 떨어져 내렸다. 삼지창이 갈라진 것을 지켜본 비슈마는 분기탱천했다. 그리고 적의 도시를 패퇴시킨 영웅은 전장에서 영리하게 생각했다.

'세상을 군대로 삼은 저 대단한 위력의 끄르슈나가 지키지 않는다면 나는 화살 한 발로도 빤다와들을 모조리 죽일 수 있었을 것이다. 그러나 두 가지 연유로 빤다와들과 싸우지 않으리니, 해칠 수 없는 빤두의 아들들과 여인이었던 쉬칸딘 때문이다. 예전에 나는 사띠야와띠와의 혼례를 주선해 아버지를 만족시켜드렸기에 원할 때 죽음을 맞이하고 전장에서 해를 입지 않는다는 축복을 받았느니. 이제 죽음을 맞을 적절한 때가 온 듯하구나.'

가늠할 수 없는 기운을 지닌 비슈마의 결심이 그러함을 알고 허공에 머물던 선인들과 와수들이 말했다[*].

'영웅이여, 우리는 그대의 결정이 한량없이 기쁘오. 대궁수여, 그리하시오. 전투에서 마음을 거두어들이시오.

이 말이 끝나자 상서롭고 기분 좋으며 향기로운 바람이 사방에 반짝이는 물방울을 흩뿌리며 불어왔다. 천상의 북소리가 우렁차게 울리고 비슈마의 머리 위에 꽃비가 내렸다. 천인들이 하는 말은 팔심 좋은 비슈마와 위야사 성자의 기운을 받은 산자야 말고는 아무도 듣지 못했다. 온 세상의 사랑을 받는 비슈마가 전차에서 떨어지리라는 생각은 신들에게 엄청난 혼란을 불러왔다. 천인들의 말을 들은 고결한 샨따누의 아들 비슈마는 날카로운 화살들이 온몸의 급소를 찢는 듯 고통스러웠으나 아르주나를 공격하지 않았다.

그러는 사이 분기탱천한 쉬칸딘은 아홉 발의 날선 화살을 쏘아 바라따들의 할아버지의 가슴을 꿰뚫었다. 격전 중 화살에 맞은 꾸루들의 할아버지 비슈마는 땅이 흔들려도 흔들리지 않는 산처럼 흔들림이 없었다. 그러자 아르주나가 웃으며 간디와 활을 당겼고 강가의 아들을 향해 스물다섯 발의 화살을 쏘아 날렸다. 격앙된 다난자야는 다시 서둘러 비슈마의

---

[*] 와수들이 말했다_ 비슈마는 여덟 와수 중 하나이며, 와시슈타 성자의 소를 훔치려 했던 대가로 인간세상에 태어나야 했던 이야기가 1장에 나와 있다.

온몸의 모든 급소에 수백 발의 화살을 꽂았다. 대격전장에서 다른 전사들 또한 엄청난 공격을 했으나 돌로 벼린 황금촉화살들은 비슈마에게 고통을 주지 못했다.

그러자 왕관 쓴 아르주나가 격분하며 쉬칸딘을 앞세우고 활시위를 당겨 비슈마를 공격했다. 열 발의 화살로 그를 맞히고 한 발로는 그의 깃발을 찢었다. 날카로운 열 발의 화살로는 비슈마의 마부를 흔들었다. 강가의 아들이 더욱 강한 또 다른 활을 들었으나 아르주나는 날선 세 발의 넓적화살을 쏘아 그것마저 세 갈래로 갈라버렸다. 그 대전투에서 아르주나는 눈 깜짝할 사이에 비슈마가 집어 든 수많은 활을 베었고, 샨따누의 아들은 더 이상 그를 공격하지 않았다. 아르주나는 스물다섯 발의 잔혹한 화살을 더 쏘았다. 치명적인 부상을 입은 대궁수가 두샤사나에게 말했다.

'성난 빤다와들의 대전사 아르주나가 전투에서 수천 발의 화살로 나를 꿰뚫어 맞췄구나. 벼락 든 인드라도 전장에서 그를 이기기는 어려울 것이다. 그리고 영웅들, 신들, 다나와, 락샤사들이 함께 몰려와도 나를 제압하지는 못하리라. 약하디 약한 죽음 있는 자들이야 말해 무엇 하겠느냐?'

그들이 그런 이야기를 나누고 있던 전장에서 아르주나가 쉬칸딘을 앞세우고 날선 화살들로 비슈마를 꿰뚫어 맞췄다. 간디와 활잡이가 쏘아 날린 날카로운 화살들에 깊이 베어 심한 부상을 입은 비슈마가 슬며시 웃으며 두샤사나에게 다시 말했다.

'주저 없이 쏟아져나와 벼락처럼 박히는 날선 이 화살들은 쉬칸딘의 화살들이 아니구나. 단단하기 그지없는 갑옷을 뚫고 들어와 나의 급소를 찌르며 무쇠공이처럼 나를 짓이기는 이 화살들은 쉬칸딘 것들이 아니다.

브라흐마의 몽둥이에 맞는 것과 같고 벼락처럼 빠른 불패의 화살들이 내 목숨을 앗아가는구나. 이 화살들은 쉬칸딘 것들이 아니다. 치명적인 독을 지닌 성난 독뱀이 주둥이를 핥듯 내 급소를 파고드는 이 화살들은 쉬칸딘 것들이 아니구나. 야마가 보낸 저승사자들처럼 내 생명을 부수는, 저 전곤과 철퇴의 힘을 지닌 화살들은 쉬칸딘의 것들이 아니다. 내 사지를 끊는 이 화살들, 마가 달의 암소 같은* 이것들은 아르주나의 것이구나. 쉬칸딘의 화살들이 아니구나. 모든 왕이 함께 덤벼도 원숭이깃발 든 간디와 활의 주인 아르주나가 아니라면 나를 이리 고통스럽게 하지 못하리니!'

그렇게 말한 뒤 샨따누의 아들은 빤두의 아들을 태우려는 듯 사방에 불꽃을 튀기는 불꽃같은 삼지창을 던졌다. 그러나 아르주나는 날카로운 세 발의 화살로 그것을 세 가닥으로 쪼개버렸고, 그러한 광경을 꾸루의 모든 영웅이 지켜보았다. 강가의 아들은 죽음 아니면 승리를 이루려는 간절함으로 황금 두른 방패와 칼을 들었다. 그러나 무장한 아르주나는 비슈마가 전차에서 내려오자마자 그의 방패를 산산이 부숴버렸다. 참으로 탄복할 만한 광경이었다. 그가 사자처럼 드높게 포효하며 제 병사들을 채근했다.

'강가의 아들을 공격하라! 두려워 말라!'

그리고 사방에서 철퇴, 삼지창, 화살의 물결이 일었다. 뾰족 끝 창, 날카로운 칼, 온갖 모양의 투창, 송아지이빨화살, 넓적화살을 든 병사들이

마가magha 달의 암소 같은_ 마가 달은 힌두력 열한 번째 달로, 대부분 1월과 2월 사이이다. 축제와 행사들이 많은 풍요로운 달이어서 소가 살찌고 힘이 넘치는 달이기도 하다.

홀로 있는 비슈마를 향해 짓쳐 들어갔다. 빤다와 진영에서 무시무시한 사자의 포효가 일었다. 비슈마의 승리를 바라는 두료다나 진영에서도 홀로 있는 그를 에워싸며 사자의 포효를 울렸다.

비슈마와 아르주나가 맞붙어 격전을 벌이던 열흘 째 날, 두료다나와 빤다와들의 혼잡한 전투는 그렇게 벌어졌다. 병사들이 싸우며 서로가 서로를 죽이자 전장은 한때 바다로 떨어져 내리는 강가 강 같았다. 피에 물든 대지는 제 모습을 잃었고, 고른지 울퉁불퉁한지 도무지 더 이상은 분간할 수도 없었다. 열흘 째 날, 만 명의 전사를 죽인 비슈마는 사지가 찢겨 전장에 서 있었다.

쁘르타의 아들 다난자야가 선봉에서 꾸루 진영의 한가운데를 뚫으며 짓쳐 달렸다. 날선 화살들로 짓뭉개오는 흰말 탄 꾼띠의 아들 다난자야에 대한 두려움 때문에 두료다나의 병사들은 대전장에서 달아나기 시작했다. 사우위라들, 끼따와들, 동쪽, 서쪽, 북쪽에서 온 전사들, 말라와들, 아비샤하들, 슈라세나들, 쉬비들, 와사띠들, 샬와와 함께 온 뜨리가르따들, 께까야 형제들과 함께 온 암바슈타들······. 열두 지역에서 온 이 고결한 전사들은 모두 화살에 맞고 부상에 시달리면서도 왕관 쓴 아르주나와 전장에서 격전을 벌이는 비슈마를 두고 떠나지 않았다. 그러자 빤다와들의 무수한 전사가 꾸루의 모든 전사를 제치고 홀로 있는 비슈마를 빙 둘러싸며 화살비를 쏟아 부었다. 비슈마의 전차를 향해 '덮쳐라!', '붙잡아라!', '찔러라!', '베어라!' 따위의 말이 혼잡스레 오갔다. 그들이 수백수천의 화살 무더기로 그를 공격했다. 그의 온 몸뚱이에는 손가락 하나의 틈도 없이 화살들이 찢고 들어가 있었다.

산자야가 말했다.

"위용 넘치는 왕이시여, 아르주나가 쏘아 날린 날선 화살들이 그처럼 빼곡히 들어찬 당신의 아버지 비슈마는 머리를 동쪽으로 향한 채 전차에서 떨어져 내렸습니다. 해가 지기 직전이었고, 당신의 아들들이 모두 지켜보고 있었지요. 비슈마가 전차에서 떨어질 때 천상의 신들과 지상의 왕들이 모두 '아아!, 아아!' 하는 엄청난 탄식을 내질렀습니다. 저 고결한 할아버지가 떨어지는 것을 지켜본 우리 모두의 가슴도 비슈마와 함께 떨어져 내렸답니다. 팔심 좋은 이, 모든 궁수의 깃발인 그가 거꾸로 꽂힌 인드라의 깃발처럼 바닥으로 무너져 내리며 대지를 울리는 소리가 났습니다. 그러나 화살무더기에 온통 꽂혀 있는 비슈마의 몸뚱이는 땅에 닿지 않았습니다. 황소 같은 사내요 대궁수인 그가 전차에서 떨어져 화살침상에 몸을 누이자 그의 천상의 본성이 찾아왔지요. 비의 신 빠르잔야가 비를 내렸고, 대지가 흔들렸습니다. 바라따의 후손이시여, 영웅 비슈마는 떨어져 내리며 날을 밝히는 태양이 쭈그러든 것을 보고 죽기에 적절한 때가 아니라고 여기고 의식을 놓지 않았답니다. 그는 창공에 두루 퍼지는 천상의 말을 들었습니다.

'고결한 강가의 아들이요 무기 든 모든 이 중 가장 빼어난 범 같은 사내 비슈마가 어찌 태양이 남쪽을 향하고 있을 때 생명을 떠난단 말인가?' 그 말을 들은 강가의 아들은 '나는 아직 살아 있소'라고 말했지요. 땅바닥에 떨어지긴 했으나 꾸루들의 할아버지 비슈마는 태양이 북쪽으로 향하기를 기다리며 숨을 붙잡고 있었답니다. 히말라야의 딸 강가는 아들의 의도를 알아차리고 백조의 형상을 한 대선인들을 비슈마에게 보냈습니다. 마나사 호수에 사는 백조 형상의 선인들은 꾸루들의 할아버지 비슈마를 보기 위해 모두 함께 화살침상에 누운 할아버지가 있는 곳으로 지체 없이 떠났답니다. 백조 모습의 선인들은 비슈마에게 이르러 화살침상에 누운 꾸루들의 할아버지 비슈마를 보았습니다. 고결한 강가의 아들이요 훌륭한 바라따의 후예를 본 선인들은 오른쪽으로 돌며 그에게 경의를 표했답니다. 태양이 남쪽에 있음을 알아차린 사려 깊은 선인들이 서로 상의하며 '고결한 비슈마가 어찌 태양이 남쪽으로 향할 때 세상을 뜰 수 있겠소?'라고 말했지요. 그러고는 백조 형상 선인들은 남쪽을 향해 떠나려고 했답니다.

바라따의 후손이시여, 그러자 지혜롭기 그지없는 샨따누의 아들이 그들을 보고 곰곰이 생각하다 말했습니다.

'태양이 남쪽에 있는 한 나는 떠나지 않을 것이오. 태양이 북쪽을 향할 때 내 본디 자리로 가려고 마음먹었다오. 백조들이여, 나는 지금 당신들께 진실을 말하고 있는 것이오. 나는 태양이 북쪽으로 향하기를 간절히 기다리며 목숨을 붙들고 있으려 하오. 내가 목숨을 놓는 것은 온전히 내 의지대로 할 수 있소. 그러니 태양이 북쪽으로 가는 순간까지 목숨을 붙잡겠다는 것이오. 고결한 내 아버지께서는 오로지 내가 원할 때 죽게 되리라는 축복을 내려주셨소. 그분의 축원이 실현되게 합시다. 목숨을 버리는 것은 온전히 내 의지이니 붙들고 있으리라.'

백조들에게 그렇게 말한 뒤 그는 화살침상에 그대로 누워 있었답니다.

대단한 기세를 보이던 꾸루들의 수장 비슈마가 쓰러지자 빤다와들과 스른자야들은 사자의 포효를 울렸습니다. 바라따의 후손이시여, 기세등등하던 그가 바라따들 한가운데서 무너지자 당신의 아들들은 어찌해야 할 바를 몰랐지요. 꾸루들에게 회오리 같은 혼돈이 밀려들었습니다. 두료다나를 위시한 왕들은 한숨을 내쉬며 통곡하다 온몸에 기력이 빠져 오래도록 넋을 잃고 주저앉아 있었답니다. 대왕이시여, 그들의 마음은 이미 싸우려들지 않았고, 허벅지는 뭔가에 단단히 붙잡힌 듯 빤다와들에게 공격을 가하지도 않았습니다. 왕이시여, 기력 성하던 샨따누의 아들 비슈마가 부상을 입고 무너지자 '우리 영웅들은 모조리 죽었고, 우리는 왼손잡이 궁수의 날선 화살에 베어 패배했느니. 더 무엇을 해야 할 지 알 수 없구나!'라고 말하는 꾸루들에게 엄청난 무기력이 찾아들었습니다.

백성의 주인이시여, 한편 이승의 승리를 얻고 저승에서도 궁극의 목적을 이룰 빤다와들, 저 쇠몽둥이 같은 팔뚝을 지닌 용사들은 거대한 소라고둥을 불었답니다. 그렇게 수천 개의 나팔소리가 울리자 팔심 좋은 장사 비마세나는 제 팔을 두드려대며 춤을 추었습니다.

강가의 아들이 쓰러지자 양쪽 진영의 영웅적 용사들은 무기를 내리고 깊은 상념에 빠졌지요. 우는 자들, 도망치는 자들, 정신을 잃은 자들이 있는가 하면 크샤뜨리야의 율법을 원망하는 자들 또는 비슈마에게 경의를 바치는 자들도 있었습니다. 선인들과 조상들은 서약 깊은 비슈마를 칭송했고, 바라따들의 선조들 또한 그를 우러렀답니다. 그리고 지혜롭고 용맹스런 샨따누의 아들은 위대한 『우빠니샤드』에 설파된 요가 상태에 머무르며 간절히 시간을 기다렸습니다."

화살침상에 누운 비슈마

115

드르따라슈트라가 말했다.

"산자야여, 아버지를 위해 금욕수행하며 신과 같던 저 힘센 비슈마 없이 나의 군사들은 어떠했는가? 비슈마가 드루빠다의 자식을 피하며 공격하지 않을 때부터 꾸루들을 위시한 용사들은 이미 쁘르타의 아들들에게 죽임을 당한 것이나 다름없었으니. 나의 아둔함 때문에 아버지가 무너졌다 들었으니 그보다 더한 고통이 어디 있으랴? 산자야여, 내 심장은 돌로 되었음이 분명하구나. 비슈마가 무너졌음을 듣고도 백 조각으로 갈기갈기 찢기지 않질 않느냐? 나는 저 서약 굳은 이가 무너졌다는 사실을 아무래도 견딜 수 없구나. 예전, 자마다그니 아들 빠라슈라마의 천상의 날탄에도 무너지지 않던 이가 아니더냐? 산자야여 오늘, 승리를 바라던 저 사자 같은 사내 비슈마는 쓰러지며 무엇을 했다냐? 그 이야기를 들려다오."

산자야가 말했다.

"저녁나절에 바닥으로 쓰러지며 꾸루의 어른이신 비슈마 할아버지는 다르따라슈트라들에게는 절망을, 빤짤라들에게는 기쁨을 주셨지요. 비슈마는 전차에서 무너지며 땅으로 떨어져 내렸으나 바닥에는 닿지 않은 채 화살침상에 누웠답니다. 꾸루들의 병풍나무인 비슈마가 쓰러지자 '아이고, 아이고!'하는 사람들의 혼잡스런 소리가 일었습니다. 왕이시여, 샨따누의 아들 비슈마의 갑옷과 깃발이 찢겨나간 것을 본 양쪽 진영의 크샤뜨리야 전사 모두에게 두려움이 찾아들었지요. 백성을 지키는 주인이시여, 꾸루들도 또 빤다와들도 그를 에워쌌습니다. 샨따누의 아들 비슈마가 무너지자 하늘은 어둠으로 둘러쳐졌고, 태양은 빛을 잃었으며, 땅은 울부짖었답니다. '그는 브라흐마를 아는 자들 중 최고이다! 그는 브라흐마를 아는 자들의 길이다!' 생명 있는 자들이 누워 있는 바라따의 황소를 향해 그런 말들을 했지요. 싯다, 짜라나들과 함께 달려온 선인들은 바라따들의 한가운데 화살침상에 누운 그를 향해 '아버지 샨따누가 예전에 욕망으로 인해 괴로워하는 것을 알고 황소 같은 저 사내는 스스로 영원히 금욕하며 살겠노라고 서약했느니!'라는 말들도 했습니다. 바라따의 후손이시여, 샨따누의 아들이요 바라따들의 할아버지 비슈마가 무너지자 당신의 아들들은 아무것도 할 수 없었답니다. 바라따의 후손이시여, 그들의 얼굴은 빛을 잃었고 그들의 모습은 영예를 잃었습니다. 치욕과 수치로 고개를 떨어뜨리고 망연히 서 있었답니다. 한편 승리를 얻은 빤다와들은 전장 앞머리에 서서 모든 북을 울리고 황금으로 장식한 거대한 고둥을 불었지요. 무구한 왕이시여, 전장에서 무서운 위세를 떨치던 적이 무너지자 저들은 환호하며 온갖 악기를 불었고, 그때 소인은 꾼띠의 대장사 아들 비마세나가 기뻐 날뛰는 모습을 보았답니다. 꾸루들에게는 회오리 같은 혼돈이었지요. 까르나와 두료다나는 하염없이 한숨을 내쉬었고, 꾸루들의 무거운 짐을 지던 비슈마가 무너지자 만생명이 한 없이 울고 또 울며 애통해 했답니다."

이어지는 산자야의 이야기는 이러하다.

비슈가가 쓰러지는 것을 본 드르따라슈트라의 아들 두샤사나는 드로나를 향해 온힘을 다해 쏜살같이 내달렸다. 갑옷을 챙겨 입은 범 같은 사내, 위력 넘치는 두샤사나는 제 병력을 거느리고 두료다나의 명에 따라 병사들을 채근하며 짓쳐 달렸다. 꾸루들에게 에워싸인 두샤사나가 오는 것을 본 드로나는 그가 무슨 말을 할지 의아해 했다. 꾸루의 후손이 비슈마가 무너졌음을 알렸다. 듣고 싶지 않던 느닷없는 소식에 드로나는 전차에서 떨어져 내렸다. 다시 정신을 차린 위풍당당한 바라드와자의 아들 드로나는 제 병사들을 거둬들였다. 꾸루들이 물러나는 것을 본 빤다와들도 날쌘 말을 탄 전령을 사방으로 보내 제 병력을 거둬들였다. 양쪽 진영이 차례로 싸움을 멈추자 왕들은 모두 갑옷을 벗어던지고 비슈마에게로 갔다.

수백수천의 전사가 전투를 거두고 신들이 쁘라자빠띠에게 가듯 위대한 비슈마 곁으로 갔다. 누워 있는 바라따의 황소 비슈마에게 빤다와들과 꾸루들이 함께 절을 올렸다. 앞에 공손히 서 있는 꾸루와 빤다와들에게 샨따누의 고결한 아들 비슈마가 말했다.

'다복한 이들이여, 어서 오너라. 대전사들이여, 잘 왔느니. 신과 같은 그대들 모습을 보니 기쁘기 한량없구나.'

그가 머리를 떨어뜨린 채 기쁜 듯 그들에게 말했다.

'내 머리가 떨어져 내렸구나. 받칠 것을 다오.'

그러자 왕들이 귀하고 아름답고 부드러운 베개를 갖고 왔으나 할아버지가 마다했다. 범 같은 사내가 왕들에게 웃으며 말했다.

'왕들이여, 영웅 누운 자리에 그런 것들은 어울리지 않는다네.'

그리고는 저 빼어난 사내, 빤두의 팔이 긴 아들, 온 세상에서 가장 빼어난 대전사 다난자야를 보고 말했다.

'팔심 좋은 다난자야여, 내 머리 받칠 것을 다오. 내게 어울린다고 여기는 그 베개를 다오.'

눈에 눈물이 가득 고인 그가 장대한 활을 내리고 할아버지에게 절을 올린 뒤 말했다.

'훌륭하고 훌륭하신 꾸루시여, 무기 든 자 중 가장 빼어난 불패의 할아버지시여, 당신의 종인 제가 무엇을 하리까?'

샨따누의 아들이 그에게 말했다.

'아가, 내게 머리 받칠 것을 다오. 빼어난 꾸루의 후손 다난자야여, 내게 베개를 가져다 다오. 쁘르타의 아들이여, 팔심 좋은 너는 모든 궁수 중에서 가장 빼어나고 크샤뜨리야의 율법을 알며 지혜와 기개를 고루 갖춘 전사이다. 영웅이여, 그러니 어서 이 침상에 어울리는 베개를 가져오너라.'

아르주나는 '그리하겠습니다'라고 말하며 결심을 굳히고는 앞으로 나섰다. 그는 진언을 외우며 곧게나는화살을 간디와 활에 먹였다. 바라따들의 한가운데 누운 고결한 이의 승낙을 얻은 그는 쏜살같이 나는 날카로운 화살 세 발을 쏘아 머리에 받쳐주었다. 다르마와 아르타의 진수를 아는 저 훌륭하고 훌륭한 바라따의 후손 비슈마는 고결한 왼손잡이 궁수가 자기 뜻을 알아들은 것에 매우 흡족해했다. 비슈마는 최고의 전사이자 동지들에게 기쁨을 주는 꾼띠의 아들 다난자야가 베개를 준 것을 칭송했다.

'빤두의 아들이여, 이 침상에 어울리는 베개를 가져다주었구나. 그리하지 않았더라면 네게 사나운 저주를 내렸을 터이다. 팔심 좋은 이여, 굳건한 크샤뜨리야의 율법에 따라 사는 자는 전장에서 화살침상에 누워야 하는 법이니!'

아르주나에게 그렇게 말한 뒤 그는 모든 왕과 왕의 아들에게 말했다.

'빤두의 아들이 내게 마련해준 이 침상에 태양이 길을 바꿀 때까지 누워있으리니. 그때 오는 왕들은 내가 떠나는 것을 보게 되리라. 창창히 빛나는 마차를 몰고 빛살로 세상을 밝히는 태양이 와이쉬라와나의 방향˚으로 길을 잡을 때 나는 마음 나눈 벗처럼 한없이 다정했던 생명을 놓아 보낼지니. 왕들은 내 주위로 구덩이를 파주시오. 나는 백 개의 화살더미 위에서 태양을 우러를지니, 왕들은 적개심을 버리고 싸움을 멈추시오!'

화살 빼는 훈련을 받은 솜씨 좋고 능숙한 의원들이 온갖 방법을 다 써서 그의 몸에서 화살을 빼내려 했다. 그들을 지켜보던 강가의 아들이 말했다.

'저 의원들이 원하는 것을 주고 잘 대접해서 보내시오. 내 상태가 지

와이쉬라와나의 방향_ 풍요의 신 와이쉬라와나 또는 꾸베라는 팔방을 지키는 여덟 수호신(로까빨라) 중 북쪽을 담당한다. 나머지는 인드라(동), 아그니(남동), 야마(남), 나이르르따(또는 수르야; 남서), 와루나(서), 마루뜨(또는 와유나 와나; 북서), 짠드라(또는 소마; 북동)이다.

금 이러하거늘 의원들이 내게 무엇을 할 수 있겠소? 나는 크샤뜨리야의 다르마가 칭송하는 가장 높은 경지에 이르렀거늘! 이 땅을 지키는 왕들이여, 화살침상에 누운 내게 그리하는 것은 다르마가 아니오. 왕들이여, 나는 내 몸뚱이에 박힌 이 화살들과 함께 태워져야 하오.'

그의 말을 들은 드르따라슈트라의 아들 두료다나는 의원들을 잘 대접해 보냈다. 여러 왕국에서 온 왕들은 최고의 다르마에 이른 비슈마, 가늠할 수 없는 빛을 지닌 그의 굳건함에 그저 놀랄 따름이었다.

드르따라슈트라의 아버지 비슈마에게 베개가 주어진 뒤 빤다와 대전사들과 모든 꾸루가 함께 고결한 이가 누운 빛나는 침상 가까이로 갔다. 그들은 비슈마에게 절을 올린 뒤 그의 오른쪽으로 돌며 사방에 그를 보호하기 위한 장치를 마련했다. 저녁이 되어 피에 젖은 영웅들은 몹시 힘들어 하며 생각에 잠긴 채 각자의 막사로 돌아갔다.

비슈마의 무너짐에 환호하는 빤다와 대전사들의 막사에 야두의 후손 끄르슈나가 들어왔다. 적절한 때 그가 다르마의 아들 유디슈티라에게 말했다.

'꾸루의 후손이여, 다행히 승리했군요. 인간이 죽일 수 없는 이, 진리를 행하는 대전사 비슈마가 운 좋게도 무너졌습니다. 쁘르타의 아들이여, 그러나 어쩌면 모든 가르침을 알고 날탄 다루는데 달통한 비슈마가 무너진 것은 운명이었을 수도 있습니다. 눈길만으로도 누군가를 죽음에 이르게 하는 당신의 매서운 눈길 때문에 타버렸을지도 모르지요.'

이 말에 다르마의 왕이 끄르슈나에게 답했다.

'당신의 호의는 승리요, 당신의 분노는 패배이지요. 끄르슈나여, 신봉하는 자를 안전하게 살펴주는 당신은 우리의 피난처랍니다. 끄르슈나여,

당신이 전장에서 늘 살펴주고, 당신이 한결같이 잘 되기를 바라는 이들이 승리하는 것은 그리 놀라운 일이 아니지요. 이 모든 것은 당신이 이루게 한 것이니 그리 놀라운 일은 아니라고 여겨집니다.'

그의 말에 끄르슈나가 웃으며 답했다.

'훌륭한 왕이여, 참으로 당신과 어울리는 말입니다.'

116

산자야가 말했다.

"대왕이시여, 밤이 지나자 모든 왕과 빤다와 다르따라슈트라는 할아버지에게 갔지요. 크샤뜨리야들은 영웅의 침상에 누운 영웅, 빼어나고 빼어난 꾸루의 후예, 저 황소 같은 크샤뜨리야에게 다가가 섰습니다. 만 생명이 어둠을 거두는 태양을 향해 가듯 처녀, 여인, 아이, 어른, 심부름꾼, 평민 할 것 없이 모든 사람이 산따누의 아들에게 다가가 그에게 전단향 가루를 바르고, 쌀알을 뿌리고*, 화환을 걸어주었지요. 수많은 악사와 기생 그리고 배우와 춤꾼이 나이든 꾸루들의 할아버지에게 와서 춤추고 노래를 불렀답니다. 꾸루와 빤다와들이 싸움을 멈추고 갑옷을 벗어던졌으며 무리를 내려두고 모두 함께 적을 다스리는 저 불패의 데와우라따, 신성한 서약을 한 비슈마에게 왔습니다. 그들은 서로에게 다정하게 굴었

쌀알을 뿌리고_ 결혼이나 장례식 또는 여타의 다양한 행사 때 악귀를 쫓고 행운이 오기를 염원하며 색색의 쌀알 또는 벼를 주체가 되는 사람 또는 행사장 주변에 고루 뿌리는 전통이 현재에도 여전히 행해지고 있다.

고 예전처럼 서로를 존중했지요. 비슈마를 에워싼 수백의 왕과 바라따의 회합은 마치 하늘에서 타오르는 태양을 에두른 원처럼 아름답게 빛났답니다. 꾸루들의 할아버지를 우러르는 왕들은 마치 신들 중의 신, 세상의 할아버지 브라흐마를 우러르는 신들 같았지요. 황소 같은 바라따의 왕이시여, 타는 듯한 화살의 고통을 의연하게 누른 비슈마가 차분히 왕들에게 말했습니다.

'내 육신은 화살로 태워지고 정신은 화살의 타는 열기에 아득해지느니. 물이 몹시 마시고 싶구나!'"

이어지는 산자야의 이야기는 이러하다.

그러자 크샤뜨리야 왕들이 그의 말에 따라 사방에서 먹을 것과 시원한 물이 든 항아리를 들고 왔다. 가져 온 것들을 살핀 샨따누의 아들 비슈마가 말했다.

'친애하는 이들이여, 나는 지금 인간이 먹는 어떤 음식도 받아들일 수 없소. 화살침상에 누운 나는 인간에게서 온 것들을 즐길 수 없다오. 나는 지금 여기 머물며 해와 달이 돌아가기를 기다리는 중이오.'

왕들 모두에게 그렇듯 매정하게 말한 뒤 샨따누의 아들은 팔심 좋은 다난자야에게 말하고자 했다. 팔심 좋은 그가 할아버지 가까이 와서 절하며 두 손을 공손히 모으고 서서 말했다.

'제가 무엇을 하리까?'

빤두의 아들 다난자야가 공손히 자기 앞에 선 것을 본 고결한 비슈마가 기뻐하며 말했다.

'거대한 화살들이 촘촘히 박혀 온몸이 타는 듯하구나. 골수까지 아파 오고 입이 말랐느니. 아르주나여, 내 육신을 위무할 물을 다오. 대궁수여, 오직 너만이 제대로 된 물을 줄 수 있느니!'

'그리하겠습니다.'

그렇게 말한 뒤 위용 넘치는 아르주나는 전차에 올랐다. 그리고는 간디와 활을 단단히 잡아맸다. 벼락을 치는 듯한 그의 활 튕기는 소리를 들은 세상만물이, 모든 왕이 덜덜 떨었다. 그런 뒤 빼어나고 빼어난 전차병 아르주나는 무기든 자 중 가장 빼어난 바라따 수장의 침상을 오른쪽으로 돌며 예를 표했다. 명예로운 쁘르타의 아들은 온 세상이 지켜보는 가운데 빠르잔야 날탄의 진언과 함께 활에 화살을 먹여 비슈마가 누운 오른쪽 땅에 화살을 꽂았다. 거기에서 천상의 향과 맛을 지닌, 아므르따처럼 서늘하고 맑은 상서로운 물줄기가 솟았다. 신성한 행적과 용맹을 지닌 쁘르타의 아들은 서늘한 그 물줄기로 저 꾸루의 황소 비슈마의 열을 식혀주었다. 인드라와 다름없는 아르주나의 그러한 행적에 왕들은 놀라움을 금치 못했다. 인간의 경지를 넘어선 아르주나의 경이로운 행적을 지켜 본 꾸루들은 추위에 떠는 소처럼 벌벌 떨었다. 놀라움에 왕들이 모두 웃옷을 벗어 흔들기 시작했고, 고둥소리와 북소리가 사방에 요란하게 울렸다. 목마름이 가신 샨따누의 아들이 왕과 영웅이 모두 있는 자리에서 아르주나를 우러르듯 말했다.

'팔심 좋은 꾸루의 기쁨이여, 이것이 네게는 그다지 놀라운 일이 아니려니. 나라다 선인은 네가 옛 선인임을 밝히셨지. 와아수데와와 함께 너는 신들의 왕 인드라가 신들과 함께해도 이뤄내지 못할 위대한 일을 반드시 해내려니. 쁘르타의 아들이여, 너를 알아보는 자들은 네가 모든 크샤뜨리야의 운명임을 안다. 너는 이 땅의 단하나의 궁수요, 가장 빼어난 인간이다. 피조물 중에선 인간이 가장 빼어나고, 날개 있는 것 중에서는 가루다가 최고이며, 물 담은 것 중에선 바다가 으뜸이고, 네 발 가진 것 중엔 소만한 것이 없느니. 빛이 있는 것 중엔 태양이, 산 중에서는 히말라야가 가장 빼어나다. 계급 중에서는 브라만이 가장 우선이고, 활잡이 중에서는 네가 최고로구나.

위두라가 일깨우는 말을
드르따라슈트라의 아들은 듣지 않았지.
드로나, 빠라슈라마, 끄르슈나가 하는 말도,
산자야가 거듭거듭 하는 말도 듣지 않았지.

마음이 붙들리고 정신이 나간 듯
두료다나는 내 말을 달가워하지 않았느니.
가르침의 길에서 벗어난 그는 머지않아
비마의 힘에 눌려 무너져 누우리라.'

그 말을 들은 꾸루들의 왕 두료다나,
마음이 너무나 초라해졌네.
그를 흘낏 쳐다본 샨따누의 아들이 말했네.
'왕이여 정신 차리시오. 울분을 버리시오.

두료다나여, 사려 깊은 쁘르타의 아들이 하는 것을 보지 않았는가?

그는 아므르따처럼 서늘하고 향기로운 물줄기를 솟구치게 하지 않던가? 그 같은 행적을 보여주는 이는 이 세상 어느 누구도 없느니. 아그네야, 와루나, 사움미야, 와야위야, 와이슈나와, 아인드라, 빠슈빠따, 바라흐마, 빠라메슈틴, 쁘라자빠띠, 다뚜, 뜨와슈트르, 사위뜨르 ……. 이 모든 천상의 날탄은 이 세상인간을 통틀어 오로지 나난사야와 데와끼의 아들 끄르슈나만이 전부 알고 있을 뿐 다른 누구도 알지 못하지. 그러니 나의 왕이여, 인간을 넘어서는 그런 행적을 보이는 고결한 빤두의 아들은 무슨 수를 써도 전장에서 싸워 이길 수 없느니. 나의 왕이여, 선한 힘으로 전장에서 빛나는 저 용사와 어서 화평을 맺어야 하오. 팔심 좋은 끄르슈나가 꾸루들의 회합에서 그대 말을 들을 수 있을 때 쁘르타의 저 용감한 아들과 화평을 맺으시오. 나의 왕이여, 곧게 나는 그의 화살들이 그대 병력을 절멸시키기 전에 아르주나와 화평을 맺으시오. 왕이여, 살아남은 그대의 아우들과 수많은 왕이 아직 전장에 있을 때 화친을 맺으시오. 나의 왕이여, 유디슈티라가 분노의 타는 눈길로 그대들을 모조리 태우기 전에 화친을 맺으시오. 나의 대왕이여, 나꿀라, 사하데와, 빤두의 아들 비마세나가 그대 군대를 송두리째 없애기 전에 나는 그대가 빤다와들과 형제애를 다졌으면 좋겠소. 나의 왕이여, 나의 죽음으로 싸움을 멈추고 빤다와들과 화친하시오. 무구한 이여, 내가 말한 것이 이뤄지도록 호의를 베푸시오. 나는 그것이 그대와 가문을 위해 이롭다고 여긴다오.

노여움 버리고 쁘르타의 아들들과 화친하시오!
아르주나는 이 일을 넘칠 만큼 해내었느니!
비슈마의 끝이 그대들의 우의를 되살리기를!

왕이여, 서로를 껴안아 좋고 좋기만을!

빤다와들에게 절반의 왕국을 주고
다르마의 왕이 인드라쁘라스타를 다스리게 하시오!
동지를 배반하는 패왕이 되지 마시오!
인드라 같은 왕이여, 악명을 얻지 마시오!

나의 몰락이 백성의 평화가 되기를!
왕들이 서로를 기쁘게 만나기를!
아비는 아들을, 조카는 삼촌을 만나기를!
왕이여, 그리고 형제는 형제를 만나기를!

미혹에 가리고 생각 어두워
시기적절한 나의 이 말을 듣지 않으면
비슈마의 끝이 모두의 끝이 되리니!
나는 바라따들에게 진실을 이르느니!'

왕들 가운데서 비슈마는 호의로 가득한 이 말을
바라따의 후손들에게 들려주고는 침묵에 들었네.
화살의 고통에 시달렸으나
제 스스로 고통을 지그시 눌러 견디었네.

117

산자야가 말했다.

"대왕이시여, 샨따누의 아들 비슈마가 침묵에 들자 거기 온 모든 왕은 각자의 처소로 돌아갔지요. 그러나 비슈마가 쓰러졌다는 소식을 들은 라다의 아들, 저 범 같은 사내 까르나는 언뜻 놀라며 횡횡히 그곳으로 왔습니다. 위용 넘치는 신 까르띠께야가 태어나 갈대침상에 누워 있듯 화살침상에 누운 고결한 비슈마를 그가 보았지요. 빛이 넘치는 황소 같은 사내는 눈물에 목이 잠겨 눈을 감고 누운 영웅에게 다가가 그의 발아래 엎드렸습니다.

'훌륭하신 꾸루의 후손이시여, 소인 라다의 아들입니다. 언제나 당신 눈앞에 있었으나 한없이 미워하셨지요. 그러나 소인 무고합니다.'

그가 그렇게 말했고, 꾸루들의 어른은 그의 말을 들었지요. 눈을 꼭 감고 있던 강가의 아들은 자리가 비어 있는지를 살피고 지키던 자들을 마저 물렸답니다. 천천히 눈을 든 비슈마는 아비가 아들을 안듯 한쪽 팔로 까르나를 끌어안은 뒤 따뜻하게 말했습니다.

'어서 오너라. 내 적수가 왔구나! 너는 늘 나랑 겨뤄왔느니. 네가 나를 보러 오지 않았다면 네게 필시 좋지 않은 일이 벌어졌을 터이다. 너는 꾼띠의 아들이니라. 라다의 아들이 아님을 나라다 선인이 내게 알려주었느니. 끄르슈나 드와이빠야나를 통해서도, 끄르슈나 와이수데와를 통해서도 알게 되었으니 의심할 바가 없다. 아가, 나는 너를 미워하지 않는단다. 그리고 나는 네게 진실을 말해주는 것이다. 타는 듯한 네 기세를 죽이려고 네게 거친 말을 했느니. 태양의 아들이여, 나는 네가 거친 말에 동요

되어 뚜렷한 연유 없이 빤다와들을 미워한다고 생각했었다. 전장에서 네 용맹을 당할 만한 적이 아무도 없음을 나는 안다. 브라만 섬기는 데도, 용맹과 베풂에서도 너는 최상의 경지에 이르렀다. 인간 중에서도 신 중에서도 너와 같은 이는 아무도 없을 터이다. 가족이 찢어지지는 말아야겠기에 나는 네게 항상 사나운 말을 했구나. 활과 날탄에서도, 화살을 장전하는 데서도, 가뿟한 몸놀림에서도, 날탄의 위력에서도 너는 아르주나와 같고 고결한 끄르슈나와도 다르지 않다. 까르나여, 꾸루 왕을 위해 너는 홀로 활을 들고 라자뿌라에 가서 전투를 벌였고, 왕들을 뒤흔들어 놓았다. 전장마다 칭송 자자한 까르나여, 불패의 장사 자라산다 왕도 전장에서 너와 같지는 않았느니! 브라만을 섬기고, 진실을 말하는 너는 빛에서도 태양과 다르지 않구나. 신의 자손인 너는 지상의 인간을 한참이나 넘어서 있고 전장에서는 패하는 법이 없느니. 예전에 네게 쏟아낸 분노는 이제 사라졌다. 운명은 인간이 하는 일로 바뀔 수 없느니. 적을 짓누르는 이여, 빤다와의 영웅들은 네 동복형제들이다. 팔심 좋은 이여, 나를 기쁘게 하고 싶다면 그들과 길을 함께 가거라. 태양의 아들이여, 나의 죽음과 함께 적개심을 거두어라. 지상의 모든 왕이 이제 걱정이 없도록 해라!'

까르나가 말했다.

'지혜롭고 지혜로운 분이시여, 저는 모든 것을 알고 있었습니다. 의심할 여지가 없는 진실입니다. 범접키 어려운 분이시여, 당신이 말씀하신대로 저는 꾼띠의 아들입니다. 마부의 아들이 아닙니다. 저는 꾼띠에게 버려졌고, 마부에게 키워졌습니다. 두료다나가 거두어 먹여주고 힘을 주었습니다. 무슨 일이 있어도 그를 배반할 수는 없습니다. 많이 베푸는 분이시여, 저는 재물도 몸도 아내도 명예도 모두 다 두료다나를 위해 버릴 것입니다. 수요다나에게 의지하는 제게 빤다와들은 늘 노여워했습니다. 불화는 피할 수 없고, 막을 수도 없습니다. 인간의 노력으로 어찌 운명을 거스르겠습니까? 할아버지시여, 이 땅의 몰락을 예견하는 조짐들은 이미 나타났고, 할아버지께서도 꾸루들의 모임에서 말씀하셨습니다. 빤다와들과 와이수데와가 인간들에게도, 다른 어떤 이들에게도 불패라는 것은 저도 너무나 잘 압니다. 그럼에도 저는 그들에 대항해 있는 힘껏 싸울 것입니다. 할아버지시여, 제가 언제나 기꺼이 싸움에 나갈 수 있도록 허락해주십시오. 영웅이시여, 당신의 승낙을 얻어 싸워야겠다고 생각해왔습니다. 그리고 제가 조금이라도 나쁜 말을 지껄였거나 잔혹한 행위를 저질렀다면 부디 용서해주십시오.'

비슈마가 말했다.

'까르나여, 이 잔혹한 적개심을 물릴 수 없다면 허락하마. 천상세계를 염하며 싸우거라. 분노를 거두고 혼돈을 놓고 왕으로서의 행적을 행 하거라. 온힘을 다해, 사력을 다해 선자들이 행한 거동을 보이거라. 내가 네게 전투를 허락하느니. 네가 바라는 바를 얻거라! 너는 크샤뜨리야의 율법으로 얻는 세상을 얻으리라. 의심치 말거라. 내가 행위자라는 생각에서 벗어나* 힘과 용맹에 의지해 싸워라! 크샤뜨리야에게는 율법에 따르는 전투보다 더 나은 것은 없느니! 나는 오래고 오랜 시간 화평을 찾으려 애써왔으나 그러질 못했구나. 애쓰거라. 다르마가 곧 승리이니!'

내가 행위자라는 ~ _ '니라항까라nirahaṃkara'를 옮긴 것으로, '내가aham 행위자kara라는 생각을 버리고nir' 혹은 '내가 행위의 주체라는 마음을 떠나'라는 뜻으로 종종 '자아를 버리고', '자아를 떠나'로 옮기기도 한다.

산자야가 말했다.

"라다의 아들은 그렇게 말하는 강가의 아들에게 절을 올리고 축원을 올린 뒤 전차에 올라 당신의 아들의 막사를 향해 내달렸습니다."